Urs Bitterli:
Alte Welt – neue Welt
Formen des europäisch-überseeischen Kulturkontakts
vom 15. bis zum 18. Jahrhundert

Deutscher
Taschenbuch
Verlag

Januar 1992
Deutscher Taschenbuch Verlag GmbH & Co. KG,
München
© C. H. Beck'sche Verlagsbuchhandlung (Oscar Beck),
München 1986 · ISBN 3-406-31271-3
Umschlaggestaltung: Celestino Piatti
Umschlagbild: Entdeckung der Insel Hispaniola durch Kolumbus.
Holzschnitt aus dem ältesten Bericht über die Entdeckungs-
fahrten des Kolumbus, Basel 1494 (Foto: Archiv für Kunst und
Geschichte, Berlin)
Gesamtherstellung: C. H. Beck'sche Buchdruckerei,
Nördlingen
Printed in Germany · ISBN 3-423-04569-8

Das Buch

Jedermann weiß heute, daß der europäische Traum, sich die Welt im Zeichen des Kreuzes, im wirtschaftlichen Interesse des Mutterlandes oder unter Berufung auf die kulturelle Überlegenheit zu unterwerfen, endgültig ausgeträumt ist. Wir sehen unser Verhältnis zu den überseeischen Ländern und Völkern in einer neuen Perspektive, die den Europazentrismus nicht mehr zuläßt.

Dieses Buch über den Kulturkontakt zwischen Europa und den Kolonialländern geht über die Darstellung eines bestimmten, geographisch begrenzten Raums weit hinaus; es umfaßt die ganze Welt vor der Industriellen Revolution, behandelt also die wechselvolle Entdeckungs- und Kolonialgeschichte des 15. bis 18. Jahrhunderts. Der Kontakt der Kulturen, die sich in diesem Prozeß begegnen, wird auf drei Grundformen zurückgeführt, auf Berührung, Zusammenstoß und Beziehung, und an ausgewählten Beispielen erläutert. Als Quelle dient dem Autor der reichhaltige, dem deutschsprachigen Leser noch kaum bekannte Fundus von Berichten, wie sie Entdecker, Kaufleute und Missionare aus Übersee zurückgebracht haben. Das Werk möchte Gegenwärtiges durch den Rückgriff auf seine Vorgeschichte verständlich machen und uns Informationen liefern, die vielleicht mithelfen, unsere Zukunft – und das heißt: die Zukunft aller Erdenbürger – menschenwürdiger zu gestalten.

Der Autor

Dr. Urs Bitterli ist Professor für Kolonialgeschichte an der Universität Zürich. Zahlreiche Veröffentlichungen, u. a.: ‹Die Entdeckung und Eroberung der Welt. Dokumente und Berichte› (2 Bde, Hrsg. 1980/81); ‹Die «Wilden» und die «Zivilisierten»› (1976, bei dtv 1982).

Inhaltsverzeichnis

Vorwort

Die Geschichte der europäisch-überseeischen Beziehungen ist bis zum Beginn unseres Jahrhunderts weitgehend als Entdeckungsgeschichte verstanden und beschrieben worden. Das zivilisatorische Sendungsbewußtsein des imperialistischen Zeitalters begünstigte diese Betrachtungsweise, welche die Leistung des weißen Forschungsreisenden als notwendige Vorstufe kolonialpolitischer Einflußnahme, wirtschaftlicher Erschließung und Ausbeutung begriff. Mit dem Akt der Entdeckung hatte der Europäer, meinte man, dem überseeischen Territorium erst eigentlich zu seiner überlieferungswürdigen Existenz verholfen, und folgerichtig ließen die Historiker ihre Darstellung zu dem Zeitpunkt beginnen, da der europäische Seefahrer erstmals seinen Fuß an Land gesetzt hatte. In solcher Perspektive erschien die überseeische Kultur nicht als ein Phänomen von selbständiger Bedeutung, sondern lediglich als der mehr oder minder gefügige Rohstoff in den Händen des kolonisierenden «Homo faber».

Als sich nach dem Ersten Weltkrieg das Ende der europäischen Vormachtstellung in der Welt abzuzeichnen begann, verlagerte sich das Erkenntnisinteresse der Historiker. Die ‹Cambridge History of the British Empire›, deren erster Band im Jahre 1929 erschien, blieb zwar noch immer ein Werk von Europäern zum Ruhm europäischer Leistung; aber dadurch, daß Fragen der kolonialen Administration hier resolut ins Zentrum gestellt wurden, erhielt die Fremdkultur, der diese Administration ja galt, ein neues Gewicht.[1] Manche Beiträge dieses Geschichtswerks erlaubten sich denn auch, ohne vom Grundtenor eines hochgemuten Empire-Optimismus abzurücken, die Angemessenheit und Tragfähigkeit gewisser administrativer und rechtlicher Rahmenbedingungen, innerhalb derer Kolonialpolitik sich vollzog, zur Diskussion zu stellen.

Es könnte sein und bedürfte näherer Überprüfung, daß diejenige Seemacht, die im Versailler Frieden alle ihre überseeischen Besitzungen einbüßte, Deutschland nämlich, in der Kolonialgeschichtsschreibung als

erste Wege zur Abkehr vom europazentrischen Standort beschritt. In der
monumentalen Morphologie der Weltgeschichte, die Oswald Spengler
unter dem Titel ‹Der Untergang des Abendlandes› nach dem Ersten
Weltkrieg erscheinen ließ, wurde nicht nur das Ende nationaler, sondern
auch kontinentaler Historie proklamiert. «Wir denken heute in Erdteilen», rief Spengler aus, und er schlug vor, dem Kontakt der Kulturen in
der Gegenwart und der Verwandtschaft ihrer Entwicklung in den Ana-
logien der Vergangenheit nachzuspüren: «Wie reich ist die Psychologie
dieses Aufsuchens, Abwehrens, Wählens, Umdeutens, Verführens, Ein-
dringens, Sichanbietens, und zwar sowohl zwischen Kulturen, die sich
unmittelbar berühren, bewundern, bekämpfen, als zwischen einer lebenden Kultur und der Formenwelt einer toten, deren Reste noch sichtbar in
der Landschaft stehen!»[2] So fruchtbar dieser Ansatz für eine Erneuerung
der Kolonialgeschichtsschreibung hätte werden können – Oswald
Spengler selbst blieb dem Erbe der abendländischen Antike zu sehr verhaftet, um zu einer solchen Psychologie des Kulturkontakts vorzudringen. Von anderen wissenschaftlichen Erfahrungen ausgehend, hatte sich
jedoch bereits vor 1914 der Afrika-Forscher Leo Frobenius ähnlichen
Einsichten genähert. In seiner Kulturkreislehre wies Frobenius auch den
schriftlosen Kulturen einen wichtigen Platz beim vertieften Studium der
Universalgeschichte zu und träumte davon, «die gesamte Kultur der
Menschheit von ihren Anfängen an als organische Einheit wissenschaftlich zu behandeln».[3]

Derart hochfliegende wissenschaftliche Pläne waren dem Historiker
Georg Friederici, der um 1925 seine Darstellung über den ‹Charakter der
Entdeckung und Eroberung Amerikas durch die Europäer›[4] erscheinen
ließ, sicher fremd. Aber es ist interessant zu beobachten, wie weit sich
Friedericis Werk bereits nach Methode und Inhalt von einem mehrfach
neu aufgelegten Klassiker in diesem Fachgebiet, nämlich Oscar Peschels
‹Geschichte des Zeitalters der Entdeckungen›,[5] unterscheidet. Friederici
setzte das reiche Quellenmaterial der überseeischen Reiseberichterstattung, das er analysierte, weniger ein, um Motivation und Folgen des
europäischen Expansionismus verständlich zu machen, sondern vielmehr, um den Anspruch der Entdecker und Kolonisten kritisch am Da-
seinsrecht der Fremdkulturen zu messen. In seiner Darstellung waren die
Kulturen jenseits der Ozeane unvermerkt von Objekten der Geschichtsschreibung zu Subjekten geworden.

Solche Vorstufen zu einer Kolonialhistorie, die das Phänomen des
Kulturkontakts stärker ins Zentrum gerückt hätte, sind durch den unge-
heuerlichen Anachronismus der nationalsozialistischen Diktatur leider

verschüttet worden. In der Ideologie des «Dritten Reiches» verkam die mühsam erlangte Einsicht in die Notwendigkeit weltweiter Solidarität und kultureller Toleranz zu einer nationalistisch-rassistischen Doktrin von beklemmender Enge; und die emanzipatorischen Kräfte, die in der Dritten Welt am Werk waren, wurden in ihrer Bedeutung ebenso verkannt wie die zukunftweisende Zeitwende von 1917, als durch die Revolution in Rußland und das amerikanische Engagement in Europa erstmals die Mächtekonstellation von heute sichtbar wurde. Eine Überseegeschichtsschreibung von Belang gab es unter Hitler nicht, und es konnte sie nicht geben.

Die Niederlage von 1945 schaffte ernüchternde Klarheit. Im Einleitungskapitel der ‹Historia Mundi›, der ersten mehrbändigen Weltgeschichte, die nach dem Zweiten Weltkrieg in deutscher Sprache erschien, wurde unmißverständlich festgehalten: «Der Verfall unseres alten Europa wird von niemand mehr bestritten.»[6] Und ebenso deutlich wurde vermerkt, es könne künftig nicht mehr darum gehen, die Universalgeschichte auf die sogenannten Hochkulturen einzuschränken: «Man kann die volle menschliche Natur aus der Geschichte nicht erkennen, wenn man die Naturvölker ausläßt. Sobald man diese breite Basis aller menschheitlichen Geschichte berücksichtigt, stößt man auf eine Historia perennis der menschlichen Substanz, die in den künstlichen Bildungen der Hochkultur teilweise angenagt ist.»[7] Auch die zur gleichen Zeit in Frankreich erscheinende ‹Histoire générale des civilisations›, fortschrittlicher in der Absicht, neue Wege methodischer Annäherung zu erkunden und bereit, sich auch dem Einfluß marxistischer Geschichtsschreibung zu öffnen, rückte von ihrer europazentrischen Konzeption ab. «Daß es nicht nur Zivilisation gibt», heißt es im Vorwort, «sondern mehrere Zivilisationen, ohne eine ein für allemal festgelegte Werthierarchie – dies scheint gesichert: Ethnologen, Historiker, Soziologen haben festgestellt, daß jede organisierte menschliche Gruppe ihre eigene Zivilisation besitzt, selbst die sogenannten ‹Wilden› ...»[8]

Dem weltpolitischen Bedeutungsschwund Europas, der «Verzwergung» unseres Kontinents, die der englische Historiker Geoffrey Barraclough 1964 zum Gegenstand eines vielbeachteten Buches machte,[9] entsprach die weltweite Emanzipations- und Dekolonisationsbewegung in den Kolonien. Die traditionelle Kolonialgeschichtsschreibung, wie sie noch 1931 in Adolf Reins ‹Europäischer Ausbreitung über die Erde›[10] meisterlich, aber von geringer Selbstkritik angekränkelt, gehandhabt worden war, machte neuen Formen der wissenschaftlichen Auseinandersetzung Platz. In den Vordergrund traten nun regionale Studien, in den fünfziger und sechziger Jahren noch vorwiegend in englischer Sprache, die sich, meist aus wirtschafts- und verwaltungshistorischer Sicht, mit bestimmten überseeischen Gebieten befaßten. Programmatisch ist diese Tendenz von Rudolf von Albertini in seinem 1970 erschienenen Sammelband ‹Moderne Kolonialgeschichte› formuliert worden: «Gegenstand der Forschung soll weniger die Kolonialmacht und deren Expansion nach Übersee als die jeweilige ehemalige Kolonie selbst sein, verstanden als ein Land und Volk, dessen Geschichte nicht mit der ‹Entdeckung› durch die Europäer beginnt und höchstens über eine ‹Vorgeschichte› verfügt, die mit der Etablierung der Kolonialmacht abbricht, sondern eine Einheit darstellt, wobei die Kolonialherrschaft als bloß eine, wenn auch entscheidend wichtige Phase erscheint, in welcher der betreffende Bereich einer Fremdherrschaft unterworfen war und eine mehr oder weniger tiefgreifende Umwandlung erfuhr, ohne aber die eigene Identität einzubüßen.»[11] Seit den späten sechziger Jahren ist die «Abkehr vom Europazentrismus» zum wichtigsten Postulat dieser Neuorientierung der Geschichtsschreibung geworden. Sinnvoll und wissenschaftlich befruchtend kann ein solches Schlagwort freilich nur dann wirken, wenn es nicht kulturelle Selbstentäußerung meint, sondern auf das Bemühen hinweist, den Beitrag der eigenen Kultur in den universalgeschichtlichen Wirkungszusammenhang einzugliedern.

Einen wichtigen Schritt in dieser Richtung unternahm das Autorenteam der ‹Saeculum Weltgeschichte›, die zwischen 1965 und 1976 erschien. Von zwei Hauptabsichten, heißt es im Vorwort, hätten sich die Herausgeber leiten lassen. Zuerst hätten sie sich bemüht, das Phänomen des Kulturkontaktes in der Geschichte zentral zu setzen und dadurch zu vermeiden, daß Weltgeschichte bloß ein «additives Nebeneinander von Kompendien über einzelne Kulturen wird, das durch Chronologie nur scheinbar verbunden ist».[12] Dann aber habe man Wert darauf gelegt, Themen in den Vordergrund zu rücken, welche die «Fülle der realisierten Möglichkeiten des Menschseins aufweisen». «Je weltmächtiger eine Kultur oder einzelne Erscheinungen sind», schreiben die Herausgeber, «desto bedeutsamer sind sie für die werdende Menschheitsgeschichte. Aber auch Erscheinungen, die (zunächst) nicht weiterwirken, also vereinzelt bleiben, können menschheitsgeschichtlichen Rang haben, wenn sie eine bedeutende menschliche Möglichkeit repräsentieren. Die Herausgeber der ‹Saeculum Weltgeschichte› sind sich darüber im klaren, daß es eine Frage der Wertung sei, zu bestimmen, was eine bedeutende menschliche Möglichkeit ist. Der Horizont einer solchen Wertung muß in einer Darstellung der Menschheitsgeschichte sehr weit sein.»[13]

Die Einsicht in die schwindende Weltbedeutung Europas und das Ringen um einen weitgespannten Wertungshorizont haben die Historiker in neuester Zeit auch zur Forderung geführt, die Vertreter fremder Kulturen sollten deren Geschichte selbst schreiben und ihren Standpunkt in die Vielfalt universalhistorischer Bemühungen eingehen lassen. Obwohl die Möglichkeit, bei Gesamtdarstellungen ein Team von Spezialisten zusammenarbeiten zu lassen, seit Beginn unseres Jahrhunderts genutzt wird, ist es zu einer Mitbeteiligung außereuropäischer Fachleute bis vor kurzem kaum je gekommen, nicht zuletzt darum, weil die Ausbildung derartiger Fachleute von den Kolonialmächten sträflich vernachlässigt worden ist. Als Golo Mann, der Herausgeber der in den frühen sechziger Jahren erscheinenden ‹Propyläen Weltgeschichte›, zum Thema ‹Neue Staaten in Asien und Afrika› einen Inder zu Wort kommen ließ, sah er sich zu einer behutsam erklärenden Vorbemerkung veranlaßt: «Es schien angezeigt, gerade zu diesem Thema einen Nicht-Europäer sprechen zu lassen: den Inder Kavalam Madhava Panikkar, Historiker und Diplomat, Verfasser eines berühmten Buches über ‹Asien und die Herrschaft des Westens›. Er macht uns mit Perspektiven vertraut, die sich von den uns gewohnten vielfach unterscheiden – die Wahrheit hat viele Seiten; die wir aber schon darum kennen sollten, weil sie eben Millionen von Asiaten und Afrikanern längst vertraut sind. Übrigens wird der Leser bemerken, daß die Bildung des indischen Gelehrten europäischer, genauer gesagt, englischer Züge nicht ermangelt, daß er kosmopolitische mit nationalen Gefühlen verbindet und daß er sich um Gerechtigkeit müht ...»[14]

Daß Angehörige außereuropäischer Kulturen ihre Geschichte selbst erforschen und niederschreiben sollten, ist vielleicht am nachdrücklichsten von der «Négritude-Bewegung» gefordert worden, die sich nach 1947 um die in Paris erscheinenden Zeitschrift ‹Présence Africaine› scharte. Die Anhäger der «Négritude» betonten die Notwendigkeit von in eigener Regie betriebenen historischen Forschungen in den Ländern der Dritten Welt nicht allein als Vorbedingung jeder Identitätsfindung, sondern auch als emanzipatorischen Akt schlechthin. «Man kann nicht mit einer Erinnerung leben», schreibt der afrikanische Historiker Joseph Ki-Zerbo, «die jemand anderem gehört, aber auch nicht ohne Erinnerung, es sei denn, man sei entschlossen, unbewußt und entfremdet zu leben.»[15] Auch war man in Kreisen der «Négritude» bemüht, sich den Blick auf die universalgeschichtlichen Zusammenhänge nicht durch jenen Chauvinismus, wie er das imperialistische Zeitalter geprägt hatte, verstellen zu lassen. Der Senegalese Léopold Senghor trat besonders eindringlich für die Öffnung der schwarzafrikanischen Historie gegenüber andern Kulturen ein und sah als künftige Möglichkeit die Herausbildung einer «culture universelle», die ihren allgemein verbindlichen Sinn aus dem wechselseitigen Geben und Nehmen der verschiedenen Kulturbereiche beziehen sollte.[16]

Am universalhistorischen Bezug hält auch die ‹General History of Africa› fest, die im Auftrag der UNESCO seit 1981 erscheint. In der Einführung zum ersten Band dieses Werks stehen die Sätze: «Die Geschichte Afrikas ist notwendig zum Verständnis der Weltgeschichte, die in manchen Abschnitten ein undurchdringliches Rätsel bleiben muß, solange der historische Horizont des afrikanischen Kontinents nicht erhellt worden ist. Darüber hinaus dürfte die Gesamtdarstellung der afrikanischen Geschichte nach den in diesem Band festgelegten Grundsätzen in methodologischer Hinsicht auch den Vertretern der ‹totalen Geschichte› Informationen über die Gültigkeit ihrer Bemühungen verschaffen, insofern sie Geschichte auf allen Ebenen, in allen Dimensionen und mit allen brauchbaren Forschungsinstrumenten erfassen will. So wird Geschichte zu einer symphonischen Disziplin, in welcher alle Teilgebiete der Gelehrsamkeit gleichzeitig zu Worte kommen . . .»[17]

Geschichte als symphonische Disziplin? Damit wird auch auf die methodologisch befruchtende Wirkungsmöglichkeit einer von Überseehistorikern betriebenen Forschung hingewiesen. In der Tat sind gerade von Schwarzafrika Impulse auf die Vertreter jener «histoire totale» ausgegangen, die im Gefolge der französischen Historikerschule der ‹Annales› bemüht sind, sämtliche Lebensäußerungen des Menschen unabhängig von seiner Herkunft, seinem Rang und selbst seinem Einfluß als mögliche Quellen zur Erhellung unserer Vergangenheit zu betrachten. Besonders wichtig ist dabei im Blick auf die überseeischen Völker die Erforschung der «oralen Tradition» geworden, das Studium also der mündlich von Generation zu Generation überlieferten Rechenschaft, wie es dem Historiker und Ethnologen heute dank moderner Hilfsmittel wie der Tonbandaufzeichnung möglich geworden ist. Solche Untersuchungen, etwa die Arbeiten des Belgiers Jan Vansina[18] in Zentralafrika, haben wiederum dazu geführt, daß die Europa-Historiker sich vermehrt dessen bewußt werden, daß selbst die Geschichte ihrer Kultur bisher allzusehr als die Geschichte derer gesehen wurde, die lesen und schreiben konnten – einer Gruppe, die bei uns bis zum 18. Jahrhundert eine Minderheit darstellte. In ähnlicher Zielrichtung wie die Erforschung der oralen Tradition stößt ferner die Ethnohistorie vor, die in den letzten Jahren vornehmlich in den USA Anhänger gewonnen hat: auch hier geht es darum, die Geschichte der Urbevölkerungen vor dem Beginn der kolonisatorischen Verflechtungsvorgänge zu erhellen, allerdings nicht nur vermittels mündlicher Überlieferung, sondern auch durch die Auswertung früher europäischer Reiseberichte.[19]

Auch im Bereich der lateinamerikanischen Kulturen ist die Forderung nach Abkehr vom Europazentrismus und Ausbildung eines eigenen historischen Bewußtseins heute nicht zu überhören; freilich werden hier die Akzente etwas anders gesetzt. Die Kritik am Europazentrismus wendet sich in Lateinamerika nicht so sehr gegen abendländische Dominanz, sondern vielmehr gegen kulturelle Beeinflussung und Bevormundung von seiten der USA; die Suche nach der Identität gestaltet sich hier, wo indianische, europäische und afrikanische Kulturelemente im Laufe von vier Jahrhunderten ineinander verwoben wurden, anders. Der Beitrag Lateinamerikas zur Öffnung des universalhistorischen Verständnisses ist in Europa unter anderem durch das Werk der brasilianischen Soziologen Gilberto Freyre und Darcy Ribeiro bekannt geworden. Beide Autoren sind sich darin einig, daß es Lateinamerika im Laufe seiner wechselvollen Geschichte beispielhaft gelungen sei, Fremdes zu assimilieren und dadurch eine Welthaltigkeit zu gewinnen, die notwendigerweise auf die Welt zurückwirken müsse. Gilberto Freyre hat in seinen großen Studien ‹Casa-Grande e Senzala› und ‹Sobrados e Mocambos› die geschichtlichen Wurzeln der brasilianischen Mentalität mit unvergleichlicher Meisterschaft dargestellt; seine kulturpolitischen Schriften jedoch sind nicht frei von einem Sendungsbewußtsein, das seine Kritiker als «neoimperialistisch» bezeichnet haben.[20]

Auch Darcy Ribeiro, Autor weitgespannter kulturgeschichtlicher Überblicke, die den Einfluß Spenglers und Toynbees nicht verleugnen, glaubt an eine globale Aufgabe Lateinamerikas, die er durch die Dekolonisationsbewegung inspiriert sieht und als unerläßliche Korrektur zu Fehlentwicklungen des anglo-amerikanischen Kapitalismus versteht. «Wir sind uns bisher wenig oder gar nicht bewußt», schreibt Ribeiro, «daß auf unseren Schultern zum großen Teil die Aufgabe lasten wird, eine neue Okzidentalität, die zum ersten Mal eine achtbare menschliche Zivilisation ist, zu schaffen. Angesichts der unfruchtbaren Hegemonie Anglo-Amerikas, das nur darauf bedacht zu sein scheint, Gewinne einzustreichen und die Geschichte aufzuhalten; angesichts eines auf seine geographischen Grenzen reduzierten Europas, das durch die willkürliche Grenzziehung zweier Hegemonialmächte geteilt ist und sich duckt aus Furcht vor einem dritten Krieg, der am Vorabend seiner Zerstörung ausbrechen könnte; angesichts einer sozialistischen Welt, die verhindert ist, ihre befreienden Potentialitäten zu realisieren, weil sie absorbiert ist von der Aufgabe, ihre auf Repressalien begründete Macht zu erhalten, und das bei einer Wirtschaft, die fünfmal weniger produziert als die ihrer Gegner; angesichts all dieser Fakten sehe ich für uns nur die dringende Aufgabe, unsere Zivilisation zu humanisieren und auf solidarische Wege zu leiten, damit die Menschen von der Angst befreit werden und ihnen die Lebensfreude wiedergegeben wird.»[21] Wie immer man sich zu solchen marxistisch inspirierten und engagiert vorgetragenen Visionen persönlich auch stellen mag – Ribeiros Worte sind gesprochen vor dem Hintergrund einer universalen Welterfahrung, wie sie für den Intellektuellen unserer Tage, wo immer er leben und welcher Kultur er sich zugehörig fühlen mag, unabdingbar geworden ist.

Der europäische Historiker weiß heute, daß der abendländische Traum, sich die Welt im Zeichen des Kreuzes, im Interesse des Mutterlandes und unter Berufung auf seine kulturelle Überlegenheit untertan zu machen, endgültig ausgeträumt ist. Er sieht seinen Forschungsgegenstand, selbst den thematisch und zeitlich eng eingegrenzten, in einer neuen Perspektive, die den Ethnozentrismus als geistige Haltung nicht mehr zuläßt. Doch unsere Aufgabe ist im wesentlichen dieselbe geblieben: wir wollen Gegenwärtiges durch den Rückgriff auf seine Vorgeschichte verständlicher machen und jenen, die an der Macht sind, Informationen liefern, die vielleicht mithelfen, unsere Zukunft – und das heißt heute: die Zukunft aller Erdenbürger – menschenwürdiger zu gestalten. Die Tatsache der globalen Industrialisierung und der damit verbundenen Angleichung technischer, wirtschaftlicher und sozialer Bedürfnisse auf dem kollektiven Niveau einer «Welt-Industrie-Kultur»[22] hat den Historiker nicht etwa entbehrlich gemacht; seine Arbeit ist im Gegenteil wichtiger, dringlicher geworden. Denn wie universell sich auch jene Verflechtungen ausbreiten und wie sehr die Kommunikationsformen sich weltweit auch standardisieren mögen – die Mentalitäten, die allem zugrunde liegen, wandeln sich in anderem Rhythmus und nach anderen Gesetzen. Wer etwa meinen sollte, die heutige Nord-Süd-Problematik ließe sich auf der horizontalen Ebene von Kreditgewährung, Kapitalinvestition, Technologietransfer und Know-how-Vermittlung zufriedenstellend lösen, geht in die Irre und läuft Gefahr, jene Unterentwicklung, die er zu bekämpfen vorgibt, neu zu erzeugen.[23] Als Korrektiv solcher Entwicklungseuphorie erweist sich die vertikale Betrachtungsweise des Historikers als unentbehrlich, ist sie doch besser imstande, die spannungsvolle Tektonik weltweiter Wandlungsprozesse aus ihren Voraussetzungen zu verstehen und in ihren Auswirkungen abzuschätzen.

Das vorliegende Buch möchte einen Beitrag zu solchem Verständnis und zu vertiefter Einsicht auch in heutige Zustände leisten. Es greift jene Thematik auf, die von Georg Friederici in der Zwischenkriegszeit am Beispiel der europäisch-amerikanischen Frühkontakte eingehend abgehandelt wurde, seither aber kaum mehr Gegenstand deutschsprachiger historischer Untersuchungen gewesen ist. Wie Georg Friederici beschränken auch wir uns auf den Zeitraum vor der Industriellen Revolution, also auf jene wechselvolle Phase der Entdeckungs- und Kolonialgeschichte des 15. bis 18. Jahrhunderts, in der sich portugiesische, spanische und holländische, französische und englische Einflüsse in der Welt ablösten, verdrängten, überlagerten und jenen Prozeß in Gang brachten, der als die «Europäisierung der Welt»[24] bezeichnet worden ist. Im Unterschied zu Friederici wollen wir keine erschöpfende Darstellung eines bestimmten geographisch begrenzten Teilstücks jener Geschichte geben; unser Blick richtet sich auf den ganzen Bereich der damaligen Welt. Unsere Beschränkung liegt darin, daß wir ein bestimmtes Phänomen, die Begegnung und Beziehung der Kulturen, an wenigen ausgewählten Beispielen untersuchen, an Beispielen freilich, in denen sich jeweils eine mögliche Form des Kulturkontakts in repräsentativer Eindeutigkeit herausgebildet hat. Eine umfassende historische Typologie des Kulturkontakts können und wollen wir nicht geben; aber es wird der Versuch gewagt, die im Laufe der letzten Jahrzehnte mühsam gewonnene universalhistorische Perspektive so zu nutzen, daß ähnlich strukturierte Phänomene miteinander vergleichbar werden und die vorsichtig gehandhabte Analogie ihre wissenschaftliche Fruchtbarkeit erweist.

Die Methode dieses Buches ist eine historische: wir gehen von Quellentexten aus, die im Blick auf bestimmte Fragestellungen geprüft und ausgewertet werden. Im Zentrum steht der reichhaltige, dem deutschsprachigen Leser noch kaum bekannte Fundus von Berichten, wie sie Entdecker, Kaufleute und Missionare vom 15. bis zum 18. Jahrhundert aus Übersee zurückgebracht haben. Es handelt sich dabei, leider, fast ausschließlich um europäische Dokumente; die orale Überlieferung aus diesem Zeitraum fließt spärlich und ist auch wieder nur in europäischer Aufzeichnung erhalten – an diesem Tatbestand kann auch der bewußt geübte Verzicht auf Ethnozentrismus nichts ändern. Wer aber als Historiker diese Berichte aufmerksam und kritisch liest, stellt nicht nur fest, daß manche ihrer Verfasser sich um Vorurteilslosigkeit bemühten, sondern auch, daß selbst das bornierteste Vorurteil noch undichte Stellen hat, die Rückschlüsse auf die wirklichen Sachverhalte der kulturellen Begegnung und der sich daraus ergebenden Interaktionsprozesse ermöglichen.

In den letzten Jahren hat das Interesse der Öffentlichkeit für Probleme des europäisch-überseeischen Kulturkontakts markant zugenommen. In gewissen Sachgebieten muß geradezu von einer inflationären publizistischen Produktion gesprochen werden: so sind beispielsweise über Indianer und Südseeinsulaner zahlreiche Schriften erschienen, die ihren schnellfertigen Charakter nicht verleugnen, wenig Neues bringen und den internationalen Forschungsstand nur unzureichend wiedergeben. Andererseits sind ernstzunehmende Bestrebungen im Gang, der frühen Überseegeschichte auch im deutschen Kulturbereich wieder eine zuverlässige Wissens- und Diskussionsgrundlage zu schaffen. So ist, betreut von Eberhard Schmitt, eine wichtige Dokumentensammlung zur Geschichte der europäischen Expansion im Erscheinen begriffen, während sich Wolfgang Reinhard der anspruchsvollen Aufgabe unterzieht, die ‹Geschichte der europäischen Expansion› vom 15. zum 20. Jahrhundert in vier Bänden zusammenfassend darzustellen.[25] Im Gebiet der Geistesgeschichte sind, um zwei weitere herausragende Titel zu nennen, Heinz Gollwitzers ‹Geschichte des weltpolitischen Denkens› und Jörg Fischs ‹Die europäische Expansion und das Völkerrecht› erschienen.[26] Der Verfasser des vorliegenden Buches hat selber mit seinem Buch ‹Die ‚Wilden‘ und die ‚Zivilisierten‘› in thematisch ähnlicher Richtung zu wirken versucht[27] und möchte sich wünschen, auch mit dieser neuen Arbeit zum Aufschwung der Forschungsrichtung in Deutschland beizutragen.

Teile dieses Buches sind im Ausland und unter Benutzung der dortigen reichhaltigen Bibliotheksbestände verfaßt worden. Mit besonderer Dankbarkeit denke ich an meinen Aufenthalt an der John Carter Brown Library der Universität von Providence R. I. (USA) zurück. Zahlreiche Anregungen schöpfte ich auch aus meiner Lehrtätigkeit an der Universität Zürich, die sich in den Jahren 1984/85 der Thematik des Kulturkontakts zuwandte.

Erstes Kapitel

Grundformen des Kulturkontakts

Kulturberührung, Kulturzusammenstoß, Kulturbeziehung

In diesem einleitenden Kapitel wird der Kontakt der europäischen Kultur mit Übersee auf drei Grundformen zurückgeführt: auf die Kulturberührung, den Kulturzusammenstoß und die Kulturbeziehung. Es versteht sich, daß diese Grundformen in der Geschichte nicht in kristalliner Reinheit aufzufinden sind; sie durchdringen sich und fließen ineinander über, sie weisen Besonderheiten und Trübungen auf, die sich aus den wechselnden Umständen von Ort und Zeit ergeben sowie aus der unterschiedlichen Mentalität der Bevölkerungsgruppen, die aufeinander treffen. Auch geht das Eine nicht zwingend aus dem Anderen hervor: eine Kulturberührung kann, muß aber nicht zur Kulturbeziehung führen; eine Kulturbeziehung kann zur Kulturberührung schrumpfen; ein Kulturzusammenstoß steht nicht notwendig am Ende und braucht keinen Abschluß des Kontakts zu bezeichnen. Ferner möchten wir unsere Typologie nur auf den Zeitraum der europäisch-überseeischen Beziehungen vor der Industriellen Revolution, der Gegenstand dieses Buches ist, angewendet sehen; für die gemischten Kolonialgesellschaften, die im 19. und 20. Jahrhundert da und dort entstanden sind, müßte ein weiterer Typus, etwa derjenige der Kulturverflechtung, eingeführt werden.

Unter Kulturberührung verstehen wir das in seiner Dauer begrenzte, erstmalige oder mit großen Unterbrechungen erfolgende Zusammentreffen einer Gruppe von Europäern mit Vertretern einer überseeischen Kultur. Kulturberührungen dieser Art haben weitgehend den Charakter der frühen Entdeckungsfahrten bestimmt. Wir denken etwa an die oft sehr zufälligen Kontakte, welche die Portugiesen im 15. Jahrhundert auf ihren Reisen entlang der afrikanischen Westküste und rund um das Kap der Guten Hoffnung mit der einheimischen Bevölkerung aufnahmen, ferner an die ersten Unternehmungen der Spanier in der Karibik, der Franzosen in Kanada, der Engländer an der nordamerikanischen Ostküste. Zu vergleichbaren Kontakten kam es schließlich auch bei der Erkundung des Pazifiks im späten 18. Jahrhundert und noch im Verlauf der großen kontinentalen Binnenreisen in Afrika und Asien, die den Charakter des imperialistischen Zeitalters prägen sollten. Neben ihrer Zufälligkeit und ihrer kurzen Dauer sind solche Kulturberührungen gekennzeichnet durch die rudimentären Formen der Kommunikation zwischen den aufeinandertreffenden Kulturvertretern. Man verständigte sich zwar, aber nicht in der umfassenden Form des Gesprächs, sondern durch Zeichensprache und Mimik; man tauschte zwar Geschenke aus, aber lediglich, um die Annäherung zu erleichtern, nicht um eine Partnerschaft, wie die Handelsbeziehung sie erfordert, herzustellen. In den europäischen Reiseberichten wird über solche Kulturberührungen in der Regel nur knapp, lückenhaft und ohne zureichende Einsicht in Umstände und historische Tragweite des Ereignisses berichtet.

Die Kulturberührung hatte für beide Seiten den Reiz und die Bedrohlichkeit des Neuen und Überraschenden. Eine typische Schilderung eines solchen Kontakts liefert uns Giovanni da Verrazano, der im Jahre 1524 im Auftrag des französischen Königs, Franz I., die Küste von Neuengland erkundete. «Wir gelangten dann zu einem andern Land ...», schreibt Verrazano, «wo wir einen sehr schönen Hafen fanden, und bevor wir in ihn hineinfuhren, erblickten wir rund zwanzig Boote mit Leuten, die mit Rufen der Verwunderung von allen Seiten zum Schiff kamen. Sie näherten sich uns bis auf fünfzig Schritte, hielten an und betrachteten das (Schiffs-) Bauwerk, unser Aussehen und unsere Kleidung, dann stießen sie alle zusammen einen lauten Schrei aus, der bedeutete, daß sie sich freuten. Als wir sie ein wenig beruhigt hatten, indem wir ihre Gesten nachahmten, näherten sie sich soweit, daß wir ihnen einige Glöckchen, Spiegel und mancherlei Tand zuwerfen konnten, den sie annahmen und lachend betrachteten, und dann kamen sie vertrauensvoll an Bord.»[1]

Dieser Bericht beschreibt einen für Erstkontakte häufigen Verlauf, wie er auch aus anderen Weltgegenden immer wieder überliefert wird. Die Einheimischen haben vom Ufer aus die herannahenden Schiffe gesichtet; Staunen erfaßt sie beim Anblick dieser geheimnisvoll sich bewegenden «schwimmenden Häuser» und «schwebenden Wolken», sind ihnen doch mit Segeln ausgerüstete, durch Steuerruder gelenkte Fahrzeuge völlig unbekannt. Man läuft am Ufer zusammen und macht sich gegenseitig auf das Schauspiel aufmerksam, man besteigt Anhöhen, um besser zu sehen und gesehen zu werden, man wirft sich in die Boote, um die Segelschiffe aus der Nähe besichtigen zu können. Die europäischen Seefahrer ihrerseits sind in dieser Phase der Kulturberührung daran interessiert, möglichst rasch friedliche Beziehungen zu den Eingeborenen herzustellen, sind sie doch auf deren Beistand bei der Verproviantierung und geographischen Orientierung angewiesen. Man sucht die Annäherung, indem man – vorerst noch ohne Tauschhandelsabsicht – den Überseebewohnern kleine Geschenke überreicht, oder besser: zuwirft, wohlfeilen Tand zumeist, dessen Attraktionskraft man bereits anläßlich früherer Reisen in andere Weltgegenden erprobt hat. Oft wird auf diese Weise das Vertrauen rasch gewonnen: «Da ich ihre Freundschaft gewinnen wollte», schreibt Kolumbus anläßlich seines ersten Kontakts mit Bewohnern der Neuen Welt im Oktober 1492, «und bemerkte, daß es Leute waren, die sich eher durch Liebe für unseren heiligen Glauben gewinnen und zu ihm bekehren ließen, gab ich einigen von ihnen ein paar bunte Mützen und einige Ketten aus Glasperlen, die sie sich um den Hals hängten, und allerhand andere Dinge von geringem Wert, an denen sie großes Vergnügen fanden, und uns derart zugetan waren, daß es ein wahres Wunder war. Hernach kamen sie zu den Booten geschwommen, in denen wir uns befanden und brachten uns Papageien und Knäuel von Baumwollfäden, Wurfspieße und viele andere Dinge . . .»[2]

Fast immer standen diese Kulturberührungen im Zeichen freundlicher gegenseitiger Annäherung. Zwar ist ein reiches Spektrum von Varianten zu beobachten – von der extremen Scheu, wie sie Kolumbus bei vereinzelten Karibik-Insulanern antraf, bis zur geradezu überströmenden Sympathiekundgebung, wie sie den Seefahrern des späten 18. Jahrhunderts in der polynesischen Inselwelt entgegentrat. Spontan feindseliges Verhalten von Seiten der Eingeborenen aber war selten – so selten, daß man sich fragen muß, ob, wenn es wirklich dazu kam, einer solchen «Erstbegegnung» nicht andere, nicht überlieferte Kontakte vorausgegangen waren, in deren Verlauf die Eingeborenen bereits schlechte Erfahrungen im Umgang mit den europäischen Ankömmlingen gemacht hatten. Dies könnte beispielsweise in Neuengland der Fall gewesen sein, wo die fromm gesinnten Puritaner, die nach 1620 hier zu siedeln begannen, sich überraschend feindselig empfangen sahen; gerade dieser Küstenstrich war bereits Jahrzehnte zuvor von Fischern und Pelzhändlern aufgesucht worden, von deren Wirken wir kaum Kunde haben.[3] Man hat aus der in der Regel auffallend konfliktfreien Begegnung in der Anfangsphase der Kulturberührung geschlossen, daß Jäger- und Sammlervölker grundsätzlich besonders friedliebend seien, unter anderem deshalb, weil ihnen an der Verteidigung persönlicher Ansprüche auf Land und Eigentum nichts liege. Gegen eine derartige Deutung aber spricht die Häufigkeit intertribaler Konflikte, wie sie bereits von

den ersten europäischen Seefahrern innerhalb der überseeischen Bevölkerung beobachtet und übrigens auch politisch ausgebeutet wurden.[4]

Die Europäer haben sich zu Beginn der Kulturberührung in der Regel
nicht aggressiv verhalten. Es läßt sich jedoch nicht leugnen, daß es Fälle
gab, in denen ohne Not auf die Eingeborenen gefeuert oder gar mit einer
derart entfesselten Gewalttätigkeit gegen sie vorgegangen wurde, daß
sadistische Motivation vermutet werden muß. Dies war etwa bei den
meisten der rund zwanzig Kulturberührungen der Fall, zu denen es anläßlich der ersten Weltumseglung durch Fernando Magellan um 1520
kam. Der Schiffschronist, Antonio Pigafetta, berichtet immer wieder
davon, wie solche Zusammentreffen, trotz freundlichem Entgegenkommen der Eingeborenen, in Blutbad und Brandschatzung endeten; dieses
rücksichtslose, taktisch völlig falsche Vorgehen sollte Magellan schließlich auf der Philippinen-Insel Cebu das Leben kosten.[5] Der Spanier Luis
Váez de Torres, der 1606 die nach ihm benannte Meeresstraße im Nordosten Australiens entdeckte, zögerte nicht, Eingeborene, die ihm vor der
Küste Neuguineas in freundlicher Absicht entgegenruderten, mit Ge-
wehrfeuer zu empfangen. «Als wir ihnen nahe genug gekommen waren», heißt es im Reisebericht, «begrüßten wir sie mit Arkebusenfeuer.
Jene, die tot umfielen, wurden von ihren Stammesbrüdern mit Keulen
geschlagen, in der Hoffnung, sie würde wieder aufstehen.»[6] Daß es sich
hier um eine Erstbegegnung handelte, geht daraus hervor, daß sich die
Eingeborenen über die tödliche Wirkung europäischer Waffen über weite Distanz offensichtlich noch keine Rechenschaft gaben.

Mit solch brutalem Auftreten gleich zu Beginn der Kulturberührung
erzielten die Europäer, dies steht fest, und sie begannen es nur allzubald
zu bemerken, eine kontraproduktive Wirkung: die erschreckten Eingeborenen flüchteten in die Wälder, warnten benachbarte Stammesverbän-
de und waren oft während Jahrzehnten nicht mehr ansprechbar. Es sind
nur vereinzelte Fälle überliefert, in denen solche Einschüchterung zu
momentanen Vorteilen führte, so etwa zu Beginn des 17. Jahrhunderts
vor der Küste von Virginia. Hier beschoß Kapitän John Smith, ein Hau-
degen, dem ein Menschenleben wenig bedeutete, die einheimischen Indianer und äscherte eine ihrer Wohnstätten ein; darauf hätten sich diese
bereit erklärt, alles, was sie besaßen, mit den Engländern zu teilen.[7]
Gerade in Virginia aber sollte sich zeigen, daß mit dem anfänglich rücksichtslosen Vorgehen der spätere Kulturzusammenstoß vorprogrammiert war. In Kenntnis der unerquicklichen Folgen solcher mutwillig
ausgelösten Konflikte empfahlen denn auch die Instruktionen, die man
den Entdeckern auf ihre Reise mitgab, bereits im 16. Jahrhundert zu-

rückhaltenden und möglichst friedfertigen Umgang mit den Eingeborenen, was nicht ausschloß, daß man gewappnet und auf der Hut sein sollte.[8]

Die Tatsache, daß sich die Europäer zu Beginn der überseeischen Kulturberührungen meist friedlich verhielten, will nun aber nicht bedeuten, daß man den Vormachtsanspruch aufgegeben hätte. Ganz im Gegenteil: alles, was die Europäer nach ihrem Eintreffen an fremden Küsten unternahmen, zielte darauf ab, klarzustellen, daß mit ihrer Präsenz eine neue und letzte Instanz auf den Plan getreten war. Bereits bei der Landung und beim Betreten der fremden Küste achtete man auf ein gewisses Zeremoniell, sowohl um sich selbst die Bedeutung der Entdeckung, die durch die Konstruktion des Finderechts nahezu einem Akt der Besitzergreifung gleichkam, vor Augen zu führen als auch um einen bleibenden Eindruck zu hinterlassen und Respekt einzuflößen. Man feuerte Salutschüsse ab, setzte Flaggen, kleidete sich besonders prächtig und formierte einen Cortège aus den wichtigsten Persönlichkeiten an Bord, der zuerst das Land betrat. Berühmt ist die Ankunft des Christoph Kolumbus auf der Insel San Salvador, wie sie später vom Kupferstecher Theodor de Bry in freier Darstellung festgehalten wurde: der Admiral in großem Pomp, die anderen Kapitäne und Offiziere mit den Fahnen der Katholischen Könige Isabella und Ferdinand, der Begleitschutz mit schwer bewaffneten und gepanzerten Landsknechten, der Notar mit Papier und Tinte, bereit, das Ereignis sofort zu Papier zu bringen.[9] Es ist kein Zweifel, daß die Spanier in der Abwicklung solcher Zeremonielle eine herausragende Meisterschaft entwickelten, die immer wieder bezeugt wird; es sei hier nur daran erinnert, mit welchem machtvoll gesteigerten Bewußtsein seiner eigenen Bedeutung Vasco Núñez de Balboa 1513 erstmals den Pazifik erblickte, während seine Eskorte niederkniete und ein «Te Deum» sang.[10] Ihren grotesken Höhepunkt erreichten solche Akte potentieller Besitzergreifung, wenn den anwesenden Eingeborenen das sogenannte «Requerimiento» feierlich vorgelesen wurde, ein halb mahnendes, halb drohendes Angebot, sie möchten sich als getreue Untertanen der Krone unterwerfen. Auch wenn später gelegentlich Dolmetscher eingesetzt wurden, verstand natürlich niemand unter den Eingeborenen auch nur annähernd den Sinn dieses Rituals, was seinen respekterheischenden Charakter noch verstärkte.

Doch nicht nur die Spanier, auch Portugiesen, Franzosen und Engländer traten in ähnlicher Weise auf. Daß man bei solcher Feierlichkeit bereits an die handfesten Profite dachte, die man aus dem Umgang mit den Eingeborenen zu ziehen hoffte, enthüllt ein Bericht von der Reise des John Cabot, der um 1497 Neufundland aufsuchte, mit naiver Offenheit. «Und sie landeten hier», heißt es darin, «mit einem Kruzifix und den hochragenden Fahnen mit den Emblemen des Heiligen Vaters und des Königs von England, ihres Herrn. Und sie fanden große Bäume von der Art, aus denen man Masten herstellt.»[11]

In Auftritten der geschilderten Art kam ein Imponiergehabe zum Ausdruck, das gelegentlich als unverhüllte Drohung verstanden werden konnte, in andern Fällen aber den Eindruck zu erwecken suchte, man sei im Besitz übernatürlicher Kräfte. Nichts eignete sich dazu besser als das Abfeuern von Geschützen, das bei vielen Überseevölkern einen panikartigen Schrecken hervorrief und beispielsweise dazu beitrug, die Erorberung Mexikos durch Cortés überhaupt zu ermöglichen. «Es war», heißt es im Bericht von Sahagún, der dieses Geschehnis aus Sicht der Azteken schildert, «als ob einem der Atem wegbliebe; man war betäubt, wie von einer Pilzvergiftung ... Furcht nahm überhand. Man hatte das Gefühl, als habe man sein Herz verschluckt. Noch bevor es dunkel wurde, verbreitete sich Schrecken.»[12] Eine ähnliche Wirkung erzielten die Spanier in Mittel- und Südamerika, wenn sie den Indianern ihre Pferde vorführten, Tiere, die diesen völlig unbekannt waren und Furcht und Zittern auslösten. Auch der Wissensvorsprung der Europäer auf technischen und anderen Gebieten verfehlte seinen Eindruck nicht. Das Abbrennen von Feuerwerk, die richtige Deutung von Himmelserscheinungen oder die Heilung von Kranken lösten oftmals ehrfürchtigste Bewunderung aus. Die Europäer beobachteten die Wirkung, die sie ausübten, genau und wußten sich sowohl den Schrecken als auch die Bewunderung lange zu erhalten. So gelang es beispielsweise Cabeza de Vaca um 1530 in scheinbar aussichtsloser Lage zu überleben und während vieler Jahre quer durch den Süden Nordamerikas zu wandern, weil er sich als Wunderheiler anpries und als solcher von den Indianern verehrt und weiterempfohlen wurde.[13]

Die Quellenlage ist leider viel zu lückenhaft, um bei allen Kulturberührungen, zu denen es im 15. und 16. Jahrhundert kam, eine Feststellung darüber wagen zu können, wie die Überseebewohner das Auftreten der Europäer beurteilten und in ihre Vorstellung der Welt einzuordnen versuchten. Häufig, wenn auch bestimmt nicht immer, sah man in den fremden Ankömmlingen Götter oder gottähnliche Wesen, zumindest in der ersten Phase der Kulturberührung und solange, als sich ihre Sterblichkeit noch nicht erwiesen hatte. Diese Göttlichkeit oder Gottähnlichkeit leitete man sowohl aus den erwähnten vermeintlichen Wundertaten wie aus der ganz und gar ungewohnten Erscheinung der weißhäutigen, bärtigen und zuweilen gar glatzköpfigen Europäer ab.

Die Andersartigkeit von Erscheinung und Benehmen der Europäer hat, wie die zeitgenössische Reiseberichterstattung hundertfach belegt, immer wieder Anlaß zu ungläubigem Staunen und staunender Gläubigkeit gegeben. «Diese Neger», schreibt der Venezianer Cadamosto, der Westafrika um 1450 in portugiesischen Diensten besuchte, «liefen zusammen, um mich zu sehen, als ob ich eine Wundererscheinung wäre. Es schien für sie eine neue Erfahrung zu sein, einen Christenmenschen zu sehen. Sie wunderten sich nicht weniger über meine Bekleidung als über meine weiße Haut. Meine Kleider waren nach spanischer Mode gemacht: ein Wams aus Damast mit einem kurzen Mantel darüber. Sie untersuchten den Wollstoff, der ihnen neu war, wie auch das Wams mit der größten Verwunderung; einige berührten meine Hände und Gliedmaßen und rieben meine Haut mit Speichel, um herauszufinden, ob das Weiß natürlich oder gefärbt sei.»[14] Als Kapitän James Cook über dreihundert Jahre später als erster auf Hawaii landete, erschien er den Inselbewohnern als übernatürliches Wesen. Wo immer die Engländer an Land gingen, liefen die Insulaner in Scharen zusammen und schmiegten sich an die Ankömmlinge, um sie zu berühren und um berührt zu werden – so groß war die Bedrängnis, daß man keinen anderen Ausweg sah, als sich freizuschießen.[15] Eine aufschlußreiche Schilderung der europäischen Ankunft aus indianischer Sicht findet sich in den Aufzeichnungen des Jesuitenpaters Le Jeune, dem es im 17. Jahrhundert gelang, einen Indianer, der sich noch genau an die Erzählung der Großmutter erinnerte, zu befragen. Dieser Indianer wußte zu berichten, mit welcher maßlosen Verwunderung seine Vorfahren an Deck der herannahenden «schwimmenden Inseln» Lebewesen festgestellt hätten und wie die Frauen sich sogleich daran gemacht hätten, den unerwarteten Gästen Unterkünfte vorzubereiten; auch seien Kundschafter ausgesandt worden, die in Erfahrung bringen sollten, um welche Art von Leuten es sich bei den Ankömmlingen handle. Die Kundschafter hätten festgestellt, daß es «wunderbare und schreckliche Leute» seien, daß sie sich in Eisen kleideten, daß sie Knochen äßen und Blut tränken; denn sie hatten sie in ihren Brustpanzern beim Essen von Schiffszwieback und beim Trinken von Wein beobachtet.[16]

So beeindruckend also stellte sich überall in der Welt, zumindest bei archaischen Kulturvölkern, das erste Auftreten der Europäer dar. Kann es da wundern, wenn diese fremden Besucher vollends zu übernatürlichen Wesen wurden, sobald sie sich den Spaß machten, mit einem Flintenschuß einen Papagei vom Baum zu holen, den Eingeborenen einen Taschenspielertrick vorzuführen oder sie in einen mitgebrachten Spiegel blicken zu lassen? Vielleicht kommen wir der Empfindung, die sich angesichts der ersten Europäer so oft im Eingeborenen regte, am ehesten auf den Grund, wenn wir in Anlehnung an Rudolf Otto von einem «Mysterium tremendum», einem Gefühl des schauervollen Geheimnisses, sprechen, das wesentlicher Teil jeder Anbetung des Göttlichen ist.[17]

Daß die ankommenden Europäer oft als Götter betrachtet wurden, geht besonders schön aus indianischen Zeugnissen im mittelamerikanischen Raum hervor. Wir wissen aus aztekischen Quellen, daß Motecuhzoma in Cortés und seinen Begleitern, die 1519 an der mexikanischen Ostküste landeten, den Gott Quetzalcóatl mit Gefolge sah, dessen Wiederkehr Prophezeiungen angekündigt hatten.[18] Er schickte den Spaniern Gesandte mit Geschenken und Opfergaben entgegen und war zu Tode erschrocken, als er erfahren mußte, die «Götter» hätten diese Ehrung verschmäht. Mit Grauen vernahm Motecuhzoma sodann die Schilderung vom Aussehen der Europäer und von der Wirkung ihrer Kanonen.[19] Als sich beim Aztekenherrscher der Verdacht erhärtet hatte, es müsse sich bei den Spaniern um «böse Geister» handeln, schickte er ihnen Medizinmänner entgegen, die sie verzaubern und unschädlich machen sollten – doch ohne Erfolg. Aus den aztekischen Quellen geht eindrücklich hervor, daß Motecuhzoma und seine Umgebung vor Schrecken handlungsunfähig waren, was zum verblüffend raschen Zusammenbruch des Reiches beitrug: «Er war nun schlaff und unsicher. Er konnte keinen Entschluß fassen. Darum tat er nichts. Er wartete. Er tat nichts. Er ergab sich und wartete. Er wartete darauf, daß sie kämen.»[20]

Ähnliches geschah in Peru. Auch hier gingen der Ankunft der Spanier unheilverheißende Vorzeichen voraus, und auch hier erwartete man die Wiederkunft eines Gottes. Zum Zeitpunkt von Pizarros Eintreffen, 1526, herrschte Bürgerkrieg zwischen den Thronprätendenten Huascar und Atahualpa; jede der beiden Parteien hoffte, die «Götter» oder «Gottesgesandten» auf ihre Seite ziehen zu können. Als die Inkas sahen, mit welcher Brutalität die Spanier vorgingen, wandelte sich ihre Einstellung. «Ich glaubte», äußerte ein einheimischer Chronist, dessen Zeugnis uns ein Augustinermönch überliefert hat, «es handle sich um gutartige Wesen, hergesandt – wie sie selbst behaupteten – durch Viracocha, das heißt Gott. Aber alles erwies sich, so scheint mir, als ganz anders; denn wißt, meine Brüder, daß diese Wesen, nach allem, was sie seit ihrer Ankunft in unserem Land geleistet haben, nicht Söhne des Viracocha sein können, sondern des Teufels.»[21] Wie andere Quellentexte zeigt auch der eben zitierte, daß die Europäer die Eingeborenen in ihren Erwartungen geschickt unterstützten. Die Eingeborenen ihrerseits hatten angesichts des

ungeheueren Kulturschocks, dem sie ausgesetzt waren, ein zwingendes
Bedürfnis, den Vorfall in ihren Erfahrungshorizont einzuordnen und so
zu verarbeiten. Und dies konnte dadurch geschehen, daß man der eigenen Mythologie Hinweise auf einen bevorstehenden Götterbesuch ent-
nahm und nach entsprechenden Vorzeichen und Prophetien suchte.

Übrigens verfuhr man bei anderen Kulturen im Grunde ähnlich. So
hat sich bei den Cherokee-Indianern in Nordamerika, die im 17. Jahrhundert sowohl mit Weißen als auch mit deren schwarzen Sklaven in
Berührung kamen, eine bemerkenswerte Schöpfungslegende ausgebildet. Sie berichtet davon, wie sich Gott bei der Erschaffung des Menschen
eines Brennofens bedient, in welchem drei Figuren von menschlicher
Gestalt, die er aus Teig gebildet hat, gebrannt werden. Aus Ungeduld
nimmt Gott den ersten Menschen zu früh aus dem Feuer; er ist mißraten
und von häßlicher bleicher Farbe: aus ihm wird der weiße Mann. Die
zweite Figur, wohlgeraten und braun gebrannt, wird zum Stammvater
der Indianer. Aus Begeisterung über das eben geschaffene Meisterwerk
vergißt Gott, die dritte Figur aus dem Ofen zu holen; wie er sich darauf
besinnt, findet er bloß eine verkohlte, schwarze Kreatur vor – den Neger.[22] Dieser indianische Schöpfungsmythos, dem vergleichbare aus der
afrikanischen Kulturtradition an die Seite zu stellen wären, leistet im
Grunde denselben Dienst wie die erwähnte Göttererwartung: er ermöglicht jene mentale Neuorientierung, deren die archaische Kultur bedarf,
um den Auftritt des Europäers zu bewältigen.

Die Europäer hatten es in dieser Hinsicht erheblich leichter. Einerseits
verfügte der Überseebewohner, dem sie begegneten, über keine uner-
klärlichen Fertigkeiten, und sie waren ihm militärisch überlegen; andererseits waren Kulturkontakte, etwa mit dem Islam, wichtiger Teil ihrer
geschichtlichen Überlieferung und Welterfahrung. Nach offizieller Ko-
lonialdoktrin der iberischen Seemächte waren die Bewohner überseeischer Gebiete Menschen, die das Unglück gehabt hatten, der christlichen Offenbarung nicht teilhaftig geworden zu sein; dadurch, daß man
sie zu bekehren versprach, erwarb man das Recht, ihre Gebiete in Besitz
zu nehmen.[23] Niemand kam auf die Idee, in den Eingeborenen Götter zu
sehen, ein ketzerischer Gedanke, der geradewegs vors Inquisitionsge-
richt geführt hätte; früh allerdings tauchte die Mutmaßung auf, diese
«Wilden» könnten dem paradiesischen Urzustand näher geblieben sein.[24]
Mit Tieren wurden die Eingeborenen in der europäischen Reiseericht-
erstattung auffallend selten, etwa im Zusammenhang mit vermuteten
kannibalischen Praktiken, verglichen, was nicht ausschloß, daß in popu-
larisierenden Darstellungen dieser Bezug verdeutlicht und auf Legenden-

figuren wie Monstren, Riesen und Zwerge zurückgegriffen wurde.[25]
Doch die europäischen Entdecker und Eroberer wußten durchaus, daß
sie es bei den Vertretern archaischer Fremdkulturen mit Menschen zu
tun hatten: von der Verantwortung dafür, daß sie mit ihnen in der Folge
oft wie mit Tieren umsprangen, kann niemand sie lossprechen.

Auch wenn im ersten Auftreten der Europäer der spätere Konflikt
meist schon angelegt war, darf festgehalten werden, daß die Kulturberührung in der Regel nicht nur durch beidseitige Friedfertigkeit gekennzeichnet war, sondern auch eine Periode gegenseitiger Annäherung darstellte, die für alle Beteiligten überaus anregend, unterhaltsam, ja be-
glückend verlaufen konnte. Die anfängliche Unfähigkeit, sich verbal zu
verständigen, war kein nennenswertes Hindernis im persönlichen Umgang; auch fanden sich bald sprachgewandte Personen auf beiden Seiten,
die Dolmetscherfunktionen übernahmen. Gewiß kam es laufend zu Miß-
verständnissen, oft aber zu solchen, über die man sich im nachhinein
köstlich amüsierte. Als Giovanni da Verrazano 1525 vor der Mündung
des St. Lorenzstromes eintraf, geschah es, daß ein Matrose über Bord fiel
und von der Strömung ans Ufer getragen wurde. Mit Entsetzen beobachtete die Mannschaft, wie ihr Landsmann von den Indianern umringt
wurde, die sich anschickten, ein Feuer zu entzünden. Jedermann an Bord
war überzeugt, daß man nun zusehen müsse, wie der Matrose gekocht
und verspeist werden würde. Groß war die Erleichterung, als sich zeigte,
daß die Indianer sich damit begnügten, die Kleider des Franzosen zu
trocknen und ihm zu essen zu geben. «Sie führten ihn an die Küste
zurück», schreibt der Chronist, «und umarmten ihn lange, auf diese
unzweideutige Weise bezeugend, mit welchem Bedauern sie von ihm
Abschied nahmen.»[26]

Die Europäer entdeckten mit Erstaunen, wie leicht Mienenspiel und
Gebärdensprache die kulturelle Grenze überwanden und wie universal
das Zeichensystem im Grunde ist, mit dem der Mensch Sympathie und
Ablehnung, Bejahung und Verneinung, Freude und Trauer auszudrük-
ken vermag. «Der Kapitän machte ihnen (den Indianern) Friedenszei-
chen», heißt es in einem frühen englischen Bericht aus Virginia, «doch
sie waren zuerst sehr scheu, bis sie sahen, daß der Kapitän die Hand auf
sein Herz legte: darauf legten sie Bogen und Pfeile beiseite und näherten
sich furchtlos.»[27] Und der Deutsche Georg Forster, der auf der zweiten
Reise des Kapitäns Cook mitfuhr, berichtet über den Empfang durch die
Bevölkerung Tahitis: «Sie schwenkten ein großes grünes Blatt in der
Luft und kamen mit einem oft wiederholten lauten ‹Tayo› heran, ein
Ausruf, den wir ohne Mühe und ohne Wörterbuch als einen Freund-

schaftsgruß auslegen konnten.»[28] Gerade im pazifischen Raum, der im
18. Jahrhundert von militant vorgetragenen Herrschaftsansprüchen ver-
schont blieb, läßt sich der Prozeß der Annäherung in seinen verschiedenen Stadien sehr schön beobachten: als neckisches Sich-Vordrängen und
Sich-Entziehen, als ungezwungener Erfahrungsaustausch, aber auch als
gegenseitig verpflichtende Vertrauensbeziehung. Man besuchte sich gegenseitig, nächtigte auf den Schiffen, entdeckte die Verwandtschaft der
elementaren menschlichen Bedürfnisse, teilte sich in die Geschäfte des
Alltags. Zuweilen, wenn auch nicht sehr oft, gelang es aufgeschlossenen
europäischen Reisenden, sich dieses günstige Klima der Kulturberührung zunutze zu machen und tiefen Einblick in die Eingeborenengesellschaft zu gewinnen. Dies war unzweifelhaft beim französischen Hugenotten Jean de Léry der Fall, der um 1550 bei den Tupí-Indianern Brasiliens weilte. Zwischen den Zeilen von Lérys Bericht wird immer wieder
die Lust am neugierigen Umgang mit Vertretern der Fremdkultur sichtbar, die es ihrerseits an Anteilnahme und Anhänglichkeit nicht fehlen
ließen. «Soweit ich beobachten konnte», schreibt der Franzose, «lieben
sie frohe, lustige und freigebige Menschen, während die schweigsamen,
knauserigen und melancholischen Leute ihnen verhaßt sind. Den Heim-
tückischen, den Grüblern, den Streitsüchtigen und den Egoisten kann
ich also sagen, daß sie bei unseren Tupinambaults nicht willkommen
sein werden, denn von Natur aus verachten sie diese Art von Menschen.»[29]

Die Dauer solcher Kulturberührungen war abhängig vom Grad des
kolonialen Engagements des Mutterlandes, von den Distanzen sowie der
Zugänglichkeit der Küsten und Territorien, von den Aktivitäten rivalisierender Seemächte. Es lag in der Natur dieser Art des Kulturkontakts,
daß er meist nur wenige Jahre währte. Dann pflegte sich entweder – im
glücklichsten Falle – ein Modus vivendi friedfertigen gegenseitigen Aus-
tauschs einzuspielen, der zu neuen Abhängigkeiten und beidseitigen An-
passungen führte: die Kulturbeziehung war entstanden. Oder es ereignete sich – leider der häufigere Fall –, daß die Kulturberührung in einen
Kulturzusammenstoß umschlug, der die kulturelle Existenz des militärisch und machtpolitisch schwächeren Partners bedrohte und seine physische Existenz gefährdete oder gar auslöschte. Zu Kulturzusammenstö-
ßen kam es in allen Weltgegenden, wo der weiße Mann auftauchte; doch
sie verliefen in vielerlei Formen und endeten unterschiedlich. Ausschlaggebend für den Verlauf waren die geographische Situation und das
Machtgefälle zwischen den Kulturen. Auf Inseln führte der Kulturzusammenstoß oft zur völligen Liquidation der Urbevölkerung, während

er auf dem Festland, wo Fluchtwege offenblieben, den scheinbar milderen Charakter der Verdrängung gewann. Militärisch gut ausgerüstete Hochkulturen oder solche, die in der Lage waren, sich in nützlicher Frist gegen die Bedrohung zu schützen, konnten dem Kulturzusammenstoß ausweichen, ihn lokalisieren oder in der Form des «kalten Krieges» einfrieren. Als eine Sonderform des Kulturzusammenstoßes würden wir Sklavenhandel und Sklavenwirtschaft betrachten: hier überlebte ein Teil der unterlegenen Bevölkerungsgruppe, freilich unter Umständen, welche das Überleben ihrer Kultur weitgehend unmöglich machte.

Der Umschlag der Kulturberührung in den Kulturzusammenstoß läßt sich bereits im Gefolge der ersten Reisen von Christoph Kolumbus beobachten. Mit der freundschaftlichen Mitwirkung der Indios hatte Kolumbus am Weihnachtstage des Jahres 1492 auf Santo Domingo den festen Stützpunkt «La Navidad» errichtet. In diesem Fort sollten rund vierzig Kolonisten die Rückkehr ihres Kapitäns und Nachschub an Menschen und Material aus dem Mutterland abwarten. Doch als der Seefahrer im November des folgenden Jahres wieder in Santo Domingo eintraf, fand er die Befestigung zerstört, die Besatzung erschlagen, die Indianer verängstigt und abweisend.[30] Ähnlich erging es den holländischen Kolonisten, die 1631 nach der kurz zuvor errichteten Siedlung Swanendael in Delaware ausfuhren: sie fanden das Fort zerstört und Vieh und Landsleute erschlagen.[31] Nicht mehr Glück hatten die Holländer, als sie um 1610 auf der Gewürzinsel Ternate einem einheimischen islamischen Potentaten das Recht zum Bau eines Forts abtrotzen wollten. Auch hier kam es zum brüsken Umschlag: «Die Mohren hatten», berichtet ein mitreisender deutscher Augenzeuge, «dem Admiral und dem Herrn Grunwegen van Delft die Häupter abgeschlagen und dieselben mit sich genommen.»[32] Weltweite Empörung schließlich erregte, um ein letztes Beispiel anzuführen, die Ermordung von Kapitän Cook durch die Bewohner Hawaiis im Jahre 1779. Die genauen Umstände dieses Zwischenfalls werden infolge unzureichender und teils widersprüchlicher Quellenaussagen nie festzustellen sein;[33] auch hier aber kam der Kulturzusammenstoß für die Europäer überraschend.

Die Ursachen für den Umschlag der Kulturberührung in den Kulturzusammenstoß dürften oft komplex gewesen sein; sie sind in den europäischen Reiseberichten, die in diesem Punkt betont Partei sind, selten genau auszumachen. Grundsätzlich aber kam es aus zwei Hauptgründen zum Konflikt, einerseits, weil die Vertreter der Fremdkulturen sich in ihrer bisherigen Lebensweise und in ihrem gewohnten Besitzstand bedroht fühlten, andererseits, weil sie den Respekt vor und das Vertrauen zu den Europäern verloren hatten. Es ist bezeichnend für die völlig ethnozentrische Deutung der Kulturkontaktsituation durch die Europäer, daß sie weder die Folgen ihres Auftretens abzuschätzen vermochten noch erkannten, wie prekär die geschaffene Respekts- oder Vertrauensbasis in der Regel war – dieser Umstand erklärt die Tatsache, daß die Reiseberichterstatter den Kulturzusammenstoß fast immer als überraschend erlebten und mit dem diskriminierenden Etikett des Verrats versahen.

Um den Prozeß zu verdeutlichen, der vom Frieden zum Krieg, von der Kulturberührung zum Kulturzusammenstoß führen konnte, sei hier ein repräsentatives Beispiel herausgegriffen: das Virginia-Massaker von 1622. Im Mai des Jahres 1607 war eine erste Gruppe von englischen Siedlern in Virginia eingetroffen, hatte Bäume gefällt und ein Fort gebaut, war von der indianischen Bevölkerung erst furchtsam und unterwürfig begrüßt, dann aber freundlich aufgenommen worden. Die Anfänge der Kolonie waren schwierig, und nur die Nahrungsmittellieferungen der Eingeborenen ermöglichten das Überleben. Obwohl vereinzelte kriegerische Zwischenfälle nicht ausblieben, gelang es den Engländern, mit dem mächtigen Häuptling Powhatan friedliche Beziehungen anzuknüpfen, welche dieser zur Stärkung seiner Stellung innerhalb der Stammesföderation zu nutzen gedachte. Durch die Verheiratung eines Siedlers mit der Häuptlingstochter Pocahontas hoffte man, die indianisch-europäische Freundschaft zu besiegeln. Durch den Anbau von Tabak, die Verteilung von Land zu privater Nutzung, die Übernahme von englischem Recht und Gesetz und die Einführung heiratswilliger Frauen erreichte man eine Konsolidierung der kolonialen Situation. Doch im März des Jahres 1622 erhob sich einer der indianischen Stämme unter ihrem Anführer Opechancanough, überfiel die zerstreuten Siedlungen im Hinterland und tötete über dreihundert Kolonisten, ein Viertel der Gesamtbevölkerung, auf besonders grausame Art. «Sie fielen nochmals über die toten Körper her», schreibt der Chronist, «entstellten und verunstalteten sie, zerhieben die entseelten Kadaver in viele Stücke und trugen diese mit höhnischer Verachtung und voll gemeiner, brutaler Siegesfreude irgendwohin.»[34]

Die europäischen Berichterstatter haben sich in der Folge bemüht, das Gemetzel als Überfall aus heiterem Himmel darzustellen und die Friedlichkeit vorangehender Beziehungen sowie die naive Vertrauensseligkeit der Kolonisten hervorzuheben. Genauerer Überprüfung hält jedoch eine solche Interpretation nicht stand. Die Wahrheit ist vielmehr, hier wie in unzähligen anderen Fällen, daß der Konflikt durch die Art der Bezie-

hung, welche die Europäer mit den Eingeborenen von allem Anfang
eingingen, vorprogrammiert war. Gewiß hatten die ersten Siedler, als sie
noch zu schwach waren, den Frieden gesucht; aber ihr Hauptziel war nie
gewesen, diesen Frieden zu erhalten, sondern das eigene Machtpotential
zu verstärken. Gewiß hatte man sich in den Formen des Umgangs flexibel gezeigt und Absprachen getroffen; doch man war in keiner Weise
bemüht, sich zu vergewissern, ob der Partner die eigenen Intentionen
wirklich verstand. Ein häufiges Mißverständnis, in Amerika, Afrika und
Asien, ergab sich daraus, daß die Land erwerbenden Europäer die kulturellen Rahmenbedingungen eines solchen Handels nicht verstanden,
nicht verstehen wollten. Angesichts der im europäischen Vergleich wenig intensiven Landnutzung, welche die Eingeborenen betrieben, meinte
man, diese verfügten ohnehin über zuviel Land und es fehle ihnen ein
klarer Besitzbegriff. Den Eingeborenen dagegen war der Gedanke unvertraut, man könne Land an Leute abtreten, die von ganz woandersher
zugezogen seien, und sie dachten in den Absprachen und Verträgen, die
sie mit den Weißen eingingen, bloß an die zeitweilige Überlassung des
Rechts auf Landnutzung. Mußten sie dann feststellen, wie die Europäer
darangingen, die Landschaftsgestalt durch Rodung, Errichtung fester
Wohnstätten und Befestigungsanlagen zu verändern, fühlten sie sich vor
den Kopf gestoßen und übertölpelt.[35] Das Befremden der Eingeborenen
über das, was ihnen als schamlose Anmaßung erscheinen mußte, ist von
den Europäern hin und wieder durchaus erkannt worden. «Das Volk
behandelte uns zuvorkommend», schreibt beispielsweise einer der ersten
Siedler in Virginia, «bis zu dem Augenblick, da wir begannen, das Feld
zu bebauen und Befestigungsanlagen zu erstellen.»[36] In ihrem Kern begriffen wurde diese Reaktion freilich kaum.

Neben der hauptsächlichen Konfliktursache der Besitzaneignung gab
es eine große Zahl weiterer Konfliktherde, von denen hier nur kurz die
Rede sein kann. Häufig mischten sich die Europäer in die internen Auseinandersetzungen der Eingeborenen ein, und es gelang ihnen, etwa
durch Waffenlieferungen, die Machtkonstellation in ihrem Sinne zu verändern oder das bisher bestehende Gleichgewicht zu zerstören. Dies war
gelegentlich in Westafrika der Fall: bereits zu Beginn des 15. Jahrhunderts, als die Portugiesen durch ihr kommerzielles und missionarisches
Auftreten im Kongo nichts als innere Unruhen bewirkten, und später,
als im Zusammenhang mit dem Sklavenhandel das Machtpotential der
Küstenbevölkerung in einseitiger Weise gesteigert wurde.[37] Nicht selten
versuchte man auch auf die innertribalen Machtverhältnisse Einfluß zu
nehmen, zuweilen absichtslos, indem man mit unzuständigen Partnern

verhandelte, zuweilen absichtsvoll, indem man genehme Stammesführer stützte, immer aber in unzureichender Kenntnis von Stammesstruktur und Herrschaftsfolge. Im islamischen Asien mischten sich die Europäer gern in die hier ohnehin traditionellen Familienstreitigkeiten um die Nachfolge ein, ohne freilich, wie man sich vorstellen kann, einen dämpfenden Einfluß auszuüben.[38] Oft entstanden Konflikte auch im Zusammenhang mit dem Warenhandel, den dadurch geweckten neuen Bedürfnissen und der Erschöpfung der Ressourcen: So boten an der ganzen nordamerikanischen Ostküste die Getreidelieferungen an die frühen Kolonisten, geleistet durch Stämme, die sich selbst kaum erhalten konnten und keine Vorräte anlegten, dauernden Anlaß zu Zwischenfällen.[39] Schließlich kam es auch immer wieder und überall, oft unter der Einwirkung von Alkohol, zu Gewalttätigkeiten zwischen einzelnen Personen aus beiden Kulturen, die bereits schwelende Spannungen ins offene Feuer der Kampfhandlungen umschlagen lassen konnten. Mitverantwortlich für den Ausbruch solcher persönlichen Konflikte war, das muß leider betont werden, die weitverbreitete Diskriminierung der Fremdkulturen, die das Leben ihrer Vertreter als weniger wertvoll und Mord, Totschlag und Vergewaltigung als läßliche Sünde erscheinen ließ.

Es ist sicher richtig, daß manche archaischen Völker, die Indianer im besonderen, den offenen Krieg gern mit heimlich vorbereiteten Überfällen eröffneten, auch wenn gesehen werden muß, daß das mangelnde europäische Verständnis für die Problematik des Kulturkontakts dazu beitrug, jenes Überraschungsmoment zu verstärken. Im Verkehr zwischen höher entwickelten Kulturen waren Vorwarnung und Kriegserklärung üblicher: so ging beispielsweise den Konfliktfällen mit Japan und China meist ein diplomatisches Vorspiel voraus.[40] Unrichtig dagegen und auf Grund der Quellen widerlegbar ist die von europäischen Zeitgenossen immer wieder vertretene Meinung, die «Wilden» hätten den Krieg in einer unter Zivilisierten unbekannten, besonders grausamen Weise geführt. Zwar kannten die meisten archaischen Völker die Folter, zuweilen in ausgeklügelt sadistischen Formen; aber solche Folter gab es, in etwas anderer Funktion, im Europa der Glaubenskriege auch. Gewiß kam es vor, daß indianische Jünglinge, um ihre Mannbarkeit zu erweisen, zum Skalpieren ausgesandt wurden, aber um die Mannbarkeit ging es auch den portugiesischen Aristokratensöhnen, die gegen nordafrikanische Mauren wüteten, um anschließend den Ritterschlag zu empfangen. Und was das Skalpieren betraf, weiß man, daß sich die Europäer ebenfalls daran beteiligten, wenn auch die in Kreisen des «American Indian Movement» gelegentlich geäußerte Behauptung, die Weißen hätten die-

sen Brauch eingeführt, falsch ist.[41] Auch der Vorwurf, die Eingeborenen
hätten durchwegs im Affekt und aus Rachsucht gehandelt, ist nicht halt-
bar, gibt es doch zu zahlreiche Beispiele dafür, daß Gefangene geschont
und kriegerische Handlungen mit einem Vergleich beendet wurden. Es
steht schließlich außer Zweifel, daß Kriege unter Eingeborenen, zum
Teil freilich auch wegen der weniger wirksamen Bewaffnung, im allgemeinen mit geringerer Hartnäckigkeit und unter geringeren Opfern geführt wurden als unter Europäern.[42]

Meist boten Überfall und Massaker der geschilderten Art den europäischen Kolonisten den erwünschten Anlaß, um zur systematischen Bekämpfung der Eingeborenen überzugehen. Auf das Massaker von Virginia antworteten die Engländer mit gezielter Antiguerilla-Taktik; die
Siedler wurden angewiesen, die Indianer «überallhin zu verfolgen, in
ihren Hütten zu überraschen, auf ihren Jagdzügen abzufangen, ihre Dörfer und Kultstätten zu vernichten, ihre Kanus und Befestigungen zu
zerstören und ihr Getreide abzutransportieren, damit ihnen nichts mehr
übrig bliebe, um neue Kräfte zu sammeln und den Widerstand fortsetzen
zu können».[43] Dieses Vorgehen erwies sich als effizient: um 1650, nach
einem weiteren verzweifelten Aufstand, war Opechancanoughs Stamm
endgültig besiegt und aus seinen Siedlungsgebieten verdrängt. Und mit
diesem Vorgehen verband sich auch ein bemerkenswerter Wandel des
europäischen Eingeborenenbildes: das Massaker hatte die unterschwelli-
gen Vorurteile bestätigt und Barbarentum und Perfidie der Indianer auf-
gedeckt; nun, nachdem von ihrer Seite nichts mehr zu fürchten war,
gewann in der Reiseberichterstattung die Vorstellung von «edlen Wilden» wieder an Terrain, und man betrachtete mit Melancholie ein
Schicksal, das man selber verschuldet hatte.[44]

Analog verfuhren wenig später die puritanischen Siedler in Neuengland. Dort kam es im Jahre 1675 zu einem Aufstand der Wampanoag-
Indianer, der zum Massaker gegenüber Grenzsiedlern ausartete: in wenigen Tagen verloren Hunderte von Weißen ihr Leben. Auch hier wurden
die englischen Vergeltungs- und Verdrängungsmaßnahmen ohne Rücksicht und Gnade vollzogen. In kurzer Zeit wurden gegen 5000 Indianer
umgebracht und der Rest ins Hinterland verjagt; bescheidene Ansätze zu
friedlichem Zusammenleben und zur Missionierung wurden ausgelöscht.[45]

Natürlich blieb solche überaus harte Reaktion auf Eingeborenenüber-
fälle dieser Art nicht das traurige Privileg englischer Siedler. Bereits die
Spanier verfuhren in Mittel- und Südamerika sehr ähnlich, und zwar
ebenfalls oft im Anschluß an indianische Verzweiflungstaten, auf die

man mit eigentlichen «Befriedigungsstrategien» antwortete. Georg Friederici hat klar ausgesprochen, was die Konquistadoren unter dem Begriff «pacificación» verstanden, den Willen nämlich, «ein bisher unabhängiges, bekanntes oder gänzlich unbekanntes, sich widersetzendes oder gänzlich harmloses Land zu überrennen, auszuplündern, in Beschlag zu nehmen»[46] – wobei Befriedigung immer auch, bis hin zum Zeitalter des Imperialismus, die Insinuation in sich schloß, das betroffene Volk sei bereits innerlich zerstritten und bedürfe, um ein menschenwürdiges Dasein zu führen, des militärischen Eingreifens durch die europäische «Schutzmacht».

Auch wenn Kriegsausbruch und nachfolgende Strafaktionen die Geschichte der frühen Kulturkontakte in besonders markanter Weise prägten und in der Fachliteratur besonders ausführlich abgehandelt worden sind, haben doch andere Formen des Kulturzusammenstoßes unter der Bevölkerung der Fremdkulturen größere Opfer gefordert. Eine enorme Bedrohung bedeutete die Einschleppung und Übertragung bisher unbekannter Krankheiten wie Pocken, Tuberkulose oder Syphilis, denen die Überseebewohner keine durch Immunisierung entwickelten Abwehrkräfte entgegensetzen konnten. Es steht außer Zweifel, daß solche epidemisch auftretenden Krankheiten vor allem in Mittel- und Nordamerika größeren Schaden anrichteten als direkte militärische Aktionen. Gewiß ist es sehr schwierig, für eine Zeit, da entsprechende Statistiken fehlen und man auf Schätzungen angewiesen ist, den durch Krankheit erlittenen Schwund der Urbevölkerung genau zu beziffern. Die neuesten Forschungsergebnisse aber stimmen darin überein, daß die einheimische Kontaktbevölkerung in Mittel- und Nordamerika im Jahrhundert nach der Ankunft der Europäer um 80 bis 90% ihrer Gesamtzahl zurückgegangen ist, wobei kriegerische Konflikte nicht sehr ins Gewicht fielen. Immer wieder breiteten sich, zuweilen bereits im Gefolge einer flüchtigen Kulturberührung, Seuchen aus. In Mittelamerika und in den Andenländern wütete bereits vor dem Eroberungszug Pizarros eine dort bisher unbekannte Krankheit, wohl Pocken oder Masern, und raffte Tausende von Indios dahin, unter ihnen auch den Inkaherrscher Huaina Capac. In Mexiko, dessen indianische Bevölkerung infolge von Krankheiten und Kriegen zwischen 1519 und 1568 von geschätzten 25 Millionen auf 2,6 Millionen Seelen sank, kam es wiederholt zu Epidemien, so in den Jahren 1519, 1524, 1529, 1557 und 1576.[47] Und ähnliches gilt für Nordamerika. So hat man etwa errechnet, daß auf Martha's Vineyard, einer Rhode Island vorgelagerten, leicht überblickbaren Insel, zum Zeitpunkt des europäischen Eintreffens im Jahr 1642 rund 3000 Indianer siedelten, eine Zahl, die sich hundert Jahre später, obwohl es hier zu keinerlei kriegerischen Auseinandersetzungen kam, noch auf 300 Indianer belief.[48] Ein besonders guter Kenner der nordamerikanischen Urbevölkerung, John Heckewelder, der sich um 1800 bei den Lenni Lenape südlich von New Jersey aufhielt, stellte fest: «Wie groß die Bevölkerung dieses Landes war, als die Europäer hier eintrafen, ist schwierig zu sagen. Alles, was ich weiß, ist, daß bereits um 1760 ihre ältesten Männer sagten, daß zu diesem Zeitpunkt nur noch soviel Hunderte von Indianern lebten wie zuvor Tausende. Seither ist ihre Zahl noch weiter zurückgegangen.»[49]

Krankheiten wurden, wie erwähnt, bereits bei Kulturberührungen, die der Besiedlung vorausgingen, übertragen. Man weiß, daß in der Bucht von Cape Cod vor der Ankunft der ‹Mayflower› im Jahre 1620 schwere Seuchen wüteten, die von den Indianern mit europäischen Fischern in Zusammenhang gebracht wurden und wohl den unfreundlichen Empfang erklären, den man den Pilgervätern bereitete. Von den Kolonisten besitzen wir zahlreiche Aussagen, die den rapiden Bevölkerungsschwund, wenn auch meist ohne Bedauern, vermerken. «Die Bevölkerung begann», berichtet Thomas Harriot bereits 1590 aus Virginia, «sehr rasch und in großer Zahl dahinzusterben», und aus Carolina meldete um 1700 ein Siedler, die indianische Bevölkerung im Umkreis seiner Farm sei im Verlauf von fünfzig Jahren auf weniger als ein Sechstel zurückgegangen.[50] Heilmittel gegen die von den Europäern eingeschleppten Krankheiten waren unbekannt, die Medizinmänner waren machtlos und die Sitte mancher Stämme, sich zahlreich am Lager der Sterbenden einzufinden, vergrößerte die Ansteckungsgefahr. Die Epidemien rafften vor allem Kinder und junge Männer dahin, verschonten aber auch nicht die Ältesten, denen im Stammesverband wichtige Funktionen übertragen waren – eine kaum mehr zu behebende Zerrüttung der Stammesstruktur und Schwächung der militärischen Widerstandskraft war die Folge. Die vorwärts drängenden Kolonisten erkannten sehr wohl, welchen Dienst ihnen diese Krankheiten leisteten und sahen darin zuweilen, wie die Puritaner in Neuengland, ein Zeichen göttlicher Vorsehung: «Durch die Beseitigung einer großen Zahl von Eingeborenen», schreibt Gouverneur John Winthrop, «. . . hat Er für uns Raum geschaffen.»[51]

Der Kulturzusammenstoß in der Form der Übertragung eingeschleppter Krankheiten hat jenseits des Atlantiks am verheerendsten gewirkt und ist dort auch am besten untersucht worden. Doch Vergleichbares ereignete sich auch in anderen Weltgegenden vor allem im Kontakt mit relativ isoliert lebenden Völkerschaften: die rapide Verbreitung der Geschlechtskrankheiten in der pazifischen Inselwelt sei hier als Beispiel ge-

nannt.[52] Umgekehrt konnte es durchaus vorkommen, daß die nach
Übersee ausfahrenden Europäer ihrerseits Opfer ihnen bisher kaum bekannter Krankheiten wurden. Berüchtigt ist der Fall der afrikanischen
Westküste: hier starb nach bloß einjährigem Aufenthalt etwa die Hälfte
der weißen Händler an Malaria, Gelbfieber und anderen Tropenkrankheiten, während die Überlebenden sich zunehmend immunisierten und
zuweilen ein hohes Alter erreichten.[53] Diese hohe europäische Sterberate
war ein Hauptgrund, daß der Kulturzusammenstoß in diesem Teil der
Erde sich oft zur Kulturbeziehung abschwächte und eine Besiedlung
größeren Umfanges erst im Zeitalter des Imperialismus, nach Entdek-
kung des Chinins und anderer Heilmittel, erfolgte.

Katastrophale Folgen für die Fremdkulturen ergaben sich nicht nur
durch Krieg und Epidemien, sondern auch aus der Überführung großer
Bevölkerungsteile in Zwangsarbeit und Sklaverei. Bereits die Spanier,
vom Wunsch getrieben, möglichst schnell zu Reichtum zu gelangen,
ohne selber Hand anlegen zu müssen, hatten frühzeitig indianische Arbeitskräfte in ihren Dienst genommen, zuerst auf den Inseln, dann auf
dem Festland. Eine erste gesetzliche Regelung der Arbeitspflicht der
Eingeborenen erfolgte auf Anregung des Gouverneurs von Santo Domingo, Nicolás de Ovando, im Jahre 1503 durch einen Erlaß der Königin Isabella mit der Begründung, es ließe sich außer Indianern niemand
finden, der für den Lebensunterhalt der Spanier arbeite und diesen helfe,
das auf der Insel vorkommende Gold zu gewinnen.[54] Dieser Erlaß sah
zwar ausdrücklich vor, daß die Eingeborenen als freie Personen und
nicht als Leibeigene zu betrachten seien, angemessen entlöhnt und in der
christlichen Lehre unterrichtet werden müßten; doch die Einhaltung solcher Vorschriften war in Übersee sehr mangelhaft und vom Mutterland
aus schwer durchzusetzen. Die Verteilung von indianischen Arbeitskräf-
ten unter den Siedlern im sogenannten «Repartimiento-System» hatte
für die Eingeborenengesellschaft, selbst wenn man von den häufigen
Todesfällen durch Gewalttat, exzessive Bestrafung und Ansteckung
durch Krankheit einmal absieht, schwerwiegende und weitreichende
Folgen. Obwohl ähnliche Formen der Arbeitsverpflichtung mancherorts
schon in präkolumbischer Zeit bestanden hatten und den Indianern nicht
unbekannt waren, führte doch das intensivierte, auf neue Produkte und
Produktionsweisen ausgerichtete System der «Repartimientos» häufig
zu Destrukturierung und Auflösung der Eingeborenengesellschaft. Die
jungen arbeitsfähigen Männer, die für einen Teil des Jahres in bestimmter Anzahl zur Fronarbeit befohlen wurden, fehlten besonders zu Ernte-
zeit in ihren Dörfern, und der landwirtschaftliche Ertrag ihrer Her-

kunftsgebiete sank. Wie stark sich ihre Abwesenheit auch auf die Fruchtbarkeit der Frauen ausgewirkt und demographische Konsequenzen gehabt hat, scheint je nach Region verschieden und schwer zu quantifizie-
ren zu sein; sicher ist, daß Familienleben, hergebrachte Gesellschaftsord-
nung und moralisches Wertsystem schwer in Mitleidenschaft gezogen
wurden. Manche Indianer kehrten nie mehr zurück und führten auf den
Besitzungen und in den Minen der Weißen als kleine Händler und Handwerker ein kümmerliches Leben. Es ist hier nicht möglich, das System
der «Repartimientos» und der sie schließlich ersetzenden «Encomien-
das», die vornehmlich auf Tributleistung basierten, in ihren vielen verschiedenen, nach den Bedürfnissen einzelner Regionen abgewandelten
Ausprägungen darzustellen.[55] Unbestreitbar ist, daß alle diese Formen
der Indienststellung des Indianers diesen seiner angestammten Gesellschaft entfremdeten, ohne ihn in die Kolonialgesellschaft zu integrieren.
Selbst wenn das Leben des indianischen Arbeitsverpflichteten erhalten
blieb, geriet er doch in einen fatalen Zustand kultureller Entwurzelung
und sittlicher Haltlosigkeit.

Historisch folgenreicher als das in Lateinamerika praktizierte «Repartimiento-System», das infolge des indianischen Bevölkerungsrückganges
bald aufgegeben werden mußte, war die mit importierten afrikanischen
Sklaven betriebene Plantagenwirtschaft. In manchen Teilen Lateinamerikas, insbesondere in der Karibik und in Brasilien, aber auch in Mexiko
und Venezuela, war es die Aufgabe der Schwarzafrikaner, die fehlenden
indianischen Arbeitskräfte zu ersetzen: menschlich besorgte Kritiker, die
das Leid der Indianer nicht mehr ansehen mochten, sollen nach dieser
«Lösung» gerufen haben.[56] In Portugal, Spanien und andern Mittelmeer-
ländern schon vor der ersten Reise des Kolumbus bekannt und ausgeübt,
nahm die Sklaverei in der Neuen Welt mit einem Afrikaner-Transport
von Sevilla nach Santo Domingo im Jahre 1505 ihren Anfang. Wenig
später tauchten schwarze Sklaven in Brasilien auf, wo sie, wie auch in
der Karibik, vornehmlich auf Zuckerplantagen eingesetzt wurden. In die
englischen Besitzungen im Süden Nordamerikas, wo auf indianische
Fronarbeit verzichtet wurde, gelangten die ersten Afrikaner im Jahre
1619; sie wurden zuerst auf Tabak-, später in großem Umfang auf
Baumwollplantagen verwendet. Gegen Ende des 18. Jahrhunderts gerieten Sklavenhandel und Sklavenwirtschaft, die in diesem Jahrhundert
noch eine letzte Blüte erlebt hatten, unter kritischen Beschuß, und die
weltwirtschaftliche Entwicklung wie auch die freiheitlichen Grundsatz-
erklärungen der Amerikanischen und Französischen Revolution trugen
zur Entstehung eines abolitionistischen Klimas bei. 1807 schaffte das

englische Parlament den Sklavenhandel ab, und der Wiener Kongreß von 1815 erweiterte die internationale Verbindlichkeit dieses Vorstoßes.

Im Rückblick betrachtet, erscheint der transatlantische Sklavenhandel als eine der rücksichtslosesten, monströsesten Unternehmungen, die der Mensch im Laufe seiner Geschichte ins Werk gesetzt hat, um sich seinesgleichen untertan zu machen: das ethnische Antlitz der Bevölkerung der westlichen Hemisphäre ist dadurch bis heute geprägt worden. Über die Zahl der verschleppten Afrikaner liest man verschiedene Angaben und unterschiedlich sind auch die Schätzungen über die Sterberate während der Überfahrt und in der schwierigen Anpassungsphase unmittelbar nach der Ankunft in Übersee. Neueste Forschungen haben eine Zahl von rund 9,8 Millionen in die Neue Welt eingeführter Sklaven ergeben, wovon 3,1% in der Periode bis 1600, 16% bis 1700 und 52,4% im 18. Jahrhundert transportiert worden sind; selbst im 19. Jahrhundert wurden entgegen den internationalen Bestimmungen noch rund 3 Millionen nach Amerika deportiert. Die Mehrzahl dieser Sklaven, etwa 4 Millionen, gelangte auf die Karibischen Inseln; Brasilien bezog etwa 3,8 Millionen und Nordamerika vor dem Unabhängigkeitskrieg etwa 427000. Die Zahl der Sklaven, die Westafrika in der Zeit vom 16. zum 19. Jahrhundert verlor, ist allerdings wesentlich höher anzusetzen, da man annehmen muß, daß bei der Überfahrt 10 bis 20% starben, wozu noch die Zahl jener zu rechnen ist, die auf dem Weg von ihrer Heimat zur westafrikanischen Küste umkamen. Heute übliche Schätzungen über den Bevölkerungsverlust Westafrikas durch den Sklavenhandel schwanken zwischen Gesamtzahlen von 11,7 und 15,5 Millionen.[57]

Es kann sich im Rahmen unserer Darstellung nicht darum handeln, näher auf Sklavenhandel und Sklavenwirtschaft einzugehen; ein paar Hinweise zum Kulturzusammenstoß, wie er auf der überseeischen Plantage manifest wurde, müssen genügen. Grundsätzlich wird man, trotz der in der aktuellen Forschung lebhaft diskutierten regionalen Verschiedenheiten, davon ausgehen dürfen, daß der schwarze Sklave, wo immer er sich befand, als «lebendes Werkzeug» im Rahmen eines merkantilistischen Weltsystems eingesetzt wurde, das sich die Ausbeutung kolonialer Rohstoffe und Naturprodukte, insbesondere des Zuckers, zum Ziel setzte.[58] Die Verschleppung der Schwarzafrikaner nach Übersee hatte einen Grad kultureller Entwurzelung zur Folge, wie er ähnlich tiefgreifend bei anderen Erscheinungsformen weltweiter Migration, etwa bei der Auswanderung, nicht zu beobachten ist. Der Schwarze hatte keinerlei Möglichkeit, sein Reiseziel oder die Art seines Arbeitseinsatzes mitzubestimmen, und er sah sich, falls er die Strapazen des Transports überlebte, in

eine fremdartige Umgebung und in einen völlig neuartigen Arbeitspro-
zeß hineinversetzt. Um die Gefahr von Konspirationen und Aufständen
möglichst niedrig zu halten, achteten die Plantagenherren darauf, daß
gleich nach Ankunft der Sklaven Familien- und Stammesangehörige
voneinander getrennt wurden. Der mit monotoner Regelmäßigkeit sich
wiederholende Tagesablauf auf der Pflanzung, das herrschende Klima
von Gewalttätigkeit und Terror und die geringe Zeit, die dem Sklaven
zu seiner persönlichen Verwendung zugemessen war, führten dazu, daß
die Ausbildung neuer, eigenständiger Lebens- und Kulturformen behin-
dert wurde.[59] Umgekehrt schloß die scharfe Trennung von weißer Her-
rengesellschaft und schwarzer Sklavengesellschaft eine allmähliche Integration des Afrikaners in die Siedlergemeinschaft aus. Gewiß ist richtig,
daß sich der engere Kontakt zwischen Weißen und Schwarzen nicht
überall vermeiden ließ, und man weiß, daß die Bediensteten in den
Herrschaftshäusern Brasiliens und der Südstaaten, oft Mulatten, zuweilen in den Familienverband eingeschlossen wurden. Aber die häufig zitierten und quellenmäßig relativ gut belegten Beispiele von schwarzen
Gouvernanten, Köchinnen und Hausdienern, die von patriarchalisch
auftretenden Herrschaften ins Vertrauen gezogen wurden und die deren
Standesbewußtsein und Umfangsformen zu teilen oder nachzuahmen
begannen, sind doch Ausnahmen.[60] Als Regel muß gelten, daß der Sklavenstatus von Seiten der Weißen präzis und rigide festgelegt und mit
allen Mitteln als dauernd erhalten wurde. Selbst die Freilassung von
Sklaven, die überall möglich war und in Brasilien nicht selten vorkam,
ging nicht von einer grundsätzlichen Infragestellung dieses Sklavenstatus
aus, sondern erfolgte, wenn aus der Maßnahme kein Nachteil zu be-
fürchten war, meist im Sinne einer individuellen Dankesbezeugung.

Daß sich innerhalb eines solchen Zwangssystems beim Herren wie
beim Sklaven schwerwiegende charakterliche Deformationen einstellen
konnten und jede menschliche Beziehung fragwürdig, jedes Verantwortungsbewußtsein gestört war, kann nicht erstaunen. Auf der Sklavenfarm spielte sich der Kulturzusammenstoß im allerengsten Kreis ab: die
meisten der moralisch und psychisch korrumpierenden Erscheinungen,
die das Zusammenleben der Rassen auch anderswo erschwerten, wurden
hier in der Abgeschlossenheit zur gefährlichsten Virulenz hochgezüchtet.
Die natürlichen Tugenden des schwarzen Afrikaners, Loyalität und
Herzlichkeit, pervertierten, da sie sich nicht mehr in Freiheit entfalten
konnten, zu schleicherischer Ergebenheit, Hypokrisie, heimtückischer
Schadenfreude und Apathie. «Die Sklaverei», schreibt ein schwarzer
Plantagenknecht in seinen Lebenserinnerungen, «tendiert natürlicher-

weise dahin, aus dem Meister einen Tyrannen und aus dem Sklaven das furchtsame, treulose, falsche und diebische Opfer dieser Tyrannei zu machen.»[61] Und ein neuerer amerikanischer Historiker, Stanley Elkins, hat in einer eindrücklichen Studie untersucht, inwiefern Freiheitsentzug und Terror auf der Sklavenfarm zur Entstehung einer bestimmten «schwarzen Mentalität» beitragen können, die er im «Sambo-Typ», dem kindlich-unterwürfigen, aber unzuverlässigen Schwarzen repräsentiert sieht.[62] In seiner Gleichsetzung von Konzentrationslagern und Sklaven-farmen geht Elkins freilich zu weit, scheint er doch zu vergessen, daß es im Interesse der Plantagenbesitzer lag, ihre Sklaven möglichst lange bei guter Gesundheit und arbeitsfähig zu halten, eine Absicht, die den natio-nalsozialistischen Endlösungsbeauftragten gänzlich fern lag.

Die Sorge um die Erhaltung der schwarzen Arbeitskraft hat mancher-orts, insbesondere in den nordamerikanischen Südstaaten, dazu geführt, daß die Freiräume der Sklavenexistenz allmählich erweitert, die Bildung kinderreicher Familien begünstigt und die Leistung des Schwarzen nicht so sehr mit Gewalt erzwungen, als durch gezielte Erleichterungen und Sondervergütungen stimuliert wurde, dergestalt, daß die Abschaffung des Sklavenhandels noch nicht zum Zerfall des hergebrachten Systems führte. In zahlreichen historischen Arbeiten, insbesondere in den glän-zenden Studien Herbert G. Gutmans, ist denn auch gezeigt worden, wie sich auf der Grundlage des weitgehend intakt gebliebenen Verbands der Sklavenfamilie in den USA eine eigenständige «Culture of Poverty» entwickelte, die nach dem Sezessionskrieg und der Abschaffung der Sklavenwirtschaft weiterblühte und heute aus dem gesellschaftlich-kul-turellen Leben der Vereinigten Staaten nicht mehr wegzudenken ist.[63]

Bildete die Sklavenfamilie die Basis für diesen kulturellen Neubeginn, so verlieh ihm die christliche Religiosität seine innere Glaubwürdigkeit und soziale Verbindlichkeit. Bis zum Ende des 18. Jahrhunderts hatten die Plantagenherren zwar, weil sie emanzipatorische Auswirkungen be-fürchteten, noch meist von Missionierung und christlicher Ausbildung abgesehen. Doch nach 1830 begann sich die Meinung durchzusetzen, die christliche Lehre sei geeignet, die demütige Hingabe der Sklaven zu fördern und die Legalität der Herrschaft aus dem Geist des vormund-schaftlichen Paternalismus zu erneuern. Ob dem so war, sei hier dahin-gestellt; mit Bestimmtheit aber half die von Baptisten und Methodisten vorangetriebene religiöse Unterweisung den Schwarzen, ihre kulturelle Eigenständigkeit zu vertiefen.[64] Der Kulturzusammenstoß führte also im Falle der Plantagenwirtschaft nicht zum Verschwinden der angestamm-ten Kultur, sondern zu einer neuen Kulturform, in der sich Relikte des

Überlieferten mit Neuem auf eigentümliche Weise zu einem Ergebnis von selbständiger Qualität vermischten. Am häufigsten ist dieser Vorgang am Beispiel der schwarzamerikanischen Musik, wo er wohl auch am eindrücklichsten in Erscheinung tritt, untersucht worden. Hier kam es zu faszinierenden Akkulturationserscheinungen: so behielt etwa im christlichen Negro Spiritual der Jordan-Fluß eine archaische Bedeutung, indem man ihn jenen westafrikanischen Strömen gleichsetzte, die gemäß angestammter Kulturtradition von den Geistern der Verstorbenen überquert werden mußten, bevor sie ins Jenseits gelangten. Und ähnliches ist in Mittel- und Südamerika zu beobachten, wo sich, etwa auf Haiti, katholische Heiligengestalten und afrikanische Gottheiten zur überraschenden Personalunion verbinden konnten, die dem Gottesdienst einen synkretistischen und doch eigenständigen Charakter zu verleihen imstande war.

In Extremfällen reagierte der Sklave auf die menschenunwürdige Situation, in die er sich gestellt sah, nicht mit Anpassung, sondern individuell mit Flucht und kollektiv mit Rebellion. Zu Sklavenrevolten kam es besonders häufig auf den Karibikinseln, wo die Arbeitsbedingungen äußerst hart und die weiße Bevölkerung zahlenmäßig sehr gering war. Die Schwarzen, die solche Aufstände anführten, bezogen zuweilen aus der Schulung durch ihre Plantagenherren eine gewisse rhetorische Meisterschaft und das ausgeprägte religiöse Sendungsbewußtsein; wie mitreißend die charismatischen Fähigkeiten solcher Persönlichkeiten sein konnten, läßt sich etwa an der Rebellion des Nat Turner in Virginia (1831) beobachten.

Dauernd kam es auch zur Flucht von Sklaven, obwohl die Aussicht auf Erfolg gering und die Bestrafung der Eingefangenen erbarmungslos war. Die «Cimarrones» oder «Maroons», wie die entlaufenen Schwarzen auf spanisch und englisch genannt wurden, versuchten entweder in den Küstenstädten unterzutauchen oder in unzugänglichen Gebieten neue Siedlungsgemeinschaften zu begründen; zuweilen schlossen sie sich auch Indianerstämmen an oder suchten Dienst in der Marine und auf Freibeutern. Die Siedlungsgemeinschaften dieser Flüchtlinge, die «Quilombos», wie sie in Brasilien genannt wurden, konnten sich meist nur wenige Jahre halten. Es wäre falsch, die «Quilombos» als gesellschaftliche Alternativen zur Sklavenfarm zu betrachten, denn man verwaltete sich nach vertrauten Methoden, behielt eine strenge Rechts- und Strafordnung bei und mochte auch auf Sklavenhaltung nicht verzichten – wobei allerdings die Herren wechselten. Andererseits entwickelten sich in der Isolation dieser männerbundartigen Sozietäten kulturelle Sonderformen beson-

ders üppig, und es ist mit Recht davon gesprochen worden, in manchen
«Quilombos» habe man sich bewußt darum bemüht, «den Zerfall der
ehemaligen Stammessitten durch die Belebung der alten Bantu-Tradi-
tion aufzuhalten».[65] Eine ähnliche Rolle sowohl als Antrieb zur Rückbe-
sinnung als auch als Vehikel eines neuen Einheitserlebnisses hat der Islam
bei den Afrikanergemeinschaften in der Umgebung Bahias gespielt. In
vergleichbarer Weise flüchteten sich übrigens auch gewisse indianische
Ethnien Nordamerikas unter dem Kulturdruck der «Frontier-Situation»
in fantastisch anmutende Rituale, die den Charakter einer Rückbesin-
nung und oft geradezu pathologischen Übersteigerung archaischer Kulturformen annehmen konnten. Noch im 19. Jahrhundert hat der Kulturzusammenstoß nicht aufgehört, ähnliche «fundamentalistische» Reaktionen zu provozieren: als eine Antwort von vergleichbarer, allerdings
nicht resignierter, sondern militant-aggressiver Natur könnte etwa der
Mahdi-Aufstand begriffen werden, der um 1883 den Sudan erfaßte und
die englisch-ägyptische Machtstellung in diesem Gebiet erschütterte.

Auf eine besonders verzweifelte Reaktion des machtpolitisch Unterlegenen auf den Kulturzusammenstoß sei hier nur ganz kurz eingegangen:
auf den Selbstmord. Eine markante Zunahme der Suizide läßt sich überall feststellen, wo die Kulturberührung in den Kulturzusammenstoß umschlug. Bereits nach der Besetzung der Insel Santo Domingo kam es zu
regelrechten Selbstmordepidemien, und ähnliches wiederholte sich wenig später in Mexiko und Peru. Auch die mit dem europäischen Ehren-
kodex verknüpfte Sitte, wonach der im Kampf Unterlegene sich eher
entleibt als lebendig in die Hand des Gegners zu fallen, ist sowohl bei den
amerikanischen Indianern als auch überall in Asien nachweisbar. Doch
ohne Zweifel trat die Neigung zum Suizid – und, gelegentlich, zur
Selbstverstümmelung und Abtreibung – innerhalb der Sklavengesellschaft besonders deutlich hervor. Bereits vor dem Abtransport von der
westafrikanischen Küste suchten sich die Schwarzen umzubringen, indem sie Erde aßen; auf hoher See sprangen sie von Bord ihrer Schiffe; in
Übersee fand man sie in ihren stallartigen Sklavenquartieren erhängt –
um wenigstens eine Zahl zu nennen: in der Provinz Bahia waren im Jahre
1848 von 33 gemeldeten Selbstmördern 26 Sklaven.[66] Die Tatsache, daß
der Selbstmord der Sklaven im Urteil durch ihre Leidensgenossen nicht
kriminalisiert, sondern durch Legendenbildung verklärt wurde, ist bezeichnend.[67]

Der Kulturzusammenstoß stellte in seinen vielfachen Varianten zweifellos die häufigste Erscheinungsform der europäisch-überseeischen
Kontakte vom 15. zum 18. Jahrhundert dar. Unter bestimmten Umstän-

den jedoch konnte es geschehen, daß die Kulturberührung in eine Kulturbeziehung überging oder daß sich, weit seltener zwar, der Kulturzusammenstoß zur Kulturbeziehung wandelte. Unter der Kulturbeziehung, der wir uns zum Schluß dieses einleitenden Kapitels noch zuwenden wollen, verstehen wir ein dauerndes Verhältnis wechselseitiger Kontakte auf der Basis eines machtpolitischen Gleichgewichts oder einer Patt-Situation. Bedingung einer Kulturbeziehung war das Spiel von Angebot und Nachfrage; ihre Träger waren auf europäischer Seite Händler und Missionare. Zu den Missionaren mag man anmerken, daß, was sie anboten, zwar selten wirklich begehrt war; doch versprach der Umgang mit den Kirchenleuten neben dem ewigen Leben auch handfestere Vorteile wie politisches Prestige und technisches Know-how.

Zu einer langdauernden Periode weitgehend friedlicher Kulturbeziehung kam es an der afrikanischen Westküste, wo das Gleichgewicht der Kräfte zwischen seebeherrschenden Europäern und landbeherrschenden Eingeborenenvölkern bis zur Mitte des 19. Jahrhunderts nicht ernstlich gestört wurde. Die Unwirtlichkeit des Klimas, die Kargheit des Bodens, die Anwesenheit machtvoller einheimischer Feudalorganisationen und nach 1590 auch die Rivalitäten unter den Europäern selbst, verboten es hier, die militärtechnische Überlegenheit auszuspielen und Eroberung und Landnahme ins Auge zu fassen. Bereits die Portugiesen hatten die Erfahrung machen müssen, daß Überfälle auf Küstensiedlungen und Sklavenraids ins Landesinnere kontraproduktiv wirkten, war doch die Beschaffung von Gold, Elfenbein und Sklaven von einer entsprechenden Infrastruktur im Hinterland und von einer Mittlerschicht an der Küste abhängig, die intakt bleiben mußten. So begnügten sich in der Folge Portugiesen, Holländer, Engländer und Franzosen damit, längs der Küste befestigte Stützpunkte einzurichten, deren Abwehr und Bewaffnung sich eher gegen unliebsame europäische Konkurrenten als gegen die afrikanische Bevölkerung richteten. Es blieb immer unklar und wurde absichtlich im Dunkeln gehalten, ob dieser Landbesitz rechtmäßig erworben worden sei: die Europäer glaubten dies und meinten, bei den weiterhin in regelmäßigen Abständen zu entrichtenden «Gepflogenheiten» handle es sich um Freundschaftsgeschenke; die Lokalfürsten dagegen, die wohl gar nicht befugt waren, Land abzutreten, sahen in diesen «customs» Pachtzinsen oder Tributgaben, welche ihre Oberhoheit immer wieder neu bestätigten.[68] Die Afrikaner liebten diese Forts nicht und hätten es vorgezogen, die Handelsbeziehungen durchwegs direkt mit den Schiffen abzuwickeln; doch sie mußten sich eingestehen, daß feste Stützpunkte dieser Art letztlich auch besser ihren Interessen dienten.

Und auch die Europäer fühlten sich nicht komfortabel, da sie sich, was Verproviantierung und Wasserversorgung betraf, weitgehend abhängig wußten und auch erkannten, daß, wenn es einmal wirklich zum Konflikt kam, die Afrikaner zuletzt die Oberhand behalten mußten. So spielte sich, da die beiderseitigen Interessen die Unannehmlichkeiten überwogen, allmählich ein «Modus vivendi» des gegenseitigen Verkehrs ein.

Die Anfänge waren nicht überall leicht, und da die Westküste wenig geeignete Buchten und Landeplätze aufweist, blieb es an manchen Küstenstrichen lange bei flüchtigen Kulturberührungen. Die Kontakte zwischen Europäern und Afrikanern beschränkten sich zuerst auf den sogenannten stummen Handel: man tauschte Waren, ohne sich zu sprechen oder den Versuch einer Verständigung zu wagen. Noch um 1640 berichtet der Franzose Jannequin von der Guineaküste: «Diese barbarischen Menschen, welche vielleicht alle anderen Nationen nach sich selbst beurteilten, trauten sich nicht, uns nahezukommen, um ihre Fische und ihr Wasser gegen unsern Tabak und Schiffszwieback einzutauschen. Sie benahmen sich vielmehr, wie wir uns Pestkranken gegenüber verhalten würden: unsere Leute waren gezwungen, das, was sie gegen Fische einhandeln wollten, ziemlich weit vom Schiff wegzutragen und dann umzukehren. Nachdem dies die Eingeborenen beobachtet hatten, kamen sie heran, holten, was man ihnen gebracht hatte, legten ihre Fische am selben Platz nieder und kehrten zu ihren Hütten zurück.»[69]

Dort jedoch, wo die Europäer feste Faktoreistationen begründeten, von der Elfenbein-Küste bis nach Angola, spielte sich der kulturübergreifende Handel rasch ein. Nicht nur wurden die Tauschwaren von beiden Seiten begehrt; auch an Geschäftstüchtigkeit standen sich die Handelspartner nicht nach. Schon ein früher Guineafahrer, John Lok, äußert sich um 1550 anerkennend über die schwarzen Kaufleute: «Sie benutzen Maße und Gewichte und wenden diese mit großer Sorgfalt und Umsicht an. Wer mit ihnen Geschäfte macht, muß sehr behutsam mit ihnen umgehen, denn wenn man sie übervorteilt, brechen sie den Handel ab und geben keine Waren mehr heraus.»[70] Die Schwarzafrikaner erkannten auch rasch, welche Vorteile sie aus dem Konkurrenzkampf der Europäer ziehen konnten und traten lange vor den Ökonomen der Aufklärungszeit für das Prinzip des Freihandels ein: für Exklusivverträge mit längerer Verpflichtung hatten sie wenig übrig und suchten sich jeweils kurzfristig für das profitabelste Angebot zu entscheiden. Ferner war ihre Diplomatie feingesponnen und durchtrieben genug, um Kontakte auf verschiedenen Ebenen und in verschiedener Richtung gleichzeitig zu pflegen, und ihr Informationsstand war meistens besser als der europäische. Schroffes oder drohendes Auftreten bewirkte, wie die weißen Neuankömmlinge rasch erkannten, nichts. Immer wieder sahen sich erfahrene Faktoreibeamte genötigt, ihre Landsleute oder die Handelsherren im Mutterland auf die Notwendigkeit freundlichen Verhaltens hinzuweisen. «Große Sorgfalt», schreibt John Snow im Jahre 1705 an das Direktorium der «Royal African Company», «soll zuhause darauf verwendet werden, Leute in Dienst zu nehmen, die von ihrem Alter und ihrem Umgang her über eine gute Menschenkenntnis verfügen, sind doch solche Vorzüge äußerst wichtig, wenn es darum geht, die Zuneigung der Neger zu gewinnen.»[71]

Die Abwicklung der Beziehungen zwischen dem europäischen Festungskommandanten oder Gouverneur und den afrikanischen Lokalfürsten und ihrer Umgebung war in einer Weise durch Feierlichkeit geprägt und ritualisiert, die weit über das hinausgeht, was wir bei der Kulturberührung als Imponiergehabe bezeichnet haben. Beide Seiten verfolgten bei solchen Begegnungen nicht nur kommerzielle, sondern auch politische Ziele. Einerseits ging es darum, die Kontinuität des gegenseitigen Verhältnisses zu sichern, was angesichts der durch Krankheit und Tod verursachten personellen Wechsel auf europäischer Seite nicht leicht war, was aber auch durch die Neigung der Afrikaner erschwert wurde, ihre Entscheide nicht so sehr auf Grund von traditioneller Verpflichtung, sondern in kühler Einschätzung der momentanen Marktlage zu treffen. Ferner wurden solche Begegnungen von beiden Partnern auch dazu genutzt, die eigene Vormachtstellung zu verdeutlichen, wobei es zu heiklen protokollarischen Auseinandersetzungen darüber kam, wer vor wem den Hut zog, wer wen aufsuchte und in welcher Weise man sich eskortieren ließ. Es scheint, daß die Franzosen die Kunst dieser bald feierlichen, bald auch lockeren Kontakte besonders gut beherrscht haben und sich dadurch, in Westafrika wie übrigens auch in Nordamerika, Vorteile auch da zu sichern wußten, wo sie zahlenmäßig den europäischen Rivalen unterlegen waren.

Als Beispiel für den Verlauf einer solchen Begegnung sei hier der Bericht des Reisenden Jean Baptiste Labat zitiert, der nach 1700 den Senegal besuchte und das Zusammentreffen zwischen Gouverneur André Brue und dem «Siratick», dem Lokalfürsten der Fulbe, beschreibt: «Der Fürst ruhte, umgeben von einigen seiner Frauen und Töchter, die sich auf Matten gelagert hatten, auf einem kleinen Bett. Er erhob sich, sobald der General erschien, lüftete seine Mütze, sobald der General die Hand an seinen Hut gehoben hatte, trat einige Schritte vor, hielt diesem mehrmals die Hand entgegen und lud ihn ein, sich neben ihm niederzusetzen. Ein Dolmetscher war vorgetreten. Der General sagte zum König, daß er gekommen sei, die seit urvordenklichen Zeiten bestehende Freundschaft zwischen der ‹Königlichen Afrika-Kompanie› und Seiner Majestät zu erneuern, daß die Kompanie den mächtigsten König der Welt (Ludwig XIV.) zu ihrem Beschützer habe, welcher die Freundschaft, die ihn mit dem ‹Siratick› verbinde, so hoch einschätze, daß es ihm weit mehr daran gelegen sei, diese Freundschaft zu pflegen und deutliche Zeichen derselben zu wechseln, als die Vorteile des Handels ins Auge zu fassen ...»[72]

Unentbehrlich für den reibungslosen Verlauf der sich auf den Handel stützenden Kulturbeziehung war eine Mittlerschicht von Afrikanern und Mischlingen, die als Zwischenhändler, Bootsleute, Dolmetscher oder Handwerker dienten. Diese Mittlerschicht, die zwischen den Kulturen stand und sich einer Mischsprache bediente, konnte zuweilen eine solche Bedeutung gewinnen, daß die Interessen der weißen Faktoreibeamten, aber auch jene der einheimischen Lokalregierung, gefährdet wurden. Im Niemandsland zwischen gesellschaftlichen und kulturellen Ordnungen lebend, entwickelten diese «lançados», wie die Portugiesen sie nannten, glatte Umgangsformen und großes kaufmännisches Geschick, aber auch eine Neigung zu sittlich freiem Lebenswandel, der von kritischen Reisenden oft beklagt wurde und das verächtliche Pauschalurteil vom faulen und hinterhältigen Neger, das im 17. Jahrhundert an der Küste üblich wurde, bestätigen half.

Seit der Frühzeit der europäisch-afrikanischen Kontakte kam es auch immer wieder vor, daß Europäer, desertierte Seeleute und Marinesoldaten zumeist, in dieser Mischgesellschaft der Küstenstationen untertauchten, sich als kulturelle Überläufer rasch assimilierten und dank ihrer Kenntnis beider Kulturen ein leidliches Auskommen fanden. Von den europäischen Berichterstattern ist ein solches Verhalten immer als besonders verwerflich gebrandmarkt worden. Dies nicht nur, weil man auf See und zu Land auf die Mithilfe eines jeden dringend angewiesen war, sondern auch, weil solche «Zivilisationsflucht» auf die Faszinationskraft der Fremdkultur hindeutete. Gerüchte, wonach solche Deserteure sich heidnischen Gebräuchen hingegeben und an kannibalischen Gelagen teilgenommen hätten, wurden in Afrika und anderswo mit Abscheu kolportiert.[73] Allerdings konnte es im Zeitalter der Aufklärung und in der Romantik auch vorkommen, daß man diese Abtrünnigen heimlich oder ganz offen um ihr Schicksal beneidete: dies war etwa bei den Waldläufern Französisch-Kanadas der Fall, deren ungebundener Lebensstil sogar ins Liedgut der Kolonisten eingegangen ist. Ein Großteil der europäischen Kolonialbelletristik, von Lahontan bis Pierre Loti und Joseph Conrad, bezieht aus der Schilderung solcher Existenzen ihre verlockende Exotik.[74]

Was wir hier am Beispiel Westafrikas näher ausgeführt haben, vollzog sich mutatis mutandis überall in der Welt, wo Kulturen sich zu kürzerer oder längerer Beziehung bereitfanden. Im Verkehr mit den Völkern Indiens und des Fernen Ostens dürfte sich die europäische Annäherung am schwierigsten gestaltet haben. Denn hier, an der äußersten Peripherie ihres überseeischen Einflußbereichs, stießen die Europäer in verhältnismäßig geringer Zahl auf mächtige Hochkulturen mit ausgeprägt ethnozentrischem Identitätsbewußtsein. Die Pracht der Höfe und die Kunst der internationalen Diplomatie waren hier so reich und raffiniert entwikkelt, daß europäische Besucher nun ihrerseits das Staunen nicht mehr unterdrücken konnten. Der Engländer Thomas Roe, der zu Beginn des 17. Jahrhunderts an den Hof des indischen Großmoguls gelangte, verglich die Szenerie, die sich seinem Auge bot, mit einem glanzvollen Theaterspektakel, und einer seiner Landsleute, der zur selben Zeit in Indien weilte, beschreibt die Begegnung mit einem Provinzgouverneur wie folgt: «Am fünfundzwanzigsten, vormittags, kam der Nabob mit großem Gefolge und sechs Elefanten ... Ich nahm mir vor, ihm in Wams und Hose entgegenzutreten wie ein Sohn seinem Vater und auf die übliche Bewaffnung und Begleitung zu verzichten, um ihm das Vertrauen und die Zuversicht zu bezeugen, welche ich in ihn setzte ...»[75]

Nicht weniger beeindruckend gestalteten sich die Empfänge der Europäer an den Höfen von Peking und Yedo (Tokyo), wo die Europäer, nachdem sie sich zuvor in die demütigenden Formen des höfischen Umgangs hatten einführen lassen müssen, in bestimmten Zeitabständen ihre untertänigste Aufwartung als Tributgesandtschaften machen durften. Daß diese Prachtentfaltung orientalischer Despotien letztlich den Sinn hatte, zu zeigen, bei wem die absolute Souveränität lag, war den Besuchern nur zu schmerzlich bewußt.[76] Die Kulturbeziehung hatte in diesen Teilen der Erde nicht so sehr den Charakter der Gegenseitigkeit als denjenigen der Duldung: Immer wieder machten die Potentaten den Europäern klar, daß sie auf den Handel im Grunde nicht angewiesen waren; und sie verfügten auch lange Zeit über die nötigen Machtmittel, um die Grenzen, innerhalb deren sich der Austausch vollzog, klar zu bezeichnen. Wir würden im Falle dieser Kontakte von «kontrollierter Kulturbeziehung» sprechen: Die Vertreter der Fremdkultur bestimmten die Handelsplätze, die Zahl der zugelassenen Händler, Art und Beschaffenheit der Waren; Export und Import wurden durch monopolistische

Handelsverträge und entsprechende Zollbestimmungen geregelt. Europäische Einflüsse wurden bewußt nur selektiv aufgenommen: man begrüßte die Fremden, insofern sie als Astronomen, Kartenmacher, Kanonengießer oder Ärzte auftraten; die Lebensform, die sie im übrigen vertraten, lehnte man ab.

Auch in der Kulturbeziehung zu Hochkulturen spielten Mittelsleute eine wichtige Rolle. Wiederum handelte es sich dabei häufig um Mischlinge; von den Portugiesen wurde die Ausbildung einer eurasischen Mischgesellschaft ganz bewußt und zweifellos auch in kommerzieller Absicht angestrebt. Der englische Reisende Peter Mundy fand um 1640 im indischen Cochin «nur wenige Portugiesen von Rang, sonst meist Mestizen»; und der Deutsche Mandelslo schätzte zur selben Zeit die Bevölkerung von Achin in Sumatra auf 12000 Seelen, davon nur 300 Portugiesen, die übrigen Mischlinge.[77] Auch Europäer, die sich lange im Orient aufgehalten und weitgehend integriert hatten, konnten innerhalb der Kulturbeziehung bedeutende Funktionen übernehmen: erinnert sei hier bloß an englische Konsularbeamte in entlegenen Gebieten Arabiens und Persiens oder an die wichtige Vermittlerrolle der Jesuiten im China-Handel.

Zweierlei darf freilich nicht vergessen werden, wenn von der Friedlichkeit solcher kommerzieller Kulturbeziehungen die Rede ist: zuerst, daß diese Friedlichkeit meist nur so lange anhielt, als die Waren geliefert werden konnten und gefragt blieben, und ferner, daß dieselbe Kulturbeziehung, die in einer bestimmten Region pazifizierend wirkte, bereits in deren unmittelbarer Nachbarschaft Kulturzusammenstöße schlimmster Art auslösen konnte. Für letzteres bietet wiederum Westafrika ein eindrückliches Beispiel. Da es sich bei den Sklaven meist um Gefangene aus Stammeskriegen handelte, führte der steigende Bedarf nach dieser «Ware» im Hinterland zu einer Verschärfung des Konkurrenzkampfes unter den ethnischen Zuliefergruppen und zu einer Intensivierung der Konflikte ganz allgemein, die dadurch einen besonders verheerenden Charakter erhielten, daß die Küstenvölker mit überlegenen Waffen ausgerüstet worden waren, wodurch das traditionelle Kräfteverhältnis nicht selten gestört wurde. Ähnliches ließe sich am Fall des Pelzhandels in Nordamerika nachweisen, wo die Rivalitäten zwischen den Zuliefergruppen durch den markanten englisch-französischen Gegensatz zusätzlich verschärft wurden. Als gegen Ende des 17. Jahrhunderts Biberpelze in den Küstengebieten rar zu werden begannen, zeigten sich die Europäer an einer Weiterführung friedlicher Beziehungen mit den dortigen Bewohnern im allgemeinen ebenso wenig interessiert wie daran, neue Produk-

tions- und Handelsmöglichkeiten zu erproben. Die Küstenindianer, die
von den europäischen Importwaren zunehmend abhängig geworden waren und deren heimisches Gewerbe ruiniert war, blieben sich selbst überlassen. Mit den Methoden der Kapitalakkumulation gänzlich unvertraut,
war es ihnen nicht gelungen, aus dem Handel einen bleibenden Nutzen
zu ziehen. Mit dem Vordringen der Engländer landeinwärts gerieten
entfernter lebende Stämme in den Sog derselben Entwicklung. Die
durch den Handel gestiftete Friedfertigkeit und Prosperität der Kulturbeziehung blieb also meist ein lokal begrenztes und kurzfristiges Phänomen.

Friedliche Kulturbeziehungen, wie der Handel sie ermöglichte, wurden auch von den Missionaren angestrebt und oft über längere Zeiträu-
me hinaus auch erreicht.[78] Die Verbreitung der christlichen Botschaft
unter den Heiden ist bereits bei Portugiesen und Spaniern als ein die
Kolonisation überseeischer Gebiete völkerrechtlich legalisierendes
Hauptanliegen bezeichnet und von der Kurie auch in diesem Sinne «auc-
toritate Apostolica» gutgeheißen worden. Während die Muslime auf
Grund der christlichen Kreuzzugserfahrung als unbelehrbare Irrgläubige
galten, denen allenfalls mit dem Schwert beizukommen war, sah man in
den Angehörigen anderer, insbesondere archaischer Fremdkulturen
menschliche Wesen, die durch schicksalhafte Fügung entweder bisher
nicht zur Kenntnis des Evangeliums gelangt waren oder diese Kenntnis
verloren hatten, jedenfalls aber fähig waren, das Christentum anzunehmen. Die Frage, wie die Bekehrung der Heiden herbeizuführen sei, ob
durch Gewalt oder durch die Mittel überzeugender Argumentation und
beispielhafter Vorbildlichkeit, ist zu Beginn des 16. Jahrhunderts von
den iberischen Kirchenleuten und Kronjuristen eifrig diskutiert und zuletzt, ein für alle Mal, im Sinn der Gewaltlosigkeit entschieden worden.
Es gibt keinen Zweifel, daß die Mission aller Konfessionen, wie immer
man persönlich zu ihr stehe, die Friedfertigkeit des Kulturkontakts aufrichtig anstrebte. Dies geschah in einem doppelten Sinne: einerseits sah
man ein, daß Bekehrungen nur in einem Klima gegenseitigen Vertrauens
Glaubwürdigkeit beanspruchen konnten, und man bemühte sich, dieses
Klima herzustellen; andererseits erkannte man es als wichtige Aufgabe,
Spannungen, wie sie aus dem Verhältnis der autochthonen Bevölkerung
zu den Kolonisten entsprangen, abzubauen, und hatte damit auch oft
Erfolg. Dennoch war die Kulturbeziehung, wie der Missionar sie pflegte, ein äußerst problematisches Unterfangen, was darin begründet lag,
daß der Missionar zwar weit stärker als der Händler und der Kolonist die
sympathetische Annäherung suchte, daß er aber dennoch im Kern im-

mer Exponent der europäischen Kultur blieb und letztlich von der materiellen Unterstützung kirchlicher Institutionen sowie der Kolonialadministration abhängig war.

In der Regel suchten die Missionare die Angehörigen der Fremdkultur in ihren Wohngebieten auf und traten direkt mit ihnen in Kontakt; Dolmetscher, die man gelegentlich einsetzte, erwiesen sich für diese Aufgabe selten als geeignet. Im missionarischen Aktionsbereich konnte sich auch lange Zeit keine vermittelnde Mischlingsschicht ausbilden, da die katholischen Geistlichen zölibatär lebten, die protestantischen jedoch meist verheiratet waren und in enger Zusammenarbeit mit ihrer europäischen Ehefrau vorgingen. Zwar versuchten bereits die Missionare der ersten Kolonialmächte, junge Schwarzafrikaner und Indianer aus der angestammten Gesellschaft herauszuholen, christlich zu erziehen und später in der Mission einzusetzen; doch dieses Verfahren sollte erst im 19. Jahrhundert nennenswerte Erfolge zeitigen. Dieser direkte Kulturkontakt der Missionare bedingte eine weitgehende Anpassung ihres Sozialverhaltens. Man lebte in den Behausungen der Eingeborenen, nährte sich von ihren Speisen, übernahm gelegentlich auch ihre Kleidung und vor allem: man erlernte, so mühselig dies auch war, ihre Sprache. Teils entprach solche Assimilation schlichter Notwendigkeit, und sie entsprach in gewissem Sinne auch den asketischen Ordensregeln; teils entsprang sie aber auch der Überlegung, daß eine zumindest äußerliche Integration in die Gastgesellschaft es gestatten würde, Mission «von innen heraus» zu betreiben. Diese gleichsam intime Form der Kulturbeziehung hat die Missionare ohne Zweifel zu jener Berufsgruppe an der Peripherie der europäisch-überseeischen Beziehungen werden lassen, die über die jeweilige Fremdkultur am besten informiert war und die, da zur Berichterstattung angehalten, auch die eingehendsten ethnographischen Darstellungen hervorbrachte, bevor, in der zweiten Hälfte des 19. Jahrhunderts, die ethnologische Feldforschung einsetzte.

Die Zugeständnisse im sozialen Verhalten änderten indessen nichts daran – durften nichts daran ändern –, daß die christliche Botschaft überall in der Welt ein und dieselbe blieb. Mochten sich die Jesuiten in China in buddhistische Gewänder werfen, in Indien als Angehörige einer oberen Kaste auftreten oder in Kanada an den Jagdzügen der Huronen teilnehmen – die Reinheit der Lehre durfte nicht tangiert werden. Geschah dies doch, meldeten rivalisierende Orden gemutmaßte und tatsächliche Abirrungen nur allzu rasch nach Europa, und die Kirche zögerte nicht, wie es etwa im sogenannten «Ritenstreit» in China geschah, durchzugreifen.[79]

Ähnlich untrennbar wie ihrer Lehre blieben die Missionare auch einer gewissen kolonistischen Infrastruktur verpflichtet. Wohl entfernten sie sich möglichst weit von den europäischen Siedlungsgebieten, um die Eingeborenen dort aufzusuchen, wo sie noch nicht durch Alkohol, Feuerwaffen und anderes korrumpiert waren, aber sie blieben doch auf Verkehrsverbindungen und Nachschub angewiesen. In mancher Hinsicht verhielten sich die Missionare sehr ähnlich wie die europäischen Händler, denn auch sie lieferten Waren, mit dem Unterschied, daß sie dagegen nicht Rohstoffe und Sklaven einhandelten, sondern, wie ihre Gegner boshaft bemerkten, Seelen. Unzweifelhaft ist, daß die Missionare von den Überseebewohnern nicht wegen ihrer Lehre, sondern wegen ihrer Geschenke und technischen Fertigkeiten willkommen geheißen wurden – dies gilt sowohl für Hochkulturen wie China und Japan als auch für alle archaischen Kulturen. Inwieweit die Missionare «im Nebenberuf» tatsächlich als profitorientierte Handelsleute auftraten, ist umstritten und von Ort zu Ort wohl auch verschieden. Im China der ersten Hälfte des 17. Jahrhunderts beispielsweise übten die Jesuitenmissionare eine wichtige, keineswegs unentgeltliche Mittlertätigkeit aus, und von ihrer Kirche in Macao führte ein direkter Zugang, wie ein Kritiker schmähte, geradewegs zum Handelssektor. In Kanada dagegen mieden sie zur selben Zeit Geschäfte mit Waldläufern und Pelzhändlern und verzichteten auf jede persönliche Bereicherung.[80] Es konnte ferner auch vorkommen, daß die Missionare im Auftrag oder doch in enger Tuchfühlung mit den politischen Behörden arbeiteten, so beispielsweise wenn sie im Gefolge von George Washingtons aufgeklärter Indianerpolitik nach 1790 dazu beitragen sollten, die Cherokee-Indianer durch entsprechende Ausbildung in Handwerk und Künsten zur Glückseligkeit hinzuführen.[81] An diesen mannigfaltigen, in der missionarischen Berichterstattung zuweilen verdeckten Bindungen geistiger und struktureller Natur an die Kolonialmacht änderte auch die Tatsache nichts, daß die Missionare häufig als scharfe und verantwortungsbewußte Kritiker des Kolonialismus auftraten. Es ist bezeichnend, daß ihre Kritik meist auf inhumane Formen des Umgangs mit der Überseebevölkerung abzielte, die Voraussetzungen jedoch, die solchen Umgang möglich machten, unangetastet ließ. So sind beispielsweise der Arbeitszwang für Indianer sowie Sklavenhandel und Sklavenwirtschaft weder von katholischen noch von calvinistischen Missionaren frühzeitig in Frage gestellt und systematisch bekämpft worden.[82]

Bis zum Ende des 18. Jahrhunderts ist es der Mission zwar da und dort gelungen, den Kulturzusammenstoß hinauszuzögern; ein durchschlagender Erfolg ist ihr aber nirgends zuteil geworden. Zentrale soziokulturelle Verhaltensweisen innerhalb der Fremdkultur standen einer Übernahme der christlichen Botschaft diametral entgegen, so beispielsweise neben anderen Religionsformen und Schamanismus auch nomadisierende Lebensweise, Polygamie und Promiskuität. Gewiß gab es bei jeder Fremdkultur Bevölkerungsgruppen – Kinder, Kranke, Mischlinge, unterdrückte Minderheiten –, die der Mission zeitweise aufgeschlossener begegneten. Ein Erfolg auf breiter Ebene aber hätte die innere Auflösung der Fremdkultur und ihres ethischen Wertsystems vorausgesetzt. Es kann deshalb nicht erstaunen, wenn missionarische Teilerfolge vor allem dort zu verzeichnen waren, wo sich die Fremdkultur beim Eintreffen der Missionare bereits in einer schweren Krise befand. Dies war in Japan zwischen 1560 und 1587 der Fall, als gesellschaftliche Disintegrationsvorgänge innerhalb der japanischen Oberschicht im Verein mit dem Wunsch nach vermehrten europäischen Importen zu einer Ermutigung der Missionstätigkeit führten. Die politische und intellektuelle Krise während des Niedergangs der Ming-Dynastie dürfte ganz ähnlich in China die Ursache für die zunehmende Einflußnahme der Jesuitenmissionare in der ersten Hälfte des 17. Jahrhunderts gewesen sein. In beiden Fällen aber, in Japan und in China, blieb die Homogenität der Fremdkultur unangetastet und ihr ethnisches Identitätsbewußtsein intakt, so daß die Missionierung keine echte Chance hatte, auch wenn die Missionare fortfuhren, euphemistische Berichte nach Hause zu schicken.[83] Auch in Paraguay, wo die Jesuitenmission mit der Errichtung von Missionssiedlungen, den «reducciones», zwischen 1630 und 1700 ihre spektakulärsten Erfolge hatte, lag ein Hauptgrund in der Tatsache, daß die Guarani-Indianer durch die vorangegangenen Übergriffe von portugiesischen Kolonisten und Sklavenjägern demoralisiert worden waren.[84] In der pazifischen Inselwelt machte die Missionierung durch englische und amerikanische Missionsgesellschaften in der ersten Hälfte des 19. Jahrhunderts darum so rasche Fortschritte, weil der Götterglaube der Insulaner angesichts der militärischen Überlegenheit der Seefahrer erschüttert und das kulturelle Wertsystem vom Alkoholismus unterhöhlt worden war.[85]

Es ist eine Paradoxie der frühen Missionsgeschichte, daß die Missionare oftmals gerade da, wo sie der Überseebevölkerung hilfreich beizustehen und sich deren einfache, unkorrumpierte Sitten zunutze zu machen suchten, zum Niedergang ihrer Kulturen mit beitrugen. So konnte im Endeffekt die durch die Missionare gewährleistete Kulturbeziehung, ohne daß sich deren Träger davon Rechenschaft gaben, in einen Kulturzusammenstoß ausmünden, nicht unähnlich jenem, wie wir ihn im Zusammenhang mit der Sklavenwirtschaft beobachtet haben. Gewisse Formen jener auf Endzeitvisionen beruhenden, fundamentalistischen Erwekkungsbewegungen, mit denen die Fremdkulturen auf den Kulturkontakt in pathologisch übersteigerter Weise antworteten, sind denn auch vom Auftreten der Missionare nicht loszulösen.[86]

Kulturbeziehungen haben, wenn sie längere Zeit andauerten, Akkulturationsvorgänge bewirkt, die, bisher in der Kolonialgeschichte zu wenig beachtet, derart vielfältig und vielschichtig in Erscheinung treten, daß sie vom Historiker nur in enger Zusammenarbeit mit Ethnologen und Soziologen zu erfassen sind. Der amerikanische Ethnologe Herskovits hat den Begriff der Akkulturation wie folgt definiert: «Die Akkulturation umfaßt Phänomene, die aus dem direkten und dauernden Kontakt zwischen Gruppen von Individuen verschiedener Kultur resultieren, zusätzlich der sich daraus ergebenden Veränderungen einer für die betroffene Kultur charakteristischen Verhaltens- oder Denkform.»[87] Obwohl koloniale Mischgesellschaften wie etwa die brasilianische sich selten und, wenn überhaupt, erst im Verlaufe des 19. Jahrhunderts ausgebildet haben, begegnen wir doch bereits in der Frühzeit des Kolonialismus auf Schritt und Tritt jeweils spezifisch gearteten Akkulturationsphänomenen. Dazu seien zum Schluß dieses einführenden Kapitels nur ein paar kurze Hinweise gestattet.

Grundsätzlich wird man feststellen müssen, daß die europäische Kultur im Verlauf der Kolonialgeschichte nie geschlossen, als Ganzes, übernommen worden ist, sondern daß einzelne Kulturelemente auf eine sehr unterschiedliche Aufnahmebereitschaft gestoßen sind. Dies gilt nicht nur für die orientalischen Hochkulturen, die im Sinne der «kontrollierten Kulturbeziehung» den europäischen, später den nordamerikanischen Einfluß vorsichtig und bewußt zu filtrieren wußten. Selektiv verfuhren auch die meisten archaischen Völker, selbst wenn sie vielfach nicht von rationalen Erwägungen der wirtschaftlichen oder staatspolitischen Zweckdienlichkeit ausgingen und sich ihre Wahl leicht zum Nachteil der eigenen Kultur auswirkte. So übernahmen die nordamerikanischen Prärieindianer von den weißen Siedlern sehr schnell das Pferd, züchteten und ritten es mit unvergleichlichem Geschick und verwendeten es nutzbringend bei der Bisonjagd; andererseits belasteten die Pferdediebereien, die bald in Schwung kamen, die innerindianischen Beziehungen beträchtlich. Bei der Bewirtschaftung des Bodens dagegen verzichteten die Prärieindianer in der Regel auf den Einsatz europäischen Werkzeugs und neuer Praktiken; hier hielten sie sich mit unerschütterlichem Traditionsbewußtsein an die hergebrachten Formen des Ackerbaus und blieben so von den Einkünften ihrer Jagdgründe, die infolge der Jagd mit Pferden dahinschwanden, auf verhängnisvolle Weise abhängig.[88] Es zeigt sich auch immer wieder, daß nicht alle Personen und Institutionen einer Fremdkultur auf den Import neuer Kulturelemente in gleicher Weise reagieren. Jüngere Menschen sprachen auf technische Innovationen, aber auch auf die Missionierung häufig besser an als ältere, etablierte Vertreter einer Stammesorganisation; so kam es zu komplizierten Verschiebungen und Überlagerungen im Assimilationsprozeß, zu sogenannten «cultural lags»,[89] die nicht selten den Kern bürgerkriegsähnlicher Wirren bildeten. Wir haben ferner gesehen, daß bereits einzelne Kulturelemente wie Feuerwaffen und Alkohol die Disintegration mancher Fremdkulturen herbeiführen konnten. Auch scheint es, daß in ihrer Überlieferung erstarrte, isoliert lebende Kulturgemeinschaften, die dem belebenden «Challenge and Response» der Kulturkontakte selten ausgesetzt waren, dem Risiko einer allgemeinen Zersetzung in besonderer Weise unterworfen sind.[90]

Indem ein Kulturelement sich verlagert, verändert es sich, übernimmt neue Funktionen und tritt in neue Sinnzusammenhänge ein. Dies läßt sich besonders gut in jenem Bereich beobachten, in dem Europa ein eigentliches kulturelles Sendungsbewußtsein entwickelte: auf dem Gebiet der Heidenmission. Hier geschah es häufig, daß christliche Begriffe und Rituale mit fremden Bedeutungsinhalten befrachtet oder einer angestammten Religion wesensfremde Heilserwartungen unterschoben wurden. Von den daraus entstehenden synkretistischen Formen religiöser Kultur ist im Zusammenhang mit den Negro Spirituals kurz die Rede gewesen. Dieses Phänomen der «Re-Interpretation» kann bei der betroffenen Kultur zur Entfremdung und geistigen Unbehaustheit des Individuums führen. Am Beispiel der westafrikanischen Stadtbevölkerung hat der Soziologe Georges Balandier für das 20. Jahrhundert gezeigt, in welchem Grade sich der dort lebende Schwarze bei zahllosen alltäglichen Entscheidungen vor das Dilemma gestellt sieht, ob er nach überlieferten oder übernommenen Grundsätzen urteilen soll, und wie er gezwungen wird, auf verschiedenen Registern zu spielen.[91] Solche Entfremdung ist wissenschaftlich durchaus nachweisbar. So stellt der Ethnologe Roger Bastide fest, daß sich schwarzafrikanische Tänzer durch die Berührung mit dem klassischen Ballett nicht nur äußerlich neue Formen der Bewegung angeeignet haben, sondern daß sie zugleich in ihrer «rhythmischen Sensibilität» verändert worden sind.[92] Ebenso lassen sich bei Tänzen, welche die Schwarzafrikaner europäischen Touristen vorführen, kommerzielle und erotische Motivationen erkennen, die diesen ursprünglich fremd gewesen sind. Entsprechende Beobachtungen haben Bastide dazu geführt, zwischen einer «formellen» und einer «materiellen» Akkulturation zu unterscheiden und damit die äußerliche Aneignung fremder Kulturelemente von elementaren Modifikationen der Mentalität abzuheben.

Es versteht sich schließlich, daß Akkulturationsvorgänge immer alle Beteiligten in Mitleidenschaft ziehen, auch dann, wenn die technisch überlegene Kultur als dominant erscheint und ihre Auswirkungen auf den «Unterlegenen» offensichtlicher sind. Die Kolonialgeschichte kennt ungezählte Beispiele von europäischen Händlern, Siedlern, Militärs und selbst Missionaren, die sich so weitgehend in eine Überseekultur integrierten, daß Landsleute, die ihnen später begegneten, schockiert davon berichteten, sie seien in Lebensform und Verhalten völlig angepaßt und kaum mehr ansprechbar gewesen. Wir haben von solchen «kulturellen Überläufern» bereits gesprochen, und sie werden uns auf den folgenden Seiten hin und wieder begegnen. Es ist auch bekannt, daß sich die europäische Siedlergemeinschaft in Übersee in auffallenden Aspekten ihrer Mentalität von ihren Ursprüngen wegentwickeln konnte, so in den Vereinigten Staaten von Amerika, wo die prägende Rolle der «Frontier Experience» erwiesen ist, auch wenn hier der Kontakt mit neuartigen Umweltbedingungen bestimmender werden sollte als der Zusammenprall mit den Indianerkulturen.[93] Auffällig ist, daß die fremden Kulturelemente, welche die weiße Kolonialgesellschaft aufnahm, selten jene zerstörerische Wirkung entfalteten, die im umgekehrten Fall häufig zu beobachten war. Hier zeigte sich ein Vorteil der abendländischen Kultur, der wohl auf weite Sicht folgenreicher blieb als deren militärische und wirtschaftliche Überlegenheit und der darauf beruhte, daß diese Kultur sich im Laufe einer äußerst wechselvollen Geschichte der Aneignung, Umsetzung und Verwerfung fremder Einflüsse ein erstaunliches Vermögen zum Wandel und zur Erneuerung hat erwerben können.

Zweites Kapitel

Das System der begrenzten Kontakte

Die Portugiesen in Afrika und Asien

Die erste Frage, wenn vom portugiesischen Weltreich die Rede ist, muß lauten: Wie war das möglich? Wie konnte es geschehen, daß sich eines der kleinsten Länder Europas in der knappen Frist eines Jahrhunderts, zwischen 1415 und 1515, den Zugang zu den wichtigsten Handelsplätzen zweier Kontinente zu sichern vermochte? Welches waren die Voraussetzungen? Welche Beweggründe wurden wirksam? Wie ging man vor? Und wie gelang es, das Erreichte festzuhalten?

Gegen Ende des 14. Jahrhunderts zählte Portugal eine Million Einwohner; in Lissabon, der größten Stadt des Königreiches, lebten 40000 Menschen. Wie überall zur damaligen Zeit erfolgte die Bebauung des Bodens mit primitiven Mitteln und beanspruchte unverhältnismäßig viel Land.[1] Man produzierte Weizen und Hirse, Wein, Oliven und Südfrüchte; die Viehzucht war schwach entwickelt; an der Küste trieb man Fischfang. Die überwiegende Zahl der Landarbeiter besaß keinen Grundbesitz, sondern stand als Pächter oder Tagelöhner im Dienst weltlicher und geistlicher Herren. Den größten Teil ihres Verdienstes lieferten die Bauern den Feudalherren ab, auch konnten sie von der Krone und den Großgrundbesitzern zur Leistung von Fronarbeit und zum Militärdienst beigezogen werden. Erst gegen Ende des 14. Jahrhunderts, als langwierige Grenzkonflikte mit Kastilien beigelegt und ein Freundschafts- und Handelsabkommen mit England abgeschlossen werden konnten, begann die Landwirtschaft ihren Mann zu nähren. Dies galt indes vor allem für die nördlichen Provinzen des Landes; im weniger fruchtbaren Süden, im Alentejo, hielt die Abwanderung in die Hafenstädte weiterhin an. Wer irgendwie konnte, versuchte sein Glück im städtischen Handwerk und Kleingewerbe, suchte auf jede Weise, durch Beziehungen, Heirat, Ausbildung, dem mühseligen Los des Landarbeiters zu entgehen. Die Neigung, sich der Feldarbeit zu versagen, hat den Charakter der portugiesischen Übersee-Expansion mitbestimmt.

Ausgangspunkt für Portugals Vorstoß in die überseeische Welt waren die Häfen, Lissabon vor allem, aber auch Porto im Norden und Lagos im Süden. Diese Städte unterhielten seit Beginn des 14. Jahrhunderts Handelskontakte sowohl mit führenden Mittelmeerhäfen wie Genua und Venedig als auch mit Flandern und England; ferner bestand Verbindung mit Nordafrika, den Kanarischen Inseln und Madeira. Lissabon zog durch die Gewährung königlicher Privilegien Vertreter verschiedenster Nationalitäten und Berufsgattungen an: Kaufleute, Diplomaten, Fachleute in Navigation, Kartographie und Schiffsbau. Der einheimische Adel und die Geistlichkeit waren am Mittelmeer- und Nordeuropa-Geschäft finanziell beteiligt; einzelne bürgerliche Familien gelangten rasch zu Reichtum und politischem Einfluß. Die Bevölkerung der Hafenstädte bot ein buntes Bild. In den Gassen mischte sich die Gruppe der königlichen und städtischen Beamten mit den Handwerkern und Händlern, die direkt oder indirekt vom Seehandel abhängig waren, sei es als Zimmerleute, Segelmacher und Kalfaterer, sei es als Verkäufer und Verarbeiter von Importprodukten. Es gab eine starke jüdische Minderheit, die in der Textil- und Edelmetallverarbeitung tätig war. Die Mauren stellten um diese Zeit keinen Machtfaktor mehr dar, aber viele von ihnen hatten sich in früheren Jahrhunderten mit der einheimischen Bevölkerung gemischt, und manche Physiognomien erinnerten an den Kontakt der Kulturen. In vielen Lebensbereichen, etwa im Rechnungs- und Arzneiwesen, aber auch in den Künsten, blieb der Einfluß des Islams wirksam. Zuweilen traf man auch auf schwarze Afrikaner, die lange vor der Ausfahrt der portugiesischen Karavellen nach der Guineaküste hierher gelangt waren.[2]

Das Verdienst, Portugal den Weg zu den Weltmeeren gewiesen zu haben, ist von den Historikern immer wieder dem Prinzen Heinrich, genannt «Der Seefahrer», zugesprochen worden.[3] Heinrich, so will es seine sorgsam gepflegte Überlieferung, habe von Sagres, dem südwestlichen Punkt des Landes aus, die überseeischen Unternehmungen geplant und koordiniert; er habe, neugierig, initiativ und willensstark, ausgedehnte geographische und astronomische Studien betrieben und ein Team von Forschern herangezogen, das die Ereignisse der Reisen laufend ausgewertet, die Karten ergänzt und das Schiffsmaterial vervollkommnet habe. Von alldem läßt sich in den zeitgenössischen Quellen, soweit sie überhaupt vorliegen und nicht dem großen Lissaboner Erdbeben von 1755 zum Opfer gefallen sind, wenig nachweisen. Durchaus möglich, daß Heinrich der Seefahrer – der übrigens nur selten ein Schiff betreten hat – über ein gutes nautisches Wissen verfügte; aber darüber verfügten andere auch. Richtig ferner, daß der Prinz den Schiffsbau nach

Kräften und unter Einsatz beträchtlicher eigener Mittel förderte; aber die Karavelle hat er nicht erfunden – es gab sie vor ihm, und sie wäre auch ohne ihn weiterentwickelt worden. Zutreffend schließlich auch, daß der Felssporn der Halbinsel Sagres hervorragend geeignet war, um hier eine Forschungsstation einzurichten; doch über die Existenz einer «Seefahrer-Schule» schweigen sich die historischen Zeugnisse aus. So wird man auf Grund des heutigen Wissensstandes sagen dürfen: Heinrich der Seefahrer war nicht der geniale Pionier und bahnbrechende Neuerer, als den man ihn oft darzustellen liebt; aber er war unzweifelhaft eine Persönlichkeit, die es verstand, jene Möglichkeiten, welche ihr die Zeit bot, aufzunehmen und zu verwirklichen.

Über die Motive, die den Infanten bewegt haben mögen, sind wir durch seinen Hofchronisten Gomes Eanes de Azurara unterrichtet. Mehrere Beweggründe treten hervor: wissenschaftliche Neugierde und die Aussicht auf kommerziellen Profit; der Wunsch, das Christentum unter den Heiden zu verbreiten; der Wettstreit mit dem benachbarten Spanien.[4]

Wissenschaftliche und kommerzielle Motive waren eng verflochten. Es fällt nicht leicht, abzuklären, was man am Ende des 14. Jahrhunderts in Portugal von der überseeischen Welt wußte.[5] Manche Informationsquellen mögen später versiegt, manche Kenntnisse verlorengegangen sein; auch war dieses Wissen, je nachdem, ob man im Hinterland oder an der Küste wohnte und welcher Gesellschaftsschicht man angehörte, sehr unterschiedlich. Weit verbreitet war der Reisebericht des Venezianers Marco Polo, der gegen Ende des 13. Jahrhunderts in China geweilt und die Reichtümer des Fernen Ostens anschaulich beschrieben hatte. Großer Beliebtheit erfreute sich ferner die «Weltbeschreibung» des Engländers John Mandeville, die im 14. Jahrhundert portugiesischen Lesern zugänglich wurde; auch Mandeville sprach von den unvorstellbaren Schätzen des Groß-Khans und rühmte die Gewürze des malaiischen Archipels und die Edelsteine Indiens. Zahlreiche Nachrichten von geographischem und wirtschaftlichem Wert verdankten die Portugiesen ihren Kontakten mit Nordafrika, wo sie auf Reisende trafen, die ihrerseits durch den Karawanenverkehr mit Ägypten und dem Vorderen Orient in Verbindung standen. Die Muslime verfügten über hervorragende Geographen, die, das Erbe der Griechen fortsetzend, die Erkundung abgelegener Weltgegenden vorantrieben. Um 1350 besuchte einer dieser Gelehrten, Ibn Battuta, weite Teile Afrikas, des Vorderen Orients und Indiens; aus seinen Aufzeichnungen erfuhr man vom Gold und Elfenbein der transsaharischen Gebiete und von den kostbar gewirkten Seidenstoffen Asiens.

Solche Informationen wurden seit dem 14. Jahrhundert von spanischen
und italienischen Kartographen in ihren auch künstlerisch bedeutenden
Atlanten festgehalten: ein berühmtes Beispiel ist der sogenannte Katala-
nische Atlas aus dem Jahre 1375, dessen Autor, Abraham Cresques,
später an den Hof Heinrichs des Seefahrers gerufen wurde. Es mußte für
die Portugiesen immer verlockender werden, was sie den Büchern, den
Karten und dem Hörensagen entnahmen, an Ort und Stelle auf seine
Richtigkeit hin zu überprüfen. «Und weil der Herr Infant», schreibt
denn auch Azurara, «die Wahrheit von dem allem zu erfahren trachtete . . ., sandte er, nachdem er sich vergewissert hatte, daß kein anderer
Prinz etwas unternahm, seine eigenen Schiffe in diese Gegenden, um sich
darüber unterrichten zu lassen.»[6]

Azurara läßt keinen Zweifel daran, daß derartige Wißbegierde nicht
desinteressiert war. Eine im Handelsverkehr mit dem Mittelmeer und
Nordeuropa bereits erfahrene Nation konnte sich der Möglichkeit, unter
Umgehung des islamischen Zwischenhandels direkt in die Herkunftsgebie-
te zunehmend beliebter werdender Importprodukte aus dem afrikanischen und asiatischen Raum vorzustoßen, nicht verschließen. Die Portugiesen, stellt Azurara fest, hätten bei solchem Kolonialhandel keine Konkurrenz zu fürchten; auch böte sich die Aussicht, eigene Waren nach
Übersee zu exportieren.[7]

Nicht weniger deutlich als wissenschaftliche und kommerzielle Beweggründe trat das christliche Sendungsbewußtsein, genauer, die Missionsabsicht, hervor. Der Gedanke der Mission besitzt innerhalb der
christlichen Kultur eine Tradition, die sich auf das Neue Testament zu-
rückführen läßt, wo sich Jesus mit den folgenden Worten an seine Jünger
wendet: «Mir ist gegeben alle Gewalt im Himmel und auf Erden. Darum
gehet hin und machet zu Jüngern alle Völker: taufet sie auf den Namen
des Vaters und des Sohnes und des heiligen Geistes und lehret sie halten
alles, was ich euch befohlen habe. Und siehe, ich bin bei euch alle Tage
bis an der Welt Ende.»[8] Seit dem Wirken der Apostel im Mittelmeerraum hat der abendländische Mensch immer wieder, wenn er über die
Grenzen seiner Kultur hinausgriff und auf Völker stieß, die er als «anders», «fremd», «barbarisch» empfand, das Bedürfnis gezeigt, diese Völker zum eigenen Glauben zu bekehren. So blieb die Mission, als Zielsetzung wie als Rechtfertigung, mit dem Phänomen des Kolonialismus bis
in unser Jahrhundert eng verknüpft. Portugal war zudem im 12. Jahrhundert mit der Kreuzzugsidee in enge Berührung gekommen: Christliche Ritter aus England hatten auf ihrer Reise ins Heilige Land hier einen
Zwischenhalt gemacht, und manche von ihnen hatten portugiesischen

Fürsten im Kampf gegen die Mauren beigestanden, die noch Teile des Landes besetzt hielten. Auch nach der Vertreibung der Muslime im Jahre 1249 blieb der Geist der Kreuzzüge in Portugal wach und verband sich eng mit dem Gedanken der Mission, deren heroisch-militante Entsprechung er in gewissem Sinne war.

In der Regel pflegte man die Bevölkerung nichtchristlicher Kulturen in zwei Gruppen einzuteilen: in Irrgläubige und Heiden. Die Irrgläubigen – und zu ihnen zählte man die Mauren – galten in ihren religiösen Auffassungen als fehlgeleitet, verstockt und unbelehrbar. Unterweisung wie Überredung erschienen ihnen gegenüber fehl am Platze; zu ihnen mußte das Schwert sprechen, und in der kriegerischen Auseinandersetzung mit ihnen sah der christliche Edelmann, und wer dies werden wollte, die Gelegenheit zur gottgefälligen Bewährungsprobe. Demgegenüber beurteilte man die Heiden, etwa die Schwarzafrikaner und die brasilianischen Indianer, in der Regel nachsichtiger. Sie waren, argumentierte man, der Erleuchtung durch die christliche Botschaft infolge einer schwer zu klärenden Fehlentwicklung nicht teilhaftig geworden und verharrten im blinden Götzendienst. Grundsätzlich aber galten sie als bereit und begierig, den wahren Glauben anzunehmen, wenn es dem Europäer nur gelang, die teuflischen Mächte, die von ihren Seelen Besitz ergriffen hatten, zu vertreiben. Die Bekehrung des Heiden verschaffte diesem den Vorteil, aus ewiger Verdammnis errettet zu werden; der Bekehrer aber sicherte sich dadurch sein eigenes Seelenheil. «Und wenn unser Gott versprochen hat», schreibt Azurara, «eine gute Tat mit hundert guten Taten zu vergelten, wird man im Glauben nicht fehlgehen, daß derartig große wohlgefällige Taten, nämlich die Rettung so vieler Seelen durch den Herrn Infanten, diesem im Reich Gottes hundertfache Belohnung sichern werden ...»[9]

Neben Missionsgedanke und Kreuzzugsidee trat bei den Portugiesen noch ein weiteres religiöses Motiv: die Suche nach dem Priester Johannes. In zahlreichen Schilderungen, die zu jener Zeit über ferne Weltgegenden in Portugal zirkulierten, auch bei Mandeville, war die Rede von einem mächtigen Priesterkönig, der, dem Vernehmen nach, irgendwo in Afrika oder Indien residierte. Otto von Freising, der bedeutende deutsche Chronist des 12. Jahrhunderts, hatte ihn mit einem der drei Heiligen Könige, dem dunkelhäutigen Kaspar, in Verbindung gebracht; auch ging das Gerücht, Papst Alexander III. und der byzantinische Kaiser hätten mit ihm in brieflicher Verbindung gestanden – begegnet war ihm freilich niemand. Es ist möglich, daß die Legende vom Priesterkönig Johannes durch eine äthiopische Gesandtschaft, die um 1400 in Venedig eintraf, neue Nahrung erhielt. Jedenfalls erwies sich diese Figur, in der man einen Verbündeten im Kampf gegen den Islam zu sehen sich einbildete, als wichtiges Stimulans für die portugiesische Übersee-Expansion, und noch in Berichten aus der Mitte des 16. Jahrhunderts ist davon die Rede.[10]

Neben den wissenschaftlichen, kommerziellen und religiösen Beweggründen verdient schließlich die Konkurrenzsituation zwischen Portugal und Spanien Erwähnung. Rivalitäten und Grenzkonflikte mit dem benachbarten Kastilien waren immer wieder aufgeflammt, seit Portugal im 12. Jahrhundert seine nationale Selbständigkeit errungen hatte. Auch im Handel mit Nordafrika blieb dieser Gegensatz spürbar; doch war Kastilien zu sehr durch Thronstreitigkeiten geschwächt und zu lange mit der Vertreibung der Mauren beschäftigt, als daß es im überseeischen Bereich als Konkurrent hätte gefährlich werden können. Die Lebensgeschichte zweier bedeutender Entdeckungsreisender, des Kolumbus und des Magalhães, vermag das angespannte Verhältnis schön zu veranschaulichen. Beide Seefahrer, der gebürtige Italiener wie der gebürtige Portugiese, wandten sich, nachdem ihre Projekte und Forderungen von der portugiesischen Krone abgewiesen worden waren, enttäuscht Spanien zu; und beiden wurde dieses Verhalten in der Folge als Verrat ausgelegt. Im Jahre 1494, kurz nach der Entdeckung Amerikas durch Kolumbus, einigten sich die beiden Länder im Vertrag von Tordesillas auf eine gegenseitige Abgrenzung ihrer überseeischen Einflußbereiche. Eine von Pol zu Pol durch den westlichen Atlantik verlaufende Demarkationslinie sprach Mittel- und Südamerika mit Ausnahme Brasiliens Spanien zu; nach der Weltumsegelung durch Magalhães wurde diese Linie im Vertrag von Saragossa (1529) über die beiden Pole hinaus verlängert. Beide Verträge und eine ganze Anzahl ähnlich lautender Abmachungen wurden unter der Oberaufsicht des Papstes abgeschlossen: diese Tatsache zeigt, wie stark das mittelalterliche Völkerrecht von der Idee der einen christlichen Welt, des «Orbis christianus», geprägt war.[11]

Am Anfang der portugiesischen Übersee-Expansion stand die Einnahme der nordafrikanischen Hafenstadt Ceuta im Jahre 1415. Ceuta, an der Straße von Gibraltar gelegen, war von erheblicher strategischer Bedeutung: es beherrschte die Meerenge, und sein Besitz schien den Zugang zu den saharischen Handelsstraßen zu öffnen. Die letzte Erwartung erfüllte sich nicht: im Frontalangriff waren die islamischen Positionen nicht zu nehmen. Man entschloß sich zu einem maritimen Umgehungsmanöver großen Stils, der marokkanischen Küste entlang, südwärts. Im Jahre 1434, nach mehreren tastenden Vorstößen, wurde das Kap Bojador zum ersten Male umschifft; ein Jahrzehnt später kehrten die ersten Karavellen mit Negersklaven und Goldstaub vom Kap Verde zurück; um die Mitte des Jahrhunderts war die Mündung des Gambia-Flusses erreicht, und man hatte südlich des Weißen Kaps eine erste Sklaven- und Warenhandelsstation, Arguim, eingerichtet. Um 1480 wurde der Äquator überschritten, und man erstellte in der Bucht von Benin eine weitere Faktorei, Elmina; wenig später erreichte Diego Cão die Mündung des Kongo, und Bartolomeo Diaz umschiffte kurz darauf das Kap der Guten Hoffnung. Die Reise schließlich, welche Vasco da Gama im Jahre 1497 mit vier Schiffen antrat, war nicht mehr, wie die bisherigen Aktionen, ein Vorprellen auf gut Glück; es handelte sich vielmehr um eine Expedition, deren Projektierung bereits im Zeichen des Gelingens stand. Die Kenntnis einer reichhaltigen und exakten Dokumentation über den Verlauf der westafrikanischen Küstenlinie und über Strömungs- und Windverhältnisse, die während früherer Fahrten angelegt worden war, erlaubte es Vasco da Gama und seinen Kapitänen, eine neue, meisterhaft errechnete Route auf hoher See anzusteuern, das Kap der Guten Hoffnung ohne nennenswerte Schwierigkeiten zu umfahren und Indien zu erreichen. Am 20. Mai 1498 traf Gama an der Malabarküste, vor der Stadt Kalikut, ein. Bereits zwei Jahre später entsandte König Manuel eine eigentliche Flotte von dreizehn Schiffen mit über tausend Mann Besatzung; ihr Oberbefehlshaber, Pedro Cabral, entdeckte, in westlicher Richtung weit ausholend, Brasilien und traf im September des Jahres 1500 in Indien ein.[12]

Das Instrument, welches diese Entdeckungsreisen ermöglichte, war jenes Segelschiff, das gemeinhin als Karavelle bezeichnet wird, worunter jedoch kein genau definierbarer, einheitlicher Schiffstyp zu verstehen ist.[13] Der Galeere gegenüber, die in der Mittelmeerschiffahrt ihre Bedeutung bis zum 18. Jahrhundert beibehielt, besaß die Karavelle zwei entscheidende Vorteile: sie verfügte über Segel und war damit nicht mehr von der Kraft der Ruderer abhängig; und ihre robuste Bauweise mit hochgezogenem Rumpf und markanten Aufbauten an Bug und Heck war geeignet, dem starken Wellengang im Atlantik standzuhalten. In der Regel trugen die Karavellen drei Masten; zwei davon waren mit großen Vierecksegeln, einer mit einem Dreiecksegel, dem sogenannten Lateinsegel, ausgerüstet. Längere Seereisen erforderten, daß sich gegenseitig bedingende Faktoren wie die Größe der Besatzungen, der Lagerräume und der Schiffe in sorgfältig kalkuliertem Verhältnis zueinander standen. Eine Karavelle von 100 Tonnen, mit 50 Mann Besatzung und entsprechender Verpflegung ausgerüstet, konnte nur noch etwa 5 Tonnen Han-

delsware aufnehmen. Die Lebensbedingungen an Bord waren schlecht.
Die Besatzung ernährte sich kümmerlich, und die hygienischen Zustände spotteten jeder Beschreibung. Man schlief, wenn das Wetter es zuließ, an Deck; bei schlechtem Wetter suchte man im feuchten Innern des Schiffsrumpfs Unterschlupf – erst die Übernahme der Hängematte von den mittelamerikanischen Indianern schaffte eine gewisse Erleichterung. Krankheiten waren häufig; gegen den Skorbut, eine Vitaminmangelkrankheit, wußte man sich erst im 18. Jahrhundert wirksam zu schützen. Die Besatzungsmitglieder «wählten» ihren Beruf als Matrosen und Soldaten meist unter dem Druck materieller Not. Des Lesens und Schreibens waren oft selbst die Schiffsoffiziere unkundig, und die wissenschaftliche Neugierde, von denen in den Krondokumenten oft die Rede ist, bewegte offensichtlich nur wenige der eigentlichen Akteure. Man kann in Luis de Camões' berühmtem Epos ‹Os Lusiadas› nachlesen, mit welchen dunklen, leider oft nur allzu berechtigten Vorahnungen die Portugiesen in See zu stechen pflegten.[14]

Ausschlaggebend für die Erfolge der Portugiesen gegen die arabischen Seestreitkräfte im Indischen Ozean war die Bewaffnung ihrer Schiffe. Man weiß nicht, wer zuerst auf den Gedanken kam, Artillerie an Bord zu nehmen, möglicherweise die Venezianer bei ihren Auseinandersetzungen mit den Genuesern zu Beginn des 14. Jahrhunderts. Die ersten portugiesischen Karavellen, die nach Afrika abgingen, führten bereits kleinere gegossene Kanonen auf dem Vor- und Achterkastell mit. Später begann man, die Artillerie beidseits des Decks aufzustellen und über die Schanzbekleidung feuern zu lassen, und zu Beginn des 16. Jahrhunderts wurden im Schiffsrumpf Batteriedecks und Geschützpforten eingerichtet, was gestattete, äußerst wirkungsvolle Breitseiten abzuschießen. Durch diese revolutionäre Neuerung wurden artilleristische Wirkung und navigatorisches Können eng miteinander verknüpft, und Portugal blieb in dieser Hinsicht lange Zeit ohne ernstzunehmende Konkurrenz.[15]

Wichtige Hilfsmittel der portugiesischen Überseereisenden bildeten die geographischen Karten. Die frühesten Seekarten, die erhalten geblieben sind, gehen in die erste Hälfte des 14. Jahrhunderts zurück. Man spricht von Portolan-Karten, erkennbar daran, daß sie von Rumben oder Windstrichlinien überzogen sind, die es dem Kapitän erleichtern, den Kurs von einem Hafen zum nächsten festzulegen. Solche Portolane scheinen zuerst in Venedig und Genua sowie auf Mallorca und in Barcelona hergestellt worden zu sein; aus der Zeit vor 1500 sind nur wenige portugiesische Exemplare erhalten geblieben. Die Karten sind mehrfarbig auf gegerbtes Tierfell gezeichnet und stellen in der Regel den Verlauf der Küstenlinien und günstige Ankerstellen dar; oft sind sie mit allerlei Figuren, Meerungeheuern und seltsamen Menschen, verziert. Im Detail oft erstaunlich genau, kam es bei der Darstellung weiterer Gebiete, etwa bei Weltkarten, zu erheblichen Verzeichnungen, da die Geographische Länge vor dem 18. Jahrhundert nicht exakt bestimmt werden konnte und lange keine Möglichkeit gesehen wurde, die Erdkrümmung zu berücksichtigen.[16]

Weitere unentbehrliche Hilfsmittel waren Kompaß, Astrolabium und Log. Die Ausnützung des Phänomens der magnetischen Anziehungskraft durch den Kompaß war den Chinesen des 12. Jahrhunderts und wenig später auch den arabischen Seeleuten im Indischen Ozean bekannt; im Mittelmeer dürfte dieses Instrument ein Jahrhundert später allgemein im Gebrauch gewesen sein. Das Astrolabium, vom deutschen Geographen Martin Behaim im späten 15. Jahrhundert zur Festlegung der Geographischen Breite auf hoher See empfohlen, war ebenfalls bereits den Arabern bekannt, die mit seiner Hilfe die Gebetsrichtung nach Mekka bestimmten. Das Log schließlich wurde seit der Antike zur Messung der Schiffsgeschwindigkeit benützt. Man weiß, daß die Steuermänner der Karavellen in Lissabon Gelegenheit hatten, einen Ausbildungskurs in den nautischen Wissenschaften zu besuchen; auch gab es eine Reihe entsprechender Lehrbücher.[17]

Der afrikanische Kontinent war, wie wir gesehen haben, nicht das Hauptziel der portugiesischen Bemühungen, sondern, vor allem in der Frühzeit, bloß unliebsames Hindernis auf dem Weg zu den Schätzen Asiens. Die wenigen Stützpunkte an der West- und Ostküste, die in der zweiten Hälfte des 15. Jahrhunderts angelegt wurden, waren personell schwach besetzt und dienten den Indienfahrern als Etappenstationen. Ihre Existenz hing vom Wohlwollen der einheimischen Lokalfürsten ab. Die Ungunst des Klimas, die Unzugänglichkeit des Hinterlandes und die Tropenkrankheiten, welche die Lebenserwartung der europäischen Siedler drastisch kürzten, verhinderten hier jene Durchdringung und Besitzergreifung, wie die spanischen Konquistadoren sie in Mittel- und Südamerika betrieben. An der Küste bildete sich unter der einheimischen Bevölkerung rasch eine Mittlerschicht von schwarzen und gemischtrassigen Bootsleuten, Dolmetschern, Händlern und Handwerkern, welche bei der Anknüpfung von Kontakten, der Pflege der gegenseitigen Beziehungen und auch bei der Regelung allfälliger Konflikte eine wichtige Rolle spielte. Den Portugiesen gehörte lediglich ein unmittelbar am Meer gelegener Landstreifen oder eine der Küste vorgelagerte Insel; hier wurde ein Fort erstellt, das die Warenmagazine sowie die Unterkünfte

für die militärische Garnison, die Handelsangestellten und die Sklaven
enthielt. Zu den wichtigsten Faktoreien, «feitorias», dieser Art gehörten
Arguim, Axim und Elmina an der Guineaküste sowie Sofala, Mozambi-
que und Malindi an der Ostküste.

Portugals Afrikahandel konzentrierte sich im Verlaufe des 16. Jahrhunderts immer stärker auf Sklaven; daneben hatten Gold, Elfenbein, Gewürze, Ebenholz, Straußenfedern, Gummi arabicum und Leder eine re-
gional unterschiedliche Bedeutung. Aus dem Mutterland wurden Textilien, Glasperlen, Metallwaren, Branntwein und Gewehre angeboten; aus
andern Teilen des Kolonialreiches Muscheln und Korallen, die als Zahlungsmittel kursierten.[18] Die ersten Transporte schwarzafrikanischer
Sklaven erreichten Portugal um die Mitte des 15. Jahrhunderts.[19] Bei der
Beschaffung von Sklaven stützte man sich, nachdem der Sklavenraub an
der Küste sich als kontraproduktiv erwiesen hatte, auf die Mithilfe der
Lokalfürsten, welche ihrerseits mit innerafrikanischen Stämmen in Verbindung standen. Der Schwarzafrikaner konnte in den folgenden Fällen
der Sklaverei ausgeliefert werden: wenn er sich gegen die Gesetze und
Tabus seiner Gemeinschaft vergangen hatte; wenn er bei kriegerischen
Unternehmungen in Gefangenschaft geraten war; wenn ein Lokalfürst
sich in einer wirtschaftlichen Notsituation veranlaßt sah, seinen Untertan einem Nachbarvolk gegen Getreide zum Tausch anzubieten. Der
Sklavenhandel hatte in Innerafrika eine lange Tradition; besonderes Gewicht kam bereits in vorkolonialer Zeit der Sklavenausfuhr aus dem
Sudan nach Ägypten, dem Vorderen Orient und bis nach Indien zu. Der
westafrikanische Handel lief über schwarze Sklaventreiber, welche ihre
«Ware», vornehmlich Männer zwischen fünfzehn und dreißig Jahren,
aber auch Frauen und Kinder, oft über große Distanzen an die Küste
brachten. Dort gingen die Sklaven nach zuweilen langwierigem Feil-
schen aus den Händen des Lokalfürsten in jene der Portugiesen über.

Anfänglich wurden die Schwarzafrikaner fast ausnahmslos nach Portugal verfrachtet, wo sie als Haussklaven in den Dienst begüterter Familien gestellt wurden. Bald kam es in Mode, sich schwarze Bedienstete zu
halten: um 1550 kamen in Lissabon auf eine Gesamtbevölkerung von
100 000 Menschen nicht weniger als 9500 Sklaven, darunter auch solche
maurischer Herkunft.[20] Als gegen Ende des 15. Jahrhunderts in Madeira
und auf den Kapverdischen Inseln, später auch auf den im Golf von
Guinea liegenden Inseln Príncipe und São Tomé das Zuckerrohr eingeführt wurde, fanden die Sklaven zunehmend auf den Plantagen Verwendung. Um 1530, mit dem Beginn der portugiesischen Kolonisation in
Brasilien, wurden immer mehr Schwarzafrikaner über den Südatlantik

verschifft, und Angola wurde zum hauptsächlichsten Sklavenlieferanten. Man schätzt, daß gegen Ende des 16. Jahrhunderts jährlich um 15000 Schwarze in Brasilien eintrafen; die überwiegende Mehrzahl von ihnen wurde in der Umgebung von Pernambuco und Bahia auf Zuckerplantagen beschäftigt. Weiteren Schätzungen zufolge soll das portugiesische Brasilien im Jahre 1584 eine Bevölkerung von rund 57000 Menschen aufgewiesen haben: 25000 Weiße, 18000 domestizierte Indianer, 14000 Negersklaven.[21] Da die Indianer den schweren Belastungen, welche die Sklavenarbeit mit sich brachte, nicht gewachsen waren, wurden sie zunehmend durch Schwarze ersetzt.

Es muß erstaunen, daß Sklavenhandel und Sklavenwirtschaft unter den Portugiesen kaum auf Kritik stießen, während man für die Lage der brasilianischen Indianer mehr Verständnis fand. Ein Hauptgrund für diese Tolerierung des afrikanischen Sklavengeschäfts ist wohl darin zu sehen, daß die Sklaverei in Innerafrika und im Mittelmeerraum für die Portugiesen seit jeher eine vertraute Erscheinung war; ferner gestattete es der Umstand, daß die Schwarzen selbst es waren, die ihresgleichen der Sklaverei auslieferten, allfällige Schuldgefühle auf andere abzuwälzen.

In merkwürdigem Widerspruch zur Sklaverei, welche die Betroffenen auch seelisch schwerster Gefährdung aussetzte, war die Mission darum bemüht, des Schwarzafrikaners Seele zu retten.[22] Bereits im Jahre 1490 war eine missionarische Expedition, der vor allem Franziskanermönche angehörten, ins Gebiet des heutigen Nordangola entsandt worden, mit dem Auftrag, den mächtigen Herrscher des Kongoreiches, den «Manikongo», aufzusuchen und Verbindungswege zum Reiche des Priesterkönigs und nach Indien auszukundschaften. Der begeisterte Empfang durch die eingeborene Bevölkerung schien zu den schönsten Hoffnungen zu berechtigen; der König und die wichtigsten Notabeln des Landes wurden getauft, und man begann mit dem Bau einer Kirche. In der Folge gelang es den Portugiesen, in der Gestalt des christlich getauften Alfons I. einen verbündeten Afrikaner auf den Thron des Königreichs zu heben, und die europäischen Quellen berichten voller Lob von dieser einmaligen Persönlichkeit: «Das Bibelstudium entzückt ihn dermaßen», meldete ein Missionar nach Portugal, «daß er außer sich gerät. Wenn er Audienz erteilt oder Gericht hält, sind seine Worte inspiriert von Gott und dem Beispiel der Heiligen.»[23] Eine Korrespondenz zwischen dem portugiesischen König und dem schwarzafrikanischen Lehensfürsten bahnte sich an; Alfons' Vorbild führte zu Massenbekehrungen in seinem Herrschaftsgebiet; Jugendliche wurden zur höheren Ausbildung nach Europa entsandt. Aber nach dem Tode von Alfons zeigte sich, auf welch unsicherem Grund die Kirche gebaut hatte. Es gelang Portugal nicht, eine genügende Anzahl von ausgebildeten und zureichend verantwortungsbewußten Missionaren bereitzuhalten, und die verschiedenen Ordensbekenntnisse, Franziskaner, Dominikaner, Jesuiten, Kapuziner, konkurrenzierten und lähmten sich gegenseitig. Der Sklavenhandel, von den Vertretern der Kirche allzuoft geduldet, gerechtfertigt oder gar betrieben, erzeugte eine Atmosphäre des Mißtrauens zwischen den sich begegnenden Kulturen und traf die überlieferte Ordnung der Eingeborenengesellschaft im Kern. Die wenigen Missionare, die sich am Ende des 18. Jahrhunderts noch in Nordangola aufhielten, berichteten von heftigen Familienzwisten zwischen den afrikanischen Herrscherhäusern und von hinterhältiger europäischer Einmischung – die Hoffnung auf einen sieghaften Durchbruch der christlichen Idee, die sich um 1500 eröffnet hatte, erfüllte sich nicht.

Doch es war nicht in Afrika, es war in Indien, wo Portugal seine überseeische Stellung am eindrücklichsten entwickeln sollte. Der Zeitpunkt des portugiesischen Eintreffens in diesen Weltgegenden war insofern außerordentlich günstig, als der Subkontinent um 1500 keine auch nur halbwegs geschlossene Abwehrfront zu mobilisieren imstande war. Indien war in hinduistische und islamische Herrschaftsbereiche aufgespalten; aber auch innerhalb dieser Kulturen gab es eine Unzahl von Dynastien und Ethnien, die sich gegenseitig befehdeten oder machtpolitisch neutralisierten.[24] Seit dem 11. Jahrhundert waren die Muslime in mehreren Schüben von Afghanistan nach Süden vorgedrungen. Als Vasco da Gama in Kalikut landete, beherrschten islamische Sultanate weite Teile Nordindiens, insbesondere Gujarat im Westen, Bengalen im Osten, und Delhi; auch im Dekkan hatten sich bereits mehrere solcher Sultanate gebildet, die untereinander und mit der südlich davon gelegenen Hindu-Dynastie von Vijayanagar im Streit lagen. Diese innenpolitische Zerrissenheit, die erst mit der Entstehung der mächtigen Mogulreiche im späten 16. Jahrhundert teilweise gebannt werden konnte, ließ die Inder das Eintreffen der Portugiesen an der Westküste als vergleichsweise unerhebliches Ereignis erscheinen; ja, es ist sehr fraglich, ob man sich überhaupt Rechenschaft von der – aus abendländischer Sicht – weltpolitischen Tragweite dieses Vorganges gab. Da Portugal auch in Indien nicht daran denken konnte, Siedlungspolitik zu betreiben, wurde seine Präsenz selten als Bedrohung empfunden. Zudem verstanden es die Portugiesen, sich den Umständen geschmeidig anpassend, auf die Fremdkulturen einzugehen. Zwar gab es auch hier, wie im Verhalten der spanischen Konquistadoren jenseits des Atlantiks, die kämpferische Kreuzfahrerattitüde und die Neigung der Pionierfiguren zu ungezügelter Grausamkeit; aber im asiatischen Bereich setzte sich doch die Bereitschaft durch, mit dem neuen Partner ins Gespräch zu kommen und Möglichkeiten einer für beide Seiten lukrativen Handelsbeziehung zu erkunden. Da der rasche und mühelose Erwerb von Edelmetall hier weniger möglich war, entfiel auch die fieberhafte Hektik, die den Rhythmus des Kulturkontakts in Amerika bestimmte.

Gefährlicher Widerstand erwuchs den Portugiesen allerdings vorerst aus der Anwesenheit einer arabischen Flotte im Indischen Ozean. Zum Zeitpunkt der ersten Umseglung des Kaps der Guten Hoffnung unterhielten die Muslime in Ostafrika, am Roten Meer, am Persischen Golf und an der Küste von Gujarat eine Reihe von Flottenstützpunkten, von denen aus rege Handelsbeziehungen mit Hinterindien, Malakka und selbst China betrieben wurden. Die Handelsware aus dem Mittleren und Fernen Osten wurde in diesen Häfen den Kamelkarawanen übergeben, welche Kairo, Nordafrika und die Levante bedienten; von dort gelangte die Ware, meist wiederum zu Schiff, nach Istanbul und Venedig. Die arabischen Kaufleute erkannten sofort die historische Tragweite des portugiesischen Einbruchs in ihren maritimen Machtbereich: «Der Teufel soll euch holen!», sollen zwei tunesische Handelsleute, die sich in Kalikut aufhielten und Spanisch sprachen, den Matrosen Vasco da Gamas bei ihrer Ankunft zugerufen haben.[25] Den Portugiesen ihrerseits war klar, daß ihr Asienhandel nur dann eine Chance hatte, wenn es gelang, die islamische Machtstellung völlig zu zerbrechen; der Gedanke, auf den Monopolanspruch zu verzichten und mit den Arabern in kommerziellen Konkurrenzkampf zu treten, scheint ihnen nicht gekommen zu sein. Mit dem Islam war der Kulturzusammenstoß, einmal mehr, unausweichlich.

Die Aufgabe, die Auseinandersetzung mit der arabischen Seemacht zu führen, fiel dem ersten von König Manuel eingesetzten «Vizekönig von Indien», Francesco de Almeida, sowie dessen Nachfolger Afonso de Albuquerque zu. Im Jahre 1509 warf sich Almeida mit den vereinigten portugiesischen Seestreitkräften von etwa zwanzig Schiffen auf die im Hafen von Diu versammelte ägyptisch-indische Flotte. Der Kampf, von beiden Seiten ebenso beherzt wie grausam geführt, endete mit dem völligen Sieg der Angreifer. Obwohl die arabische Flotte, insbesondere dank dem Zuzug osmanischer Verstärkung, noch mehrmals versuchen sollte, den Portugiesen gefährlich zu werden, erwies sich die Seeschlacht von Diu als entscheidend: Für die Dauer eines vollen Jahrhunderts blieb die Machtstellung der Krone im Indischen Ozean ungefährdet, und es bedurfte einer andern europäischen Seemacht, der am Beispiel der Portu-

giesen geschulten niederländischen Ostindienflotte, um eine neue Bedrohung entstehen zu lassen. Afonso de Albuquerque baute den Erfolg
Almeidas zielstrebig aus. Im Jahre 1510 wurde die Hafenstadt Goa erobert; wenig später fielen Malakka, Ormuz und Aden in portugiesische
Hand. Die Bucht von Kanton wurde 1513 erreicht, und ein kleiner
Stützpunkt, Macao, wurde 1556 eingerichtet; gleichzeitig stieß man zu
den Gewürzinseln des malaiischen Archipels vor, und Japan, die letzte
große Entdeckung der Portugiesen, wurde 1543 angelaufen. Solche stupenden Leistungen in so kurzer Zeitspanne bezeugen nicht nur den wa-
chen Unternehmergeist und die Tapferkeit des kleinen Seefahrervolkes,
sondern auch, wie bereits erwähnt, das erworbene navigatorische Geschick und die Fortschritte im technisch-militärischen Sektor.

Das Stützpunktsystem, das die Portugiesen in Asien einrichteten, unterschied sich grundsätzlich nicht vom afrikanischen. Nach Möglichkeit
begnügte man sich zu Beginn mit einer spektakulären Machtdemonstra-
tion, um den Lokalfürsten, den Sultan oder Rajah, zur Abtretung eines
kleinen Hafenplatzes zu bewegen. Im übrigen vermied man es tunlichst,
sich in die inneren Angelegenheiten des fremden Landes einzumischen,
es sei denn, daß man diplomatische Mittel einsetzte, um bestehende
Rivalitäten auszunützen. Die Faktoreistation umfaßte auch hier ein Fort,
einige Wohngebäude und Magazine, gelegentlich eine Werftanlage und
oft noch zusätzlich eine Kirche; allerdings waren die Gebäude hier, den
höheren Einkünften entsprechend, in der Regel kunstvoller gebaut und
nicht selten luxuriös ausgestattet. Die einheimische Bevölkerung blieb
meist im unangetasteten Besitz ihrer Siedlungsräume und behielt ihre
bisherigen Herrschaftsstrukturen und ihre Gesetzgebung bei. Noch ausgeprägter als in Afrika wuchs auch hier eine vermittelnde Schicht von
Mischlingen heran, die den Handelskontakt erleichterte – nicht mit den
Sklavenjägern diesmal, sondern mit den Ackerbauern und Gewürzpro-
duzenten des Hinterlandes. Man schätzt, daß in den gewaltigen Räumen,
die sich von der ostafrikanischen zur chinesischen Küste erstrecken, insgesamt nie mehr als 12000 bis 14000 Portugiesen tätig gewesen sind, die
eine Hälfte als Seeleute und Soldaten, die andere als Administratoren,
Handelsleute und Missionare.[26] Es scheint nicht, daß das Mutterland
durch diese Form der auf das Meer abgestützten, «thalassokratischen»[27]
Kolonialreichbildung an demographischer Vitalität eingebüßt hat, obwohl es die zeugungskräftigen Jahrgänge waren, die nach Übersee gingen. Wahrscheinlicher ist, daß sich mit der Expansion im Osten ein
Ventil öffnete: abenteuerliche und gesellschaftlich unruhige Naturen
wurden abgezogen, was zur Stabilität der Verhältnisse in Portugal beige-

tragen haben mag. Diese Haudegenpersönlichkeiten fanden an der äußersten Peripherie des kolonialen Einflußbereiches ein willkommenes Tätigkeitsfeld, etwa in der philippinischen Inselwelt, wo es gelegentlich auch zu Konflikten mit den von Mexiko aus operierenden Spaniern kam. In China und Japan freilich waren der Entfaltung individueller Initiative und Tatkraft besonders enge Grenzen gesetzt. Hier, im entferntesten Grenzbereich, stießen die Portugiesen auf Fremdkulturen, deren aus langer geschichtlicher Tradition gespeiste Ethnozentrik völlig ungebrochen war. China, aber nach entsprechend schlechten Erfahrungen auch Japan, unternahmen alles, um sich die Fremdlinge vom Leib zu halten. Die rund tausend Portugiesen, die sich nach 1557 in Macao festsetzten, lebten in strenger Abgeschlossenheit und standen durch eine schmale Mittlerschicht, vor allem Zollbeamte, in Berührung mit der einheimischen Bevölkerung, die aus ihrer Herablassung gegenüber den Europäern kein Hehl machte. Und ähnlich verhielt es sich mit dem portugiesischen Stützpunkt Deshima in Japan, einer künstlich aufgeschütteten Insel, die leicht vom Festland isoliert werden konnte. Die Distanz zwischen den Kulturen wurde im Fernen Osten weit weniger durch Fraternisation verwischt als an der indischen West- und Ostküste; und während die Portugiesen hier in kluger Kenntnis der Grenzen ihrer Möglichkeiten einen glücklichen Modus Vivendi des gegenseitigen Verkehrs fanden, waren es dort die Chinesen und Japaner, die den unterkühlteren Stil der Beziehung, den «kontrollierten Kulturkontakt», bestimmten. Vom portugiesisch-chinesischen Kontakt wird in einem gesonderten Kapitel noch die Rede sein.

Mittelpunkt des portugiesischen Handelsimperiums im Osten war Indien, genauer: Goa.[28] Die Stadt lag im Mündungsgebiet zweier Flüsse, etwas landeinwärts, auf einer geschützten, leicht zu verteidigenden Insel. Über die Bevölkerungszahl Goas lassen sich nur Schätzungen anstellen. Ein Quellendokument spricht von 3000 Herdstellen, davon 800 portugiesischen, im Jahre 1635; aber man kann nicht genau sagen, wie viele Menschen zu einer Herdstelle gezählt wurden.[29] Sicher ist, daß die Portugiesen in deutlicher Minderheit waren; man hätte, schreibt ein Chronist, in Kriegszeiten kaum mehr als einige hundert Soldaten rekrutieren können.[30] Im Unterschied zu den kleineren Faktoreistationen ging hier der koloniale Herrschaftsbereich über den Hafenbezirk hinaus und erfaßte zunehmend auch die einheimische Bevölkerung, insbesondere die christianisierte, die hier von erfolgreicher Missionstätigkeit Zeugnis ablegte.

Goa war, wenn man den kürzesten Weg wählte, von Lissabon 10000

Meilen weit entfernt; von hier waren es weitere 4000 Meilen bis Macao. Für die Reise nach Europa und zurück rechnete man anderthalb Jahre; der Vizekönig von Indien, der in Goa residierte und drei Jahre im Amt blieb, hatte während seiner Amtszeit nur ein oder zwei Mal Gelegenheit, direkte Befehle entgegenzunehmen. Während des 16. und 17. Jahrhunderts entsandte Portugal Jahr für Jahr zwanzig Schiffe, besetzt mit insgesamt etwa 15000 Reisenden, darunter lediglich einigen Dutzend Frauen.[31] Die Sterblichkeit war hoch: immer wieder kam es vor, daß auf der «Carreira da India», wie die Indienfahrt genannt wurde, ein Drittel der Besatzung starb. Häufigste Todesursachen waren Skorbut, Tropenfieber, Syphilis, Schwindsucht; eines von zehn auslaufenden Schiffen erlitt Schiffbruch, während die Verluste durch Feindeinwirkung sich nach den ersten entscheidenden Zusammenstößen in geringem Umfang hielten, aber nie ganz auszuschließen waren. Man hat geschätzt, daß auf einer Reise von zwei Jahren Dauer gegen 25% der eingeschifften Seeleute und Kolonisten starben.[32]

Auf der Rückreise nach Europa führten die portugiesischen Indienfahrer vor allem Gewürze und Textilien mit sich. Den Hauptteil der Handelswaren stellte der Pfeffer, der in großen Mengen von der Malabarküste und aus Indonesien importiert wurde. Man nimmt an, daß um 1520 rund 6000 Tonnen Pfeffer jährlich aus Asien auf dem Seeweg nach Portugal verfrachtet wurden.[33] Der beste Zimt kam aus Ceylon; Muskatblüten und Muskatnüsse sowie Nelken kamen von den Molukken. Aus Persien und Arabien wurden Pferde eingeführt und von der indischen Ostküste die verschiedensten, oft kostbar bedruckten Stoffe; China und Japan lieferten Seide, Porzellane und Edelmetalle. Im Unterschied zur afrikanischen Küste, wo billige Manufakturwaren als Zahlungsmittel verwendet wurden, erfüllte sich im Osten die Hoffnung auf einen ähnlich lukrativen Tauschhandel nicht: hier forderten die einheimischen Händler Bezahlung in harter Währung. Da die Staatskasse des Mutterlandes über zu geringe Edelmetallreserven verfügte, beschaffte man sich Gold und Silber aus dem spanischen Kolonialreich und ließ es in den Münzstätten, die man in Goa und Cochin eingerichtet hatte, prägen. Die Krone beanspruchte das Monopol im Überseehandel: alle Geschäfte sollten durch die Hand staatlicher Beamten gehen, und Zuwiderhandlungen waren strafbar. Doch die Saläre waren so niedrig, daß die in Übersee lebenden Portugiesen geradezu gezwungen wurden, durch im privaten Bereich entwickelte Geschäftstüchtigkeit von zuweilen sehr dubiosem Charakter ihr Einkommen aufzubessern.

In Goa residierte der höchste Beamte des portugiesischen Überseerei-

ches, der «Vizekönig von Indien». Er stammte, wie übrigens auch die
Gouverneure kleinerer Stützpunkte, aus adliger Familie und blieb in der
Regel drei Jahre im Amt. Die Auftritte des Vizekönigs in der Öffentlichkeit waren, wie alte Kupferstiche zeigen, von großer Prunkentfal-
tung umgeben, nicht zuletzt darum, weil es taktisch wichtig war, den
Lokalfürsten zu imponieren. Bereits in der Frühzeit der kolonialen Expansion hielt sich der Vizekönig einen Stab von engen Beratern; nach
1563 wurde ein Staatsrat bestellt, in welchen die Vorsteher der Finan-
zen, des Gerichts und des Militärs Einsitz nahmen. Mit städtischen Angelegenheiten befaßte sich in Goa seit 1516 ein Stadtrat, der nach bemerkenswert demokratischen Gepflogenheiten gewählt wurde und in
seinen Entscheidungen vom Vizekönig und dessen Chefbeamten unabhängig war. Daß innerhalb einer solchen Kolonialverwaltung, die me-
tropolitaner Kontrolle weitgehend entrückt war und im Umgang mit
neuartigen Verhältnissen sehr flexibel agieren mußte, manches möglich
war, was portugiesisches Gesetz und Rechtsempfinden verboten, ist
unzweifelhaft. Der deutsche Kolonialhistoriker Georg Friederici ist auf
Grund eingehenden Quellenstudiums denn auch zu einer vernichtenden
Beurteilung der portugiesischen Administration in Indien gelangt. «Die
königlichen Beamten», schreibt Friederici, «waren unzuverlässig, nach-
lässig, geschäftsunkundig und unfähig, die Handelsgeschäfte sachge-
mäß durchzuführen, mit denen sie beauftragt waren, weil sie dabei stets
auf ihren eigenen Vorteil bedacht waren. Die Offiziere und Beamten
waren pflichtvergessen, nicht verschwiegen, untreu, unehrlich, be-
stechlich, lügnerisch und verleumderisch. Alle waren unersättlich habgierig, dabei ungehorsam bis zur Widersetzlichkeit, sowohl die Kapitäne zur See als auch die Offiziere und Beamten auf dem Lande. Sie gaben die schlimmsten Beispiele einer niedergebrochenen Moral in der
Rechtspflege und in Gewalttaten bis zum Morde. In der allgemeinen
Korruption aller Offiziere und Beamten bis zu den Vizekönigen hinauf,
bei den unehrenhaften und unritterlichen Trieben der meisten wurden
die Soldaten und Veteranen in Indien um ihre Gebührnisse und ihren
wohlverdienten Lohn betrogen, die Frauen und Töchter der Eingeborenen gewaltsam um ihre Ehre.»[34] Derartige Zustände scheinen sich in
der zweiten Hälfte des 16. Jahrhunderts eher noch verschlimmert und
schließlich zur raschen Kapitulation gegenüber den niederländischen
Handelskonkurrenten beigetragen zu haben. Im Jahre 1610, acht Jahre
nach der Gründung der «Oostindischen Compagnie», schrieb ein
Chronist aus Goa: «In Indien gibt es überhaupt nichts Gesundes mehr:
alles ist faul und geschwürig und nahezu mit Flechten überzogen; und

wenn nicht ein Glied abgeschnitten wird, dann wird der ganze Körper krank werden und verderben.»[35]

Goa war auch Sitz eines Erzbischofs und trug stolz den Namen eines Roms der «Asia christiana». Seelsorge und Mission spielten hier eine derartige Rolle, daß sich an der Aufrichtigkeit der religiösen Kolonisations-Motivation nicht zweifeln läßt. Während der Islam im Sinne der Kreuzzugstradition vehement bekämpft wurde, ging man zuweilen soweit, im Hinduismus eine verwandte Religion zu sehen und begann, die Hindus zum Objekt einer systematischen Missionspolitik zu machen. Es waren vornehmlich Jesuiten, die nach ihrem Eintreffen im Jahre 1542 mit einem durch Inquisition und Gegenreformation beflügelten Eifer die Sache der Glaubensverbreitung an die Hand nahmen. Zwar hielt der Kirchenrat von Goa daran fest, daß die Mission grundsätzlich auf jeden Druck und jede Nötigung gegenüber dem zu Bekehrenden verzichten solle. Die Wirklichkeit aber zeigte oft ein anderes Gesicht. Um das, was man herablassend «Götzendienst» nannte, unmöglich zu machen, schreckte man nicht vor der Zerstörung fremder Kultstätten zurück – die Portugiesen in Indien ebensowenig wie die Spanier in Mittel- und Südamerika. Um dem Bekehrungseifer nachzuhelfen, versprach man soziale Privilegien, ja, die Übernahme gewisser Ämter wurde von der Christianisierung direkt abhängig gemacht. Zu bedenklichen Erscheinungen kam es, wenn sich die Kirche ein Verfügungsrecht über Waisen und Halbwaisen anmaßte. Indessen ist unzweifelhaft, daß die portugiesische Mission in Indien, unterstützt durch die Ausstrahlungskraft des überseeischen Bischofssitzes, größeren und dauerhafteren Erfolg aufzuweisen hatte als in Afrika. Man nimmt an, daß Goa und seine nähere Umgebung gegen Ende des 16. Jahrhunderts rund 60000 Christen gezählt haben, und noch im Jahre 1961, bei der Einverleibung der Kolonie durch Indien, waren gegen zwei Fünftel der einheimischen Bevölkerung römische Katholiken. Von Goa aus reiste der Jesuitenpater Franz Xaver, ein Jugendfreund des Ignatius von Loyola, nach Japan und China, um dem christlichen Glauben weiteres Neuland zu erschließen, weil er fand, die entbehrungsreichste Arbeit in Indien sei bereits getan.[36]

Es gehört zum Bild von Goa im 16. Jahrhundert, daß das Zusammenleben verschiedener Bevölkerungsgruppen auf engem Raum und in gegenseitiger Interessengemeinschaft sowie die vom Klerus unter der Vorbedingung der Taufe geförderte Vermischung der Rassen hier die ersten Kunsterzeugnisse außerhalb Europas entstehen ließ, in denen der Einfluß verschiedener Weltkulturen sich widerspiegelt. Es handelt sich dabei vor allem um Objekte, wie sie im Umkreis des Vizekönigs, des hohen Kle-

rus und der Lokalfürsten im Gebrauch waren: Mobiliar mit feinsten
Intarsien aus Edelhölzern, Elfenbein und Perlmutt; Reliquiare und
Schmuckkästchen in zauberhafter Filigranarbeit aus Gold und Silber;
Elfenbeinschnitzereien mit Motiven aus der antiken Sage und aus Ritter-
romanen; kostbar gewobene und bestickte Decken, Teppiche und Meß-
gewänder. Nicht selten verbinden sich in solchen Kunstgegenständen
Motiv und Ornament, Form und Machart ohne Stilbruch im geglückten
abendländisch-orientalischen Synkretismus.[37]

Das portugiesische Handelsimperium, wie es auf den Weltkarten vom
Beginn des 17. Jahrhunderts in Erscheinung tritt, war, im Hinblick auf
die Art seiner Entstehung wie im Hinblick auf die Tragfähigkeit seines
weitgespannten Gefüges, eine weltgeschichtlich einmalige Leistung.
Frühere Historiker haben den pionierhaften Impetus der portugiesischen
Entdecker, den hohen Stand ihrer wissenschaftlichen und navigatori-
schen Kenntnisse, die aggressive Vitalität der Kreuzzugsidee betont.
Heutige Betrachter neigen dazu, dem Funktionieren und der vergleichs-
weisen Stabilität dieser Sonderform kolonialer Herrschaft ihr Hauptaugenmerk zu schenken. Denn die Leistung der Portugiesen war nicht nur
eine Tat tollkühnen Überschwangs; sie bezeugt auch, so widersprüchlich
dies scheinen mag, einen erstaunlichen Sinn für das richtige, das mögliche Maß. Gewiß: Portugal war ein kleines Land, seinem Aktionsbereich
waren natürliche Grenzen gesetzt. Entscheidend aber war, trotz allem
Enthusiasmus der Frühzeit, diese Grenzen auch zu sehen. Wie zahlreich
waren doch die Versuchungen, denen die Portugiesen auf ihrem langen
Weg nach Osten zu widerstehen hatten! Man hätte sich, nach der Einnahme von Ceuta, in fruchtlosen Kleinkriegen mit den Barbareskenstaa-
ten aufreiben können; man hätte sich, von Goldgier getrieben, in Westafrika zu fatalen Expeditionen ins Hinterland verleiten lassen können;
man hätte, vom Persischen Golf aus, versuchen können, die sagenhaften
Reichtümer des Schahs in seinen Besitz zu bringen oder gar zu den Heiligen Stätten des Vorderen Orients vorzudringen. Nichts von alldem
geschah. Man hielt am ursprünglichen Konzept fest, sich unter Umgehung des Islams und unter Benutzung der vorteilhaften maritimen Verbindungswege den Zugang zum Osten und seinen begehrten Naturprodukten zu sichern, um inskünftig jene Vermittlerrolle, welche man zwischen Mittelmeer und Nordsee bereits innehielt, in weltweitem Stil fort-
zuführen. Vorgegeben waren der wirtschaftspolitische, technische und
geographisch-kulturelle Rahmen: das System des monopolitischen Kron-
kapitalismus; die Karavelle und deren Weiterentwicklung; die Distanzen,
Strömungen, Winde sowie die Topographie der fernen Küstenstriche

und die Mentalitäten ihrer Bewohner. Innerhalb dieser Bedingtheiten galt es, vielerlei Begabungen und Fertigkeiten auszubilden, und dies wiederum erforderte vielerlei sich scheinbar widersprechende Eigenschaften: Tapferkeit und Berechnung, Härte und Flexibilität, Improvisationsgeschick und Ausdauer, Durchsetzungsvermögen und Verständnis.

Als vielleicht eindrücklichste Leistung erscheint, aus heutiger Perspektive gesehen, die Tatsache, daß es den Portugiesen gelang, mit den vielen unterschiedlichen Bevölkerungsgruppen, denen sie auf dem langen Weg nach dem Fernen Osten begegneten, nach kurzer Zeit eine beide Seiten oft zufriedenstellende Kulturbeziehung herzustellen. Die Frage danach, wie dies gelingen konnte, rührt letztlich an das Geheimnis der portugiesischen Mentalität. Es ist offensichtlich, daß die Portugiesen, ausgeprägter als die Spanier und in ungleich stärkerem Grade als später die Holländer und Engländer, bereit und fähig waren, auf fremde Kultureinflüsse vorurteilsfrei und anpassungwillig einzugehen. Dieses als historischer Tatbestand leicht zu erkennende, aus dem Geflecht verschiedener sich gegenseitig bedingender Ursachen jedoch schwer abschließend zu erklärende Phänomen kann hier lediglich skizziert werden.[38] Beschränken wir uns auf die stupende Bereitschaft des Portugiesen zur rassischen Vermischung, wie sie, bereits in Afrika und Asien unverkennbar, schließlich in Brasilien von größter gesellschaftlicher Folgewirkung sein sollte. Diese Bereitschaft läßt sich durch den Mangel an europäischen Frauen – dem andere Kolonialmächte, die sich kaum vermischten, ebenso ausgesetzt waren – nicht erklären. Bestimmender blieb das Gewicht der eigenen Geschichte: die Portugiesen, selbst eine ausgesprochene Mischrasse, hatten im Laufe der Jahrhunderte phönizisches, jüdisches, römisches, schwarzafrikanisches, arabisches und maurisches Blut in sich aufgenommen; ein Rassenbewußtsein oder Rassenvorurteile hatten sich daher nicht entwickeln können. Auch war diese Vermischung, im Mutterland wie später in Übersee, nicht auf bestimmte Gesellschaftsschichten beschränkt; selbst der Klerus übte in dieser Hinsicht nicht immer Zurückhaltung. Überhaupt scheint der Katholizismus mit seiner ausgeprägten Tendenz, im Überseebewohner den potentiellen Christen zu sehen, eine große Integrationskraft entfaltet zu haben, sehr im Unterschied zum Calvinismus mit seiner Betonung des Auserwähltheitsgedankens. Zudem ließen wirtschaftliche Überlegungen die Vermischung als wünschenswert erscheinen: in Brasilien mehrte der junge weiße Herr, der Sklavinnen schwängerte, seinen Besitzstand; in Indien bildete sich eine Schicht von Mischlingen, deren Loyalität gegenüber dem Europäer handelspolitisch ins Gewicht fallen konnte. Der Soziologe Gilberto Freyre hat auch auf die besonders ausgeprägte sexuelle Neigung der Portugiesen für die exotische Frau hingewiesen und gezeigt, in welchem Maße die physische Beziehung, auch im Rahmen der Familie, den Transfer von Kulturelementen erleichtert und gefördert hat.[39] Daß diese Bereitschaft zur Vermischung Konfliktstoff abbaute oder zumindest in weniger exponierte Bezirke des Kulturkontakts verlagerte, läßt sich nicht bezweifeln; die soziale Frage freilich ist dadurch, wie noch das moderne Brasilien zeigt, nicht gelöst worden.

Für Europa, insbesondere für den Handel im Mittelmeerraum und Venedig, das seit den Kreuzzügen die Verbindungen mit dem Nahen Osten offenzuhalten versucht hatte, war das portugiesische Ausgreifen rund ums Kap der Guten Hoffnung nach Osten ein folgenschwerer Vorgang. Ein venezianischer Kaufmann, der in Lissabon lebte, hatte bereits nach der Rückkehr des Bartolomeo Diaz einen mahnenden Brief an die Signoria geschrieben: «Da nun also die Portugiesen diesen neuen Reiseweg gefunden haben, wird der König von Portugal alle Gewürze nach Lissabon bringen lassen. Es ist kein Zweifel, daß Ungarn, Deutsche, Flamen, Franzosen und die Bewohner jenseits der Alpen, die bis anhin mit ihrem Geld nach Venedig Gewürze einhandeln kamen, sich nun Lissabon zuwenden werden...»[40] Allerdings war der Niedergang Venedigs, befördert noch durch die Auseinandersetzung mit dem Osmanenreich, lediglich der Teilaspekt eines wirtschaftsgeschichtlichen Vorgangs von planetarischer Tragweite. Zum Vorstoß der Portugiesen im Osten gehörte wie der andere Flügel eines Diptychons die spanische Übersee-Expansion im Westen; dieser Vorgang bedingte und ermöglichte jenen: die riesigen Einkünfte, welche die Spanier aus den Gold- und Silberminen Mexikos und Perus zogen, flossen über den Sklavenhandel wieder den Portugiesen in Asien zu, die damit die Importwaren nach Europa bezahlten. In Europa selbst verlagerte sich das wirtschaftliche Schwergewicht nach dem Westen, wo sich nach der Vereinigung von Portugal und Spanien im Jahre 1580 und dem Aufbau des Habsburgerreiches unter Maximilian I. und Karl V. ein mächtiger Wirtschaftsraum herausbildete. Nachdem in der Schlacht von Lepanto (1571) auch die Türkengefahr gebannt war und Spanien unter Philipp II. auch geistig in der Auseinandersetzung mit der Reformation eine Führerrolle übernahm, konnte man mit Fug und Recht von einem «Goldenen Jahrhundert», einem «Siglo de Oro», sprechen.[41]

Als die Holländer nach Erringung ihrer Unabhängigkeit (1581) und nach der Zerschlagung der spanischen Armada (1588) die Vormachtstellung im afrikanisch-asiatischen Raum an sich rissen, kopierten sie das von den Portugiesen entwickelte Stützpunktsystem weitgehend, verlagerten aber seinen Schwerpunkt nach Batavia, dem heutigen Djakarta, auf Indonesien. Der wirtschaftspolitischen Dynamik der 1602 begründeten, von der städtischen Kaufmannschaft einer unabhängigen Republik getragenen «Niederländisch-Ostindischen Kompanie» hatte Portugal keine Reserven mehr entgegenzuwerfen, und als nach 1615 auch noch die Engländer in diesem Raum aktiv wurden, sank das iberische Kolonialreich im Osten zum Schattendasein herab. Wichtig wurde nun Brasilien, das, nach Jahrzehnten stagnierender Entwicklung, die Übergriffe der europäischen Rivalen abweisen konnte und sich im 17. Jahrhundert zu einer eigenständigen Sonderform europäischer Kolonisation entwickelte.[42]

Drittes Kapitel

Der Kulturzusammenstoß

Die Spanier auf Hispaniola

Will man sich eine Vorstellung von Verlauf und Bedeutung des europäischen Einbruchs in die transatlantische Welt machen, wird man sich mit Vorteil auf den Modellfall der Insel Hispaniola besinnen, welche heute die Staatengebilde Haitis und der Dominikanischen Republik umfaßt. Hispaniola ist, wie Pierre Chaunu gesagt hat, der «Mikrokosmos» transatlantischer Kolonisationsgeschichte:[1] hier hat sich zuerst abgespielt, was sich später in Mexiko, Peru und Chile wiederholen sollte. Dank günstiger Strömungs- und Windverhältnisse war die Insel den Segelschiffen leicht zugänglich. Sie liegt an beherrschender Stelle innerhalb des Inselbogens der Großen Antillen; ihr Klima ist angenehm warm und einer reichen Tropenvegetation sowie dem Anbau von Nutzpflanzen förderlich. Alle diese Voraussetzungen blieben bestimmend für die erhebliche strategische und wirtschaftliche Bedeutung, die Hispaniola bis zum Ende des 18. Jahrhunderts zukam.

Als erster Europäer erreichte Christoph Kolumbus die Nordwestküste der Insel am 6. Dezember des Jahres 1492. Zwei Monate zuvor hatte die Flottille des Entdeckers erstmals amerikanisches Territorium berührt: die Bahama-Insel San Salvador oder, in der Sprache der sie bewohnenden Aruak-Indianer, Guanahani. Dann war der Seefahrer, in der Hoffnung und im Glauben, er befinde sich vor dem chinesischen Festland und in Reichweite der von Marco Polo gepriesenen Goldschätze des Fernen Ostens, der Nordküste Kubas gefolgt. Hispaniola, von Kolumbus so genannt, um eine gewisse Ähnlichkeit mit dem Mutterland, vor allem aber die Bedeutung seiner Entdeckung hervorzuheben, schien Japan zu entsprechen, und die Tatsache, daß ein Teil dieser Insel «Cibao» genannt wurde, nicht unähnlich also dem «Zipangu» Marco Polos, schien diese Vermutung zu stützen.[2]

Auch Hispaniola war zu jener Zeit von einem Stamm der Aruak-Indianer, von den Tainos, besiedelt. Es handelte sich dabei um eine ethnische Gruppe, die auf der Stufe einer frühen Pflanzer- und Jägerkul-

tur seßhaft lebte und höchstens in Ansätzen die Hochkulturen des mexikanischen Festlandes vorausahnen ließ.[3] Diese Indianer – die ursprünglich spanische Bezeichnung hat den Irrtum des Kolumbus bekanntlich
verewigt – hatten die Nordküste des südamerikanischen Festlandes,
möglicherweise durch die ihnen militärisch überlegenen Kariben verdrängt, einige Jahrhunderte vor Kolumbus' Eintreffen verlassen. Sie ernährten sich zur Hauptsache von Maniok, Süßkartoffeln und Mais, gingen mit Netzen, Angeln und Speeren auf Fischfang und, in bescheide-
rem Umfang, auf die Jagd; über Haustiere verfügten sie, von einer Hun-
deart abgesehen, nicht. Eine eigentliche Bekleidung war den Inselbewohnern unbekannt; lediglich die Frauen trugen nach der Pubertät eine
Art von Lendenschurz. Beide Geschlechter liebten es, ihren Körper zu
bemalen; ebenso waren in Gold gearbeitete Nasen- und Ohrgehänge
sowie Halsbänder üblich. Obwohl in handwerklicher Hinsicht, so etwa
in der Holzschnitzerei, sehr geschickt und künstlerisch begabt, verfügten
die Tainos nur über eine bescheidene Bewaffnung, die sich auf den mit
einer Feuersteinspitze versehenen Speer stützte. Zum Transport auf dem
Wasser benutzte man aus Baumstämmen gearbeitete Kanus, die – in
Ermangelung des Segels – mit Rudern vorangetrieben wurden. Die Tainos wohnten in Dörfern unterschiedlicher Größe inmitten wohlbebauter
Felder. Die Bevölkerung der Insel zerfiel wahrscheinlich in fünf Provinzen, von denen jede ihren eigenen Häuptling, den «Kaziken», besaß,
dessen Machtbefugnis, auch in Fragen von Leben und Tod, fast unbe-
grenzt war. Den «Kaziken» unterstanden die Vorsteher kleinerer Bezirke
und Dörfer, denen wiederum Berater zur Seite standen. Inselbewohner,
die keiner der regierenden Familien angehörten, verrichteten die Arbeiten auf dem Feld und waren in den Dörfern als Handwerker tätig. Es gab
auch Sklaven. Die Tainos waren ein friedliches und gastfreundliches
Volk. Fremde Besucher, die ihre unkriegerischen Absichten zu erkennen
gaben, wurden als persönliche Gäste der «Kaziken» und Dorfvorsteher
empfangen und im Kreis der Mitbürger bewirtet; dem Gast standen
einheimische Frauen zum Geschlechtsverkehr zur Verfügung, und zu
seinen Ehren wurden Feste veranstaltet. Gefürchtet waren freilich die
Überfälle der kriegerischen Kariben von den benachbarten Inseln, die
vornehmlich nachts erfolgten und zuweilen mit der Zerstörung ganzer
Siedlungen, der Massakrierung der männlichen Bewohner und kannibalischen Orgien endeten.

Die frühen Begegnungen zwischen den Spaniern und den Tainos hatten im allgemeinen betont friedlichen Charakter. Gewiß gab es Unterschiede im Verhalten der Inselbewohner: bei einzelnen Stammesgruppen

überwog zu Beginn des Kulturkontakts die ängstliche Scheu, bei andern die kecke Neugier; junge Leute zeigten sich in der Regel entgegenkommend, ältere zurückhaltend oder abweisend. Auch die Europäer waren zuerst an der Auslösung von Konflikten keineswegs interessiert. Obwohl Kolumbus sich offensichtlich keinerlei Gedanken über eine konsequente «Eingeborenenpolitik» machte und später in solchen Fragen oft unsicher und unangemessen reagierte, riet er im Frühstadium der gegenseitigen Begegnung durchwegs zur Rücksichtnahme. Bewaffnete Matrosen, die gleich nach der Ankunft auf Hispaniola ins Landesinnere entsandt wurden, erhielten die Anweisung, sich durch Verteilung von Glasperlen, Glöckchen und buntgefärbten Käppchen die Sympathie der Bewohner zu sichern; eine junge Frau, die man entführt und an Bord geholt hatte, wurde beschenkt und wieder zurückgeschickt. Die Kunde von derart freundlichem Verhalten sprach sich herum und schuf Vertrauen. Bereits wenige Tage nach Kolumbus' Eintreffen strömten die Tainos in Scharen zu seinen Schiffen, und der zuständige Häuptling ließ durch einen Boten anfragen, wann er die Seefahrer empfangen dürfe.[4]

Es läßt sich leider nur lückenhaft rekonstruieren, was in den Bewohnern Hispaniolas vor sich ging, als sie zum ersten Mal, einer Himmelserscheinung gleich, die Segel der spanischen Schiffe am Horizont auftauchen sahen. Keine schriftliche Kunde hat dieses Ereignis bewahrt, und die mündliche Überlieferung der Tainos ist, ohne von jemandem festgehalten worden zu sein, mit deren Aussterben ein halbes Jahrhundert später erloschen. Lediglich die Aufzeichnungen der Spanier, insbesondere das Bordjournal von Kolumbus selbst, lassen gewisse Rückschlüsse zu. Daraus geht hervor, daß die Tainos ihre Besucher als wesensmäßig anders empfunden haben müssen und daß diese Erfahrung sie im tiefsten aufwühlte. Das Entscheidende war wohl, daß die Spanier sich mit Menschen der gewohnten Art nicht vergleichen ließen, auch nicht mit den Kariben, deren existentieller Habitus einem vertraut war, auch wenn sie einige Sitten und Fertigkeiten verschieden entwickelt hatten. Daß die Fremdlinge Bärte trugen, weißhäutig waren, ihren Körper bekleideten, sich mit gänzlich unverständlichen Lauten verständigten – dies war für die Tainos mit keiner geschichtlichen Erfahrung in sinnstiftenden Zusammenhang zu bringen. Und ähnlich verhielt es sich mit den Instrumenten, deren sich die Ankömmlinge bedienten. Das Segelschiff war nicht als eine Weiterentwicklung des Kanus zu begreifen, und es mußte lange unerfindlich bleiben, woher ihm die Kraft zur Fortbewegung zuströmte. Das Schießgewehr und die Bordkanone, deren lauter Knall, wie es schien, Baumkronen in großer Entfernung zerfetzte und, wie sich bald genug zeigen sollte, Menschen tot umfallen ließ, mußten noch unerklärlicher, ja geradezu unheimlich wirken. Und was sollten die Indianer von jenen würdevollen spanischen Notaren halten, die zum Zeugnis der Besitzergreifung mit spitzem Federkiel seltsame schwarze Zeichen auf ein Stück Pergament malten?

Was lag näher, als Geschöpfe, deren Erscheinung, Handlungsweise und Handlungsmöglichkeit so sehr von allem Gewohnten abwichen, als überirdische Wesen zu betrachten? Wir haben bereits im einleitenden Kapitel gesehen, daß die Kulturvölker des mittel- und südamerikanischen Festlandes, die Azteken, Mayas und Inkas, die vordringenden Konquistadoren als «Götter» ansahen.[5] Auch in den Quellendokumenten, welche die Spanier vor ihrem Aufenthalt auf Hispaniola hinterließen, ist wiederholt davon die Rede, daß die Aruak die Seefahrer als Götter bezeichnet und deren Versuche, diesen Irrtum zu korrigieren, entschieden zurückgewiesen hätten. In diesem Sinne beschreibt Kolumbus selbst seine erste Begegnung mit einem «Eingeborenenkönig»: «Im Laufe des Nachmittags kam der König an Bord, wo der Admiral (Kolumbus) ihn gebührend empfing und ihm klar machen ließ, daß er in Diensten der Könige von Kastilien stehe, der mächtigsten Fürsten der Welt. Aber weder die Indianer, die der Admiral als Dolmetscher bei sich hatte, noch der König selbst glaubten auch nur ein Wort. Sie glaubten vielmehr, daß die Spanier vom Himmel kamen und daß sich das Königreich Kastilien im Himmel befinde.»[6] Auch auf Hispaniola scheint die Ankunft bärtiger, völlig bekleideter Fremdlinge prophezeit und, dem Zeugnis des Historikers Francisco López de Gómara zufolge, als unheilbringendes Omen gedeutet worden zu sein.[7] Unzweifelhaft ist jedenfalls, daß den Tainos – auch wenn die Spanier das Gegenteil zu behaupten pflegten – die Vorstellung eines überirdischen, im Himmel beheimateten Wesens vertraut war, daß somit zumindest ein Anknüpfungspunkt bestand, um die Ankunft der Fremdlinge ins eigene Weltbild zu integrieren.

Göttern begegnet man mit allen Zeichen der Ehrfurcht, mit Hilfsbereitschaft und freundlichem Entgegenkommen. In der Tat überboten sich die Tainos während Kolumbus' Aufenthalt mit Gefälligkeiten aller Art. Man gab auf alle Erkundigungen, insbesondere auf die andauernd wiederholte Frage nach dem Vorhandensein von Gold, bereitwillig Auskunft; man schleppte alles, wonach den Gästen gelüstete, Trinkwasser, Früchte, Edelmetall, Frauen, eilfertig herbei; Lokalfürsten baten sehnlichst darum, von den Spaniern empfangen zu werden oder diese zu empfangen; und als das Flaggschiff des Kolumbus', die «Santa Maria», auf Grund lief, zeigten sich die Indianer tief bekümmert und halfen beim Löschen der Ladung. «Schließlich sagte der Admiral», heißt es im Bordbuch, «er könne nicht glauben, daß es jemanden gebe, der schon derart gutherzige Menschen gesehen habe, freigebig und so ängstlich, daß sie alles taten, um den Christen zu geben, was sie hatten, und wenn die Christen dann ankamen, liefen sie, um alles herbeizutragen.»[8] So groß erschien diese Nächstenliebe, daß Kolumbus folgerte, einem Volk begegnet zu sein, daß geradezu prädestiniert sei, die christliche Botschaft anzunehmen. Auch schien das Entgegenkommen uneigennützig; immerhin mag das Kalkül, sich im Kampf gegen die Kariben einen mächtigen Verbündeten gewonnen zu haben, mitgespielt haben.

Am 26. Dezember 1492 wurde, unter eifriger Mithilfe des «Kaziken» Guacanagari und seiner Leute, mit dem Bau eines festen Platzes begonnen, den man in Erinnerung an den Weihnachtstag «Villa de la Navidad» nannte. Über vierzig Mann, von denen sich viele freiwillig meldeten, blieben in dieser ersten Siedlung in der «Neuen Welt» zurück. An eine Bedrohung durch die Inselbewohner dachte Kolumbus nicht, schätzte er doch die militärische Stärke der Tainos als äußerst gering ein und war er doch überzeugt, die ganze Insel mit wenigen Bewaffneten unter Kontrolle halten zu können. Wenn ein Beobachtungsturm und Befestigungsanlagen erstellt wurden, so geschah dies in erster Linie, um den Indianern die technischen Möglichkeiten des spanischen Zimmermannhandwerks vor Augen zu führen. Am 4. Januar 1493, bei Tagesanbruch, ließ Kolumbus die Anker lichten und trat die Rückfahrt an; am 15. März traf er im Heimathafen Palos ein.

Christoph Kolumbus hatte den katholischen Königen, Isabella von Kastilien und Ferdinand von Aragón, in deren Auftrag er weggefahren war, viel versprochen; und er hatte viel von ihnen gefordert. In den sogenannten Kapitulationen von Santa Fé, den Vereinbarungen, welche die Verfügungsrechte über allfällige Entdeckungen regelten, wurden dem Seefahrer sehr weitgehende Vorteile zuerkannt: er wurde zum Admiral, zum Vizekönig und Generalgouverneur mit entsprechenden Befugnissen befördert, und von allen Waren und Erzeugnissen, die eingehandelt werden sollten, wurde ihm ein Gewinnanteil von zehn Prozent in Aussicht gestellt. Mit solcher Selbstsicherheit und solchem visionären Optimismus ist in den Kapitulationen von den überseeischen Gebieten – «islas y tierras firmes» – die Rede, daß Kolumbus es sich unmöglich hätte leisten können, unverrichteter Dinge zurückzukehren. Es war dieser selbst erzeugte Erfolgszwang, der Kolumbus dazu bewegte, die Bedeutung seiner Entdeckungen – die er zu jenem Zeitpunkt und nach so

kurzem Augenschein noch keineswegs abschätzen konnte – unmittelbar
nach seiner Rückkehr von der ersten Reise nach Kräften herauszustrei-
chen. «Hispaniola ist ein Wunder», heißt es in seinem berühmten Brief
an den Schatzkanzler Luis de Santangel, «die Gebirge und Ebenen, die
Wiesen und Felder sind fruchtbar und geeignet für Anpflanzung und
Aussaat, für die Zucht von aller Art Vieh und für die Anlage von Städten
und Dörfern. Die Meerhäfen und die zahlreichen Flüsse mit gutem Wasser, von denen die meisten Gold mit sich führen, übertreffen alles, was
jene sich vorstellen mögen, die es nicht gesehen haben.»[9]

Es finden sich in Kolumbus' Aufzeichnungen von der ersten Reise
mehrere Landschaftsschilderungen, die den Naturfreund und guten Beobachter verraten, Idyllen mit einem leichten Anflug von Paradieses-
sehnsucht, doch der Realität karibischer Inselwelt nicht allzu fern. Aber
auf peinliche Weise dominant, als Generalthema mit Variationen überall
unverhüllt hervortretend, bleibt die Begierde der Spanier nach Gold. «Es
ist wahr», schreibt der Admiral freimütig ins Bordbuch, «daß ich dort,
wo Gold und Gewürze zu finden sind, so lange verweilen werde, bis ich
davon soviel wie möglich habe, und darum mache ich nichts weiter als
fahren und sehen, ob ich darauf stoße.»[10] Nichts weiter als dies – der
Verdacht drängt sich dem Leser tatsächlich auf. Überall, wo Kolumbus
und seine Leute auftauchten, galt ihr erster Gedanke dem Edelmetall: ein
unauffälliger Goldschmuck, wie die Tainos ihn gelegentlich trugen, gab
bereits Anlaß zu bohrenden Fragen, Mutmaßungen, begierigem Feil-
schen. Die Indianer, offensichtlich erstaunt, bei Göttern ein derart un-
kontrolliertes Verlangen zu finden, antworteten bereitwillig und sprachen von ihren Zufallsfunden im Hinterland oder an einem Flußlauf,
denn nie wäre ihnen eingefallen, irgendwo Gold systematisch abzubau-
en. Auch lernten sie bald, ihr Geschäft mit den Europäern raffinierter zu
betreiben, indem sie Goldplättchen zerkleinerten und gesondert zum
Tausch anboten. Es scheint ferner, daß manche Inselbewohner, denen
die Anwesenheit der Spanier allmählich zur Last fiel, sich deren Obses-
sion insofern zunutze machten, als sie auf weit entfernte Goldvorkommen hinwiesen und dadurch deren Weiterreise beschleunigten. Jedenfalls
verdichtete sich in der lebhaften Phantasie der Spanier die geringste,
unbestimmteste Andeutung, Gold betreffend, zur Gewißheit: Goldmi-
nen, Goldflüsse, ja ganze Inseln aus purem Gold schienen in unmittelba-
re Reichweite gerückt zu sein. Alle anderen Ziele der Reise, die geogra-
phisch-wissenschaftlichen wie die christlich-missionarischen, traten neben diesem unmäßigen Drang, sich bereichern, zurück. Im Gold allein
lag das Heil – das leise Blasphemische dieses Satzes ist keine Übertrei-

bung, sondern findet sich in Kolumbus' eigenen Äußerungen. «Möge unser Herr», schreibt er am 23. Dezember 1492 vor der Küste von Hispaniola, «mich in seiner Barmherzigkeit führen, damit ich dieses Gold finde.»[11] Und noch in einem Brief von der vierten Reise, wiederum mit Bezug auf Hispaniola: «Gold ist das Allerköstlichste. Aus dem Gold wird ein Schatz, und mit ihm macht derjenige, der ihn besitzt, in der Welt alles, was er will; sogar die Seelen kann er ins Paradies bringen.»[12]

Mit Befremden haben die Historiker, insbesondere jene, welche der Entdeckerleistung des Kolumbus ihr Hauptinteresse entgegenbrachten, diese Goldgier, die durchaus an die Kollektivpsychose kalifornischer Goldgräber um die Mitte des 19. Jahrhunderts erinnert, registriert. Zur Entlastung des Seefahrers und seiner Begleiter ließe sich vielleicht sagen, daß auch die nachfolgenden Konquistadoren, wo immer sie auftraten, in Mexiko, Panama, Peru, genauso dachten. Noch in der etwas abgeklärteren ‹Historia General y Natural de las Indias› des Chronisten Fernández de Oviedo, die um 1540 in zahlreichen Bänden erschien, findet sich das Wort «Gold» fast auf jeder Seite. «Der Gedanke, etwas anderes zu tun, als Gold zu suchen», urteilt der deutsche Kolonialhistoriker Georg Friederici, «kam vielen Kolonisten überhaupt nicht, und dieses Laufen und Suchen nach Edelmetallen, Edelsteinen und Perlen ließ sie zu keiner wirtschaftlich fruchtbaren Tätigkeit kommen.»[13]

Es läßt sich nicht bestreiten, daß der Aruak-Indianer für die Spanier vornehmlich insofern interessant erschien, als seine Information den Zugang zum Gold finden half und seine Arbeitskraft dessen Ausbeutung zu erleichtern versprach. Kolumbus betont denn auch immer wieder die Bereitschaft der Indianer, Auskünfte zu geben und jede beliebige Ware, auch die in europäischen Augen wertvollste, gegen irgendeine Kleinigkeit einzutauschen. Ins selbe Beurteilungsmuster gehört die immer wieder festgestellte Friedfertigkeit und Harmlosigkeit der Aruak, die einen indianischen Widerstand gegen Landnahme und Ausbeutung von vornherein als unwahrscheinlich und wirkungslos erscheinen lassen: «Sie sind geeignet», heißt es denn auch folgerichtig in Kolumbus' Tagebuch, «sich befehlen zu lassen, zu arbeiten und zu säen und alles Notwendige zu tun.»[14]

In zweiter Linie waren die Spanier am Indianer, an der indianischen Frau, in deren Rolle als Lustobjekt interessiert. Die ungewohnte Nacktheit, die Schönheit des frei sich bewegenden Körpers, sind von den frühen Reisenden durchwegs gerühmt worden. Die Nacktheit unterstrich nicht nur die bereits erwähnte Harmlosigkeit der Tainos; im Faktum dieser Nacktheit lag zuletzt auch die verwirrende Ambiguität des

europäischen Urteils begründet, das den Indianer bald in die Nähe der
Bestie, bald in die Nähe des Paradiesesgeschöpfs zu rücken liebte. Das
Fehlen der Bekleidung wird in den Reiseberichten keineswegs etwa ta-
delnd vermerkt; weit eher sah man darin eine durchaus erwünschte Aufforderung zum Geschlechtsverkehr. Wie die Spanier mit indianischen
Frauen und Kindern umsprangen, um ihre Lust zu befriedigen, gehört zu
den dunkelsten Kapiteln in der Geschichte dieses Kulturkontakts.

An dritter Stelle rangierte der Indianer als Missionsobjekt. Kolumbus
war ein Mann von tiefer, mittelalterlicher Frömmigkeit, der sich als
Repräsentant des «Orbis Christianus» im Sinne der Kreuzzugsidee verstand.[15] Der Gedanke, daß die Heiden jenseits der Meere bekehrt werden
müßten, zu ihrem Heil und zum Heil des Bekehrers, war ihm durchaus
vertraut; er hat sich auch immer wieder in Anspielung auf seinen Vorna-
men als «Christusbringer» bezeichnet. Bei der Planung der ersten Reise
scheint allerdings das Anliegen der Mission in den Hintergrund getreten
zu sein: Salvador de Madariaga hat zu Recht auf das erstaunliche Faktum
hingewiesen, daß 1492 keine Geistlichen mitfuhren.[16] In den Tagebü-
chern und Briefen des Kolumbus aber wird die Missionsabsicht hin und
wieder angedeutet und verbindet sich ganz natürlich mit der Feststellung
der indianischen Friedfertigkeit und Harmlosigkeit: «Ich sah und erfuhr», heißt es im Tagebuch, «daß diese Leute keine Sektierer und keine
Götzendiener sind, sondern sehr sanft und ohne zu wissen, was böse
ist . . . So werden Eure Hoheiten sich entschließen müssen, sie zu Christen zu machen, und ich glaube, wenn damit begonnen wird, kann in
kurzer Zeit erreicht werden, daß eine große Zahl von Völkern zu unserem heiligen Glauben übertritt.»[17] In den Instruktionen für Kolumbus'
zweite Reise hob die Krone den Gedanken der spanischen Missionsverpflichtung deutlich hervor; auch war in den Bullen, die Isabella und
Ferdinand im Jahre 1493 von Papst Alexander VI. erwirkt hatten, festgehalten worden, daß die neu entdeckten Länder den Spaniern nur unter
der Bedingung der Missionierung zugesprochen wurden. Auffallend ist,
daß im Indianerbild, das sich Kolumbus und seine Leute machten, die
Vorstellung vom potentiellen Goldlieferanten nie mit der Vorstellung
vom potentiellen Christen in Konflikt geriet. Es sollte, wie zu zeigen
sein wird, den Missionaren überlassen bleiben, den häßlichen Bodensatz
an Doppelmoral, der solcher Einschätzung des Überseebewohners zugrunde lag, ins öffentliche Bewußtsein zu heben.

Faßt man zusammen, so reduziert sich die Vorstellung, welche sich die
spanischen Seefahrer von der Bevölkerung Hispaniolas machten, auf den
dürftigen Befund, ob und inwieweit diese den Erwartungen und Bedürf-

nissen der Europäer in materieller, sexueller und religiöser Hinsicht entgegenzukommen vermochten. Ein Interesse am Indianer um seiner selbst willen läßt sich nicht feststellen. Selbst Äußerlichkeiten von etwas individueller Prägung, etwa die indianische Körperbemalung oder die Haartracht, werden weder näher beschrieben noch interpretiert, ganz zu schweigen von Beobachtungen zur gesellschaftlichen und politischen Ordnung, zu Wirtschaftsleben und religiösen Kulten, zur Sprache der Eingeborenen. Die Tatsache, daß die Kommunikation mit den Tainos sich vorwiegend im Mienen- und Gebärdenspiel verwirklichte, vermag die äußerst magere Ausbeute ethnographischer Information weder zu erklären noch zu entschuldigen, auch wäre es falsch, den Stand des damaligen Geisteslebens generell verantwortlich zu machen, bezeugt doch die reichhaltige europäische Reiseliteratur jener Epoche lebhaftes Interesse an volkskundlichen Eigenheiten. Die wissenschaftliche Bilanz dieser frühesten Kontakte zwischen Europäern und Indianern im karibischen Raum bleibt, wie immer man auch die Quellen lesen mag, erschreckend negativ, und es ist durchaus dem Urteil des französischen Linguisten Tzvetan Todorov beizustimmen, der nach sorgfältiger Analyse aller einschlägigen Dokumente zu dem Schluß gekommen ist, Kolumbus habe zwar Amerika entdeckt, nicht aber die Amerikaner.[18]

Als Christoph Kolumbus am 27. November 1493, auf seiner zweiten Reise, wieder vor «La Navidad» eintraf, mußte er feststellen, daß der Stützpunkt völlig zerstört und dessen Besatzung umgebracht worden war. Die Tainos verhielten sich mißtrauisch und verängstigt, und den wenigen Auskünften, zu denen man sie bewegen konnte, mußte entnommen werden, daß die spanischen Kolonisten durch brutale Rücksichtslosigkeit im Umgang mit den Indianern, insbesondere mit den eingeborenen Frauen, ihren Untergang selbst herausgefordert hatten. Die Idylle der ersten Kulturbegegnung war brüsk in die Katastrophe des militanten Kulturzusammenstoßes umgeschlagen – ein Vorgang, wie er sehr ähnlich im Verlauf der Kolonialgeschichte in den verschiedensten Regionen der Erde zu beobachten ist. Die Europäer handelten, so erkannten die Tainos, nicht wie Götter, sondern wie besonders bösartige Dämonen, und sobald sich zeigte, daß diese Dämonen verletzlich, sterblich waren, wich auch der Ruf ihrer Unbezwingbarkeit. Indem sie zum Angriff auf die Besatzung von «La Navidad» übergingen, zogen die Tainos lediglich die Konsequenz aus einer neu gewonnenen Einsicht. Kolumbus, im Gegensatz zu Konquistadoren wie Cortés und Pizarro kein Mann von raschen und selbstsicheren Entschlüssen, war ratlos. Und so gewannen innerhalb seiner Umgebung jene Kräfte die Oberhand, die darauf hinarbeiteten, Hispaniola möglichst rasch unter völlige Kontrolle zu bringen und die Goldschätze des Hinterlandes, deren Umfang man übrigens maßlos überschätzte, in Besitz zu nehmen.

Damit hatte die erste Periode von direkten Vernichtungsaktionen gegenüber der Inselbevölkerung begonnen. Von neu errichteten festen Plätzen aus wurden zuerst kleinere Erkundungsexpeditionen unternommen; dann, im März 1495, wurde eine Streitmacht von 200 der besten Fußsoldaten, 20 Reitern und 20 Bluthunden ins Landesinnere entsandt, mit dem Auftrag, die Botmäßigkeit der Tainos herbeizuführen. In der Folge kam es zu allen denkbaren Übergriffen von spanischer Seite: Kaziken wurden durch List und offene Gewaltanwendung gefangengesetzt, erpreßt und umgebracht; ganze Siedlungen wurden erobert und gebrandschatzt; Kommandos, die kaum mehr irgendwelchen Befehlen gehorchten, durchstreiften die ganze Insel, raubten, vergewaltigten, mordeten. Die Regungen indianischen Widerstandes, die solcher Terror freisetzte, wurden mit äußerster Brutalität, die weder Frauen noch Kinder schonte, erstickt. Der Dominikanermönch Bartolomé de Las Casas hat später davon gesprochen, daß im Verlaufe dieser Unternehmungen rund 100000 Tainos ihr Leben einbüßten. Im Jahre 1496 regte sich nirgends mehr aktiver Widerstand. Die Befriedung der Insel, die «pacificación», war abgeschlossen.[19]

Diesen direkten Vernichtungsaktionen folgten, in ihren Folgewirkungen noch verheerender, eine Reihe von Maßnahmen, die indirekt darauf abzielten, den Tainos ihre Existenzgrundlage zu entziehen. Diese Maßnahmen standen in Zusammenhang mit der Siedlungspolitik, wie die spanische Krone, die in Übersee als Eignerin aller entdeckten Gebiete auftrat, sie betrieb. Diese Siedlungspolitik setzte unmittelbar nach der sogenannten Befriedung Hispaniolas ein und gewann mit dem Amtsantritt des Gouverneurs Nicolás de Ovando im Jahre 1501 deutlichen Umriß. Sie begann mit der Gründung einer Reihe befestigter Städte in strategisch und handelspolitisch geeigneter Lage; um 1509 gab es auf Hispaniola bereits 15 solcher Stützpunkte. Dieser Urbanisierung, die genau dem spätmittelalterlichen Muster der iberischen Reconquista entsprach, folgte die Verteilung von Pachtland durch den Gouverneur oder die von ihm ernannten Vertreter im Auftrag der Krone. Jeder spanische Stadtbürger erhielt entsprechend seinem gesellschaftlichen Rang, seinen verwandtschaftlichen Beziehungen oder auch seinen militärischen Leistungen außerhalb der Städte, zuweilen auch weit im Landesinnern, Parzellen zur Bewirtschaftung zugeteilt, wobei, zumindest formaljuristisch, der angestammte Besitz der Indianer nicht einbezogen werden durfte.

Da nun der spanische Kolonist, zumindest in dieser frühen Phase der Übersee-Kolonisation, in aller Regel nach Amerika gefahren war, um durch Goldfunde reich zu werden, und nicht, um Land zu bebauen, sah sich Ovando genötigt, auf den Einsatz einheimischer Arbeitskräfte zurückzugreifen. In einer Verordnung, die Königin Isabella auf Drängen des Gouverneurs 1503 erließ, wurde der Arbeitszwang für die Aruaks eingeführt, da sonst, wie es in dem betreffenden Quellendokument heißt, die Spanier auf der Insel «niemanden finden, der in ihren Geschäften und für ihren Lebensunterhalt arbeitet und ihnen hilft, das auf der Insel vorkommende Gold zu gewinnen».[20]

Dieses angesichts der Verweigerung landwirtschaftlicher Arbeit durch die Kolonisten nolens volens und mit schlechtem Gewissen eingeführte System der «Repartimientos», der Zuteilung indianischer Arbeitskräfte an die spanischen Einwanderer, trägt die Hauptschuld an der Ausrottung der Tainos auf Hispaniola.[21] Die Inselbewohner hatten sich vor der Ankunft des Kolumbus mit einer bescheidenen Subsistenzwirtschaft am Leben erhalten, die auf dem traditionellen Anbau weniger Naturprodukte und dem natürlichen Reichtum der klimatisch günstig gelegenen Insel und der sie umschließenden Gewässer basierte. Nun sahen sie sich plötzlich mit einer Ackerbaukultur konfrontiert, die nicht nur neue Elemente wie Viehzucht, Zuckerrohr und Südfrüchte einführte, sondern auch leistungsorientiert war und dem Lohnarbeiter, als welcher der Indianer juristisch betrachtet wurde, eine genau umrissene Rolle zuwies. Diese Umstellung, die dem Indianer unvermittelt abverlangt wurde, überforderte ihn psychisch und physisch völlig. Dies galt ganz besonders von den mit der Gewinnung des Goldes zusammenhängenden Arbeitsleistungen: das Graben nach Gold und das Waschen des Flußsandes, Tätigkeiten, die den Tainos unbekannt gewesen waren und zu denen sie sich in keiner Weise motiviert fühlten, forderten die meisten Opfer.[22]

Während acht Monaten im Jahr wurden die zu Zwangsarbeit verpflichteten Tainos, Männer wie Frauen, von ihren Familien getrennt und zu den oft weit entfernten Arbeitsplätzen geführt – auch dies für Vertreter einer seßhaft lebenden archaischen Kultur mit sehr geringer Mobilität eine unerhörte Zumutung. Krankheiten, von denen einige, wie etwa die Blattern, von den Europäern eingeführt worden waren, wüteten pestilenzartig. Mit den hohen Sterbeziffern von Männern und Frauen im jugendlichen und mittleren Lebensalter verband sich ein starker Geburtenrückgang, der um so schwerwiegendere Auswirkungen zeitigte, als die Aruak-Indianerin, verglichen mit der spanischen Einwanderin, weniger fruchtbar war. Durch die Verschickung der Familienmitglieder in die

Zwangsarbeit stieg die Säuglingssterblichkeit zudem außerordentlich an, insbesondere, weil die Aruak tierische Milch nicht kannten und die Ernährung der Säuglinge an eine lange Stillzeit gebunden war, aber auch deshalb, weil die Desintegration der Familien den sozialen Raum, in dem sich das Kleinkind seelisch und körperlich gesund entwickeln konnte, zerstörte. Aus solcher Entwurzelung sind die Selbstmordepidemien zu erklären, die verschiedentlich um sich griffen und durch Quellenzeugnisse eindeutig belegt sind.[23]

Eine weitere Verschärfung erfuhr die Lage der Inselbevölkerung mit dem Tod der Königin Isabella von Kastilien im Jahre 1504 und mit dem Wechsel des Gouverneursamts vom umsichtigen Nicolás de Ovando auf den hochtrabenden Sohn des Entdeckers, Diego Colón. Isabella hatte die Besitzrechte Spaniens in der Neuen Welt in Übereinstimmung mit dem Vatikan eng mit der Pflicht zur Missionierung der indianischen Heiden verknüpft gesehen und war verschiedentlich für eine milde Behandlung der zu Bekehrenden eingetreten. Die Übernahme des Gouverneurspostens durch Colón ließ skrupellosen Konquistadorennaturen unter den Kolonisten noch freieren Spielraum als bisher. Zudem begannen sich die Goldreserven der Insel zu erschöpfen: während zwischen 1503 und 1510 die ins Mutterland geschickte Goldmenge ständig gestiegen war und sich schließlich für diesen Zeitraum auf 19 Tonnen belaufen hatte, setzte nach 1510 ein Rückgang ein. Diese Entwicklung traf zuerst wieder die Tainos, die vermehrt und zu härterem Einsatz beigezogen wurden; auch gelegentliche Versklavung wurde nun in den Fällen zugelassen, wo Indianer, oft zu Unrecht, als des Kannibalismus oder der bewaffneten Gegenwehr überführt galten. Die zunehmende Einfuhr der robusteren Sklaven aus Westafrika trug nichts zur Entlastung der Indianer bei.

Im Unterschied zu den Festlandindianern, die sich, zumindest teilweise, dem Zugriff der Konquistadoren durch die Flucht in den Urwald oder in unwegsame Gebirgsgegenden entziehen konnten, stand den Tainos eine solche Möglichkeit nicht offen. Bereits um 1520 erkannten unbestechliche Betrachter, daß der Untergang der Inselbevölkerung nur noch eine Frage der Zeit sein würde. Ein spanischer Gesandter schrieb denn auch 1518 ins Mutterland, die Indianer befänden sich im Zustand eines Sterbenden, den die Ärzte aufgegeben hätten und dem man eine Kerze in die Hand gedrückt habe.[24]

Für den Historiker, der die Folgen des europäisch-indianischen Kulturzusammenstoßes auf Hispaniola zu beurteilen hat, gewinnt die Frage nach der Bevölkerungszahl der Insel vor Ankunft des Kolumbus einiges Gewicht. Diese Zahl ist bereits am Ende des 15. Jahrhunderts durch zeitgenössische Kommentatoren sehr verschieden geschätzt worden. Bartolomé de Las Casas sprach unter Berufung auf eine Bemerkung des Kolumbus von einer Einwohnerzahl von 1 100 000 Inselbewohnern; an anderer Stelle wagte er die Feststellung, es könnte sich auch um 3 Millionen gehandelt haben. Da der Chronist Fernández de Oviedo, ein Gegner des Las Casas und ein beschönigender Darsteller der spanischen Indianerpolitik, die Inselbevölkerung ebenfalls auf eine Million schätzte und im übrigen fast alle Berichte von der großen Bevölkerungsdichte der Insel sprechen, hat man sich darauf geeinigt, für das Jahr 1492 eine Einwohnerzahl von über einer Million anzunehmen.[25] Die Forschungen des amerikanischen Historikers C. O. Sauer haben allerdings, gestützt auf den Nachweis der großen Fruchtbarkeit des Tieflandes der Insel und der anspruchslosen Ernährungsweise ihrer Bewohner, ergeben, daß Hispaniola weit über 3 Millionen Einwohner hätte ernähren können.[26]

Nach der völligen Unterwerfung der Insel in den Jahren 1502 bis 1504 und dem vom Mutterland verfügten Arbeitszwang für die Aruaks wurden administrative Stellen mit der demographischen Erfassung der Urbevölkerung beauftragt. Bereits Kolumbus soll, Las Casas zufolge, anläßlich seiner vierten und letzten Reise um 1502 die wohl etwas übertriebene Bemerkung gemacht haben, von sieben Tainos seien seit der Entdeckung der Insel deren sechs gestorben.[27] Im Jahre 1508 stellte der nach Hispaniola entsandte königliche Schatzmeister fest, es lebten nach genauer Zählung noch 60 000 Indianer. Im Jahre 1548 schließlich mußte der Chronist Oviedo berichten, daß von der ursprünglichen Eingeborenenbevölkerung nur noch 500 Menschen am Leben seien, und wenig später war die Ausrottung der Aruak-Indianer Hispaniolas vollendet. Diese Vernichtung von mindestens einer Million, möglicherweise gar mehrerer Millionen Menschen anderer Rasse und eigenständiger Kultur im Verlauf eines halben Jahrhunderts muß aus weltgeschichtlicher Perspektive als das erste von Europäern zu verantwortende Genocid bezeichnet werden, von dem wir dank verhältnismäßig guter Quellenlage genaue Kenntnis haben.

So unentschuldbar dieses Genocid ist, so wichtig scheint es doch, darauf hinzuweisen, daß die Entrechtung, Ausbeutung, Unterdrückung und schließliche Liquidation der Indianer auf Hispaniola durch die Spanier auf den vehementen Widerspruch und Protest menschlich gesinnter Zeitgenossen stieß. Dieser Protest erfolgte auf zwei Ebenen: unter den Kennern und Augenzeugen der überseeischen Verhältnisse und im Kreis führender Theologen und Juristen des Mutterlandes. Es lohnt sich, diesen frühen Regungen der Kolonialismuskritik nachzugehen und die

völkerrechtlichen und theologischen Überlegungen, in deren Umfeld
Kolonisation sich damals vollzog, darzustellen.

Die erste Stimme, die sich öffentlich zugunsten einer humanen Behandlung der Bevölkerung Hispaniolas erhob, war jene des Dominika-
nermönches Antonio de Montesinos, der 1511 in einer Predigt vor dem
Gouverneur, vor hochgestellten Beamten und einflußreichen Siedlern
einen leidenschaftlichen Appell an das christliche Gewissen all jener rich-
tete, die für die Indianerpolitik mitverantwortlich waren. «In der
Absicht, euch eure Sünden gegenüber den Indianern ins Gewissen zu
rufen», sagte Montesinos, «habe ich diese Kanzel bestiegen, ich, als die
Stimme Christi in der Wildnis dieser Insel, und darum sollt ihr mir
Gehör schenken … Diese meine Stimme sagt euch, daß ihr euch der
Todsünde schuldig macht, daß ihr in dieser lebt und sterben werdet, weil
ihr dies unschuldige Volk grausam und tyrannisch behandelt. Sagt, mit
welchem Recht und mit welcher Gerechtigkeit haltet ihr diese Indianer
in einer so grausamen und schrecklichen Dienstbarkeit? Welche Voll-
macht habt ihr, gegen dieses Volk einen verabscheuungswürdigen Krieg
zu führen, das in seinem Lande ruhig und friedlich dahinlebte? Warum
bedrückt und plagt ihr die Indianer, ohne ihnen genug zu essen zu geben,
noch sie in ihren Krankheiten zu pflegen, welche sie sich als Folge der
übermäßigen Arbeiten zuziehen, die ihr ihnen auferlegt?»[28]

Montesinos' Rede rief zuerst verblüffte Ungläubigkeit und dann unge-
heure Erregung hervor. Die Leidenschaftlichkeit der Anklage, aber auch
die Heftigkeit der Publikumsreaktion läßt vermuten, daß Montesinos ein
Thema angesprochen hatte, das an sich längst spruchreif gewesen wäre,
jedoch immer wieder verdrängt worden war. Die Dominikaner, die sich
Montesinos gegenüber bemerkenswert solidarisch verhielten, entsandten diesen nach Spanien mit dem Auftrag, König Ferdinand Bericht zu
erstatten; dieser wiederum, beeindruckt sowohl von den Nachrichten
über das Dahinschwinden der Eingeborenenbevölkerung als auch von
den Schilderungen Montesinos', berief im Jahre 1512 eine Anzahl führender Theologen und Rechtsgelehrter zu Beratungen nach Burgos. Im
Dezember desselben Jahres wurde der erste Versuch einer allgemeinen
Indianergesetzgebung, die «Leyes de Burgos», verabschiedet.

Die «Gesetze von Burgos» tasteten weder die Besitzrechte der Krone
in Übersee noch das Zwangssystem der «Repartimientos» an. Sie verfügten jedoch eine Reihe von Maßnahmen zur Beseitigung von Mißstän-
den bei der Behandlung der Indianer. Bestimmt wurde, daß die Indianer
gut genährt, gut gekleidet und zureichend entlöhnt werden müßten,
ferner müsse sichergestellt werden, daß sie in der christlichen Lehre

unterrichtet und zum wahren Glauben bekehrt würden. Diese Regelungen sollten nicht nur für die Aruaks auf Hispaniola Gültigkeit haben, sondern auch für den gesamten westindischen Raum. Doch das Gesetzeswerk warf mehr Fragen auf, als es zu lösen vermochte. Das Problem der Legalität spanischer Eroberungen in Übersee war, wie sich später zeigen sollte, damit nicht aus der Welt geschafft. Das missionarische Sendungsbewußtsein, das man vertrat, ging von Voraussetzungen aus, die man zu wenig analysiert hatte. Besaßen die Indianer, so blieb etwa zu fragen, die Bereitschaft und die Befähigung, das Christentum anzunehmen? Und falls sie sich zur Wehr setzen sollten – woher nahm sich der europäische Kolonist das Recht, sie mit Gewalt zu bekehren? Wenn die Missionierung sich nur gewaltsam durchsetzen ließ – handelte es sich dann noch um jene Form apostolischer Missionsarbeit, welche die päpstlichen Bullen von 1493 zur Vorbedingung der Besitzergreifung gemacht hatten? Oder drohte nicht umgekehrt die Gefahr, daß die Gewaltsamkeit der Besitzergreifung im nachhinein mit der Unbelehrbarkeit der Wilden entschuldigt wurde?

Dieser Fragenkomplex sollte zwischen 1512 und 1542 in Spanien mit großer Leidenschaft und bis hinein in die entlegensten kasuistischen Verästelungen diskutiert werden.[29] Der hervorragende Wortführer in dieser Diskussion war Bartolomé de Las Casas.[30] Der «Apostel der Indianer» war im Jahre 1502 nach Hispaniola ausgewandert, hatte sich danach auf Kuba niedergelassen und selbst Indianer als Goldwäscher und Landarbeiter in seinen Diensten gehalten. Erst nach 1514 begann er für die Indianer einzutreten, und dies mit einer leidenschaftlichen Beharrlichkeit, die ihn während der folgenden fünf Jahrzehnte seines langen Lebens nicht verließ. Im Jahre 1515 setzte sich Las Casas am spanischen Hof für die bessere Einhaltung der «Leyes de Burgos» ein und erreichte, daß eine aus drei Hieronymitenmönchen bestehende Kontrollkommission nach Hispaniola entsandt wurde; er selbst wurde zum Generalbevollmächtigten für indianische Angelegenheiten ernannt. In der Folge führte die Untersuchungs- und Kontrollkommission unter den spanischen Kolonisten der Insel – nicht etwa unter den Tainos – eine Umfrage durch, deren Ergebnis darauf hinauslief, die Indianer seien nicht fähig, in Freiheit zu leben, sie vegetierten in barbarischer Weise dahin und jede missionarische Mühe, die man ihnen zuwende, sei verfehlt. Dieser negative und voreingenommene Bericht der Kommission hielt Las Casas nicht davon ab, weiterhin für die Beseitigung des «Repartimiento-Systems» einzutreten, indem er die Gründung spanisch-indianischer Mischsiedlungen empfahl, in der Hoffnung, die ohnehin unausweichliche Umstellung auf den Ackerbau vorzubereiten, den Indianern die Assimilation zu erleichtern und Rassenvorurteile abzubauen. Las Casas erhielt in dieser Angelegenheit auch die Unterstützung der Krone, doch sein erstes Projekt, das an der venezolanischen Küste hätte verwirklicht werden sollen, scheiterte, weil den nur mit Mühe gewonnenen spanischen Siedlern die nötige Einsicht fehlte, das Festland inzwischen von Sklavenjägern heimgesucht worden und die Vertrauensbasis der frühen Kulturbegegnung, auf die zu bauen er gehofft hatte, bereits zerstört war.

Auch ein spätes Siedlungsprojekt, das zwischen 1537 und 1550 unter den besonders kriegerischen Urwaldbewohnern Guatemalas vorangetrieben wurde, blieb im Endeffekt erfolglos. Las Casas hatte hier zur Bedingung gemacht, daß der Zutritt zur Siedlung einzig den Dominikanermönchen gestattet war; die friedliche Missionsarbeit stand ganz im Vordergrund, und den Mönchen, die sich erstaunlich rasch gute Kenntnisse der Landessprachen angeeignet hatten, gelang es zuerst, die Neugierde, aber auch die Sympathie der Indianer zu gewinnen. Wenn schließlich auch dieses zweite Siedlungsexperiment zusammenbrach, so geschah dies aus ähnlichen Gründen, wie sie, zeitlich etwas früher, die Christenmission der Portugiesen in Westafrika unmöglich gemacht hatten: hier wie dort erkannten die Missionare nicht, wie sehr ihr Auftreten das komplizierte ethnische Gefüge der archaischen Völker belastete und zu machtpolitischen Kräfteverschiebungen führte, was notwendig Aggressivität freisetzen mußte.

Neben diesen Kolonisationsversuchen, welche bereits auf die südamerikanischen Jesuitenreduktionen des 17. Jahrhunderts vorausweisen, wandte sich Bartolomé de Las Casas intensiv der theoretischen Durchdringung des Kolonialismusproblems zu. An seinem Hauptwerk, der ‹Historia de las Indias›, arbeitete Las Casas nach seinem Eintritt in ein Dominikanerkloster auf Hispaniola während 35 Jahren, von 1527 bis kurz vor seinem Tod. Das ebenso umfangreiche wie reichhaltige Werk bildet eine Hauptquelle zur spanischen Überseekolonisation; das unablässige Eintreten des Verfassers für die indianische Urbevölkerung vermag Einsichten freizulegen, wie sie den meist apologetischen Chronisten jener Zeit sonst fernlagen.[31]

Weit bekannter als dieses Buch wurde jedoch der ‹Kurze Bericht über die Vernichtung der Indianer›, der im Jahre 1552, nach der endgültigen Übersiedlung des Autors nach Spanien, erschien. Es handelt sich dabei um ein flammendes Pamphlet gegen die Indianerpolitik der Konquistadoren, um einen «haarsträubenden Katalog begangener Grausamkeiten»,[32] das außerhalb Spaniens weite Verbreitung fand und vor allem im

18. Jahrhundert in die meisten europäischen Sprachen übersetzt wurde. «Ich glaube», befand damals Voltaire, «daß der Bericht von Las Casas an mehr als einer Stelle übertreibt; aber, angenommen, er sage zehn Mal zuviel, so genügt das übrige noch immer, um einen mit Entsetzen zu erfüllen.»³³ Auch die moderne Geschichtsschreibung hat sich wiederholt mit der Frage nach dem Wahrheitsgehalt des Traktats befaßt, und man hat nicht nur die Glaubwürdigkeit des Autors, sondern auch seinen Geisteszustand in Zweifel gezogen. Heute scheint man sich darauf geeinigt zu haben, Las Casas' Kritik als berechtigt zu betrachten, auch wenn die Beleuchtung gewisser Übelstände durch den Dominikaner noch immer als grell empfunden wird.³⁴

Der ‹Kurze Bericht über die Vernichtung der Indianer› ist chronologisch und geographisch gegliedert, nach der zeitlichen Abfolge der spanischen Entdeckungen und nach den davon betroffenen Territorien: Hispaniola, Kuba, Mexiko, Venezuela, Florida, Kolumbien. Auf Landschaftsgestalt, Geschichte, koloniale Verwaltung wird kaum eingegangen – darüber kann man alles Wünschenswerte in der ‹Historia de las Indias› nachlesen. Las Casas beschränkt sich auf die Eingeborenenpolitik der Spanier, wenn überhaupt hier von «Politik» die Rede sein kann. Es ist offensichtlich, daß die Untaten der Konquistadoren hervorgehoben werden, besonders solche, die ohne erkennbare Veranlassung, aus bösem Übermut und perverser Lust gleichsam, begangen wurden. Die Rede ist von Kindern, die erschlagen und verstümmelt wurden, von Greisen, die man mit Bluthunden jagte, von völlig Unschuldigen, die man auf kleinem Feuer röstete, von Frauen, die vergewaltigt und ermordet wurden. Dies alles hat in Las Casas' Darstellung den Charakter des durchaus Willkürlichen; denn der Indianer, wie der Autor ihn sieht, ist in seiner kindlichen Unschuld und Friedfertigkeit ganz außerstande, Ursache zu derartiger Züchtigung zu geben. Die zentrale Passage von Las Casas Bericht, die sich mit Hispaniola befaßt, lautet wie folgt: «Unter diese sanften Schafe, die ihr Schöpfer und Urheber mit obenerwähnten Eigenschaften begabte, fuhren die Spanier, sobald sie nur von ihrem Dasein erfuhren, wie Wölfe, Tiger und Löwen, die mehrere Tage der Hunger quälte. Seit vierzig Jahren haben sie unter ihnen nichts anderes getan, und noch bis auf den heutigen Tag tun sie nichts anders, als daß sie dieselben zerfleischen, erwürgen, peinigen, martern, foltern, und sie durch tausenderlei ebenso neue wie seltsame Qualen, wovon man vorher nie Ähnliches sah, hörte oder las und wovon ich weiter unten einige Beispiele anführen werde, auf die grausamste Art aus der Welt zu schaffen. Hierdurch brachten sie es dahin, daß gegenwärtig von mehr als drei

Millionen Menschen, die ich ehedem auf der Insel Hispaniola mit eigenen Augen sah, nur noch zweihundert Eingeborene vorhanden sind.»[35]

Wichtiger zur intellektuellen Durchdringung des Kolonialismus-Pro-
blems als diese Schrift wurde ein Traktat, das Bartolomé de Las Casas
unter dem Titel ‹Die alleinige Methode, alle Völker zum wahren Glauben zu bekehren› im Jahre 1537 herausgab.[36] Darin wird die Notwendigkeit zur friedlichen Missionierung der Indianer vertreten. Alle Menschen der Erde, betont Las Casas einleitend, seien Geschöpfe Gottes und
als solche von Gott befähigt und aufgerufen, den Glauben als freies
Geschenk anzunehmen; die Indianer dürften weder ihrer Freiheit noch
ihres Besitzes beraubt werden, auch dann nicht, wenn sie noch außerhalb
des christlichen Glaubens stünden. Die Mission müsse sich, fährt der
Autor fort, milder und geduldiger Methoden bedienen und weit mehr
durch Überredung und eigene Vorbildlichkeit zu wirken suchen als
durch Zwang und Einschüchterung. In seinen Ausführungen beruft sich
Las Casas auf eine Bulle Papst Pauls III. aus demselben Jahr, die zwar
ausdrücklich auf die Bekehrungsfähigkeit der Überseebewohner hinwies, zugleich aber davon abriet, die Bekehrung unter Zwang, durch
einen sogenannten «gerechten Krieg» erreichen zu wollen.

Mit seiner Ablehnung der gewaltsamen Bekehrung setzte sich Las
Casas jedoch in Widerspruch zur Auffassung des Hofjuristen Juan Gines
de Sepúlveda, eines gebildeten und angesehenen Mannes, der sich in
Anlehnung an Aristoteles dessen Gedanken zu eigen gemacht hatte, daß
barbarische Völkerstämme als Sklaven von Natur zu betrachten seien.[37]
In seiner Schrift über ‹Die gerechten Gründe zum Krieg gegen die Indianer› berief sich Sepúlveda auf die Lehensurkunde von Papst Alexander
VI. aus dem Jahre 1493, in welcher die Entdeckung des Kolumbus unter
Voraussetzung der Missionspflicht sanktioniert worden war.[38] Die Kirche könne, argumentierte Sepúlveda, den christlichen Auftrag zur Evan-
geliumsverkündigung nur erfüllen, wenn die Ungläubigen zuvor politisch unterworfen worden seien. «Wie man klar aus der Bulle ersieht»,
schrieb der Jurist wörtlich, «ist es also der Wille des Papstes Alexander
gewesen, daß die Barbaren zunächst den Königen Kastiliens unterworfen würden und daß man ihnen erst dann das Evangelium predige.»[39]
Daß eine solche Auffassung der Willkür und dem Wüten der spanischen
Kolonisten eine Rechtsgrundlage zu liefern drohte, sah Las Casas, mit
den Verhältnissen in Übersee gut vertraut, klarer als der Jurist Kaiser
Karls V.; eine solche «gottlose und mohammedanische» Bekehrungsme-
thode, entgegnete er denn auch scharf, müsse rundweg abgelehnt werden, weil sie sich gegen das gesamte Christentum wende.[40]

Diese Debatte für und wider den «gerechten Krieg» wurde erweitert
und vertieft durch Überlegungen, die ein Jurist der Universität von
Salamanca, Francisco de Vitoria, fast gleichzeitig bezüglich des spanischen Besitzanspruchs in Übersee vertrat.[41] Die Rechtstitel spanischer
Koloniegründungen beruhten, wie nochmals festgehalten sei, zur
Hauptsache auf drei Pfeilern: dem Entdeckungs- und oder Finderecht;
der päpstlichen Billigung unter dem Vorbehalt der Missionsverpflichtung; und auf einem Abkommen, dem sogenannten Vertrag von Tordesillas, der 1494 über die Aufteilung der Welt zwischen Portugal und
Spanien ausgehandelt worden war. Vitoria erschütterte die Stichhaltig-
keit dieser Rechtstitel, indem er sich auf die naturrechtlichen Ideen Thomas von Aquins stützte und feststellte, die Staatenbildung sei ebenso wie
das Recht auf persönliches Eigentum naturgewollt und Teil eines harmo-
nischen Organismus des Schöpfungsganzen. Die Beziehungen zwischen
Staaten wie Individuen basierten demzufolge auf der Anerkennung der
gegenseitigen Autonomie durch alle beteiligten Instanzen. Der Verkehr
zwischen souveränen Staaten und unabhängigen Individuen, fuhr Vitoria fort, erstrecke sich auf Handelsbeziehungen, friedliche politische
Kontakte und die Möglichkeit missionarischer Beeinflussung; eine Welt-
herrschaft einer geistlichen oder weltlichen Macht aber sei, als dem Naturrecht zuwiderlaufend, auszuschließen. Allerdings gestand Francisco
de Vitoria in gewissen Sonderfällen Spanien das Recht auf Besitzergreifung zu, dann nämlich, wenn ein entdecktes Gebiet sich als unbewohnt
erweisen sollte, und dann, wenn ein Überseevolk sich selbst gegen das
Naturrecht verging, ein Tatbestand, der seiner Meinung nach gegeben
war, wenn es sich dabei nachweislich um Kannibalen handelte. Die
Möglichkeit eines «gerechten Krieges» gegenüber den Indianern ver-
neinte Vitoria grundsätzlich; allerdings hielt er sich hier einen gewissen
Spielraum offen, der seinem Denken im Grunde zuwiderlaufende Inter-
pretationen zuließ, indem er sagte, wenn ein Krieg im Interesse der
Überseebewohner selbst stehe – etwa die Bekämpfung der Kariben zum
Schutz der Aruaks –, könne er in gemäßigter und angemessener Form
geduldet werden. Mit Las Casas hatte Vitoria nur geringen Kontakt, und
Streitgesprächen über das konkrete Schicksal Westindiens wich er tunlichst aus; seine Überlegungen sind jedoch für die Kolonialismusdebatte
in späterer Zeit, als Holländer, Franzosen und Engländer ihre Ansprüche
anzumelden begannen, wegweisend gewesen.

Im Jahre 1542 erreichten Las Casas und seine Mitstreiter, daß Karl V.
die sogenannten «Leyes Nuevas» zum Schutze der Indianer erließ; darin
wurde die Weiterführung des «Repartimiento-Systems» untersagt und

die lokalen Gerichtshöfe in Übersee, die «Audiencias» wurden angewiesen, die menschenwürdige Behandlung bereits zur Zwangsarbeit verpflichteter Indianer zu sichern. Als die «Neuen Gesetze» jenseits des Atlantiks bekannt wurden, regte sich indessen unter Beamten, Grundbesitzern und selbst beim Klerus derartiger Widerstand, daß Karl V. sich drei Jahre später veranlaßt sah, jene wichtige Bestimmung des Gesetzespaketes, welche sich gegen die Schaffung neuer Repartimientos gewandt hatte, zu widerrufen.[42]

Zu diesem Zeitpunkt war das Schicksal der Tainos auf Hispaniola bereits besiegelt. Die Gesetze kamen zu spät; und selbst wenn sie drei Jahrzehnte früher gekommen wären, hätte man sie wohl kaum korrekt anwenden und diese Anwendung vom Mutterland aus verläßlich kontrollieren können. Es bleibt kein Zweifel: die spanische Kolonialmacht hat ihre humane Verantwortung gegenüber den Indianern Hispaniolas nicht wahrgenommen, weder in passiver noch in aktiver Hinsicht: Weder verstand man es, den Inselbewohnern zumindest einen Freiraum zur eigenständigen Existenz im Sinne eines Reservats zu belassen, noch gelang es, sie auf ethisch vertretbare Weise in die eigene Kultur- und Daseinsform zu integrieren. Der deutsche Aufklärer Georg Christoph Lichtenberg hat diese traurige Tatsache wohl am prägnantesten formuliert, als er schrieb: «Der Amerikaner, der Kolumbus zuerst entdeckte, machte eine böse Entdeckung.»[43]

Ist die Debatte um Rechtsansprüche und Indianerpolitik, wie die Entdeckung Hispaniolas sie auslöste, also nichts anderes als ein Zeugnis der Ohnmacht aller geistigen und ethischen Bemühungen im Feld der historischen Aktion? Eine solche Sehweise würde nur einen Aspekt dieser Debatte, ihren realen Veränderungseffekt, ins Auge fassen. Die spanische Kolonialismus-Diskussion hat demgegenüber jedoch auch ihr besonderes Gewicht und ihr eigenes Verdienst. Keine andere koloniale Macht, weder Portugal noch später Holland, England oder Frankreich, hat sich in der Anfangsphase ihrer überseeischen Tätigkeit so sehr bemüht, das Faktum des Kulturkontakts intellektuell zu durchdringen und rechtlich zu regeln. Mit den Mitteln spätmittelalterlicher Rechtsvorstellungen und von der Basis einer christozentrischen Weltvorstellung aus war nun freilich diese Analyse schwer zu bewerkstelligen, und ihre Ergebnisse gewannen nicht jene allgemeine moralische Verbindlichkeit, auf die sich politische Wirksamkeit gründen muß.

Viertes Kapitel

Die Kulturbeziehung
als missionarischer Auftrag

Die Franzosen in Kanada

Die Geschichte der europäisch-kanadischen Beziehungen beginnt, genau genommen, ums Jahr 1000 n. Chr. mit den Fahrten der Wikinger. Aus isländischen Sagas, die im 13. und 14. Jahrhundert schriftlich fixiert wurden und deren Wahrheitsgehalt durch kritischen Quellenvergleich erhärtet worden ist, wissen wir vom ungebärdigen Erik dem Roten, der sich der Sühne schwerer Straftaten durch Flucht nach Grönland entzog; und wir wissen von dessen Sohn Leif, der Baffin Island und die Küste von Labrador aufsuchte und im äußersten Norden Neufundlands siedelte. Die archäologischen Grabungen, die Anne und Helge Ingstad zwischen 1961 und 1968 durchführten, haben Siedlungen aus jener Zeit, die weder von Indianern noch von Eskimos stammen können, bei L'Anse aux Meadows zweifelsfrei nachgewiesen; sie dürften im Verlauf des 14. Jahrhunderts aus uns unbekannten Gründen aufgegeben worden sein.[1]

Erst fünf Jahrhunderte nach diesen frühesten Kontakten berührte der in englischen Diensten reisende Italiener Giovanni Gabotto erneut die kanadische Küste auf der Suche nach einer bequemen Durchfahrt zu den Reichtümern des Fernen Ostens. John Cabot, wie die Engländer ihn nennen, erreichte im Sommer 1497 einen Punkt, der nur wenige Meilen von der Landungsstelle Leif Eriksons entfernt liegt; Treibeis hinderte ihn, weiter vorzustoßen. Von einer zweiten Reise kehrte Cabot, soviel wir wissen, nicht mehr zurück.[2] Nach der Wende zum 16. Jahrhundert wurden die kanadischen Gestade und vorgelagerten Inseln verschiedentlich von Fischern, aber auch von spanischen und portugiesischen Erkundungsschiffen, angelaufen und teilweise notdürftig kartographiert. Als Entdeckungsreisen von Rang aber dürfen erst wieder die Atlantikfahrten des Jacques Cartier in den Jahren nach 1534 gelten.

Man weiß wenig von Jacques Cartiers Leben, soviel immerhin, daß er aus Saint-Malo stammte und ein erfahrener Seemann mit guten Kenntnissen im Hochseefischfang vor den Küsten Neufundlands war.[3] Seine Unternehmung wurde durch den französischen König, Franz I., finanziert, und sein Auftrag lautete, eine Nordwest-Passage nach China zu suchen und «gewisse Inseln und Länder zu entdecken, wo sich, wie es heißt, große Goldvorkommen und andere kostbare Dinge finden».[4] Doch der Anblick der kargen Südküste Labradors dämpfte die hochgespannten Erwartungen; die Gegend erinnere ihn, schrieb Cartier in seinem Reisebericht, «an das Land, das Gott dem Kain gegeben habe».[5] Am 24. Juni 1534 betraten die Franzosen in der Bucht von Gaspé, südöstlich der Einmündung des St. Lorenzstroms, das nordamerikanische Festland, errichteten ein Kreuz und nahmen für die französische Krone und mit dem Gelöbnis, den Christenglauben zu verbreiten, von dem Land Besitz. Die Indianer, die sich versammelt hatten, verfolgten das Spektakel aus einiger Entfernung mit Interesse. Zum Beweis, daß er ein bisher unbekanntes Festland, Neu-Frankreich, gefunden hatte, nahm Cartier zwei Indianer, Söhne des Häuptlings, auf die Rückreise mit.

Eine zweite Fahrt Jacques Cartiers, in ihren Ergebnissen bedeutsamer, führte die Franzosen nach der Huronensiedlung Stadaconé, später Quebec, und weiter stromaufwärts nach Hochelaga, dem späteren Mont Royal und heutigen Montreal. In Hochelaga, einem befestigten Hauptort der Huronen, wurden die Seeleute von über tausend Indianern begeistert empfangen. Geschenke wurden ausgetauscht, man trachtete danach, die Ankömmlinge zu berühren, bat sie, Kranken und Kindern ihre Hand aufzulegen. Jacques Cartier entschloß sich, vom freundlichen Empfang und der herbstlichen Pracht des «Indian Summer» beeindruckt, in Kanada zu überwintern. Er bezog Lager in der Nähe des heutigen Quebec. Doch man hatte die Härte des kanadischen Winters unterschätzt. Kälte, Hunger und Skorbut wüteten furchtbar unter der Mannschaft, die, um den zunehmend feindlicheren Indianern zahlenmäßig Stärke vorzutäuschen, angewiesen wurde, stundenlang gegen die Schanzpfähle zu hämmern. Es wird überliefert, lediglich eine geheimnisvolle Pflanze, welche die Indianer als Heilmittel empfahlen, habe die Franzosen vor dem Tod durch Skorbut bewahrt.[6]

Die dritte Kanada-Reise, die Cartier im Jahre 1541 ausführte, war, alles in allem, ein Mißerfolg, bleibt aber bedeutsam wegen ihrer quellenmäßig gut belegten Entstehungsgeschichte. Franz I., dessen Interesse nicht nur am Handel mit Kanada, sondern auch an kolonisatorischen Projekten sich stark belebt hatte, wußte sehr wohl, daß er mit dem forcierten Eindringen von Franzosen in den Teil der Welt, der im Vertrag von Tordesillas (1494) mit päpstlicher Billigung den Spaniern zugesprochen worden war, eine Situation herbeiführte, die ihn sowohl zu Kaiser Karl V. als auch zu Papst Paul III. in Widerspruch geraten ließ. Wir wissen

heute, daß Spanien die ersten Reisen Cartiers mit Argwohn verfolgt
hatte und in den französischen Atlantik- und Kanalhäfen Informanten
unterhielt, die auf Schiffsbewegungen und außergewöhnliche Reisevor-
bereitungen zu achten hatten. Dem Risiko eines verlustreichen Kaper-
krieges im Atlantik konnte sich Franz I. nicht aussetzen. Er betonte
einerseits, daß er den Vertrag von Tordesillas für Frankreich nicht als
verbindlich betrachte und daß er gern das Testament Adams sehen
möchte, das eine solche Weltteilung vorsehe; andererseits zeigte er sich
flexibel, versicherte, daß er keine feindlichen Absichten gegen die spanisch-portugiesische Stellung in der Neuen Welt hege und Länder und
Häfen im Besitz dieser Mächte meiden werde. Wahrscheinlich, um den
Papst und klerikale Kreise zu beruhigen, trug man Sorge, die Missions-
absichten der dritten Reise Cartiers zu betonen. So heißt es zu Beginn
eines vom Kapitän verfertigten Memorandums, man erhoffe sich von
der Reise keinen anderen Gewinn, als die Eroberung ungezählter Seelen
im Auftrag Gottes.[7] Daß es sich hier um eine fromme Floskel und einen
Vorwand handelte, ist von Ch.-A. Julien überzeugend nachgewiesen
worden; im Mittelpunkt stand eindeutig die Hoffnung auf lukrative
Ausbeutung der neuentdeckten Länder, sei es durch Bergbau, den Ge-
würz- und Pelzhandel oder die Landwirtschaft.[8] Später haben allerdings
die Jesuitenmissionare gern auf diesen früh geäußerten Missionsanspruch
hingewiesen, um ihre Tätigkeit zu rechtfertigen und für Unterstützung
zu werben.

Jacques Cartiers Reisen blieben vorerst folgenlos, wurden sogar
sprichwörtlich wegen des desillusionierenden Zerfalls hochgespannter
Hoffnungen; «falsch wie ein Diamant aus Kanada», pflegen die Franzosen noch heute zu sagen, wenn sie einer Sache mißtrauen. Erst siebzig
Jahre später begann sich Frankreich wieder um seine Entdeckungen am
St. Lorenzstrom zu kümmern. In den Jahren 1603 bis 1615 bereiste Samuel de Champlain das Mündungsgebiet des Flusses, erkundete die Küsten von Neu-Schottland und Akadien im heutigen US-Bundesstaat
Maine bis zum Kap Cod, gründete 1608 Quebec und gelangte auf weiteren Entdeckungsfahrten über Montreal hinaus zum Huron- und Onta-
riosee.[9]

Von Champlains Leben ist, bevor er zu seinen Reisen ausfuhr, wenig
Sicheres bekannt; seine späteren Leistungen sind jedoch dank eigener
Aufzeichnungen weit besser dokumentiert als diejenigen Cartiers. Er
kam aus der Gegend südlich von La Rochelle, war möglicherweise pro-
testantisch getauft, später aber zum Katholizismus übergetreten, und
entstammte dem niederen Landadel. Früh schon fuhr er zur See und

interessierte sich für Fragen der Navigation und der Kartographie; auch reiste er, vielleicht unter spanischem Oberbefehl, nach Westindien, wo er sich zwei Jahre lang aufgehalten haben soll. Auf den Kanadareisen der Jahre 1603 und 1604, welche die Entdeckungsergebnisse Jacques Cartiers bestätigten und geringfügig erweiterten, fuhr Champlain noch in untergeordneter Funktion mit, profilierte sich aber durch die Abfassung eines Reiseberichts. Seine dritte Reise von 1608, die den Durchbruch zum Aufbau der französischen Kolonisation in diesem Teile Nordamerikas brachte, unternahm er als Kommandant dreier von Honfleur ausfahrender Schiffe, und zwar im Auftrag des Kaufmanns Pierre de Monts, der seinerseits die notwendigen Ermächtigungen von König Heinrich IV. besaß.

Nach 1608 wurde Quebec zum Mittel- und Ausgangspunkt der kolonialistischen Unternehmungen Frankreichs. Zu Beginn bestand die Siedlung lediglich aus drei zweistöckigen, eng aneinandergebauten Häusern, die durch Wall und Graben gesichert waren, sowie einem Vorgärtchen in französischem Stil. Die Besatzung umfaßte nur 28 Männer, von denen die Mehrzahl im ersten Winter an Skorbut starb; es waren damals neben wenigen hundert Spaniern in Florida und einer Hundertschaft Engländer in Virginia die einzigen Europäer auf dem Kontinent. Aber Samuel de Champlain war nicht der Mann, es bei diesen Stützpunkten bewenden zu lassen. Bis zu seiner Ernennung zum Gouverneur von «Neu-Frankreich» im Jahr 1627 war er rastlos tätig: in Quebec brachte er den Pelzhandel mühsam in Gang; im Hinterland unternahm er gewagte Expeditionen; in Frankreich warb er verschiedentlich, vor allem nach dem Tod Heinrichs IV. (1610), um finanzielle Unterstützung und unternehmungslustige Auswanderer.[10] Bereits 1609 ließ er sich in inner-indianische Konflikte hineinziehen, indem er einem Hilfegesuch von Huronen und Algonkin-Indianern entsprach und diese im Kampf gegen die Irokesen unterstützte. Dank dem Einsatz der Feuerwaffen war es ein leichtes, den Mohawks, einem der fünf Stämme der Irokesenföderation, eine Schlappe beizubringen. Doch Champlain machte sich damit ausgerechnet das stärkste Machtpotential der Indianer an der Ostküste, die «Sechs Nationen», zum Feinde – eine fatale Fehleinschätzung der ethnischen und demographischen Situation, die zum nachteiligen Ausgang der französisch-englischen Auseinandersetzung im 18. Jahrhundert beitragen sollte.

In seinem Urteil über die Indianer, deren Freundschaft und kommerzielle Unterstützung er suchte, war Champlain erstaunlich differenziert und beschränkte seinen Tadel – wie später auch die Jesuitenmissionare –

in der Regel darauf, deren Irrgläubigkeit und einzelne der damit verbundenen Untugenden anzuklagen. «Alle diese Völker», schreibt er in seinem ethnographisch wichtigen Reisebericht, «leiden solche Entbehrung, daß sie manchmal gezwungen sind, von bestimmten Muscheln zu leben, und ihre Hunde und die Felle zu essen, mit denen sie sich vor der Kälte schützen. Ich halte dafür, daß, wenn jemand ihnen das Leben erleichtern und sie bei der Bebauung des Feldes und in andern Dingen anweisen würde, sie recht schnell lernen würden; denn es finden sich unter ihnen genug Leute, die über ein gutes Urteil verfügen und Fragen zutreffend beantworten ... Ich fragte sie, auf welche Weise sie ihren Gott zu verehren pflegten, und sie sagten mir, daß sie nichts anderes wüßten, als daß jeder ihn in seinem Herzen anbete, wie er wolle. Darum kennen sie kein Gesetz unter ihnen, weil sie nicht wissen, was es heißt, Gott zu verehren und anzubeten, und sie dahinleben wie die wilden und rohen Tiere. Bald aber werden sie, wenn wir unter ihnen leben, zu guten Christen werden, was die Mehrzahl von ihnen wünscht.»[11] Mit dieser Einschätzung der Indianer deckten sich grosso modo auch die Vorstellungen der Missionare, die im kanadischen Kulturkontakt eine so bedeutende Rolle spielen sollten: wie Champlain gingen sie davon aus, daß die Indianer vernunftbegabt und lernfähig seien und daß sich durch missionarische Einflußnahme ihre charakterlichen und moralischen Schwächen verlören, ferner, daß sie begierig das Evangelium und die angebotene Ausbildung ergreifen würden. Im letzten Punkt freilich täuschten sich, wie wir sehen werden, Champlain und die Missionare völlig.

Einen wichtigen Fortschritt nach äußerst schwierigen Anfängen brachte die Gründung der «Compagnie de la Nouvelle France» durch Richelieu, den Minister Ludwigs XIII., im Jahre 1627. Zu diesem Zeitpunkt hielten sich insgesamt lediglich 107 Franzosen am St. Lorenzstrom auf, während beispielsweise Virginia, eine Kolonie, die auch nur mühsam Fuß gefaßt hatte, bereits um 1000 Einwohner zählte. Noch immer war die Versorgung der Kolonisten mit Lebensmitteln im Winter äußerst knapp, die Administration des Gemeinwesens war ungeordnet, eine kirchliche Organisation fehlte. Lediglich im Aufbau der Handelsbeziehungen mit den Indianern des Hinterlandes zum Zweck des Pelzexports waren deutliche Fortschritte erzielt worden: man schätzt, daß im Jahr gegen 15000 Biberfelle geliefert wurden. Die neue Handelskompanie, die nach dem Vorbild der «East India Compagny» von 1600 und der niederländischen «Oost-Indische Compagnie» von 1602 geschaffen wurde, hatte ihren Sitz in Paris und bezog ihr Kapital von hundert Teilhabern, vor allem hohen Beamten und Kaufleuten, von denen jeder 3000

Livres beisteuerte.[12] Der Kompanie wurde das Pelzhandelsmonopol in
«Neu-Frankreich» zugesichert, und zwar auf fünfzehn Jahre, während
sie sich verpflichtete, in demselben Zeitraum 4000 Siedler nach Kanada
zu entsenden. Doch die Verwirklichung dieser Pläne wurde durch den
Konflikt mit den Engländern, die Quebec 1629 eroberten, verzögert.
Immerhin erhielt Frankreich seine Besitzung, auf welcher die kleine
Gruppe von Kolonisten ausgeharrt hatte, im Jahre 1632 in gänzlich ver-
wahrlostem Zustand zurück. Erneut befaßte man sich mit Aufbauplä-
nen. Es gelang der «Compagnie de la Nouvelle France», die Auswanderung etwas zu beleben, allerdings nicht entfernt im vorgesehenen Ausmaß: bis 1662 gelangten etwa 1000 Kolonisten nach Kanada. Auch bemühte man sich, das Pelzhandelsnetz auszubauen und entsandte Waldläufer ins Hinterland. Einer dieser «coureurs des bois», Jean Nicollet,
erreichte in Begleitung von Huronen den Michigan-See. Verschiedene
bescheidene Handelstationen wurden in der Nähe von Quebec eingerichtet: Trois Rivières, Sillery, Ville Marie, und dann, am selben Ort,
wo Jacques Cartier auf die Indianersiedlung Hochelaga gestoßen war,
Montreal. Dann trat wieder Stagnation ein.

Bis 1645 waren die Schulden der Handelskompanie so angewachsen,
daß sie sich entschloß, das Pelzhandelsmonopol an eine Gruppe von
Kolonisten, die «Communauté des Habitants» abzutreten, eine Maßnahme, die zu erneutem bescheidenem Aufschwung führte. Gleichzeitig
wuchsen jedoch auch die sozialen Gegensätze innerhalb der Siedlergemeinschaft, vor allem zwischen jenen reichen Familien, die sich auf den
Pelzhandel konzentriert hatten, und den ärmeren, die sich von der Landwirtschaft ernährten. Die Existenz beider Gruppen aber wurde zunehmend gefährdet durch Einfälle von Irokesen, die nach 1640 immer häufiger die Handelsverbindungen unterbrachen und die Felder verwüsteten.
Die Indianer wagten nicht mehr, die Biberpelze nach Quebec zu bringen
und gegen Feuerwaffen, Branntwein und andere Waren einzutauschen;
die Kolonisten wagten nicht mehr, ihre Häuser in Trois Rivières und
Montreal zu verlassen. Hoffnungen, die verschiedenen Stämme gegen-
einander auszuspielen und zu friedlichen Regelungen zu gelangen, zer-
schlugen sich. Im Juli 1649 traf in Quebec die Nachricht ein, die Huronen, die friedliebendsten Partner der französischen Kaufleute und Missionare, seien von den Irokesen völlig besiegt worden. In höchster Not
entschloß sich Quebec, unabhängig von der Entwicklung der französisch-englischen Beziehungen in Europa, mit den Engländern in Massachusetts in Verhandlungen zu treten, um einen gegenseitigen Bündnis-
vertrag zur Abwehr der Irokesen abzuschließen; doch auch dieser Plan

schlug fehl. In Quebec, schrieb ein Kolonist im Jahre 1653, «herrscht nichts als Armut»; Trois Rivières mußte das wenige Geld, das noch aus dem Pelzgeschäft hereinkam, sofort für Verteidigungsaufgaben verwenden; und in den Warenmagazinen von Montreal fand sich kein einziger Biberpelz mehr.[13]

Doch erneut kam es zu prekärem Friedensschluß und kurzfristigem Aufschwung, und zwischen 1654 und 1657 schien die Krise überwunden. Im Jahre 1663 aber war endgültig klar, daß Neu-Frankreich, Champlains hoffnungsvolle Kolonie, sich nicht mehr selber retten konnte. In der Besitzung lebten zu dieser Zeit lediglich 3000 Kolonisten, während sich die nordamerikanischen Niederlassungen der Engländer kräftig entwickelt hatten und um 1600 insgesamt um 73 000 Einwohner zählten.[14] Zwischen 1654 und 1661 sanken die Immigrationsziffern in Kanada auf 30 bis 40 Personen pro Jahr. Mehrere Stützpunkte, sowohl an der Küste wie auch stromaufwärts, mußten aufgegeben werden; der Verbindungsweg zwischen Quebec, Trois Rivières und Montreal war zeitweise unterbrochen. In dieser verzweifelten Lage entschlossen sich die Kolonisten, die Verwaltung der Niederlassung an die Krone zurückzugeben. Unter Colbert, dem Wirtschaftsminister Ludwigs XIV., wurde Kanada zur französischen Provinz, die «Communauté des Habitants» und die «Compagnie de la Nouvelle France» verloren ihre Privilegien, die Wirtschaftsentwicklung der Kolonie wurde von Paris aus in merkantilistischem Sinne vorangetrieben und durch Entsendung von Kolonialtruppen, welche die Irokesengefahr rasch eindämmten, gestützt. Ein neues, glücklicheres Kapitel der kanadischen Geschichte begann.

In dieser schwierigen Periode der zögernden Anfänge und des immer wieder unterbrochenen Wachstums der Kolonie, von 1603 bis 1663, gab es nur einen europäischen Einflußfaktor, der sich durch unerschütterliche Einsatzbereitschaft und Kontinuität auszeichnete: die Jesuitenmission. Erste Missionsbemühungen in Kanada gehen auf das Jahr 1611 zurück, als zwei Jesuitenpriester, Pierre Biard und Ennémond Massé, auf der Halbinsel Akadien eintrafen, die der St. Lorenzmündung vorgelagert ist. In den folgenden Jahren kümmerte sich eine kleine Zahl von Franziskanern von der strengen Ordensregel der Rekollekten um die Indianer dieses Küstengebiets; ihre Arbeit aber wurde wegen mangelnder Unterstützung durch das Mutterland bald unterbrochen. Zwischen 1632 und 1657 erwarben die Jesuiten im religiösen Leben der Kolonie eine deutliche Monopolstellung. Sie wandten sich gezielt dem Volk der Huronen zu, hatten um 1640 in deren Siedlungsbereich fünf Kirchen errichtet und über tausend Taufen vorgenommen. Unter schwierigsten Lebensbedin-

gungen führten die Jesuiten ihre Arbeit bis ins Jahr 1649 fort, bis zum
Zeitpunkt also, da die Huronen durch irokesische Einfälle aufgerieben
und zerstreut wurden. Da die Missionare angewiesen waren, regelmäßig über ihre Tätigkeit zu berichten, hat sich über diese Periode ein
umfangreiches Quellenmaterial erhalten, das es ermöglicht, sich über
ihre Beweggründe und Leistungen ein genaueres Bild zu machen.[15]

Zuerst aber ein Wort zu den Huronen. Zu der Zeit, als die ersten
Franzosen mit ihnen in näheren Kontakt kamen, um 1615, umfaßte das
Kernland der Huronen ein verhältnismäßig kleines Territorium im
Südosten des Landes, zwischen der Georgian Bay des nach ihnen be-
nannten Sees und dem Simcoe-See.[16] Man nimmt an, daß sich ihre Bevölkerung, die durch Herkunft und Sprache den Irokesen verwandt
war, auf über 20000 Menschen belief und die Bevölkerungsdichte in
diesem Siedlungsgebiet erheblich größer war als in den Küstengebieten.
Die Huronen lebten in einem Stammesverband, der sich aus mehreren
ethnischen Gruppen zusammensetzte; am bedeutendsten war der
Stamm der «Bären», dem die Hälfte der Gesamtbevölkerung angehörte. Als Wohnstätten dienten hallenartige Rindenhütten, die über zwanzig Familien von durchschnittlich fünf Personen aufnehmen konnten.
Das Zusammenleben auf derart engem Raum verlief bemerkenswert
konfliktfrei, was in den Berichten der Missionare durchwegs rühmend
vermerkt wird. «Sie sind einander sehr zugetan», schreibt etwa der Jesuitenpater Le Jeune, «und verstehen sich aufs beste; von Auseinandersetzung, Streitigkeiten, Feindseligkeit und Unstimmigkeit läßt sich bei
ihnen nichts bemerken.»[17] Die Atmosphäre im Innern solcher indianischer Behausungen ist vom großen Klassiker der amerikanischen Geschichtsschreibung, Francis Parkman, anschaulich beschrieben worden:
«Demjenigen, der in einer Winternacht bei ihnen eintrat», schreibt
Parkman, «bot sich ein seltsames Schauspiel: ein Blick auf die Feuer,
welche den rauchgeschwängerten Hohlraum erleuchten, die bronzefar-
bigen Menschengruppen, die rundum versammelt waren, kochend, es-
send, spielend oder sich mit müßigem Geplauder unterhaltend; häßliche
Indianerfrauen, die sechs Jahrzehnte harter Arbeit hatten zusammen-
schrumpfen lassen, schauerlich anzusehende alte Krieger, übersät mit
den Narben von irokesischen Kriegsäxten; Jugendliche, die danach
strebten, ähnliche Ehren zu erlangen, heitere Mädchen mit Muschel-
schmuck; ruhelose Kinder im bunten Durcheinander mit ruhelosen
Hunden. Noch tauchte das Geflacker einer erlöschenden Flamme die
wilden Gesichtszüge in ein lebhaftes Licht, doch nun erstarb der letzte
prächtige Schimmer, und die Gruppe verschwand in der Dunkelheit,

genauso, wie ihre Stämme seither aus der Geschichte verschwunden sind.»[18]

Die Huronen, deren Name auf das französische «hure» zurückgeht, weil sie in ihrem Aussehen, wie die Kolonisten fanden, dem Wildschwein ähnelten, lebten in etwa 25 Dörfern und Weilern.[19] Standort und Zahl dieser Siedlungen waren einem Wechsel unterworfen, da man weiterzuziehen pflegte, wenn das Brennholz verbraucht war und die Felder, die man nicht düngte, keinen Ertrag mehr abwarfen. Einige Dörfer waren mit Gräben, Wällen und Palisaden gegen Überfälle gesichert und dienten auch als Refugien für die Bewohner ungeschützter Siedlungen. Privater Landbesitz war unbekannt; aber es stand jeder Familie für eine bestimmte Zeit soviel Land zur Verfügung, wie sie für ihre Bedürfnisse brauchte. Angebaut wurden Mais, Bohnen, Kürbisse, Sonnenblumen, Hanf und Tabak. Die Gewässer im Siedlungsgebiet der Huronen waren sehr fischreich und ihre Fangtechniken waren weit entwickelt. Dagegen herrschte an Wild zuweilen empfindlicher Mangel, auch wenn im Herbst oft Hirsche in großer Zahl in Gehege getrieben und erlegt wurden. Den Frauen oblag in der Regel alle Arbeit auf den Feldern und im Haus; die Männer zogen vom Sommer zum Herbst in alle Windrichtungen, um Handel mit den benachbarten Indianervölkern und den Kolonisten zu treiben, die Fischzüge in den Großen Seen abzuwarten, zu jagen und Krieg zu führen. Im Winter versammelte man sich wieder in den Dörfern.

Große Bedeutung kam angesichts einer im übrigen kargen Lebensweise den Festlichkeiten zu. Der Jesuitenmissionar Le Jeune, der um 1630 unter den Huronen lebte, unterscheidet vier Arten von Festen: eines, das dem Gesang und dem Essen gewidmet war, ein weiteres, mit dem Heilung von schwerer Krankheit gefeiert wurde, ferner ein Dankfest und ein Abschiedsfest. Diese Feste, deren Überschwang die Missionare sehr beunruhigte, fanden im Versammlungshaus der Siedlung statt und dauerten bis zu zwei Wochen. Dabei spielten die Medizinmänner eine besonders wichtige Rolle, sei es, indem sie als Wettermacher auftraten, Krankheiten diagnostizierten oder Träume deuteten. Diese Medizinmänner erschienen den Missionaren als ihre größten Widersacher, um so mehr, als manche ihrer Kenntnisse und Fertigkeiten ihnen bei den Stammesangehörigen großen Einfluß verschafften. «Niemand wagt es, ihnen zu widersprechen», schreibt Le Jeune, «sie nehmen beständig an Festlichkeiten teil, die auf ihre Anordnungen hin veranstaltet werden. Es macht deshalb den Anschein, als ob der Teufel ihnen gelegentlich an die Hand ginge und sich ihnen um eines diesseitigen Vorteils willen eröffnete, um sie in ewige Verdammnis zu stürzen.»[20]

Wohl anerkannten die Huronen die Existenz eines höheren Wesens und glaubten auch an die Unsterblichkeit der Seele, was von den Missionaren erleichtert vermerkt wurde. Aber die christliche Jenseitsvorstellung war ihnen ebenso fremd wie die Moralbegriffe gottgefälligen Lebenswandels. Ihre Gebete, von denen bereits Champlain berichtet, zielten darauf ab, die Kräfte der sie umgebenden Natur zu beschwören und für ihre Vorhaben günstig zu stimmen. Diese grundsätzlichen Unterschiede der religiösen Vorstellungen erklären einen großen Teil der Schwierigkeiten und Mißverständnisse, mit denen sich die Missionsarbeit der Jesuiten konfrontiert sah.

Der hauptsächlichste dauernde Feind der Huronen waren, wie erwähnt, die Irokesen südlich des St. Lorenzstromes, mit deren erbitterter Gegnerschaft jedermann zu rechnen hatte, der sich ihnen nicht unterwarf. Die Art der Kriegsführung zwischen Huronen und Irokesen war gekennzeichnet durch Überfälle, Massaker und Vandalismus. Als Waffen dienten beiden Seiten Keulen, Bogen und Pfeil, nach dem Kontakt mit den Europäern zunehmend auch Tomahawks und Flinten. Weder Huronen noch Irokesen kannten eine allgemeine Wehrpflicht, festgefügte Formen einer militärischen Organisation oder langfristige strategische Konzepte; über Krieg und Frieden entschieden die Häuptlinge in Absprache mit ihren Gefolgsleuten. In der Kunst der Kriegsführung und in der militärischen Ausrüstung scheinen die Irokesen den Huronen, wie auch andern benachbarten Stämmen, deutlich überlegen gewesen zu sein.[21]

Doch kehren wir zu den kanadischen Jesuitenmissionaren zurück! Welche Beweggründe führten sie dazu, die Huronen christianisieren zu wollen, ein Volk, das auf beeindruckend selbstgenügsame Weise dahinlebte und dessen Angehörige keinerlei Bedürfnis nach Erlangung ihres Seelenheils entwickelt hatten? Eine knappe historische Rückblende muß hier genügen.

In der Einleitung und im Kapitel über das portugiesische «System der begrenzten Kontakte» ist bereits darauf hingewiesen worden, wie eng im 15. und 16. Jahrhundert der Gedanke der Missionsverpflichtung mit jenem der Kolonisation verknüpft war: das Bemühen um die Heidenbekehrung erst rechtfertigte, in den Augen der Kolonialtheoretiker, die Inbesitznahme fremden Landes und den Anspruch auf Oberherrschaft.[22] Dieser Grundsatz blieb auch für die Jesuitenmissionare bestimmend. Der Jesuitenorden geht bekanntlich auf Ignatius von Loyola, den navarresischen Landedelmann, zurück, der sich nach einer Kriegsverletzung dem Studium der Theologie zugewandt hatte und im Jahre 1534 in Paris den

Orden zusammen mit sechs Gleichgesinnten begründete. Die jungen Leute gelobten, Gott in vollkommener Armut zu dienen, ihr ganzes Leben der tätigen Seelsorge zu widmen und sich in unbedingtem Gehorsam für die Aufträge des Heiligen Vaters bereitzuhalten. Das Gelübde, das von Papst Paul III. bestätigt wurde, sah auch die Wallfahrt nach Jerusalem und Missionsarbeit im Heiligen Lande vor – ein Plan, den die Ordensgründer nicht verwirklichen konnten. Das jesuitische Sendungsbewußtsein wurzelt in den geistlichen Übungen, die Ignatius von Loyola ausarbeitete und denen sich jeder Ordensbruder in seinem Leben zwei Mal unterwirft. Obwohl diese «Exercitien»[23] den Gedanken der Überseemission nicht ins Zentrum rücken, geben sie doch den Bezugsrahmen, in welchen hinein sich diese Mission zu stellen hat und von woher sie ihren spezifischen Sinn erhält. So sind auch die Charakteristika der Kanada-Mission im 17. Jahrhundert als Forderung bereits in den Exerzitien angelegt: die völlige Indifferenz der Missionsträger gegenüber persönlichem Reichtum, gesellschaftlichem Ansehen und äußerlicher Geltung; die Verpflichtung zur Nachfolge Christi und die rückhaltlose Ausrichtung auf den Dienst Gottes; die kämpferische Auffassung der apostolischen Tätigkeit, die sich im unablässigen Einsatz gegen die bedrohlichen Kräfte des Bösen zu bewähren hat; und schließlich die Flexibilität der Methode bei gleichbleibender Zielsetzung.[24] Dieser Geist der Exerzitien, angereichert durch die harte Erfahrung praktischer Missionstätigkeit, hat vielleicht seinen prägnantesten Ausdruck in den Worten des Jesuitenpaters Le Jeune gefunden, der 1635 schrieb: «Drei machtvolle Gedanken vermögen ein gutes Herz zu trösten, das sich in den unendlichen Wäldern Neu-Frankreichs oder unter den Huronen aufhält. Der erste Gedanke ist, daß ich an dem Platz stehe, wohin mich Gott gesandt, wohin er mich an seiner Hand geführt hat, wo er bei mir ist und wo ich mit ihm allein bin. Den zweiten Gedanken hat David ausgesprochen: ‹In dem Maße wie ich leide um des Herren willen, erfreut seine göttliche Tröstung meine Seele.› Und der dritte Gedanke besteht in der Einsicht, daß wir, wenn wir genau hinsehen, nie auf Kreuz, Nägel oder Dornen stoßen, ohne Jesus Christus zu begegnen.»[25]

Doch die harte Arbeit der Huronenmissionare fand ihren Rückhalt auch in der steigenden Weltgeltung des Ordens. In Europa waren die Jesuiten rasch zur wichtigsten Kraft der katholischen Reform geworden, die Reformation war durch das geschickte Vorgehen des Ordens vor allem im Bildungswesen in ihre Schranken gewiesen worden, und das Konzil von Trient, das 1563 seinen Abschluß fand, hatte die Autorität von Papst und Kirche wiederhergestellt. Im überseeischen Bereich war es gelungen, die Hugenotten von der Infiltration in die Einflußbereiche der katholischen Mächte abzuhalten, so in Brasilien, Florida und in Kanada selbst. In der Persönlichkeit eines Mitbegründers des Ordens, Franz Xavers, war den Jesuitenmissionaren in Übersee zudem eine Pionier- und Leitfigur entstanden, an deren Vorbild sie sich orientieren konnten.

Franz Xaver hatte Europa im Jahre 1541 verlassen und war im Auftrag Papst Pauls III. und auf eine entsprechende Bitte des portugiesischen Königs hin als apostolischer Nuntius nach Indien gereist.[26] In Goa widmete er sich intensiv der Seelsorge und reiste darauf an die Südostspitze des Subkontinents weiter, wo er unter den dortigen Bewohnern, den Paravas, mit großem Erfolg missionierte; darauf schiffte er sich nach Malakka und den Gewürzinseln ein. Nach erfolgreichem Wirken in Japan begab sich Franz Xaver auf den Weg nach China, verstarb jedoch im Jahre 1552 auf einer kleinen Insel vor der Kanton-Bucht. Vom italienischen Jesuiten Matteo Ricci, der China drei Jahrzehnte später erreichte, wurden Franz Xavers Bemühungen um die China-Mission fortgesetzt, und die europäischen Ordensbrüder wurden in regelmäßigen Rapporten über die missionarischen Anfangserfolge im Reich der Mitte unterrichtet.

Nicht weniger vielversprechend lauteten Berichte, die gegen Ende des Jahrhunderts aus Südamerika eintrafen. Um 1590 waren die ersten Jesuiten, aus Brasilien kommend, in Paraguay eingetroffen, und nach 1606 wurden hier die ersten sogenannten «Reduktionen» gegründet, Niederlassungen, in denen die nomadisierenden Guaraní-Indianer unter Anleitung der Missionare seßhaft gemacht und in Landwirtschaft, Handwerk und christlicher Religion unterrichtet wurden.[27] Die in Kanada arbeitenden Jesuiten kannten die Vita des Franz Xaver und wußten von den Erfolgen ihrer Ordensbrüder in China und Südamerika; der Wunsch, nicht hinter diesen Leistungen zurückzustehen, wird in ihren Berichten hin und wieder deutlich.

Wenn an der Verpflichtung zur Heidenbekehrung für den gläubigen Christen des frühen Entdeckungszeitalters grundsätzlich kein Zweifel bestand, so mochte er sich doch fragen, wie groß die Missionsaussichten von Fall zu Fall seien. Diese Frage aber berührte sich mit derjenigen nach Natur und Wesen des Missionsobjekts. Wie schätzten die Jesuitenmissionare die Huronen in dieser Hinsicht ein?

Vorerst wird man davon ausgehen dürfen, daß den Indianern ihre Zugehörigkeit zur menschlichen Gattung, zum «Geschlechte Adams», wie man damals sagte, nie abgesprochen wurde. Ein Begleiter Champlains, Marc Lescarbot, machte sich in seiner ‹Histoire de la Nouvelle

France› die Mühe, nachzuweisen, daß Amerika dem Vater der neuen Menschheit, Noah, bereits bekannt gewesen sein müsse, daß dieser nach der Sintflut sogar persönlich Sorge getragen habe, den Kontinent mit seiner Nachkommenschaft zu bevölkern.[28] Derartige Argumentation, keineswegs ein Ausnahmefall, bezeugt, wie angestrengt man sich bemühte, die erregende Nachricht von der Entdeckung einer in der Bibel nicht explizit erwähnten «Neuen Welt» ins Denkmuster der christlichen Heilsgeschichte einzugliedern. Der Jesuitenpater Joseph-François Lafitau, Verfasser der ersten umfassenden ethnographischen Studie über die nordamerikanische Urbevölkerung, urteilte in seinen Vermutungen über die Herkunft der Indianer vorsichtiger. In seinem 1722 vollendeten Werk über die ‹Mœurs des sauvages américains› vermutete Lafitau lange vor den klärenden Entdeckungsreisen James Cooks im Nordpazifik, die Indianer könnten über eine Landbrücke aus der östlichen Mongolei zugewandert sein – mit welcher These er dem heutigen Forschungsstand recht nahe kam.[29] Allerdings verlor sich auch Lafitau im Spekulativen, wenn er davon ausging, die Indianer stammten von Barbaren ab, die Griechenland vor der Invasion indoeuropäischer Stämme verlassen hätten, wie er überhaupt – darin von andern zeitgenössischen Autoren unterstützt – die Chronologie dieser Vorgänge in viel zu kurze Zeitphasen unterteilte.[30]

Solche frühen Wanderungen erklärten nach der Überzeugung der Missionare, warum die Indianer, obzwar unzweifelhaft Menschen, der christlichen Offenbarung nicht hatten teilhaftig werden können, sei es, weil die Verbindung zwischen ihnen und dem Abendland bereits vor Christi Geburt abgebrochen war, sei es, weil dieser Kontakt nicht hatte aufrechterhalten werden können und das christliche Erbe allmählich in Vergessenheit geraten war. Daran aber, daß der Indianer ein mit Vernunft begabtes Geschöpf war, theologischen Argumenten wie religiöser Empfindung gleicherweise zugänglich, zweifelte kaum jemand; manche meinten sogar, gerade wegen seiner Loskoppelung vom allgemeinen Gang der Menschheitsgeschichte sei er noch unverbildet, der Kindheit des menschlichen Geschlechts noch näher und darum besonders bekehrungswillig. Dieses letzte Argument freilich blieb nicht unwidersprochen. Der Jesuitenpater Jean de Brébeuf beispielsweise bedauerte, daß die Huronen nicht den Zivilisationsstand der Chinesen oder Japaner erreicht hätten, was die Missionsarbeit erleichtern würde.[31] Wie auch immer – die Indianer schienen intensiven missionarischen Einsatzes wert: «Denn schließlich sind es doch vernünftige Geschöpfe», heißt es im Bericht von Pater Jérôme Lalemant, «gleichermaßen bestimmt für das Paradies oder die Hölle und erlöst durch das Blut Jesu Christi, von denen geschrieben steht: ‹Und ich habe noch andere Schafe, die nicht aus diesem Schafstall sind, und auch jene muß ich hinführen.›»[32] Und noch deutlicher äußert sich Le Jeune: «Was den Verstand der Wilden anbetrifft, ist er von guter Bereitschaft, und ihre Seelen sind vom gleichen Stoff und nicht grundsätzlich verschieden; vorausgesetzt, daß ihr Körper gesund ist und ihre Organe sich normal und kräftig entwickelt haben, arbeitet ihr Verstand mit Leichtigkeit – lediglich Erziehung und Unterweisung fehlen ihnen. Ihre Seele ist von Natur aus guter Boden, wenn auch mit allen Mängeln versehen, wie eine Erde sie aufweist, die seit der Weltschöpfung vernachlässigt worden ist. Ich vergleiche unsere Wilden gern mit manchen Dorfbewohnern, weil die einen wie die andern in der Regel ohne Bildung sind, obwohl unsere Bauern in diesem Betracht noch voraus sind. Nichtsdestoweniger bin ich bisher niemandem begegnet von denen, die in diese Gegenden gereist sind, der nicht offen bezeugt und gesteht, daß die Wilden über mehr Verstand verfügen als unsere gewöhnlichen Bauern.»[33]

Neben der Zugehörigkeit zum Menschengeschlecht und der Vernunftbegabung stellten die Missionare bei den Indianern im allgemeinen, bei den Huronen im besonderen, noch eine Reihe von Charaktereigenschaften fest, die eine Mission als aussichtsreich erscheinen ließen. So rühmten sie an ihren Schützlingen die Einfachheit des Lebenswandels und die Unabhängigkeit von materiellen Gütern, die Ruhe und würdige Gelassenheit, die Gewissenhaftigkeit bei der Einhaltung der Abmachungen, den ausgeprägten Familiensinn. In Hinsicht auf diese Tugenden und den Grad der Glückseligkeit, die sie daraus zogen, schienen die Huronen, nach dem Urteil der Missionare, den meisten Europäern weit überlegen. Besonders von zwei Leidenschaften, die sich bei den europäischen Kolonisten fatal auswirkten, wurden die Huronen, nach Pater Le Jeune, nicht heimgesucht: von Ehrgeiz und Geiz; sie kannten des weiteren keine Polizei, keine Steuern, keine Würdentitel, keine Befehle und gehorchten ihren Häuptlingen lediglich aus Wohlwollen.[34] Eine derartige Beurteilung legte es in Kanada wie zuvor in Paraguay nahe, daß man die Indianer vor dem korrumpierenden Einfluß der Kolonisten zu schützen suchte. In Kanada galt die Sorge vor allem den Kontakten mit Pelzhändlern, die Alkohol einführten und mit ihrer zügellosen Sexualität die in diesem Punkt ohnehin wenig zurückhaltenden Huronen in Verwirrung brachten. Es gelang den Jesuiten in der Tat während Jahrzehnten, Huronia gegen solch schädliche Kontakte abzuschirmen.[35]

Den genannten Tugenden der Huronen stand freilich auch ein Katalog

von Untugenden gegenüber, die das Befremden und den Abscheu der
Missionare erregten. Die hauptsächlichsten Klagen der Jesuiten richteten
sich gegen Polygamie, vorehelichen Beischlaf, provozierende Nacktheit
und obszöne Gespräche, was man alles als sexuelle Ausschweifung betrachtete; ferner kritisierte man die Freßlust und Völlerei, den Hang zu
Diebstählen und die grausame Behandlung der Kriegsgefangenen sowie
den Kannibalismus. Alle diese Mängel und Unbeherrschtheiten glaubten
die Missionare den schwach entwickelten und auf groteske Weise fehlge-
leiteten religiösen Vorstellungen der Indianer zuschreiben zu können;
sobald dieser unselige Götzendienst beseitigt sei, würde sich, so hoffte
man, auch alles andere geben. Bemerkenswert ist, daß die Götzendiene-
rei und die mit ihr verbundenen Laster kaum je mit einer möglichen
Verderbtheit der indianischen Natur in Zusammenhang gebracht wurden. Man ging im Gegenteil davon aus, daß der Indianer im Grunde
seines Wesens gut und des Guten begierig sei; aber der Dämon des
Bösen, so argumentierte man, der seit dem Sündenfall überall seine ruhelose Tätigkeit entfalte, finde bei ihm gerade wegen seiner Unschuld
ein besonders zugängliches Angriffsobjekt. Im übrigen darf festgestellt
werden, daß manche Jesuiten in gewissem Grade durchaus imstande
waren, die Relativität ihrer Urteile einzusehen. «Wie unzureichend ist
doch», schreibt Pater Le Jeune, «das Urteil der Menschen. Die einen
sprechen von Schönheit dort, wo andere nur Häßlichkeit erblicken. In
Frankreich sind die schönsten Zähne die weißesten, während dies auf den
Malediven als Mißbildung empfunden wird und sich die Bewohner dieser Inseln die Zähne rot färben; in Indochina dagegen färbt man die
Zähne, wenn mein Gedächtnis mich nicht trügt, schwarz. Da mag man
sehen, wer recht hat!»[36]

Was die Missionsarbeit anbetraf, stand für die Jesuiten fest, daß man
friedlich vorgehen und jeden Druck oder Zwang gegenüber der Urbevölkerung vermeiden müsse. Die frohe Botschaft des Christentums sollte, schrieb Le Jeune, wie eine Sonne über Kanada aufgehen; ja er träumte
sogar, wohl auch in propagandistischer Absicht, von einem kommenden
goldenen Zeitalter, das es nicht nötig habe, sich mit den Ruinen der
Inka-Paläste zu schmücken, sondern durch die Unschuld der europäisch-
indianischen Beziehungen gekennzeichnet sei.[37] Zweifellos hätte man es
nicht ungern gesehen, wenn die Kolonisten in der Lage gewesen wären,
den dauernden Einfällen der Irokesen militärisch entgegenzutreten, was
die Missionsarbeit in Huronia sehr erleichtert hätte; auch mochte man
hie und da die Portugiesen beneiden, deren glänzende Machtentfaltung
in Asien die Mission besser zu unterstützen schien.[38] Aber von gewaltsa-

mer Bekehrung oder von «gerechtem Krieg», wie er im Falle der Bekeh-
rungsverweigerung gegen die Indianer zu führen sei, war unter Jesuitenmissionaren nie die Rede.[39]

Mit den milden Mitteln verständnisvoller Annäherung, unaufdringli-
cher, aber beharrlicher Belehrung und nachahmungswürdiger Vorbildlichkeit wollte man die Huronen zum christlichen Glauben gewinnen.
Zweifel an der Aufrichtigkeit dieses Unterfangens, an seiner Uneigen-
nützigkeit auch, scheinen uns nicht am Platz; das reiche Quellenmaterial
der Relationen gibt hiervon ein beeindruckend kohärentes Zeugnis. Daß
es sehr schwierig sein würde, diese Aufgabe zu lösen, davon gaben sich
die Jesuiten indessen durchaus Rechenschaft. Während der ersten Bekeh-
rungsversuche, vor 1615, hatten die Missionare noch geglaubt, es den
Waldläufern gleichtun und die Indianer auf ihren Jagdzügen in die Wildnis und unter schwierigsten Bedingungen begleiten zu müssen; später
hielt man sich an ihre Siedlungen und versuchte die Huronen zu größerer
Seßhaftigkeit anzuhalten, weil dadurch die Missionstätigkeit begünstigt
wurde. Weiterhin aber blieb es ein wichtiges Gebot der Jesuitenmissionare, sich dem indianischen Lebensstil anzupassen. Es ist bekannt, daß
bei den Waldläufern diese Anpassung häufig sehr weit ging: nicht nur
Ernährungs- und Wohnweise wurden von ihnen übernommen, sondern
auch, zum Leidwesen der Missionare, die dieses «vivre à l'indigène»
beklagten, sittliche Verhaltensformen.[40] Aber auch die Jesuiten aßen und
wohnten weitgehend wie die Huronen, bedienten sich des Kanus mit
Geschick, benutzten die Sauna, verwendeten einheimische Heilkräuter
und gingen auf Jagd und Fischfang. Dadurch, daß sie in Übereinstimmung mit ihrer Ordensregel möglichst auf Annehmlichkeiten verzichteten, näherten sie sich in gewissem Sinne ohnehin der indianischen Lebensweise. In einer im Jahre 1658 in Paris erschienenen Schrift unter dem
Titel ‹Instruction pour les Pères de Nostre Compagnie qui seront en-
voiez aux Hurons› wurde zudem explizit empfohlen, man solle die Lebensweise der Indianer, wie entbehrungsvoll sie auch sei, teilen; dies sei
der geeignetste Weg, sich ihr Vertrauen zu erwerben.[41]

Daß die karge Einfachheit des Daseins in der Abgeschiedenheit der
kanadischen Wälder von den Missionaren jedoch primär als Mittel zur
religiösen Sammlung und Läuterung begriffen und bewußt gesucht wurde, ist vielfältig überliefert. Wer in die Länder der Huronen ziehe, heißt
es im Bericht von Pater Brébeuf, erfüllt von Ehrfurcht und Liebe zu Gott,
der habe für seine Seele nichts zu fürchten. Und wörtlich weiter: «Bedeutet es nicht schon viel, in Lebensweise, Bekleidung und Nachtruhe,
auf jeden Komfort zu verzichten und der einfachen Notwendigkeit zu

gehorchen? Ist das nicht eine schöne Gelegenheit, sich mit Gott zu verbinden, wenn es niemanden sonst gibt, an den man sein Herz hängen
kann?»[42] Im 18. Jahrhundert sollte der Jesuit Charlevoix, als er seine
‹Geschichte und Beschreibung Neu-Frankreichs› verfaßte, nicht ohne
Wehmut der Selbstaufopferung seiner Ordensbrüder in Huronia geden-
ken, die sich von allem, von sich selbst und der Welt, gelöst hätten, um
jenen Seelenfrieden zu erlangen und jene geistige Unschuld wiederzuge-
winnen, die Christus seinen Jüngern empfohlen habe.[43]

Neben die Forderung nach Gemeinsamkeit der Lebensweise trat, nicht
minder wichtig, die Verpflichtung, die Eingeborenensprache zu erlernen. Bereits die frühesten Jesuitenmissionare, die Patres Biard und Massé, die um 1610 unter den Micmac-Indianern in Akadien wirkten, erkannten, daß ernsthaft an Bekehrung nur gedacht werden konnte, wenn
man sich des indianischen Idioms bediente. Gewiß waren Biard und
Massé nicht die ersten, welche die Erlernung von Eingeborenensprachen
propagierten; die Jesuiten in China und Südamerika hatten längst die
Bedeutung dieses Schritts auf dem Wege zur Annäherung erkannt. Es
fällt jedoch auf, daß in Kanada die Fähigkeit, sich mit den Huronen in
deren eigener Sprache verständigen zu können, sehr hoch bewertet wurde: dadurch zeichnete man sich vor den übrigen Kolonisten, aber auch
vor den in Quebec verbliebenen Ordensbrüdern aus und bewies, mit
welchem inneren Engagement man sich an der äußersten Front des Kulturkontakts einsetzte. «Die huronische Sprache», schrieb Pater Brébeuf,
der in dieser Hinsicht als besonders talentiert galt, «wird euer Heiliger
Thomas und euer Aristoteles werden, und wie geschickt und sprachge-
wandt ihr euch auch unter gelehrten und begabten Persönlichkeiten
bisher bewegt habt, werdet ihr euch entschließen müssen, ziemlich lange
Zeit stumm unter den Barbaren zu leben; es wird bereits viel für euch
bedeuten, wenn ihr allmählich etwas daherzustottern beginnt.»[44]

Die Erlernung der Sprache und deren Gebrauch zur Verkündigung der
christlichen Botschaft stellte auch die einsatzfreudigsten Missionare vor
große Probleme.[45] Daß man mit den Indianern dauernden Umgang
pflegte und sich einen Lehrer hielt, der für seine Dienste entschädigt sein
wollte, verstand sich von selbst; beides aber war nur dort möglich, wo
die Eingeborenen seßhaft lebten. Die Indianersprachen wurden bekanntlich nicht schriftlich festgehalten, es gab keine Grammatiken, die Phone-
tik gehorchte eigenen Gesetzen, und im Vokabular fehlte es gerade an
jenen abstrakten Begriffen wie «Schuld», «Sühne», «Gnade», «Versuchung», «Glaube», die im religiösen Unterricht eine wichtige Rolle spielen. Man behalf sich, so gut es ging, mit Transkriptionen, Wörterbü-

chern und Glossaren. Im Jahre 1625 überwinterte Pater Brébeuf bei den
Montagnais-Indianern und stellte eine Grammatik ihrer Sprache zusammen; ein Jahr später leistete er dieselbe Arbeit bei den Huronen. Der
nächste Schritt bestand darin, daß man den Katechismus in die Eingeborenensprache zu übersetzen suchte; in einem der frühesten Werke dieser
Art, der 1630 in Rouen publizierten «Doctrine chrétienne», wurde der
französischen Fassung in übersichtlicher Darstellung eine Übersetzung
in die Montagnais-Sprache beigegeben. Im Jahre 1632 publizierte der
Rekollektenmönch Gabriel Sagard ein Wörterbuch von 132 Seiten über
die wichtigste Sprache im Gebiet der Großen Seen, das Huronische; es
war das erste Werk dieser Art in Nordamerika, und es ist, was die
Sprache der Huronen betrifft, bis heute das beste geblieben.[46]

Doch solche Hilfsmittel räumten die Schwierigkeiten nicht aus, die
sich der Vermittlung christlicher Glaubensinhalte entgegensetzten. Denn
jede Sprache, jene der archaischen Völker in besonders hohem Grade, ist
eng mit der Totalität der jeweiligen Kultur verbunden, ist Kulturelement
und dynamisch wirksames Mittel der kulturellen Veränderung zugleich.[47] Die Einführung eines abendländischen Denkzusammenhängen
entnommenen Begriffs in eine Indianersprache setzte, wenn Bedeu-
tungswandel und Mißverständnis vermieden werden wollten, nicht nur
eine gewisse Gleichartigkeit der grammatikalischen Struktur der betreffenden Sprache, sondern auch einen zumindest vergleichbaren Stand sozialen, wirtschaftlichen und kulturellen Existenzbewußtseins voraus. Es
genügte nicht, daß man ein bestimmtes Wort der Eingeborenensprache
aus dem Zusammenhang einer halbwegs verstandenen Äußerung her-
auslöste und zum Synonym einer französischen Vokabel erklärte; wichtiger wäre gewesen, das indianische Wort in allen seinen vieldeutigen
Bezügen zum Ganzen des betreffenden kulturellen Hintergrunds zu begreifen. Diesem kulturellen Hintergrund hätte sich die Begriffssprache
der Missionare anpassen müssen, was freilich mit dem beträchtlichen
Risiko verbunden gewesen wäre, gerade die Essenz der missionarischen
Botschaft zu verfälschen: an diesem Problem sollte übrigens die China-
Mission der Jesuiten zuletzt scheitern.[48] Hinzu kommt schließlich noch
die grundsätzliche Schwierigkeit, daß die religiöse Sprache der archaischen Völker weit weniger als die christliche ein tragisches Existenzge-
fühl reflektiert; sie steht vielmehr in direktem Bezug zum kultischen
Handeln und ist, etwa in der Anrufung der Gottheit vor Kriegszügen
oder in wirtschaftlicher Notlage, weit pragmatischer auf die Bewälti-
gung einer äußerlich bedrohlichen Daseinssituation ausgerichtet.

Ein anderer Weg zur Ermöglichung der gegenseitigen Kommunikation in missionarischer Absicht hätte nun freilich darin bestanden, die Indianer im Gebrauch des Französischen zu unterrichten. Die Jesuiten stellten rasch fest, daß besonders die Indianerkinder sich aufgeweckt und gelehrig zeigten, sofern man ihren Eifer mit kleinen Geschenken wachhielt und die Lektionen attraktiv zu gestalten wußte, was etwa dadurch geschah, daß man, ihre natürliche Sangesfreude ausnutzend, Bibelverse singend memorierte. Bereits im Jahre 1635 hatten die Jesuiten in Quebec ein bescheidenes «Collège» eröffnet, das erste seiner Art nördlich von Mexiko und zwei Jahre vor dem berühmten Harvard College bei Boston. Wenig später wurde damit begonnen, junge Indianer, die von ihren Familien freiwillig abgegeben worden waren, zu unterrichten. Große Erwartungen verbanden sich 1651 mit der Gründung des Seminars «Notre-Dame-des-Anges»; hier hoffte man, eine Pflanzschule für indianische Missionare einzurichten, die später zu ihren Völkern zurückgesandt werden konnten – ein Verfahren, das bereits von den Portugiesen, die gegen Ende des 15. Jahrhunderts im Kongo zu missionieren begannen, erprobt worden war.[49] Doch die jungen Indianer scheinen sich in Quebec trotz rührender Pflege nicht wohl gefühlt zu haben: manche von ihnen verstarben oder suchten das Weite, und da die Indianerfamilien immer weniger bereit waren, ihre Kinder in die Stadt ziehen zu lassen, standen die Schulstuben bald leer. Man vergaß auch nicht, eine Ausbildungsstätte für Indianermädchen zu schaffen, die von aus Frankreich hergereisten Ursulinerinnen geleitet wurde und um 1640 über 48 Schülerinnen verfügte; aber auch dieses Experiment war zum Scheitern verurteilt.

Der christlichen Weiterbildung der Indianer sollten schließlich längere Aufenthalte in Frankreich dienen. Diese Überführung von Bewohnern der «Neuen Welt» nach Europa hatte bereits Tradition: Kolumbus, Cartier und manche andere Entdecker hatten immer wieder «Wilde» als lebendiges Zeugnis ihrer Leistungen mitfahren lassen. Berühmt ist die in diesen Zusammenhang zu stellende Äußerung Montaignes, der 1562 in Rouen eine Gruppe brasilianischer Indianer, die der Öffentlichkeit vorgezeigt wurden, besichtigte. «Jene sind Wilde», schrieb Montaigne in seinen ‹Essais›, «so wie wir die Früchte wild nennen, welche die Natur von selbst und nach ihrem gewohnten Gang hervorgebracht hat: wo wir doch in Wahrheit diejenigen, die wir durch unsere Eingriffe verfälscht und der gemeinen Ordnung abspenstig gemacht haben, wild nennen sollten. In jenen sind die wahren, tauglicheren und ursprünglicheren Kräfte und Eigenschaften lebendig und mächtig, die wir in diesen verunstaltet haben, nur um sie dem Vergnügen unseres verdorbenen Geschmacks anzubequemen.»[50] Auch die Jesuiten sahen das Problem, auf das Montaigne hingewiesen hatte: es galt, den Frankreichaufenthalt so zu nutzen, daß die unverbildete Lernbereitschaft der indianischen Schüler nicht gelähmt, sondern gefördert wurde, und man träumte von künftigen Missionaren, die die christliche Botschaft vielleicht reiner bewahren und verbreiten würden als die von den Versuchungen einer fortgeschrittenen Zivilisation geprägten Europäer. Doch bald zeigte sich, daß die Indianer – in auffallendem Unterschied zu den Schwarzafrikanern – sich im europäischen Klima nicht wohl fühlten und nach kurzer Zeit, meist an Schwindsucht, starben.

Ein weiteres interessantes Experiment zur sprachlichen und religiösen Ausbildung der Indianer, diesmal vor allem Erwachsener, war die Schaffung einer indianischen Dorfgemeinschaft bei Sillery wenig außerhalb des damaligen Quebec, ermöglicht übrigens, wie der Aufbau der bereits genannten Bildungsstätten, durch großherzige Stiftungen aristokratischer Persönlichkeiten in Frankreich, die sich mit dem Gedanken der Mission verbunden wußten. Die ersten Jahre nach der Gründung dieser Siedlung im Jahre 1637 ließen auf Erfolg hoffen: in der Reservation konnten etwa dreißig Familien, vorwiegend Montagnais-Indianer, zur Seßhaftigkeit angehalten werden, und 1645 zählte man unter ihnen 145 getaufte Christen. Land wurde urbar gemacht und den Bekehrten zum Lehen gegeben, eine Windmühle, ein Backhaus und sogar eine Brauerei wurden betrieben. Ferner wurden eine Schule, ein Hospital und eine Kirche erbaut. Französisch wurde zur Umgangssprache, und das religiöse Leben entwickelte sich so, daß die Jesuiten gelegentlich sogar eingreifen mußten, um den frommen Übereifer zu dämpfen.[51] Doch je näher die Siedlungen der französischen Kolonisten an die Reservation heranrückten, um so schwieriger wurde es, die Indianer vor fatalen Einflüssen zu schützen. Der Alkoholismus begann gefährlich um sich zu greifen, und als 1657 noch eine Feuersbrunst ausbrach, begannen die indianischen Bewohner sich in den Wäldern zu zerstreuen.

Wie aber entwickelten sich die Verhältnisse an der äußersten Peripherie des Kulturkontakts, 500 Kilometer von Quebec landeinwärts, im Kernland der Huronen selbst? Vor 1632 hielten sich in dieser Gegend am Lake Simcoe nur wenige Rekollekten- und Jesuitenmissionare auf, deren Tätigkeit während der englischen Besetzung (1629–1632) fast zum Erliegen kam. Nach der Rückgabe von Kanada an die Franzosen jedoch erhielt die Missionierung von Huronia mächtigen Auftrieb. Zwei Vorbedingungen schienen hier der Indianermission besonders günstig zu sein: die seßhafte Lebensweise der etwa 30000 in diesem Gebiet lebenden Huronen und die

Tatsache, daß sich der Pelzhandel bereits eingespielt und Bedürfnisse erzeugt hatte, auf deren Befriedigung die Einheimischen ungern verzichteten. Bereits im Jahre 1638 waren zehn Jesuitenmissionare zwischen dem Lake Simcoe und der Georgian Bay des Huronensees tätig, eine Zahl, die sich 1649 auf achtzehn Missionare, über zwanzig Diakone und elf weitere Helfer erhöhte. Um 1640 errichtete man in Sainte Marie, dem heutigen Midland, eine zentrale Missionsstation, die befestigt war und aus einer Kirche, Wohngebäuden und Lagerschuppen bestand.[52]

Wenn das Missionsexperiment in Huronia, trotz des unzweifelhaften und selbstlosen Einsatzes der Jesuiten, bereits 1650, kaum zwei Jahrzehnte nach dem Wiederbeginn, als völlig gescheitert betrachtet werden mußte, so gab es dafür Gründe, die mit der Missionstätigkeit unmittelbar zusammenhingen, und solche, die damit nichts zu tun hatten. Zu den ersteren zählte die Tatsache, daß, wie ein Kenner der Verhältnisse es lapidar formuliert hat, «die Huronen offensichtlich überhaupt nicht an dem interessiert waren, was die Jesuiten sie zu lehren hatten».[53] Anders ausgedrückt: es gelang, trotz weitgehender Assimilation in Lebensweise und Sprache, den Missionaren nicht, einer Mentalität, die sich in zentralen Aspekten von der europäischen unterschied, christliche Glaubensinhalte zu vermitteln. Die meisten Missionare gestanden sich denn auch bald ein, daß die Bekehrungen, die sie vornahmen, weder zahlreich noch in ihrer Glaubwürdigkeit über jeden Zweifel erhaben waren.

«Es war wohl wahr», schrieb Pater Le Jeune im Jahre 1635, «daß einige unter uns eine genügende Kenntnis ihrer Sprache besitzen, um sie zu unterrichten, wenn dieses Volk nur gleich wißbegierig wäre, wie die zivilisierten Nationen dies sind. Aber sie wollen leben, nicht wissen; ihr größtes Bedürfnis ist es, zu trinken und zu essen, nicht zu erkennen. Wenn ihr zu ihnen von unseren Wahrheiten sprecht, hören sie friedlich zu; aber statt zu diesem Thema Fragen zu stellen, beschäftigen sie sich unverzüglich mit der Sorge um ihr leibliches Wohl, haben immerzu einen leeren Bauch und sind ausgehungert. Wenn wir Reden halten könnten wie sie und zu ihren Versammlungen zugelassen wären, könnten wir vielleicht etwas ausrichten . . .»[54] Um 1640 meldete Pater Jérome Lalement nach Frankreich: «Man hat mehr als 10000 Wilde im Evangelium unterrichtet, nicht so sehr allgemein gesprochen, sondern auf einzelne Familien und einzelne Personen im besonderen bezogen. Man hat bei auftretenden schweren Krankheiten über tausend getauft, darunter wenigstens mehrere kleine Kinder, die zum Himmel aufgeflogen sind. Und man hat, um das Glück voll zu machen, schwere Verfolgungen zu ertragen gewußt.»[55]

Das sind, wenn man genau hinhört, kleinmütige Erfolgsmeldungen.
Es steht auch fest, daß die meisten Bekehrungen in schweren Krank-
heitsfällen, in extremis also, vorgenommen wurden, wobei viele Huronen Sorge trugen, gleichzeitig auch die Tröstungen ihres Medizinman-
nes beizuziehen. Getaufte, die wider Erwarten genasen, wandten sich oft
wieder vom wahren Glauben ab. Wo innere Umkehr so selten zu beobachten war, begnügten sich viele Missionare mit erfreuten Feststellungen
über äußerliche Glaubensbezeugungen vor allem jugendlicher Indianer,
ohne deren Neigung zu spöttischer Nachahmung und Mummenschanz
genügend in Betracht zu ziehen. Mit Stolz wird in den Jesuitenberichten
etwa hervorgehoben, wie gern die Indianerkinder zur Kirche gingen, im
Chor mitsängen, dem Klang der Kirchenglocke lauschten und an den
Gebeten teilnähmen. Manche jesuitischen Berichterstatter gingen sogar
so weit, den frommen Eifer und die Glaubensbereitschaft der Huronen
polemisch gegen die religiöse Indifferenz der europäischen Kolonisten
auszuspielen. Aber immer wieder erwies sich zur Ernüchterung der Missionare, daß solche zur Schau getragene Anteilnahme lediglich der Neugierde und dem Kalkül entsprang und sich verflüchtigte, sobald Gewöh-
nung eingetreten war und die erhoffte Belohnung ausblieb. Nach 1640,
als Hungersnöte unter den Huronen ausbrachen und die Einfälle der
Irokesen häufiger wurden, kam es zwar gelegentlich zu Massenbekehrungen, doch wie glaubwürdig sie waren, blieb auch hier dahingestellt.
Man kann sich dem Eindruck nicht entziehen, die Missionare hätten
dem Bekehrungsziel zunehmend weniger Gewicht beigemessen und ihre
Arbeit im Laufe der Zeit stärker unter dem Aspekt einer in dornenvoller
Auseinandersetzung mit dem Bösen erstrittenen persönlichen Bewäh-
rung gesehen. Es ist offensichtlich, daß viele Jesuiten einem frühen Tod
durch Hunger, Entbehrung oder die Hand von Eingeborenen mit größter Gelassenheit, ja zuweilen mit einer Art von verzücktem Verlangen
entgegensahen als einer Möglichkeit, das Scheitern der gottgewollten
Aufgabe durch die Hingabe des eigenen Lebens zu verklären. In manchen Relationen, die um die Mitte des 17. Jahrhunderts erschienen, wurde der Märtyrertod mit einem Aufwand an morbide ausschweifender
Fantasie ausgemalt, der vor Folter und Kannibalismus weniger Abscheu
als Faszination verrät, und der Marterpfahl der feindlichen Irokesen galt
manchen Missionaren als Sinnbild für das Kreuz, an dem Christus gelit-
ten hatte. Es kam vor, daß sich Jesuiten, die eben knapp dem Verderben
entronnen waren, Pater Isaac Jogues zum Beispiel, von neuem unter
feindliche Stämme begaben, um den Tod nicht zu verfehlen; andere,
Pater Jean-Pierre Aulneau beispielsweise, scheinen sich in ihren Medita-

tionen systematisch auf das Märtyrerschicksal vorbereitet und es schließlich freudig akzeptiert zu haben.[56]

Eine zusätzliche Erschwerung der Missionsarbeit brachten mehrere Epidemien, wahrscheinlich die von den Europäern eingeführten Blattern, die bereits vor 1640 die Huronen heimsuchten und ihre Bevölkerung, nach Schätzungen, zur Hälfte vernichtete.[57] Die Gleichzeitigkeit zwischen dem Eintreffen der Jesuiten und dem Ausbruch der Seuche war zu offensichtlich, als daß die verängstigten Huronen nicht einen Zusammenhang hergestellt hätten. Daß dieser Verdacht durch die Anteilnahme, welche die Missionare den sterbenden Indianern bewiesen, und durch das Ritual der Taufe eher verstärkt wurde, versteht sich von selbst. In einem Sendschreiben nach Quebec berichtete Pater Brébeuf von der Todesgefahr, in der die Missionare schwebten, und von dem entschiedenen Auftreten, dessen es bedurft habe, um den Zorn der Huronen zu zerstreuen.[58] Wir wissen heute, daß in der Tat drei Huronenstämme in ihren Ratsversammlungen erwogen, die Missionare umzubringen oder, um die Pelzhandelsbeziehungen mit den Franzosen nicht zu gefährden, durch gedungene Mörder eines Nachbarstammes umbringen zu lassen.[59] Es scheint, daß damals die Jesuiten ihr Überleben eher dem kommerziellen Interesse der Huronen als ihren Unschuldsbeteuerungen zu verdanken hatten. Sicher ist auch, daß die Anwesenheit der Missionare, durch den Ausbruch der Seuche in fatale Beleuchtung gerückt, unter den Indianern zu schwerwiegenden Meinungsverschiedenheiten führte. Besonders negativ wirkten sich in diesem Zusammenhang die Aktivitäten der indianischen Medizinmänner auf die Missionierung aus. Die Jesuiten hatten in den Medizinmännern früh ihre gefährlichsten Widersacher, eigentliche Sendboten des Teufels und Hexenmeister, erkannt. «Diese Leute», schreibt Le Jeune, «sind meiner Ansicht nach wahrhaftige Hexenmeister und haben Zugang zum Teufel. Die einen beschwören das Böse, und zwar auf verschiedene Weise, nämlich vermittels Pyromantie, Hydromantie, Nekromantie, Festgelagen, Tänzen und Gesängen. Die andern versuchen, Krankheiten durch Verabreichung von Getränken, durch Blasen und ähnliche lächerliche Narreteien zu heilen, die weder Kraft noch natürliche Wirkung haben. Und die einen wie die andern tun nichts, ohne reich beschenkt und gut entlöhnt zu werden.»[60] Daß die Medizinmänner ihrerseits den Missionaren, die sie in ihren eigensten Wirkungsbereich eindringen sahen, keine Sympathie entgegenbrachten, kann nicht wundern. Da diese Medizinmänner nicht selten im Stammesleben eine wichtige Rolle spielten und bei politischen Entscheidungen beratend beigezogen wurden, entstand von ihrer

Seite her den Jesuiten eine beständige Bedrohung, die nur kurzfristig durch Bestechungsgeschenke etwas gemildert werden konnte.

Sehr zu schaffen machte den Missionaren schließlich auch der Mutterwitz und natürliche Scharfsinn der Huronen, wodurch sie nicht selten zu Diskussionen herausgefordert und mit kritischen Bemerkungen in Verlegenheit gebracht wurden. Wenn es schon stimme, fragten die Indianer etwa, daß Evas Apfel die ganze Menschheit ins Unglück gestürzt habe – war es dann nicht ein schreiendes Unrecht, daß der Kreuzestod Christi nur die Hälfte der Menschheit, die Christen nämlich, zu erlösen vermochte? Sterbende Eingeborene sprachen auch etwa davon, daß sie keinen besonderen Wert darauf legten, in den Himmel zu kommen, wo es von Franzosen wimmle, die einen doch nur Hunger leiden ließen; auch sei nicht einzusehen, was das Jenseits den Christen so anziehend mache, wenn es dort, wie die Missionare versicherten, keine Jagdveranstaltungen, keine Polygamie, keine Festschmäuse und Kriegszüge gebe.[61] Solche und ähnliche Einwände und Fragen zwangen die Jesuiten, ihre eigene weltanschauliche Position kritisch zu überdenken und ihre Glaubensauffassung untereinander abzustimmen; denn die Indianer, die über ein hervorragendes Gedächtnis verfügten, liebten es ungemein, die Missionare auf Widersprüchen zu ertappen. Der Scharfsinn und die Aufgewecktheit mancher indianischer Gesprächspartner wird in den Jesuitenrelationen lobend anerkannt, und es ist gewiß kein Zufall, wenn die Schriftsteller der Aufklärung den Huronen in ihren kulturkritischen Erzählungen eine Sonderrolle zuwiesen.[62]

Der Hauptgrund für das Scheitern des Missionsexperiments in Huronia aber lag nicht in der Tätigkeit der Jesuiten und im Widerstreben ihrer indianischen Schutzbefohlenen begründet, sondern ist in den zunehmenden kriegerischen Verwicklungen zwischen Irokesen und Huronen zu suchen. Wir haben bereits oben vom allgemeinen Niedergang der französischen Kolonie in der zweiten Hälfte des 17. Jahrhunderts gesprochen und dabei die nach 1640 sich häufenden Irokeseneinfälle erwähnt. Im Jahre 1642 wurde Pater Jogues auf dem Wege nach Huronia zusammen mit über zwanzig bekehrten und getauften Huronen von den Irokesen gefangengenommen, und in der Folge kam es immer wieder zu Überfällen und Massakern, denen Christen zum Opfer fielen. Im März 1649 starben zwei Stützen der Jesuitenmission, die Patres Brébeuf und Lalemant, den Märtyrertod an den Marterpfählen der Irokesen. Gegenangriffe der Huronen brachten nur kurzfristige Erleichterung; die Appelle der Jesuiten zur Förderung der Einwanderung fanden in Frankreich kein Gehör, ihrer Bitte um militärische Unterstützung konnte das geschwächte Quebec nicht entsprechen. Im Sommer des Jahres 1649 verließen jene Huronen, welche die Irokeseneinfälle überlebt hatten, ihr Siedlungsgebiet, suchten Unterschlupf bei Nachbarstämmen im Norden und lösten sich als Stammesverband auf. Zur selben Zeit räumten die Jesuiten ihren letzten und wichtigsten Stützpunkt in Huronia, Sainte Marie. Pater Paul Raguenau blieb die traurige Pflicht, seinen Oberen das Ende zu berichten: «So sahen wir uns alle genötigt, unsere ehemalige Behausung Sainte Marie zu verlassen, diese Gebäude, die, wenn auch ärmlich, den Augen unserer armen Wilden als Meisterwerke der Kunst erschienen waren, dieses Land, das uns eine reiche Ernte versprach. Wir mußten den Ort aufgeben, den ich unsere zweite Heimat nennen würde und mit ihm unsere unschuldigen Freuden. Denn es war dies die Wiege des Christentums gewesen, das Haus Gottes und das Haus der Diener Christi. Und da wir fürchteten, unsere gottlosen Feinde würden dieses Heiligtum schänden und zu ihrem Vorteil verwenden, legten wir selber Feuer daran . . .»[63]

Die Jesuitenmissionare neigten nun freilich allzusehr dazu, im irokesisch-huronischen Konflikt das Werk des Teufels und die Ausgeburt indianischen Intrigenspiels zu sehen; ihre Berichte tragen zur vertieften Analyse jener Vorgänge wenig bei.[64] Die Kirchenleute wußten nicht und konnten vielleicht damals auch gar nicht wissen, daß der Ausbruch dieser Kriegswirren in engem Zusammenhang mit der Lage des Pelzhandels im amerikanisch-kanadischen Grenzgebiet stand. Wir wissen heute, daß um 1640 die Zahl der gehandelten Biberfelle sowohl am Oberlauf des Hudson-River, wo die Irokesen im Auftrag von Holländern und Engländern jagten, als auch am Oberlauf des St.-Lorenzstromes und östlich der Großen Seen rapide zurückgegangen war. Dies veranlaßte die Irokesen dazu, ins Gebiet der ihnen ethnisch verwandten Huronen vorzustoßen, nicht so sehr, wie man heute annimmt,[65] um neue Jagdreviere zu erobern, sondern um die Huronen zu bewegen, ihren Handel mit den Franzosen abzubrechen und künftig als Zwischenhändler zu den weiter nördlich lebenden Stämmen aufzutreten. Dies hätte es den Irokesen gestattet, den Fluß der Biberfelle zwar aus entfernteren Gebieten, aber in unvermindertem Umfang ihren europäischen Handelspartnern in New York zuzuleiten. Man weiß auch, daß sich unter den Huronen zu diesem Zeitpunkt eine Partei herauszubilden begann, die einen solchen friedlichen Anschluß an die Irokesen wünschte; es handelte sich dabei um die traditionalistischen Kräfte, die den kulturellen Wandel, den das Auftreten der Jesuiten eingeleitet hatte, ablehnten. In diesen Kreisen mochte man sich wohl auch Rechenschaft davon geben, daß die Irokesen von

ihren holländischen und englischen Bündnispartnern großzügig mit
Waffen und Munition ausgerüstet wurden, während man selbst von den
Franzosen nur zurückhaltend bewaffnet wurde.[66]

Andererseits besteht kein Zweifel, daß die Missionare, bei aller Frag-
würdigkeit ihrer Bekehrungserfolge im allgemeinen, sich nach dem
Abklingen der Epidemiewelle rasch eine natürliche Autorität hatten sichern können, die sich auf ihre Unerschrockenheit, ihr handwerkliches
Geschick und ihre Integrität stützte. So kam es, daß eine Mehrheit ein-
flußreicher Huronen dazu neigte, sich von der Beziehung zu ihren französischen Partnern für die Zukunft größeren Nutzen zu versprechen und
sich wohl auch zunehmend mit dem Gedanken befreundete, von den
Jesuiten, wo dies förderlich schien, zu lernen. Niemand kann heute sagen, was aus den Huronenstämmen, wenn sie die Missionare verjagt
oder ermordet und sich den Irokesen angeschlossen hätten, geworden
wäre. Gewiß aber ist, daß ihre noch wenig gefestigte, aber menschlich
bewegende Loyalität zu ihren geistlichen Lehrern den Niedergang der
Huronen besiegelte.

Überblickt man das reiche Quellenmaterial zum jesuitischen Missionsexperiment in Huronia, wird man dieser europäischen Leistung, wie
erfolglos sie auch war, seine Anerkennung nicht versagen können. Man
mag den Gedanken der Mission grundsätzlich ablehnen; aber es ist doch
nicht zu bestreiten, daß dieses Experiment, was Methoden und Zielset-
zungen der beteiligten Europäer anbetraf, durch echte Verständnisbereit-
schaft, hohes Verantwortungsbewußtsein und beispiellose materielle
Desinteressiertheit gekennzeichnet war. Dies wären durchaus Voraussetzungen gewesen, der Kulturbeziehung auch auf Dauer eine humane Basis zu verleihen. Doch weit mächtigere Kräfte der kolonisatorischen Entwicklung, in diesem Falle das Pelzhandelsinteresse rivalisierender Nationen und Gruppierungen, standen dem entgegen. Wenig später sollten die
englischen Quäker, den Jesuiten in ihrem ethischen Anspruch sehr wohl
vergleichbar, im Pennsylvanien des 17. Jahrhunderts die bittere Erfahrung machen, daß auch ihr «heiliges Experiment», diesmal wegen des
Landhungers der Siedler, ohne Zukunft blieb.

Fünftes Kapitel

Die Kulturbeziehung als «Heiliges Experiment»

Die Engländer in Pennsylvanien

Die spanische Kolonialexpansion des 16. Jahrhunderts war in ihrer unverhüllten Aggressivität Reflex des rücksichtslosen Kampfes, den das habsburgische Spanien gleichzeitig gegen die Hegemonialgelüste Frankreichs und gegen die osmanische Machtergreifung im Mittelmeerraum führte. Raubrittermentalität und Kreuzfahrerpathos verbanden sich im Konquistadorentum zu einer Mischung von grimmiger Durchschlagskraft, der die indianische Urbevölkerung, ahnungslos, willfährig oder innerlich zerstritten wie sie war, keinen Widerstand entgegenzusetzen hatte. Die ungezügelte Begierde der ersten Kolonistengeneration nach mühelos zu erwerbendem Reichtum drängte moralische Erwägungen in den Hintergrund. Auch gab es wenig, was den Vormarsch der Eroberer hätte aufhalten können. Die Tropenkrankheiten forderten hier weniger Opfer als in Afrika, und es gab kaum topographische Hindernisse, die nicht durch die Straßensysteme der indianischen Hochkulturen bereits überwunden worden wären. Der Konquistador verstand sich als Repräsentant der Krone, deren Ruhm er durch seine Siegestaten mehrte, und der Umstand, daß man die Auswanderer aus den strebsamen Schichten des Kleinadels, des Handwerker- und Bauerntums auswählte, förderte diese Verbundenheit. In den Reiseberichten der Spanier verbinden sich Elemente von Heldenepos und mittelalterlicher Chronik: glänzende Waffentaten, wunderbare Begebenheiten und die höfische Prachtentfaltung indianischer Machthaber sind zentrale Themen, und was immer sich ereignet, gewinnt seinen unangezweifelten Sinn aus dem Gesamtzusammenhang der christlichen Heilsgeschichte.

Die transatlantische Expansion der Engländer im 17. Jahrhundert hat demgegenüber einen völlig anderen Charakter, auch wenn ihre Beweggründe und Auswirkungen sich ähneln. Zuerst fällt auf, daß die Besiedlung Nordamerikas, zumindest in den Anfängen, zögernd und stockend verlief. Bereits im Jahre 1497 hatte zwar der in englischen Diensten reisende Italiener Giovanni Gaboto (John Cabot) Neufundland erreicht, doch diese Reise blieb, obwohl vage Siedlungspläne schon damals bestanden, vorerst folgenlos.[1] Über siebzig Jahre vergingen, bis Humphrey Gilbert und Martin Frobisher weitere Erkundungsfahrten nach Nordamerika vorschlugen und insbesondere die Frage nach der Existenz einer «Northwest Passage», einer direkten Wasserstraße nach China, aufwarfen. Zwischen 1577 und 1580 umsegelte Francis Drake die Erde, brandschatzte die Hafenstädte der südamerikanischen Westküste und legte damit vor aller Welt dar, wie verletzlich die spanische Position in der westlichen Hemisphäre war. Die englische Königin, Elisabeth I., unterstützte solche maritimen Unternehmungen, zuerst aus Rücksicht auf spanische Empfindlichkeiten versteckt, dann immer offener. Auch an der Finanzierung einer Expedition, die 1585 im Auftrag von Walter Raleigh nach Virginia abging, war die Königin mitbeteiligt; dieser erste konkrete Siedlungsversuch mußte jedoch bald abgebrochen werden. Weitere Unternehmungen, erneut von Raleigh inspiriert, scheiterten ebenfalls, und die Krone, herausgefordert durch den Angriff der Armada (1588), versagte vorübergehend ihren Beistand. Erst nach dem Tod Elisabeths und nachdem ihr Nachfolger, Jakob I., mit Spanien Frieden geschlossen hatte, wurde eine neue Initiative ergriffen, diesmal endlich mit Erfolg. Im April 1607 trafen drei kleine Schiffe mit rund 140 Mann vor der Chesapeake Bay ein, landeten in jenem Gebiet, das sie ihrer jungfräulich verstorbenen Königin zu Ehren «Virginia» nannten, und gründeten zu Ehren Jakobs I. die Siedlung Jamestown. Die Anfänge waren äußerst schwierig; doch weitere Auswanderer kamen nach, und die Anlage von Tabakplantagen erwies sich als profitabel. Um 1620 dürften rund 850 Menschen in Virginia gesiedelt haben.[2]

Der Besiedlung Nordamerikas durch England fehlte nicht nur der pionierhafte Elan der Konquistadoren; es fehlte ihr auch ein einheitlicher Stil. Um 1640 lebten in Nordamerika gegen 25 000 Einwohner. In den zu diesem Zeitpunkt bestehenden nördlichen Kolonien, den «Neuengland-Staaten» New Hampshire, Massachusetts, Rhode Island und Connecticut, siedelte gegen die Hälfte der Gesamtbevölkerung. In New York, der frühesten der sogenannten «mittleren Kolonien», die von den Holländern gegründet worden war, lebten etwa 2000 Menschen. Die Südstaaten schließlich, um 1640 lediglich Maryland und Virginia, zählten um 11 000 Seelen.[3]

Man unterscheidet zwischen Kolonien, die durch privilegierte Handelsgesellschaften gegründet wurden, und Eigentümerkolonien, die durch Landzuteilung an eine bestimmte Persönlichkeit entstanden. Virginia, beispielsweise, wurde durch eine Vereinigung von Kleinaktio-

nären, der «Virginia Company», ins Leben gerufen. Diese Handelsgesellschaft erhielt vom König ein Patent, eine sogenannte «Charter», ausgefertigt, in welcher, in Übereinstimmung mit englischem Recht, der
gesetzliche Rahmen vorgesehen war, an den man sich beim Aufbau der
Kolonie zu halten hatte. Die Kolonisten verfügten zu Beginn noch über
keinen Privatbesitz, und was sie an Profiten mühsam herauswirtschafte-
ten, floß in die Taschen der Aktionäre im Mutterland. Erst sieben Jahre
nach der Koloniegründung wurde privater Landbesitz ermöglicht. Im
Jahre 1619 trat die erste Legislativbehörde der Siedlung, die «General
Assembly» zusammen, die sich aus 22 angesehenen und begüterten Bür-
gern zusammensetzte. Die Exekutive, der Gouverneur, welcher die Interessen der Krone zu vertreten hatte, wurde hier wie in den andern
Kolonien vom König eingesetzt und entstammte der Aristokratie.

Im Unterschied zu Virginia war Maryland eine Eigentümerkolonie.
Im Jahre 1632 übertrug Karl I. dem zum Katholizismus konvertierten
Landadeligen Lord Baltimore ein Territorium im Nordosten des Poto-
mac-Flusses. Dessen Sohn Cecil verfaßte eine «Charter» nach eigenem
Gutdünken, in der er seine Familie auf alle Zeiten zur Besitzerin der
Kolonie erklärte und sich die Entscheidungsgewalt in allen Fragen der
Verwaltung, der Rechtsprechung und der Landverteilung vorbehielt;
sein jüngerer Sohn wurde als Gouverneur nach Amerika entsandt. Hier
wie in späteren Eigentümerkolonien verfügten die Mitglieder der Grün-
derfamilie über sehr weitgehenden Einfluß. Doch auch hier gab es eine
«Assembly», welcher schuldfreie Grundbesitzer angehörten, die bald
auch Gesetzesanträge einbringen konnten und die zunehmend an Bedeutung gewannen. Eine Eigentümlichkeit Marylands bestand darin, daß es
sich um eine Gründung durch eine konfessionelle Minderheit, jene der
englischen Katholiken, handelte. Da es sich bald zeigte, daß die Kolonie
nur überleben konnte, wenn sie auch Einwanderer anderer religiöser
Bekenntnisse duldete, nahm man sehr früh einen Toleranzartikel in die
Verfassung auf.

Obwohl die Zügel, an denen die englischen Besitzungen in Nordamerika geführt wurden, locker hingen, konnten sie doch jederzeit angezo-
gen werden: so wurden Virginia wie Maryland nach Unruhen unter den
Siedlern als «Kronkolonien» in direkte Verwaltung durch das Mutterland übergeführt, ohne daß freilich die «Assemblies» beseitigt worden
wären. Und obwohl diese Besitzungen, gemessen an den zeitgenössischen europäischen Verhältnissen, auf bemerkenswert demokratische
Weise regiert wurden, war die Souveränität der Siedler keine umfassende. Nicht an der Regierungsverantwortung mitbeteiligt waren etwa die

«indentured servants», Schuldknechte, welche die Kosten für ihre Überfahrt mit einer bestimmten Arbeitsleistung abzugelten hatten. In Neuengland gab es verhältnismäßig wenige solcher Bediensteten; in Virginia
und Maryland aber dürften sie um 1640 rund ein Drittel der Gesamtbevölkerung ausgemacht haben.[4] Hinzu kamen die insbesondere nach den
Südstaaten eingeführten, völlig rechtlosen Negersklaven, von denen
Virginia um 1640 eine Zahl von 150, ein Jahrhundert später aber bereits
60 000 zählte.[5] Die indianische Bevölkerung wurde nirgends in die Siedlergemeinschaft integriert.

Doch die nordamerikanischen Besitzungen unterschieden sich nicht
nur darin voneinander, daß sie von «Joint-stock Companies» oder von
Privaten gegründet worden waren. Unterschiede gab es auch, zuweilen
sogar sehr markante, im Hinblick auf das Herkommen und die Mentalität der Einwanderer. Die Siedler, die sich im Verlauf des 17. Jahrhunderts in Neuengland niederließen, waren zur Mehrzahl Puritaner, Menschen aus bescheidenen bis mittleren Einkommensverhältnissen und von
ländlicher oder kleinstädtischer Herkunft, die unter den Stuarts von Seiten der anglikanischen Staatskirche vielfachen Benachteiligungen ausgesetzt gewesen waren und hofften, jenseits des Atlantiks neue und durch
ihre fromme Tugendhaftigkeit und Strebsamkeit vorbildliche Gemein-
schaften zu bilden. Die erste Puritanerkolonie wurde 1620 in der Bucht
von Cape Cod durch die «Pilgrim Fathers» gegründet, welche auf der
«Mayflower» hergereist waren. Eine besonders orthodoxe Gruppe von
Puritanern gründete Salem im Nordosten Bostons, das durch seine He-
xenverfolgung berüchtigt wurde. Der strenggläubige Puritanismus
führte indessen auch zu separatistischen Bewegungen wie der Gründung
von Rhode Island durch Roger Williams, der eine weitgehende Trennung von Kirche und Staat verwirklichte. Obwohl der Gedanke der
Indianermission bei puritanischen wie andern Kolonisten gelegentlich
auftauchte, blieb die Religiosität der Siedler introvertierter Natur und
durchdrang vor allem den privaten und familiären Bereich. Es kam in
Neuengland früh zur Gründung rasch wachsender Städte, in denen Handel und Gewerbe blühten. Die Kindersterblichkeit scheint hier geringer
gewesen zu sein als im Mutterland, und bald war man auf die Zuwanderung aus Europa nicht mehr angewiesen.

In andern Fällen jedoch waren es nicht konfessionelle Gründe, sondern
es war die materielle Not, welche die Siedler zu ihrem Auswanderungs-
entschluß geführt hatte. Dies galt besonders für die Auswanderer nach
den Südstaaten, wo, wie erwähnt, die Arbeitsverpflichteten besonders
zahlreich waren. Es handelte sich dabei oft um englische Kleinbauern,

die sich nicht mehr von ihrem Land ernähren konnten; für die Verarmung dieser Schichten scheint weniger die von den Großgrundbesitzern betriebene Einfriedung (Enclosure) der Allmenden als die Verbreitung der Schafzucht verantwortlich gewesen zu sein. Der allgemeine Preisanstieg seit dem 16. Jahrhundert und die wachsende Arbeitslosigkeit führten zur Proletarisierung in den Städten, vor allem in London, wo die Kriminalität anstieg. Bereits im Jahre 1615 schlug eine königliche Kommission vor, Straffällige nach Übersee zu verschicken; doch zu größeren Transporten dieser Art kam es erst nach 1660. Bedeutung gewann während des Bürgerkrieges (1642–48) und der anschließenden Feldzüge in Irland und Schottland auch die Verschickung von Kriegsgefangenen.

Die sozialen Aufstiegsmöglichkeiten der verarmten Auswanderer in Übersee waren wesentlich geringer, als die Propagandatraktate und die frühe amerikanische Geschichtsschreibung behaupteten. Selbst in Kolonien, wo zu bestimmten Zeiten jedem Zuwanderer ein Stück Land zugeteilt wurde, schaffte es bei weitem nicht jeder, dieses Land zu nutzen, sondern viele veräußerten es wieder. Man schätzt, daß im 17. Jahrhundert lediglich ein Zehntel der «indentured servants» zur erfolgreichen Bewirtschaftung eines Landguts aufstieg; ein weiteres Zehntel konnte sich in Handwerk und Gewerbe ein Auskommen sichern; der Rest sank, falls er überlebte, auf das Existenzniveau der «poor whites» hinab, die als Tagelöhner und Gelegenheitsarbeiter oft ein kläglicheres und verkommeneres Leben führten als die Negersklaven.[6] Die Einkommensunterschiede waren denn auch im Süden erheblich größer als im Norden, und die kleine Schicht kapitalkräftiger Plantagenbesitzer, die sich in Virginia, Maryland und später den beiden Carolinas installierte, neigte zu einem exklusiven Lebensstil, der die bewußte Zurückhaltung des puritanischen Neuengland vermissen ließ.

Manche Unterschiede zwischen den verschiedenen Siedlergruppen im englischen Nordamerika hingen schließlich auch mit der jeweiligen Landesbeschaffenheit, den Reichtümern des Bodens und der Art ihrer Nutzung zusammen. Im Norden, der über günstig gelegene Häfen verfügte, gewann der Außenhandel rasch eine hervorragende Bedeutung. Die riesigen Wälder lieferten das Holz für den Schiffsbau, die See lieferte Fisch, besonders Kabeljau, in großen Mengen, und aus dem Walfang gewann man das begehrte, zu Beleuchtungszwecken verwendete Walöl. Aus dem Hinterland bezog man, meist in Zusammenarbeit mit den Indianern, Pelze verschiedener Tiere, vor allem von Bibern, nach denen in Europa eine enorme Nachfrage bestand: bereits um die Mitte des 17. Jahrhunderts sandte ein einziger erfolgreicher Händler aus Massachusetts in fünf Jahren fast 9000 Felle über den Atlantik.[7] Schon gegen Ende desselben Jahrhunderts hätte man sich, falls die Handels- und Zollabkommen mit dem Mutterland dies zugelassen hätten, in Neuengland selbst versorgen können, nicht nur, weil man die nötigen Ressourcen, sondern auch, weil man das «Know-how» besaß. Vorbildlich nicht nur für amerikanische, sondern auch für europäische Verhältnisse waren die Bemühungen der Puritaner um den Aufbau des Bildungswesens. Volksschulen gehörten hier neben den Kirchen zu den ersten öffentlichen Bauten; 1635 wurde in Boston eine Lateinschule eingerichtet und ein Jahr später die Harvard University gegründet. Obwohl das Mutterland Druckerei- und Pressewesen in den Kolonien zu behindern suchte, indem es die Ausfuhr der dazu benötigten Maschinen und Geräte sorgfältig kontrollierte, wurde bereits im Jahre 1640 in Boston das erste amerikanische Buch, ‹The Bay Psalm Book›, gedruckt. Städte wie Boston und New York, später auch Philadelphia, verfügten bald über eine Schicht gebildeter Bürger, die, in Amerika geboren und erzogen, den Engländern an Bildung, Selbstbewußtsein und weltläufigem Benehmen nicht nachstanden.

Auch in den Südstaaten wurden im 17. Jahrhundert Fische gefangen, Pelze eingehandelt und einige wenige Schiffe gebaut; aber das hier bei weitem wichtigste Produkt war der Tabak. Dieses früheste exotische Genußmittel von geradezu epidemisch um sich greifender Beliebtheit war bereits nach 1550 in kleinen Mengen aus Mittelamerika und Kanada nach Europa gelangt. Dem Tabak verdankten Kolonien wie Virginia und Maryland buchstäblich ihr Überleben; für die Pioniersiedler fiel besonders vorteilhaft ins Gewicht, daß Tabak auf verschiedensten Böden und in verschiedenen Klimazonen gedieh. Einer der ersten Tabakpflanzer in Virginia, John Rolfe, ging um 1620 davon aus, daß der Anbau von 1000 Tabakpflanzen und von vier Acres Mais es dem Gutsbesitzer erlaubte, sich zu ernähren, seine Arbeitskräfte zu bezahlen und, was er an europäischen Importwaren noch brauchte, einzukaufen.[8] Der Tabakanbau prägte – ähnlich wie später der Anbau von Baumwolle und Zuckerrohr – die Gesellschaftsstruktur der Südstaaten: Urbarmachung des Bodens, Aussaat, Pflege, Ernte und Trocknung erforderten eine große Zahl ungelernter Arbeitskräfte, zuerst vor allem «indentured servants», später Sklaven. Die Großgrundbesitzer waren an der Förderung des Bildungswesens nicht sehr interessiert. Sie lebten wie der englische Landadel, schickten ihre Söhne nach England ins College, waren auf englische Zeitschriften abonniert; die erste Druckerpresse begann erst 1730 zu arbeiten, und die erste höhere Schule, das «College of William and Mary», um 1700 gegründet, erreichte nie das Ansehen von Harvard oder Yale.

Es ist aufschlußreich, die Reiseberichterstattung der Engländer aus dem Nordamerika des 17. Jahrhunderts mit derjenigen der Spanier aus dem vorhergehenden Jahrhundert zu vergleichen.[9] Die englischen Kolonisten verstanden sich weit weniger als Chronisten weltbewegender Ereignisse; Expansionsenthusiasmus und das ungebrochene Bewußtsein, zur Ehre von Krone und Christentum an vorderster Front zum Kampf gegen die Barbarei anzutreten, sind in ihren Berichten kaum zu finden. Es fehlt auch die dramatische Darstellung des Erlebten, nicht nur, weil es derartige Erlebnisse weniger gab und Hunger und harte Arbeit sich schlecht zur pathetischen Verklärung eignen, sondern auch, weil der Typus des englischen Pioniersiedlers, nüchtern und realistisch wie er war, mit praktischem Sinn zuerst das Nächstliegende ins Auge faßte. Die Engländer hüteten sich vor hochgespannten Erwartungen und Illusionen, und die wenigen, die zuerst noch von leicht zugänglichen Durchfahrten zur chinesischen Wunderwelt und von unermeßlichen Reichtümern sprachen, verstummten rasch. Es fehlen in den Berichten aus Neuengland, Virginia und Maryland weitgehend jene Diskussionsthemen, welche die spanischen Kronjuristen so sehr beschäftigten; Fragen etwa, wie die Rechtstitel gegen Gebietsansprüche anderer Nationen zu verteidigen seien oder wie das Verhältnis zum Indianer rechtlich zu regeln sei, stellten sich nicht oder wurden nicht aufgeworfen. Frühe Berichte wie Captain John Smiths ‹True Travels, Adventures, and Observations› aus Virginia oder William Bradfords ‹History of Plymouth Plantation› aus Massachusetts beschränken sich auf die sachliche Beschreibung der lokalen Verhältnisse, untersuchen die konkreten Lebensbedingungen und Lebenschancen in Übersee, beschreiben die Naturprodukte, die Tierwelt und die Sitten und Gebräuche der Ureinwohner.[10] Die Gewandtheit, der Glanz und das Pathos der Konquistadorenberichte gehen diesen Dokumenten ab; aber sie bestechen durch ihre Schlichtheit und oft erstaunlich genaue Beobachtung.

Doch es ist Zeit, daß wir uns, nachdem das geschichtliche Umfeld skizziert ist, Pennsylvania zuwenden, einer der interessantesten und erfolgreichsten Koloniegründungen des 17. Jahrhunderts, deren Vorbildlichkeit, besonders in Bezug auf die Regelung der Beziehungen zu den Indianern, die Nachwelt immer wieder beschäftigt hat.[11]

Von allen Eigentümerkolonien jenseits des Atlantiks war Pennsylvania diejenige, deren frühe Geschichte am nachhaltigsten von ein und derselben Persönlichkeit geprägt wurde. William Penn wurde im Jahre 1644 in Südengland geboren, als Sohn eines Admirals gleichen Namens, der sich in den englisch-holländischen Seegefechten ausgezeichnet hatte.[12] Aus begüterten Verhältnissen stammend und vom ehrgeizigen Vater früh zur Ausbildung an englische und französische Universitäten geschickt, hätte es William Penn im Staatsdienst weit bringen können. Aber im Jahre 1667 trat er zur christlichen Gemeinschaft der «Society of Friends», der Quäker, über, die ein Jahrzehnt zuvor von George Fox ins Leben gerufen worden war, um der Staatskirche eine höchst persönliche, verinnerlichte Form der Religiosität entgegenzusetzen.[13] In den folgenden Jahren befaßte sich Penn in Streitschriften mit den katholischen, anglikanischen und puritanischen Lehren, trat aber auch für die unbedingte Freiheit jeglicher Religionsausübung ein, was ihm Gefängnisstrafen eintrug. Auf Missionsreisen besuchte er auch weite Teile Englands, die Niederlande und Deutschland, wo er und seine Freunde die Grundlagen für die spätere Auswanderung von Glaubensbrüdern aus Nordrhein-Westfalen legten.

Der Gedanke, den von Verfolgung aller Art bedrohten Mitgliedern der «Society of Friends» und anderen Vertretern konfessioneller Minderheiten eine neue Heimstätte zu schaffen, scheint William Penn um 1676 gekommen zu sein. Im Frühjahr 1680 gelangte er mit einem Gesuch um Zuweisung eines Territoriums am Delaware River an König Karl II. Penns gute Beziehungen zum Königshaus und eine alte Schuld der Krone gegenüber seinem Vater, die sich bei dieser Gelegenheit tilgen ließ, dürften dazu beigetragen haben, daß die urkundliche Bescheinigung der Landzuweisung, die «Charter», erstaunlich rasch ausgefertigt wurde.[14] Ähnlich wie bei der Gründung anderer Eigentümerkolonien regelte diese «Charter» die Beziehungen zwischen der Krone und der Kolonie und hielt die Gültigkeit englischen Rechts in Übersee fest. Die Einschränkung der Machtbefugnis William Penns, der in diesem Dokument wiederholt als «the true and absolute proprietary» bezeichnet wird, war faktisch gering. Der König bestand auch darauf, die Kolonie nach ihrem Eigentümer «Pennsylvania» zu nennen. Große Sorgfalt wurde darauf verwandt, das zu besiedelnde Territorium westlich des Delaware River gegenüber den benachbarten Kolonien New Jersey and Maryland abzugrenzen, was jedoch angesichts der noch mangelhaften kartographischen Erfassung schwierig war. Die Beziehung zur indianischen Urbevölkerung wird in der «Charter» an zwei Stellen erwähnt. Zuerst wird es als Aufgabe Penns bezeichnet, «den wilden Eingeborenen auf gütige und gerechte Weise der Zuneigung zur gesitteten Gesellschaft und christlichen Religion nahezubringen»;[15] dann wird dem Eigentümer die Befugnis erteilt, im Falle von Angriffen «von Seiten der Wilden selbst, anderer Feinde, Piraten oder Räuber»[16] Militär ausheben zu dürfen. Interessant ist schließlich, daß die Krone eindeutig von der Idee des »Finderechts« ausging, wonach von englischen Schiffen entdeckte Territorien, gleichgültig ob bewohnt oder unbewohnt, in ihren Besitz fielen und wie ein Lehen an den Vasallen weitergegeben werden konnten. Wenn William Penn später, wie wir sehen werden, die vorrangigen Besitzrechte der Indianer auf ihr Land insofern anerkannte, als er ihnen dieses Land in sorgfältig ausgefertigten Abtretungsverträgen abkaufte, stellte er sich, genau genommen, in Widerspruch zur englischen Rechtsauffassung.

In den Jahren 1681 und 1682 war William Penn damit beschäftigt, eine Verfassung für seine Kolonie auszuarbeiten. Gegen zwanzig Verfassungsentwürfe sind uns erhalten geblieben, und die Lektüre läßt erkennen, daß zu ihrer Abfassung mehrere juristische Berater zugezogen wurden und daß man hart um jede Formulierung rang. Einzelne frühe Entwürfe, in denen sich der Einfluß von John Locke, Shaftesbury und liberalen, ja utopischen Tendenzen im geistigen Umfeld der Whig-Partei geltend machte, übertragen die legislative Gewalt vollumfänglich einem von den landbesitzenden Siedlern zu wählenden Parlament, der «Grand Assembly», dessen Unterhaus die Gesetze erlassen und dessen Oberhaus in verschiedenen Kommissionen deren Anwendung überwachen soll. Offenbar unter dem Druck besorgter Investitoren, welche die Befugnisse einer solchen Volksvertretung als zu weitgehend empfanden, verlagerte man im «Frame of Government», der im Mai 1682 in Kraft trat, die Regierungsgewalt auf den Gouverneur und dessen Rat, den «Provincial Council», der das frühere Oberhaus ablöste; dem Unterhaus, der «Assembly» wurden beratende Funktionen belassen. Diese im Widerspruch zu ursprünglichen Plänen zunehmend oligarchische Tendenz der Verfassung wurde dadurch verstärkt, daß der von der «Charter» designierte Eigentümer William Penn einige einflußreiche, ihm persönlich nahestehende Geldgeber mit wichtigen Posten im «Provincial Council» betraute; auch die ins Leben gerufene Handelsgesellschaft, die «Free Society of Traders», stützte sich auf eine kleine Gruppe von vermögenden Kaufleuten aus dem Quäkermilieu. Es ist durchaus möglich, daß Penn dieser sich abzeichnenden Häufung politischer und wirtschaftlicher Macht in wenigen Händen zuerst nur widerstrebend entgegenkam; auch wurde er von Kritikern darauf aufmerksam gemacht, daß sich eine solche Entwicklung wohl nicht mit dem Geist der «Society of Friends» vereinbaren ließe. Aber Penn war zu sehr auch Geschäftsmann, und er kannte die Gründungsgeschichte anderer nordamerikanischer Kolonien zu gut, um nicht zu wissen, daß die bloße Arbeitskraft einer Masse von Pioniersiedlern eine unzureichende Basis für den Aufbau einer prosperierenden Besitzung bot.

Von den Grundsätzen der «Society of Friends», von denen das «Heilige Experiment»[17] dieser Koloniegründung ausging, sind vor allem zwei ungeschmälert in die Verfassung aufgenommen worden. Im Vordergrund steht zunächst die Idee von der natürlichen Güte des Menschen, der von Gott als dessen Abgeordneter auf die Erde gesandt ist und dessen Regierungssystem sich am göttlichen Auftrag zu orientieren hat. Es sind nicht wie in Thomas Hobbes Staatsvorstellung Furcht und Mißtrauen, welche die Existenz des Menschen in Gesellschaft bestimmen; es herrscht kein «bellum omnium contra omnes», dem lediglich eine absolutistische Führung Einhalt zu gebieten vermag. Die menschliche Gemeinschaft ist vielmehr, nach Überzeugung der Quäker, von ihrer Natur her auf Frieden, auf gegenseitiges Verständnis und den wechselseitigen Beistand ihrer Glieder angelegt, und das vom Menschen geschaffene positive Recht dient lediglich dazu, diesen Zustand zu erhalten und das fehlgeleitete Individuum nicht so sehr zu bestrafen als auf den richtigen Weg zurückzuführen.

Der Mensch ist indessen nicht nur im Grunde gut, er ist innerhalb der Grenzen, die ihm christlicher Glaube und positives Recht setzen, auch ein freies Wesen. Allerdings sah William Penn, im Unterschied zu den Verfassern der amerikanischen Unabhängigkeitserklärung hundert Jahre später, noch keinerlei Veranlassung, die Freiheit des Bürgers anders zu definieren, als dies in der englischen Rechtstradition, etwa in der «Petition of Rights» vom Jahre 1628 oder in der Habeas-Corpus-Akte von 1679 bereits geschehen war. In einem Punkt jedoch, in der Gewährleistung der konfessionellen Freiheit ging der «Frame of Government» über zeitgenössisches englisches Recht hinaus. «Alle in dieser Provinz lebenden Personen», heißt es nämlich darin, «welche den Einen Allmächtigen und Ewigen Gott anerkennen und bekennen als den Schöpfer, Erhalter und Herrscher der Welt und sich von ihrem Gewissen verpflichtet fühlen, friedlich und gerecht in der bürgerlichen Gesellschaft zu leben, dürfen in keiner Weise wegen ihrer religiösen Überzeugung belästigt oder benachteiligt werden.»[18] In diesen Toleranzartikel ist die bittere Erfahrung langjähriger Verfolgung religiöser Minderheiten im England der Stuarts eingegangen; zugleich trug er wesentlich dazu bei, der Indianerpolitik William Penns ihr einzigartiges Gepräge zu geben.

Als William Penn am 24. Oktober 1682 in der Delaware Bay eintraf, lebten etwa 2000 Europäer, darunter holländische, schwedische und finnische Pioniersiedler, und vielleicht hundert Negersklaven in der Gegend. Die Holländer hatten einen ersten vergeblichen Siedlungsversuch im Jahre 1632 unternommen; einige Jahre später gründeten die Schwe-

den Fort Christina und traten mit den von New York aus operierenden
Holländern in einen scharfen Pelzhandelswettbewerb, der in einen militärischen Konflikt ausartete. Im Jahre 1664 schließlich übernahmen die
Engländer die Kontrolle, ohne daß das holländische und skandinavische
Bevölkerungselement ganz ausgeschaltet worden wäre. Zwischen 1682
und 1685 liefen über 100 Schiffe mit englischen Siedlern in die Delaware-
Mündung ein. Man schätzt, daß in diesem Zeitraum um 8000 Auswanderer in die Gegend des heutigen Philadelphia gelangten, eine Zahl, die
den Umfang der Auswanderungsbewegung nach Massachusetts in den
dreißiger Jahren des Jahrhunderts noch übertraf; Virginia brauchte gar
drei Jahrzehnte, um so viele Siedler anzulocken. Dieser beispiellose Aufschwung hatte verschiedene Ursachen: der glückhafte Umstand, daß die
Pioniersiedler an äußerst günstiger Stelle gelandet waren; der steigende
Druck der englischen Regierung auf die Quäker; und der Ausbruch des
mit kurzen Unterbrechungen von 1689 bis 1713 dauernden Krieges von
England gegen Frankreich.

Doch die Urbevölkerung mit den ältesten Besitzrechten bildeten auch
am Delaware die Indianer. Die Lenni Lenape oder Delawaren, denen das
Land gehörte, wohnten in kleinen verstreuten Dörfern friedlich und
verhältnismäßig wohlhabend, bauten Mais, Bohnen und Kürbisse an
und gingen im Winter auf die Jagd.[19] Sie gehörten der Sprachfamilie der
Algonkins an, mit denen die Franzosen bereits am St. Lorenzstrom, die
Engländer in Virginia in Berührung gekommen waren. Der Name Lenni
Lenape bedeutet soviel wie «das wahre Volk», «die ursprünglichen Menschen»; doch obwohl diese Namensgebung auf ein gewisses Auserwählt-
heitsbewußtsein hindeutet, welches übrigens auch bei anderen Stammesgruppen verbreitet war, verhielten sich die Lenni Lenape keineswegs
militant oder herrschsüchtig. Ihre Zurückhaltung im Umgang mit den
Europäern, ihr Gleichmut in Zeiten materieller Not, ihre deutliche
Abneigung gegen die militärische Lösung von Konflikten, ihre charakterliche Zuverlässigkeit – dies alles ist in den ersten europäischen Reiseberichten deutlich festgehalten worden. Durchwegs lobende Beurteilung
fand auch die liberale Art der Lenni Lenape, ihre Staatsgeschäfte durch
gemeinsame Diskussion und Absprache in den Ratsversammlungen und
nicht durch Verfügungen einer einzigen Autoritätsperson zu regeln. William Penn, der die Indianer genau beobachtete und in einem kurzen
Bericht an die «Free Society of Traders» in London beschrieb, zögerte
nicht, sie in mancher Hinsicht den Europäern als überlegen zu bezeichnen. «Sie scheinen mir», schrieb Penn, «in bezug auf Kleidung, Gebärdensprache und Nahrung gegenüber den Europäern ein rauhes Volk zu

sein. Doch sind sie von tiefer, natürlicher Weisheit erfüllt. Sie sagen
wenig, doch wenn sie sprechen, tun sie es mit Überzeugung und Anmut
und, wenn sie wollen, präzis zur Sache, aber auch ausweichend. In
Abkommen über Land und Handel gehen sie, finde ich, mit sich bedäch-
tig zu Rate und entscheiden mit einer Umsicht, die, wie ich meine, nicht
hinter derjenigen unter den Gebildetsten unserer Europäer zurück-
steht.»[20] Ein anderer früher Einwanderer, von dem wir eine Beschreibung der Lenni Lenape besitzen, der Deutsche Franz Daniel Pastorius,
äußerte sich noch um 1700 wie folgt: «Sie befleißigen sich einer aufrichti-
gen Redlichkeit, halten sich genau an ihre Versprechen, betrügen und
beleidigen niemanden; sie beherbergen die Leute gerne und sind ihren
Gästen dienstfertig und treue.»[21] Und an anderer Stelle: «Ich muß zum
Beschluß meiner Recommendation meiner unwilden Wilden noch dieses
beifügen, daß sie gantz abkehrig von Krieg und Vergießung menschlichen Bludes sind, vielmehro Frieden halten mit jederman, da hingegen
fast die gantze Christenheit im Harnisch ist und mit barbarischer Grausamkeit offensive und defensive einander viel ärger als die abscheulichste
Unthiere aufreiben und zerreißen.»[22]

Im Hinblick auf ihren materiellen Kulturbesitz allerdings waren die
Lenni Lenape den Europäern stark unterlegen. Sie kannten einfache Töpfe-
reien, Webereien und Flechtarbeiten, verfertigten Kleider und Schuhe aus
Leder, bearbeiteten das Holz und hielten auf Ritzzeichnungen wichtige
Ereignisse ihrer Geschichte fest. Das Feld bearbeiteten sie mit dem primiti-
ven Mittel des Grabstocks und erzielten entsprechend kleine Ernten; zum
Fischfang benutzten sie Pfeile, aus Knochen gefertigte Angelhaken und
Netze. Wichtigstes Fortbewegungsmittel waren tragbare Kanus aus
Birken- und Ulmenrinde; ein System von Fußpfaden, die sich geschickt
den topographischen Gegebenheiten anpaßten, ermöglichte die Verbin-
dung zwischen den Siedlungen. Als Zahlungsmittel dienten sogenannte
Wampum-Perlen, die man aus Meeresschnecken und Muscheln gewann,
durchbohrte und zu Schnüren aufreihte. Diese Wampumschnüre oder
«Sewants», wie man sie in Pennsylvania nannte, wurden auch von den
Europäern verwendet, welche sie von den indianischen Küstenbewohnern
Neuenglands bezogen und auf dem Seeweg nach Süden schafften. Zusammen mit europäischen Manufakturwaren sowie Schußwaffen und Pulver
fanden diese Perlen im Pelz- und Landhandel Verwendung. Die Importwaren der Weißen wurden von den Indianern zu Beginn des Kulturkontakts
häufig falsch oder unzweckmäßig eingesetzt und in ihrem Nutzen für die
Daseinsbereicherung enorm überschätzt; andererseits staunten sie darüber,
welchen Wert die Europäer den Tierhäuten und dem Landbesitz beimaßen.

Die Lenni Lenape gewöhnten sich in der Folge rasch an die eingeführten Waren und deren Verwendung, gerieten jedoch, da sie diese selber weder herstellen konnten noch wollten, in eine gefährliche Abhängigkeit. Fatale Wirkung hatte der Genuß von Alkohol, den die Holländer an der Ostküste eingeführt hatten: betrunkene Indianer verloren die übliche Friedfertigkeit und wurden zu tobenden Berserkern. Die Bewaffnung der Lenni Lenape beschränkte sich vor Ankunft der Europäer auf hölzerne Keulen und Säbel sowie Pfeil und Bogen; erst später trat zu den importierten Schußwaffen noch der gefürchtete Tomahawk – die kleine Streitaxt mit eiserner Klinge – hinzu. Was die Bevölkerungszahl des Stammes im 17. Jahrhundert betrifft, ist man auf vage Schätzungen angewiesen. Es steht immerhin fest, daß die Bevölkerungsdichte beidseits des Delaware und im weiten Umkreis seines Mündungsgebiets sehr gering war; ein Beobachter spricht um 1670 von nicht mehr als 1000 waffentragenden Männern.[23] Dies alles, die friedfertige Mentalität, die schwache Bewaffnung und die geringe Bevölkerungsdichte, trug unzweifelhaft dazu bei, daß die europäisch-indianischen Beziehungen in dieser Region bereits vor der Ankunft William Penns weitgehend konfliktfrei hatten gestaltet werden können.

Im Unterschied zu den anderen englischen Kolonisatoren in Nordamerika hatte William Penn, als er im Oktober 1682 an der Delaware Bay eintraf, bestimmte Vorstellungen darüber, wie das Verhältnis zwischen Siedlern und Indianern zu regeln sei. Wir haben bereits, vorgreifend, die günstige Beurteilung der Lenni Lenape in Penns Indianerbericht aus dem Jahre 1683 zitiert. Doch schon aus dem Jahre 1681 verfügen wir über zwei Dokumente, die beweisen, daß der Quäker gewillt war, die Toleranz, welche der «Frame of Government» zusicherte, auch auf die Indianer zu erstrecken. In einer ‹Rede an die Indianer› vom 18. Oktober 1681, welche Penn seinen ihm vorausreisenden Beauftragten zur Verlesung vor den Küstenbewohnern mitgab, heißt es gleich zu Beginn: «Meine Freunde! Es gibt einen großen allmächtigen Gott, der die Erde gemacht hat und alles, was in ihr ist, und dem Ihr und ich und alle Völker ihr Dasein und ihr Gedeihen danken und eines Tages Rechenschaft schuldig sind über alles, was wir in dieser Welt getan haben; dieser große Gott hat sein Gesetz in unsere Herzen geschrieben, das uns lehrt und anweist, einander zu lieben.»[24] Es habe diesem großen Gott gefallen, fährt Penn fort, ihm durch den Willen des Königs von England diesen Teil des nordamerikanischen Territoriums zu übertragen, und er, William Penn, wünsche, sich dessen zu erfreuen «mit der Liebe und dem Einverständnis»[25] der Indianer, mit denen zusammen er als Nachbar und

Freund zu leben gedenke. Penn versichert ferner, daß er, im Unterschied zu anderen Kolonisten in der Neuen Welt, nicht beabsichtige, auf Kosten der Urbevölkerung seinen eigenen Vorteil zu suchen, und daß seine Glaubensfreunde, die ihn begleiteten, genau so dächten wie er. In einem zweiten Text, der konkrete Instruktionen an seine Beauftragten insbesondere mit Bezug auf die zu gründende Hauptstadt «Philadelphia»[26] enthält, wird ebenfalls zu liebevollem Verständnis für die Indianer geraten, deren Wohl man ebensosehr im Auge behalten müsse wie das eigene Interesse.[27]

In diesen beiden frühen Dokumenten ist Penns Konzept der europäisch-indianischen Beziehung, auch dessen Widersprüchlichkeit, in nuce angelegt. Der Unterschied zwischen Penns ‹Rede an die Indianer› und dem ‹Requerimiento› des spanischen Kronjuristen Palacios Rubios, jenem mahnenden Aufruf, den die Konquistadoren den Indianern Mittel- und Südamerikas vorzulesen pflegten, ist offensichtlich. Das ‹Requerimiento› verkündete die Schenkung überseeischen Territoriums durch den Papst an die spanischen Könige, forderte die Unterwerfung der Indianer und ihren Übertritt zum Christentum und sah für den Fall der Weigerung kriegerische Unterjochung und Zwangsarbeit vor. Die anthropologischen Vorstellungen der Spanier hielten sich an das aristotelische Schema einer naturbedingten Unterteilung der Weltbevölkerung in Herrschende und Diener, Zivilisierte und Barbaren.[28] William Penn ging, in deutlicher Anlehnung an George Fox, den Gründer der «Society of Friends», davon aus, daß alle Menschen gleicherweise als Geschöpfe Gottes zu betrachten waren und folglich, unabhängig von ihren religiösen Auffassungen und Kulten, als befähigt gelten konnten, die göttliche Stimme, «the Christ within», zu vernehmen.[29] Durch die Tatsache seiner Gotteskindschaft gehörte der Indianer der christlichen Gemeinschaft bereits an, bevor er durch die Vermittlerdienste einer Priesterkaste das Sakrament der Taufe empfing. Auch die biblische Geschichte schien zu erhärten, daß die Indianer der christlichen Welt nicht allzu fern standen. Sowohl unter den Puritanern Neuenglands wie unter den Quäkern im Süden war die Meinung vorherrschend, die Indianer stammten von einem der zehn Stämme Israels ab, die im Jahre 722 v. Chr. von den Assyrern besiegt und in Gefangenschaft verschleppt worden waren – dieser Vorfall hatte, so argumentierte man, dazu geführt, daß die indianischen Völker einen Nebenpfad der historischen Entwicklung beschritten, nicht aber aus der Geschichte herausgefallen waren.[30] Diese Sicht der Dinge führte dazu, daß der Missionsgedanke bei Puritanern wie Quäkern einen völlig anderen Stellenwert erhielt als in der katholischen Kolonialismusdoktrin des 16. Jahrhunderts. Die Frage, ob der Überseebewohner bekehrt war oder nicht, berührte nach englischer Auffassung dessen Status als koloniales Subjekt nicht, und folgerichtig kam es auch in der Diskussion darüber, ob diese Bekehrung durch Zwang, milde Einflußnahme oder überhaupt nicht herbeigeführt werden solle, zu keinerlei erregten Auseinandersetzungen.

Während die englischen Kolonisatoren über die Gotteskindschaft der Indianer wie über deren wesensverwandte Herkunft ähnlich dachten, bestand immerhin zwischen Puritanern und Quäkern insofern eine bezeichnende Meinungsverschiedenheit, als die Neuengländer dazu neigten, das von europäischen Vorstellungen abweichende Verhalten der Indianer als Verirrung zu deuten und auf diabolische Besessenheit zurückzuführen, während die Quäker auch in dieser Hinsicht wesentlich toleranter urteilten. Indianische Tanzveranstaltungen beispielsweise, von den Puritanern in Neuengland wie übrigens auch von den französischen Jesuiten in Kanada durchwegs als obszön getadelt, finden in William Penns ‹Account of the Lenni Lenape› eine auffallend zurückhaltende Beurteilung: «Ihre Stellungen beim Tanzen», schreibt Penn, «sind sehr altertümlich und andersartig, aber sie halten alle Maß. Ihr Tanz wird gleichermaßen mit Ernsthaftigkeit und Einsatz ausgeführt, aber ebenso mit offensichtlicher Freude.»[31] Es ist zweifellos diese Toleranz gewesen, welche – neben anderen Faktoren wie dem Fehlen einer straffen kirchlichen Organisation – die Ausübung der Missionstätigkeit bei den Quäkern Pennsylvanias stark in den Hintergrund hat treten lassen.

Dem fraglos aufrichtig gemeinten Wunsch nach dem Aufbau friedfertiger, ja freundschaftlicher Beziehungen zu den Indianern, wie er uns in Penns frühen Äußerungen zur Koloniegründung entgegentritt, entspricht, nicht minder gewichtig, die Hoffnung, es möge gelingen, das Wohl der andern mit dem eigenen Interesse zu verbinden. Um dies zu erreichen, ging William Penn mit der äußersten Umsicht vor. Die Landabtretungsverträge, welche der Eigentümer der Kolonie oder seine Bevollmächtigten abschlossen, entsprachen genau den damals in England üblichen formaljuristischen Kriterien und gaben den Lenni Lenape jede Gewißheit, als ebenbürtige Partner behandelt sowie angemessen und zufriedenstellend bezahlt zu werden; auch legten die Quäker Wert darauf, daß die Indianer über Inhalt und Tragweite der Verträge eingehend aufgeklärt wurden und der Abschluß ohne Überredung und Druck, aber auch ohne Beizug alkoholischer Getränke vorgenommen wurde.[32] Die Verträge wurden von den verantwortlichen Vertretern beider Parteien unterschriftlich oder durch ein Zeichen beglaubigt, der Verlauf wichti-

ger Besprechungen wurde in Memoranden festgehalten, der Empfang
des Gegenwerts in Form von Wampumschnüren und Waren wurde von
den Indianern quittiert.

William Penn bemühte sich, Mißbräuche, wie sie bisher im Verkehr
zwischen Engländern und Indianern an der Ostküste zutage getreten
waren, zu vermeiden. So ließ er bereits im Frühling 1682 die Abgabe von
Alkohol an die Indianer verbieten und verzichtete damit auf eine effizien-
te, allgemein wahrgenommene Beeinflussungsmöglichkeit, weil er deren korrumpierende Auswirkungen erkannte.[33] Wie bereits erwähnt,
ging William Penn mit seinen Landabtretungsverträgen über die Bestimmungen der «Charter» hinaus, die keinen indianischen Rechtstitel anerkannten; auch kam es vor, daß er Landstücke, die von den Indianern
bereits einmal an andere Siedler, die ihren Besitz umständehalber nicht
hatten antreten oder bewahren können, verkauft worden waren, erneut
erwarb, um die Rechtslage klarzustellen. Es wurde auch vorgesehen, daß
die abgeschlossenen Verträge regelmäßig wieder verlesen und dadurch
erneuert wurden, eine Abmachung, welche der Bedeutung oraler Tradition bei den Indianern geschickt Rechnung trug und, wie sich zeigen
sollte, eine Tradition des freundnachbarlichen Umgangs entstehen ließ.
Den Indianern wurde schließlich auch das Recht zugesichert, in Streitfäl-
len mit den weißen Siedlern direkt beim Gouverneur vorstellig zu werden, und obwohl es sich dabei nicht um eine unabhängige Schiedsge-
richtsinstanz handelte, sind auf diesem Wege viele kleinere Auseinandersetzungen gütlich beigelegt worden. In ausführlichen Anweisungen an
seine Handlungsbevollmächtigten, die William Penn im Juli 1681 verfaßte, wurden die Bedingungen, unter denen der Landkauf zu erfolgen
hatte, detailliert festgehalten und nochmals der Wunsch nach einer gerechten und humanen Behandlung der Indianer ausgesprochen. «Niemand darf in irgendeiner Weise oder mit irgendwelchen Mitteln, sei es
durch Wort oder Tat», heißt es in dem bemerkenswerten Dokument,
«einen Indianer beleidigen oder ihm Unrecht tun, sondern soll vielmehr
derselben Strafe des Gesetzes zugeführt werden, wie wenn er dasselbe
einem andern Siedler angetan hätte ... Den Indianern sollen dieselben
Freiheiten wie den Siedlern zustehen in allem, was die Bebauung ihres
Landes und den Unterhalt ihrer Familien anbelangt.»[34]

Trotz solcher Rücksichtnahme ließen sich Unklarheiten, die später zur
Belastung des europäisch-indianischen Verhältnisses beitragen sollten,
nicht vermeiden. So verfügten die Vertragspartner in der Regel über zu
geringe topographische Kenntnisse, um sich vom Umfang und dem
Wert der abzutretenden Gebiete eine präzise Vorstellung zu machen.

Man orientierte sich an Merkpunkten in der Landschaft wie hochgewachsenen Bäumen oder Felsformationen, und die Distanzangaben, besonders in westlicher Richtung landeinwärts, waren oft ungenau. Eine weitere Schwierigkeit entsprang der Tatsache, daß die Quäker über die Gesellschaftsstruktur der Lenni Lenape lange Zeit zu wenig Bescheid wußten. So konnte es geschehen, daß Verträge mit indianischen Persönlichkeiten abgeschlossen wurden, die von ihrer ethnischen Gruppe nicht dazu autorisiert worden waren, und es bildete sich unter den Bevollmächtigten der Quäker die Tendenz heraus, im verkaufswilligen Partner jeweils auch den zuständigen Partner zu sehen.

Besonders schwer wog indessen der Umstand, daß sich die Indianer, denen europäische Besitzvorstellungen fremd waren und die ihren Wohnsitz häufig wechselten, nie völlig mit dem endgültigen Charakter der Landabtretungsverträge abfinden konnten. Es darf zu William Penns Gunsten gesagt werden, daß er, im Unterschied zu anderen Koloniegründern, die arglistig vom «Recht auf Landnutzung» sprachen, aber Landabtretung meinten, den Indianern immer offen darlegte, worum es ihm ging; auch vertrieb er die Urbevölkerung nie aus ihren Siedlungen, sondern suchte nach vertretbaren Übergangslösungen. Doch auch William Penn hat nicht völlig begriffen, welchen grundsätzlichen Wandel der europäisch-indianischen Beziehung das neue Faktum des kolonialen Landerwerbs einleitete. Er glaubte, weiterhin nach den Prinzipien der Gegenseitigkeit, des «Do-ut-des», verfahren zu können, die bisher den weitgehend konfliktfreien Stil der Pelzhandelstätigkeit an der Ostküste bestimmt hatten, und er hoffte, den Landerwerb in die bisher geübte Praxis integrieren zu können, indem er liberaler, ehrlicher und einsichtiger als andere verfuhr. Sein christlicher Paternalismus vermochte zwar über einen Zeitraum von fast sechzig Jahren hinweg – ein fast einmaliger Fall in der Geschichte der Kulturkontakte – die Illusion harmonischer Beziehungen aufrechtzuerhalten, verkannte aber die Bedeutung dieses historischen Vorgangs. Penns Aufgabe, wie er sie vor Gott und der Geschichte verstand, war es, seinen Glaubensfreunden und anderen bedrängten konfessionellen Minderheiten eine neue Heimstatt jenseits des Atlantiks zu schaffen, und der Erfolg dieser Unternehmung maß sich primär an der Zahl derjenigen, denen es gelang, am Delaware-Fluß eine bessere Existenz aufzubauen. Neben dieser Hauptaufgabe trat das Postulat einer auf die Liebe zu Gott und zum Nächsten gegründeten Kulturbeziehung, so wichtig es im Kontext quäkerischer Weltanschauungen auch war, zurück. Nie ist denn auch Penn und seinen Nachfolgern, als der Andrang von Siedlern alle Erwartungen weit übertraf, der Gedanke ge-

kommen, man müßte diese Zuwanderung mit Rücksicht auf die bedrohten Indianer drosseln; denn damit hätte man die leitende Idee dieser
Koloniegründung, die von der Toleranz gegenüber dem verfolgten Mitchristen ausging, verleugnet. Die Ansiedlung dieser Mitchristen, ihre
ökonomische Sicherung, die Schaffung eines gemeinsamen Ethos in ge-
sellschaftspolitischen Belangen, die Ausbildung einer Lebensform, die es
dem Tüchtigen gestattete, jenen materiellen Wohlstand zu erreichen,
der, ohne nach außen opulent zu wirken, die Respektabilität und Stabilität der individuellen Situation verbürgte – dies waren die Prioritäten,
denen sich William Penn, der übrigens selbst durchaus nüchtern und
profitorientiert zu rechnen verstand, zuwandte.[35] Mit jedem europäischen Einwanderer jedoch, der für sich und seine Familie in Pennsylvania die Chance eines Neubeginns wahrnahm, verringerte sich die Chance
des indianischen Urbewohners. Diese fatale Entwicklung war durch die
fraglos aufrichtige und zu ihrer Zeit ungewöhnliche philanthropische
Sensibilität der «Society of Friends» weder zu verhindern noch auf die
Dauer in eine für den Indianer akzeptable Richtung zu lenken.[36]

Der erste Landabtretungs- und Freundschaftsvertrag zwischen den
Quäkern und den Lenni Lenape wurde im Juli 1682 durch einen Vertreter William Penns, seinen Cousin William Markham, abgeschlossen.
Das eingehandelte Landstück lag im Nordosten von Philadelphia, in der
heutigen Bucks County; die vergleichsweise hohe «Kaufsumme» umfaßte unter anderem 350 Wampumschnüre, 20 Gewehre, 2 Faß Schießpulver, 40 Paar Strümpfe, 200 Messer, 40 Äxte sowie Stoffe aller Art,
Tabak und – damals noch – etwas Alkohol.[37] Eines der ersten Abkommen mit den Indianern, an dem William Penn persönlich beteiligt war,
fand wahrscheinlich im Frühling 1683 unter einer großen Ulme im In-
dianerdorf Shackamaxon, innerhalb des heutigen Stadtgebiets von Philadelphia, statt. Von dieser Begebenheit sind uns keine schriftlichen Zeugnisse überliefert. Wir besitzen dagegen bildliche Darstellungen von
Künstlern aus dem Quäkermilieu, die, obwohl im folgenden Jahrhundert entstanden, den Geist, in welchem diese Begegnung sich wohl vollzog, vielleicht etwas idealisierend, aber kaum bewußt verfälschend, ein-
zufangen suchen. Berühmt ist das ins Jahr 1771 datierte Gemälde des
1738 in Pennsylvania geborenen, später in England zu hohem Ansehen
gelangten Benjamin West, das den Titel ‹Penn's Treaty with the Indians›
trägt. Es stellt Penn im Kreise seiner Glaubensbrüder dar, waffenlos,
vertrauenerweckend und würdig, eben im Begriff, den Lenni Lenape
und einem ihrer Häuptlinge, Tamany, eine Tuchrolle überreichen zu
lassen. Die Indianer erscheinen in antikisierender Nacktheit, in Stellung

und Ausdruck der Gesichter ganz im Sinne jener klassizistischen Forderung nach «edler Einfalt und stiller Größe», welche der deutsche Kunsttheoretiker Winckelmann, dem Benjamin West in Rom begegnet war, aufgestellt hatte. Wests Gemälde will offensichtlich mehr sein als Aufzeichnung eines historischen Augenblicks; es wird zu einer Allegorie der Völkerverständigung schlechthin, zum Sinnbild für die Aussöhnung von durch Raum und Zeit bedingten Verschiedenheiten von Rasse, Sitte und Kulturstand durch die Gottesgabe der alles erfassenden Liebe.[38]

Auf ganz andere Weise, aber nicht weniger eindringlich, spielen eine Reihe von Gemälden von Edward Hicks (1780–1849) auf die Begegnung unter der Ulme von Shackamaxon an. Wie Benjamin West war Hicks Quäker aus Pennsylvania; im Unterschied zu jenem blieb ihm der Aufstieg zu akademischen Würden und zum Hofmaler versagt. Edward Hicks, der als Maler von Wirtshausschildern seinen materiellen und als Prediger seinen geistigen Bedürfnissen zu genügen suchte, war einer der bedeutendsten «peintres naïfs» der amerikanischen Kunstgeschichte. Unter dem Titel ‹A Peaceable Kingdom› malte er in über fünfzig erhalten gebliebenen Versionen, was auf starke Nachfrage hindeutet, pennsylvanische Landschaften in utopischer Verklärung. Ausgehend vom Bibelwort des Propheten Jesaja, wonach die Zeit nahe sei, da die Wölfe bei den Lämmern wohnten und der Säugling am Loch der Otter spiele,[39] stellte Hicks auf seinen rührend ungelenken Bildern den verlorenen Paradieseszustand wieder her, ließ die wilden Tiere im friedlichen Beisammensein mit den Kindern pennsylvanischer Siedler auftreten und vergaß nicht, im Hintergrund, gleichsam auf gehobener menschlicher Ebene, William Penn im Kreise seiner Indianer wiederzugeben. Beide Maler, Benjamin West und Edward Hicks beschwören, von sozial sehr unterschiedlichem Blickpunkt aus, eine Phase der europäisch-indianischen Beziehung herauf, die es so vielleicht nie, gewiß aber zu dem Zeitpunkt nicht mehr gab, da sie tätig waren. Dennoch bekunden ihre Bilder, wie sehr die Sehnsucht des Koloniegründers, das europäisch-indianische Verhältnis in ungetrübter Harmonie zu fixieren, am Ende des 18. und zu Beginn des 19. Jahrhunderts noch wach geblieben war.

Die geschichtliche Entwicklung freilich ging einen beschwerlicheren Weg. Sicher gelang es William Penn während der zwei Jahre seines ersten Aufenthalts in Nordamerika, von 1682 bis 1684, das Verhältnis zu den Indianern auf eine solide Vertrauensbasis zu stellen: «Wir wollen», versprach Häuptling Tamany in einer oft zitierten Ansprache, «mit Onas (der indianische Name für Penn) und seinen Kindern in Frieden und Freundschaft leben, solange die Buchten und die Flüsse Wasser führen und solange Sonne, Mond und Sterne dauern.»[40] Es schien tatsächlich, daß in mehreren Begegnungen zwischen Penn und verschiedenen indianischen Delegationen ein dauerhaftes Einverständnis sich hatte begründen lassen, «das einzige Abkommen», wie Voltaire später bewundernd schrieb, «das nie beschworen und nie gebrochen wurde».[41]

Dennoch darf nicht vergessen werden, daß die Indianerpolitik lediglich einen Teil der rastlosen Tätigkeit ausmachte, die Penn in der kurzen Spanne seines ersten Aufenthalts umtrieb. Kaum geringere Bedeutung maß der Koloniegründer beispielsweise der Planung der Hauptstadt Philadelphia bei. Man hatte zuerst daran gedacht, zwischen Schuykill River und Delaware River 4000 Hektar Land bereitzustellen. Diese Fläche mußte allerdings bald auf etwas über 500 Hektar reduziert werden, ungefähr auf den Umfang der heutigen Innenstadt; dennoch blieb Philadelphia bis zur Amerikanischen Revolution die zahlenmäßig größte, kulturell bedeutendste Stadt nicht nur Nordamerikas, sondern des ganzen britischen Weltreichs. Philadelphia sollte nach dem Willen seines Gründers «a greene Country Towne» werden,[42] eine großzügige, geordnete und friedliche Stadt von schachbrettartigem Grundriß, deren kleinste Parzellen noch immer den Bau eines bescheidenen Hauses und die Anlage eines Vorgärtchens gestatteten. Am Rand der Stadt sollten, um die friedliche Absicht ihrer Bewohner zu demonstrieren, keinerlei Befestigungsanlagen aufgeführt werden, und breite Avenuen, welche bis heute schlicht nach den Namen einheimischer Bäume benannt sind, sollten ausdrücklich dem Verkehr und geselliger Begegnung, nicht aber Paraden und Prozessionen dienen.[43]

Während es der Sachkenntnis, der Überredungskunst und dem Charme William Penns sowie der aufopfernden Mithilfe seiner Glaubensbrüder gelang, die Fragen, welche sich im Zusammenhang mit der Arrondierung des Territoriums und der Stadtgründung stellten, im allgemeinen befriedigend zu lösen, stießen Penns Verfassungsprojekte und seine Praxis der Landverteilung bald auf Widerstand. Es waren vor allem die außerhalb der «Society of Friends» stehenden Kolonisten, die vor 1682 in diesem Gebiet gesiedelt hatten, welche sich gegen die weitreichenden Privilegien, die der «Frame of Government» dem Gouverneur und dem «Provincial Council» zugestand, aussprachen. Bereits im April 1683 mußte Penn einer Abänderung dieser Verfassung zustimmen, und in der Folge übten die Abgeordneten der «Assembly» unablässig Kritik an der Vormachtstellung des Gouverneurs und traten dafür ein, nicht nur konsultiert zu werden, sondern auch selbst Gesetzesvorlagen einbringen zu dürfen. Ferner wurde Penn von weniger vermögenden Kolonisten, auch von Quäkern, vorgeworfen, er verfahre bei der Landzuteilung willkürlich und parteiisch, und in der Tat waren Fälle von Klientelwirtschaft nachweisbar.

Verwicklungen ergaben sich schließlich auch im Verkehr mit dem Eigentümer des benachbarten Maryland, Lord Baltimore, der Besitzrechte auf Land geltend machte, welches William Penn für sich beanspruchte. Der teilweise erhaltene Briefwechsel der beiden sich gern auf ihre fromme Denkart berufenden Kontrahenten zeigt, daß auch in ihrem Fall Prinzipien und Interessen nicht leicht zur Deckung zu bringen waren.[44] Es war dieser Zwist, der William Penn dazu bewog, von seinem ursprünglichen Plan, dauernd in Philadelphia Wohnsitz zu nehmen, abzuweichen und im August 1684 die Rückreise anzutreten, um seine Grenzstreitigkeiten mit Lord Baltimore englischen Gerichten vorzulegen.

Spätestens um 1690 war offensichtlich, daß das «Holy Experiment» gefährdet war und daß die Glaubenssätze der «Society of Friends» eher für das Privatleben als zum Regieren taugten. Dieses Scheitern lag nicht nur darin begründet, daß der hohe Anspruch der Quäker auf staatsbürgerliche Integrität vor dem strengen Urteil anderer konfessioneller Gruppierungen auf die Dauer nicht glaubwürdig erfüllt werden konnte. Die Quäker scheiterten, so paradox dies klingen mag, auch daran, daß sie ihre moralischen Skrupel zu weit trieben und dadurch vor englischem Recht wie angesichts der politischen Realitäten recht eigentlich regierungsunfähig wurden.[45] So erwies sich beispielsweise die von der «Society of Friends» geforderte und auch im «Frame of Government» enthaltene Verweigerung der Eidesleistung auf die Dauer als unvereinbar mit dem englischen Recht, das den Eid bei der Amtseinsetzung von Beamten und vor Gericht vorsah. Zwar gelang es lange Zeit, die Regierungsgeschäfte zu führen, indem man den Eid durch formelhafte Wendungen wie «in the presence of Almighty God» ersetzte; später aber wurden Quäker strikter Observanz zunehmend aus der Regierungsverantwortung verdrängt. Als ähnlich realitätsfremd erwies sich der ausgeprägte Pazifismus der Quäker, der unter anderem die Aufstellung militärischer Einheiten auch zum bloßen Zweck der Selbstverteidigung verbot. Diese Haltung führte nach 1732, als sich die indianisch-europäischen Beziehungen rapide verschlechterten, dazu, daß die pennsylvanischen Grenzsiedler schutzlos Überfällen ausgesetzt waren und daß während der maritimen Auseinandersetzungen zwischen England und Frankreich gegnerische Kriegsschiffe ungehindert in die Delaware Bay einlaufen konnten – Zustände, welche viele Kolonisten verärgerten und von der

Krone nicht hingenommen werden konnten. Wilhelm III., der nach der «Glorreichen Revolution» von 1688 die Macht in England übernommen hatte, sah sich denn auch veranlaßt, vorübergehend den Eigentümerstatus der Kolonie aufzuheben und deren militärischen Schutz durch den Gouverneur von New York sicherstellen zu lassen.

Bis zu seinem Tod im Jahre 1718 kämpfte William Penn um das Überleben seines «Heiligen Experiments» und reiste 1699 auch nochmals über den Atlantik, um die verschiedenen Fraktionen, die sich in Fragen der Regierungsform, des Verhältnisses von Religion und Politik und der Landzuteilung zerstritten hatten, miteinander auszusöhnen. Im Jahre 1701 stimmte Penn, kurz vor seiner erneuten Rückkehr nach England, einer neuen Verfassung, der sogenannten «Charter of Privileges», zu. Diese Regelung bewirkte gegenüber dem «Frame of Government» von 1682 eine deutliche Demokratisierung insofern, als sie der «Assembly» die volle legislative Gewalt zuwies, die Rechte des Eigentümers stark beschnitt und dem einstmals einflußreichen «Provincial Council» lediglich beratende Funktionen übertrug. Die neue Verfassung, von allen englischen Besitzungen jenseits des Atlantiks wohl die liberalste, sollte bis 1776 in Kraft bleiben.[46] Auch wenn es William Penn letztlich nicht gelang, die unbedingte Reinheit christlicher Lebensführung, die ihm vorschwebte, in die Politik überzuführen, blieb doch vom Geist der «Society of Friends», über deren engeren Kreis hinaus, manches erhalten. Die Toleranz gegenüber Andersdenkenden und die Neigung des Bürgers, politische Entscheidungen auf ihre ethische Qualität hin zu prüfen, sind in der Geschichte des Bundesstaates Pennsylvania besonders wirksam geblieben. Solche Geisteshaltung dürfte wesentlich dazu beigetragen haben, Philadelphia in den Wirren des Unabhängigkeitskrieges als Zentrum des Widerstandes gegen das Mutterland wie als Geburtsstätte einer neuen demokratischen Ordnung geeignet erscheinen zu lassen.

Wie aber entwickelte sich, angesichts der Spannungen unter den Siedlern und zwischen diesen und der Krone, wie sie für die ersten Jahrzehnte nach der Koloniegründung charakteristisch waren, das europäisch-indianische Verhältnis? Wir haben bereits darauf hingewiesen, daß die entgegenkommende, tolerante, aber patriarchalische Form des Umgangs mit den Lenni Lenape, die William Penn empfohlen und praktiziert hatte, während annähernd sechs Jahrzehnten, von 1682 bis 1737, ein nahezu konfliktfreies Verhältnis sicherstellte – ein einmaliger und von der Geschichtsschreibung entsprechend gewürdigter Tatbestand innerhalb der Geschichte der europäisch-indianischen Beziehungen. Ein grundsätzlicher Wandel begann sich nach 1732 abzuzeichnen. Bereits um die Jahr-

hundertwende hatte sich beim Pelzhandel, der hier wie anderswo immer
eine gewisse Gewähr für andauernd friedliche Kontakte bot, ein durch
europäische Modeströmungen bedingter Rückgang des Biberpelz-Ge-
schäfts angekündigt, während das Rotwild, in Europa noch immer begehrt, in diesen Regionen selten oder bereits nahezu ausgerottet war.
Immer deutlicher begann in der Folge der Landhandel die Beziehung zu
den Indianern zu dominieren. Um 1720 hatte sich Philadelphia zu einer
Stadt von 10000 Einwohnern entwickelt, in welcher Handel, Gewerbe
und Schiffsbau blühten, und die zwischen Schuykill und Delaware River
siedelnden und jagenden Lenni Lenape waren in nordwestlicher Richtung abgedrängt worden. In mehreren Landabtretungsverträgen, deren
wichtigste in die Jahre 1683, 1684, 1718, 1732, 1736 und 1737 fielen,
wurde das koloniale Territorium bis zum Susquehanna River ausgewei-
tet, der an die hundert Kilometer westlich von Philadelphia verläuft;
man schätzt, daß in diesem ländlichen Siedlungsraum um 1720 rund
19000 weiße Farmer, Jäger und Pelzhändler wohnten.[47] Obwohl diese
Landkäufe, getätigt von Penns Verwandten und ihrem fähigen Berater
James Logan, sich noch immer auf den Geist des Koloniegründers beriefen, war doch unverkennbar, daß der Expansionsdrang der Siedler sich
ungehemmter und rücksichtsloser entfaltete als zuvor. Man hielt sich
zwar weiterhin an den Buchstaben schriftlicher Abmachungen; mündliche Zusicherungen aber, beispielsweise William Penns Versprechen, Indianer nie mit Gewalt von ihren Wohnstätten zu vertreiben, wurden,
wie sehr sich die Urbevölkerung auch immer wieder darauf berief, vergessen.[48]

Ein weiteres wichtiges Moment des sich abzeichnenden Wandels hing
mit der Entwicklung der innerindianischen Beziehungen zusammen.
Um die Jahrhundertwende waren die Lenni Lenape in ein Abhängig-
keitsverhältnis zum Irokesenbund der «Sechs Nationen» geraten, der mit
seinen rund 16000 Stammesangehörigen den wichtigsten Machtfaktor
unter der Urbevölkerung der Ostküste darstellte. Unter welchen Umständen sich dieser Anschluß vollzog, läßt sich nicht mehr zureichend
klären; aber man weiß, daß im Jahre 1712 eine Delegation der Lenni
Lenape nach Onondaga (heute Syracuse), dem Hauptort des Irokesen-
bundes, aufbrach, um Tributzahlungen zu leisten.[49] Es scheint auch, daß
die Irokesen, welche die Lenni Lenape herablassend als «Weiber» zu
bezeichnen pflegten, diesen ihre Bedeutungslosigkeit besonders quälend
bewußt machten, indem sie ihnen untersagten, Kriege zu führen und
Verträge abzuschließen. James Logan, einer der besten Indianerkenner
seiner Zeit und ein versierter Geschäftsmann, verfolgte diese Entwick-

lung aufmerksam. Er entschloß sich, inskünftig mit den Vertretern der «Sechs Nationen» direkt über pennsylvanische Angelegenheiten zu verhandeln, gewann dadurch und durch reiche Geschenksendungen an die Irokesen deren Sympathie und Unterstützung, verscherzte sich aber die Freundschaft der Lenni Lenape, die sich zu Recht hintergangen fühlten.

Indem Logan derart die Zuneigung der «Sechs Nationen» und ihrer Verbündeten zu gewinnen trachtete, verfolgte er freilich das höhere Ziel, der Bedrohung durch die in Nordamerika siedelnden Franzosen entgegenzuwirken. Diese hatten im Verlaufe des 17. Jahrhunderts, von der Mündung des St. Lorenzstromes ausgehend, das Gebiet der Großen Seen erreicht, den Mississippi und seine Zuflüsse erkundet und nach der Jahrhundertwende einige strategisch klug lokalisierte Stützpunkte im Hinterland, insbesondere im Ohio-Tal, besetzt. Zahlenmäßig mit ungefähr 70 000 Siedlern den Engländern, die über etwa 1 650 000 Kolonisten verfügten,[50] weit unterlegen, hatten es die Franzosen im allgemeinen verstanden, sich die Gunst der Indianer zu bewahren, vor allem darum, weil sie sich vorwiegend auf Handelsbeziehungen konzentrierten. Angesichts des beschleunigten Vordringens englischer Kolonisten westwärts, aber auch angesichts der Verschärfung des britisch-französischen Gegensatzes in Europa war ein Konflikt auch in der Neuen Welt unvermeidlich. Es bleibt das Verdienst von James Logan, diese Zusammenhänge frühzeitig erkannt und durch seine Annäherung an die Irokesen rechtzeitig die Vorkehrungen getroffen zu haben, diesen Kampf von möglichst günstiger Position aus führen zu können. Andererseits ist nicht zu übersehen, daß im weiträumigen strategischen Konzept Logans jene Lenni Lenape, deren Friedlichkeit, Sanftmut und natürlichen Anstand William Penn und die ersten Siedler so sehr gelobt hatten, zu beliebigen Figuranten im Kräftespiel anderweitiger Interessen degradiert wurden.

So lagen die Dinge, als es im Herbst des Jahres 1737 zu jenem denkwürdigen Vorfall kam, der unter der Bezeichnung «The Walking Purchase» in die Geschichte Nordamerikas eingegangen ist. Wieder ging es um den Landerwerb. Diesmal handelte es sich um ein Gebiet am Oberlauf des Delaware River, von dem die Engländer behaupteten, es sei bereits vor Jahrzehnten vertraglich an William Penn abgetreten worden. Die Lenni Lenape bestritten dies mit guten Gründen, gaben aber zuletzt dem massiven Druck der Kolonisten nach und erklärten sich bereit, vom fraglichen Territorium soviel abzutreten, als ein Mann zu Fuß in anderthalb Tagen umrunden konnte.[51] Auf indianischer Seite ging man davon aus, daß der Wanderer im unwegsamen Gelände nicht mehr als fünfzig Kilometer zurücklegen und sich Zeit für die Jagd, Rast und Verpflegung

nehmen würde. James Logan organisierte jedoch keinen Marsch, sondern ein Rennen. Zuerst wurde die in Aussicht genommene Strecke
soweit als möglich von hinderlichem Buschwerk befreit, dann wurden
drei besonders kräftige und geübte Läufer ausgeschickt, von denen tatsächlich einer eine Distanz von 110 Kilometern zurücklegte. Den Lenni
Lenape wurde bewußt, daß sie übers Ohr gehauen worden waren, und
sie beschlossen, ihre Wohnstätten nicht widerstandslos zu räumen; aber
auch unter den Quäkern und den Mitgliedern der «Assembly» erhoben
sich Stimmen, die für eine gerechte Behandlung der Indianer eintraten.
Doch nun wandten sich James Logan, die Nachfahren Penns und einige
begüterte Quäker an die Irokesen. Es gelang dieser Interessengruppe, die
«Sechs Nationen» mit reichen Geschenken auf ihre Seite zu ziehen und
zu veranlassen, ihre Untertanen, die Lenni Lenape, unter Druck zu setzen. Im Jahre 1742 entsandten die Irokesen einen Sprecher an die Rats-
versammlung der Lenni Lenape, der diesen in geharnischter Rede vor-
hielt, sie seien Weiber und völlig unfähig, Verträge abzuschließen, sie
sollten, ohne weiter zu überlegen und zu argumentieren, ihr Feld räumen.[52] Dieser drohenden Aufforderung, ausgesprochen nicht von weißen Siedlern, sondern, auf deren Betreiben hin, von ihresgleichen, kamen die Lenni Lenape schließlich nach. Die Mehrzahl von ihnen zog,
zusammen mit den nordwestlich von ihnen lebenden Shawnee-Indianern
ins Gebiet des Ohio River, wo sie von den Franzosen als willkommene
Bundesgenossen empfangen wurden.

Der «Walking Purchase», Endergebnis sowohl lang angelegter latenter
Unvereinbarkeiten und Mißverständnisse als auch eines in wenigen Jahren planmäßig vollzogenen Wandels der englischen Indianerpolitik,
markiert den Abschluß einer hoffnungsvollen Phase interkultureller Beziehungen. Wie oft bei historischen Prozessen, in denen sich die wachsende Entfremdung zweier Bevölkerungsgruppen widerspiegelt, sind
Zeitpunkt und Natur des Ereignisses, in welchem die vollzogene Ent-
zweiung zur Evidenz gelangt, eher zufällig. Ein Vorfall wie der «Walking Purchase» hätte sich, in ganz anderem Zusammenhang, sowohl zeitlich früher als auch einige Jahre später ereignen können. Entscheidend
für den Eintritt jener wachsenden gegenseitigen Entfremdung in ihre
brisante Phase war zweifellos die Neuorientierung der auf die Allianz mit
den Irokesen abzielenden Indianerpolitik der «Eigentümer-Partei» unter
Führung von James Logan. Diese Neuorientierung war ihrerseits wieder
die Folge einer – vom Standpunkt der Kolonisten aus – klug beurteilten
Verschärfung des englisch-französischen Verhältnisses in Europa und
der Neuen Welt.

Unbestreitbar ist, daß nach dem Tag des «Walking Purchase», dem
19. September 1737, die Unschuld und die Hoffnung der frühesten Begegnung zwischen Quäkern und Indianern für immer entschwunden,
daß die Utopie des «Holy Experiment» für immer verloren war. Im
Frühling des Jahres 1754 kam es zu ersten Zusammenstößen zwischen
Milizen aus Virginia und Franzosen bei Fort Duquesne, dem heutigen
Pittsburgh. Im folgenden Jahre wurde der aus England entsandte, mit
den amerikanischen Verhältnissen nicht vertraute General Braddock von
den Franzosen und ihren indianischen Verbündeten geschlagen, und die
Lenni Lenape und Shawnee-Indianer begannen, von französischen Kolonisten angestachelt und mit Rachegelüsten erfüllt, die Farmen in West-
pennsylvania zu überfallen, die Bewohner zu töten und die Felder zu
verwüsten. Diesen Einfällen waren die Grenzsiedler schutzlos ausgeliefert, da die «Assembly», von Quäkern strikter Observanz dominiert,
nicht bereit war, von ihrer pazifistischen Politik abzurücken und Kredite
zur Aufstellung von Miliztruppen zu bewilligen. Erst Ende 1755 wurden
auf Betreiben Benjamin Franklins die finanziellen Mittel zur Verteidigung bereitgestellt – ein auch innenpolitisch wichtiger Entscheid, bezeichnete er doch präzise den Zeitpunkt, an dem der politische Einfluß
der Quäker auf die Geschicke Pennsylvaniens wirkungslos zu werden
begann. Der unerklärte Grenzkrieg in Nordamerika, «The French and
Indian War», wie die amerikanischen Historiker ihn nennen, griff im
Mai 1756 auch auf Europa über und mündete in den «Siebenjährigen
Krieg» ein – Winston Churchill hat in diesem Zusammenhang, nicht zu
Unrecht, von einem ersten Weltkrieg gesprochen.[53] Der «Siebenjährige
Krieg» führte, wie zumindest im überseeischen Bereich nicht anders zu
erwarten, nach französischen Anfangserfolgen zum überlegenen Sieg der
Engländer: im Pariser Frieden von 1763 trat Frankreich den Briten Kana-
da sowie sämtliche Gebiete östlich des Mississippi ab. Von den Lenni
Lenape, die so unglücklich zwischen zwei Feuer geraten waren, sprach
bei den Friedensverhandlungen niemand; sie wurden später noch einmal,
im Unabhängigkeitskrieg, in den Krieg der Weißen hineingezogen und
leben heute in Restbeständen zerstreut in den Reservaten von Oklahoma
und Ontario.

Darüber, was mit den Indianern Pennsylvanias geschehen wäre, wenn
sich William Penns Vorstellung auf die Dauer hätte verwirklichen lassen,
mag man spekulieren. Erstaunlich bleibt, welchen immensen Einfluß
Penns Persönlichkeit während zwei lediglich kurzen Aufenthalten in
Übersee ausübte. Die humane Lauterkeit der Absichten des Koloniegründers ist in der Fachliteratur zwar zuweilen allzu überschwenglich

gelobt, sie ist aber von niemandem ernstlich bestritten worden. «Wenn die Legende vom goldenen Zeitalter», schreibt der erste zuverlässige Biograph, «sich je bewahrheitete oder ein paradiesischer Zustand auf Erden wirklich eingeführt wurde, dann muß dieser Zustand jenem in Pennsylvania täuschend ähnlich gewesen sein.»[54] Und ein moderner Fachmann urteilt ähnlich: «Pennsylvania kam einer gerechten und verständnisvollen Lösung des Indianerproblems näher als alle übrigen englischen Kolonien. Bis zur Mitte des 18. Jahrhunderts verliefen die Beziehungen zwischen Indianern und Europäern hier im allgemeinen freundschaftlich.»[55]

Trotzdem wäre es wohl falsch, das schließliche Scheitern dieser Beziehungen allein auf James Logans neue Allianzpolitik und die Spannungen im Vorfeld des «French and Indian War» zurückzuführen. Der Keim zum Zerwürfnis lag, ohne daß Penn dies ahnen mochte, bereits im Kolonisationsvorgang als solchem angelegt. Allein die Praxis der Landnahme erwies sich darin, daß sie die Besitzvorstellungen und die Lebensweise der halb nomadisierenden Lenni Lenape ignorierte und durch die Art der Entschädigung kommerzielle Abhängigkeiten erzeugte, als fatal. Daniel J. Boorstin hat überzeugend gezeigt, daß Penns Patriarchalismus dem historischen Gewicht und der Tragweite dieses Vorgangs verständnislos gegenüberstand und den elementaren Konflikt, der sich anbahnte, statt mit vorausblickender Planung mit guten Umgangsformen von Fall zu Fall und mit christlicher Nächstenliebe von Tag zu Tag zu lösen trachtete.[56] Eine wirklich ernsthafte Indianerpolitik hätte den Bedürfnissen der Siedler übergeordnet werden müssen, was jedoch der fromme Plan dieses Siedlungsunternehmens von selbst verbot. Erste Voraussetzung einer solchen Indianerpolitik hätte es sein müssen, sich von der kulturellen Verunsicherung Rechenschaft zu geben, welcher die Lenni Lenape als Folge des Kulturkontakts ausgesetzt waren. Die auf uns gekommene Überlieferung bezeugt zwar immer wieder den hohen moralischen Anspruch der Siedlerpartei, zugleich aber eine erstaunlich geringe Einsicht in die hintergründigeren Auswirkungen des europäisch-indianischen Zusammentreffens. Gewiß erkannte man den korrumpierenden Effekt des Alkohols und schaffte Abhilfe, und gewiß rief man die Kolonisten immer wieder zu vorbildlichem Betragen auf, in der Hoffnung, das gute Beispiel möge nachgeahmt werden. Aber die Quäker blieben doch merkwürdig blind gegenüber den weniger offensichtlichen Veränderungen, welche ihre Präsenz bei den Indianern bewirkte. Man übersah nicht nur, in welchem Grade der eigene Lebensstil, die technische Überlegenheit und die dadurch ermöglichte Effizienz das kulturelle Selbstbewußt-

sein der besonders sensiblen Lenni Lenape untergruben und unter diesen
Zweifel, Unruhe, neue Erwartungen und Bedürfnisse aufkommen ließen; man achtete auch wenig auf den Persönlichkeitswandel, dem gerade
jene einflußreichen Indianer ausgesetzt waren, welche als Kontaktperso-
nen fungierten. In seiner Biographie des bedeutenden Häuptlings Teedyuscung, der bis zuletzt den friedlichen Kontakt zu den Europäern
aufrechterhielt, hat Anthony Wallace diese sozialpsychologisch interessanten Vorgänge dargestellt. «Der Indianer», schreibt dieser hervorragende Kenner des Kulturkontakts in Pennsylvania, «begann herauszufinden, daß der gemessene und höfliche Lebensstil, mit dem man in der
Vergangenheit gut gefahren war, sich nicht mehr auszahlte, wenn man
es mit Europäern zu tun hatte, welche diese Höflichkeit bloß als willkommenes Schmiermittel für ihre geschäftlichen Transaktionen betrachteten. Der Indianer mußte erkennen, daß die althergebrachten Formen
sozialen Verhaltens nutzlos geworden waren; er fühlte sich überspielt
und reagierte verstimmt, verwirrt und verbittert. Die Weißen erschienen
ihm in einer Doppelrolle als erfolgreiche Räuber und als strafende ‹Väter›
oder ‹Brüder› (wie sie allgemein genannt wurden), und in seiner inneren
Unsicherheit begann der Indianer selbst ‹weiße› Charaktermerkmale zur
Schau zu stellen – Aggressivität und Liebedienerei –, die er entweder
durch bewußte Nachahmung oder durch den subtileren Prozeß einer
Identifikation mit diesen strafenden Väterfiguren erwarb.»[57] Sicherlich
entging es den Quäkern nicht, daß es im Verlauf der Jahrzehnte schwieriger wurde, mit den Lenni Lenape freundschaftlichen Umgang zu pflegen; aber man spürt aus dem Staunen, mit dem dies konstatiert wurde,
wie wenig man sich über die Ursachen dieses Wandels im klaren war.

Konkrete Fragen einer künftigen Gestaltung der englisch-indianischen
Beziehungen sind von den Quäkern Pennsylvanias selten diskutiert worden. Obwohl Penn die Vertreibung der Lenni Lenape von ihren Wohnstätten zu vermeiden und durch Übergangsregelungen Härten auszuschließen suchte, war er doch weit entfernt, einer gesellschaftlichen Integration das Wort zu reden. Auch Projekte zur Ansiedlung der Indianer in
Reservaten oder «Reduktionen», wie die Jesuiten in Südamerika sie entwickelten, wurden in Pennsylvania nicht ausgearbeitet. Gewiß hielt man
theoretisch am Ziel der Christianisierung fest, ließ sich aber von ersten
Mißerfolgen rasch entmutigen und dachte nicht daran, sich in diesem
Punkte – wie einst die Spanier – theologisch zu ereifern. Vor die Frage
gestellt, ob eine Assimilation oder eine Unterjochung der Indianer beab-
sichtigt sei, hätten die Quäker bestimmt den Gedanken der Assimilation
vertreten, aber man wich auch hier aus und vermied es beispielsweise

sorgfältig, das Thema der Vermischung der Rassen zur Sprache zu bringen. So wird man in letzter Bilanz wohl urteilen müssen, daß die Quäker Pennsylvanias, ungeachtet ihres unleugbaren Willens zur Toleranz und Friedfertigkeit im Umgang mit den Indianern, das Problem des Kulturkontakts weder in seiner historischen Relevanz begriffen noch handelnd zu bewältigen vermochten. Das Hauptaugenmerk William Penns und seiner Glaubensbrüder war darauf gerichtet, auf einem Territorium, das man anderen wegnahm, eine neue «Gemeinschaft von Gerechten» zu begründen. In diesem Paradoxon war das Scheitern des «Heiligen Experiments» bereits vorprogrammiert. Und so ereignete es sich, daß das hochgemute Bewußtsein der englischen Kolonisten, im Sinne der göttlichen Vorsehung zu handeln, auf indianischer Seite seine Entsprechung zuletzt in einer Identitätskrise, in Niedergangsvisionen und apathischem, von jähen Akten gewaltsamen Widerstandes zuweilen unterbrochenem Fatalismus fand – eine tragische Verknüpfung, die damals, so will uns heute scheinen, nicht aufzulösen war.

Sechstes Kapitel

Die «kontrollierte Kulturbeziehung»

Die Europäer in China

Das koloniale System, das die Portugiesen im 15. und 16. Jahrhundert in der östlichen Hemisphäre ausbildeten, stützte sich auf ein weitmaschiges Netz von Handelsstationen am Rand der Ozeane; es handelte sich, genau besehen, um ein maritimes Reich und konnte, bedenkt man die begrenzten Ressourcen des Mutterlandes, nichts anderes sein. So gleichartig diese Stützpunkte mit ihren Befestigungsanlagen und Warenmagazinen, mit den geringen portugiesischen Belegschaften und der zahlenmäßig bedeutenderen Mittlerschicht von einheimischen Zwischenhändlern, Dolmetschern und Beamten in der Regel auch waren – der Stil, in dem die Portugiesen mit den Vertretern der Fremdkulturen umgingen, war nicht überall derselbe. Man hat vielleicht etwas allzu pointiert gesagt, in Afrika seien die Portugiesen als Entdecker, in Indien als Eroberer und im Fernen Osten als Geschäftsleute aufgetreten.[1] In der Tat standen während der Fahrten entlang der afrikanischen West- und Ostküste Probleme der Navigation und der Kartographie, des Nachschubs und der Versorgung im Vordergrund. Kriegerischen Verwicklungen suchte man auszuweichen und verzichtete fast immer auf Vorstöße ins Landesinnere und auf kolonisatorische Anstrengungen. Handel und entsprechende Kulturkontakte intensivierten sich erst, als im 17. Jahrhundert der Aufschwung der brasilianischen und karibischen Plantagenkolonien einen steigenden Bedarf nach afrikanischen Sklaven bewirkte. Im Indischen Ozean dagegen kam es zum spektakulären Zusammenstoß der Portugiesen mit der diesen Raum beherrschenden arabischen Seestreitmacht. In wenigen glänzenden Gefechten, die von den Chronisten im Pathos der Kreuzzugstradition geschildert worden sind, gelang es, den Herrschafts- und Monopolanspruch der Muslime in dieser Region zu brechen und sich mit der Küstenbevölkerung ins beidseitig profitable Einvernehmen zu setzen. Im Fernen Osten schließlich, in China und später auch in Japan, gewann das Zusammentreffen zwischen Portugiesen und Repräsentanten der Fremdkulturen erneut einen anderen Charakter. Hier sahen sich die Europäer in ihrem Handlungsspielraum eng beschränkt, und zwar in geographischer wie in sozialer Hinsicht: es waren die Chinesen und Japaner, die bestimmten, wo sich der Kulturkontakt abzuspielen hatte, wer sich daran beteiligen sollte und welchen Einflüssen gegenüber man sich allenfalls öffnen würde. Im Rahmen einschneidender Regulative war der Handel zwar geduldet und sogar erwünscht; aber die Gastgeber machten deutlich, daß sie darauf nicht angewiesen waren und die Modalitäten des Kontakts selber bestimmen wollten. Dieser Form der «kontrollierten Kulturbeziehung» wenden wir uns im folgenden am Beispiel Chinas zu.

Die wichtigste Informationsquelle zum «Reich der Mitte», die den Portugiesen vor der Umsegelung des Kaps der Guten Hoffnung zur Verfügung stand, war der Reisebericht Marco Polos, das ‹Buch der Wunder der Welt›.[2] Der Venezianer hatte den Fernen Osten gegen Ende des 13. Jahrhunderts aufgesucht, war während siebzehn Jahren im Dienst des mächtigen Mongolenherrschers Kublai Khan gestanden und hatte weite Teile seines Reichs bereist. Was Polo an Merkwürdigem und Staunenswertem aus «Kitai», China, berichtete, hat durch die neuere Forschung weitgehend verifiziert werden können; auf Heinrich den Seefahrer und Christoph Kolumbus, seine berühmtesten Leser, gewann der Reisebericht stimulierenden und wegweisenden Einfluß. Der Umstand, daß sich in Europa herumsprach, Kolumbus habe, entgegen eigenen Behauptungen, den Seeweg nach Kitai doch nicht gefunden,[3] reizte den Ehrgeiz der portugiesischen Seefahrer. Bereits in Kalikut hatten die Leute Vasco da Gamas erfahren, daß wenige Jahrzehnte vor ihrem Eintreffen andere Fremdlinge, zweifellos Chinesen, die indischen Gestade aufgesucht hätten; um eine Art von «weißen Christen» habe es sich gehandelt, die «ihr Haar lang trugen wie Deutsche und Bärte nur um den Mund herum, wie die Kavaliere und Hofleute von Konstantinopel».[4] In Malakka, wo die Portugiesen bereits im Jahre 1509 eintrafen, kam es – über ein Jahrhundert nach Marco Polo – zur Wiederbegegnung zwischen Europäern und Chinesen. Als 1511 eine Flotte von Afonso de Albuquerque hier ankerte, lagen fünf chinesische Dschunken im Hafen, deren Besatzungen nach ihrer Rückkehr in ihre Heimat wohlwollend über die Fremdlinge, die im Anzug waren, berichteten. Weniger erfreut über das Erscheinen der Portugiesen war der zum chinesischen Kaiser in einem Tributverhältnis stehende Sultan von Malakka. Er räumte das Feld, nachdem er in Peking vergeblich um militärische Unterstützung nachgesucht hatte.

Im Jahre 1514 dürften die ersten portugiesischen Seefahrer die südchinesische Küste in der Nähe des heutigen Hongkong gesichtet und ihren

Herrschaftsanspruch durch die Errichtung eines Wappenpfahls angemel-
det haben.[5] Über den ersten Kulturkontakt sind wir durch Briefe zweier
in portugiesischen Diensten stehenden Italiener näher unterrichtet. «Es
sind dies geschickte Leute», heißt es in einem dieser Schreiben über die
Chinesen, «uns selber durchaus ebenbürtig, aber von häßlicherem Aussehen, mit sehr kleinen Augen . . . Im Verlaufe des letzten Jahres machten einige unserer Portugiesen eine Reise nach China. Es wurde ihnen
nicht gestattet, an Land zu gehen, denn sie (die Chinesen) sagen, es
widerspreche ihrem Brauch, Fremdlinge ihre Wohnungen betreten zu
lassen. Sie verkauften ihre Waren mit großem Gewinn, und sie sagen, es
sei nicht weniger profitabel, Gewürze nach China als nach Portugal zu
verschiffen . . .»[6] Zu ähnlich hoffnungsfrohen Erwartungen inspirierte
der Bericht eines weiteren frühen China-Reisenden, der 1515 die Kanton-Bucht erreichte und bei seiner Rückkehr der Überzeugung Ausdruck gab, daß «die Chinesen Frieden und Freundschaft mit den Portugiesen wünschten und daß sie ein sehr gutes Volk wären».[7]

Die erste offizielle portugiesische Gesandtschaft mit einem Schreiben
des Königs Manuel an den «König von China» traf zwei Jahre später in
der Kanton-Bucht ein. Der Leiter dieser Delegation, Fernão Peres d'Andrade, ersuchte den Kommandanten der chinesischen Küstenwache um
die Erlaubnis, den Perlfluß aufwärts nach Kanton zu segeln und erhielt
schließlich, nach etlichen Verzögerungsmanövern, einige Lotsen zugeteilt. Ende September 1517 traf Fernão Peres mit seinen Schiffen in Kanton ein, ließ zur Begrüßung Flaggen hissen und – zum Entsetzen der
Chinesen, denen dieser Brauch fremd war – Salutschüsse abfeuern. Auf
die erzürnten Vorhaltungen der städtischen Behörden, er habe die Zu-
fahrt erzwungen und sich ungebührlich benommen, antwortete der Portugiese mit Entschuldigungen und der Versicherung, er sei gekommen,
um Tribut zu leisten; auch willigte er ein, mit seinen Leuten die Ankunft
des zuständigen Generalgouverneurs der Provinz Kwang-si abzuwarten
und sich im Zeremoniell zu üben, das beim Umgang mit chinesischen
Würdenträgern unerläßlich war. Nach Besprechungen, die zufriedenstellend verliefen, wurde den Portugiesen gestattet, an Land zu gehen
und Handel zu treiben. Der Generalgouverneur benachrichtigte sofort
den Kaiser von dem unerhörten Ereignis des Eintreffens eines bisher
unbekannten Völkerstammes und bat um weitere Weisungen; die Portugiesen ihrerseits ließen einen beherzten Handlungsbevollmächtigten, den
Apotheker Thomé Pires, in Kanton zurück mit dem Auftrag, sobald die
entsprechende Erlaubnis eingetroffen sei, nach Peking zu reisen.

Den Eindruck, den dieser erste Flottenbesuch von Europäern in Kanton machte, hat ein chinesischer Beamter wie folgt wiedergegeben: «Als ich im Jahre Chengte ting-ch'ou (1517) Sekretär der Provinzialregierung in Kanton war und stellvertretend die Angelegenheiten des Kommissars für den Seehandel verwaltete, waren da [eines Tages] plötzlich zwei große Seeschiffe, die direkt bis Huaıyüan-ı nach Kanton hineinfuhren. Sie sagten, daß sie aus dem Lande Folangchi Tribut brächten. Ihr Schiffsherr hieß Chiapitan (Kapitän). Die Leute hatten alle hohe Nasen und tiefliegende Augen. Ihren Kopf hatten sie mit weißem Tuch umwickelt entsprechend der Kleidung der Mohammedaner. Ich erstattete sofort dem Generalgouverneur der Provinz Kuangtun und Kuangsi, Herrn Ch'en Hsi-hsüan, mit dem persönlichen Namen Chin, Bericht, der gerade in Kanton weilte. Da diese Leute die Sitten nicht kannten, ordnete ich an, daß sie drei Tage lang im Kuanghsiao-szu (einer Moschee) sich in den Zeremonien übten und danach zur Audienz beim Generalgouverneur geführt würden. Da es nicht in den Gesammelten Statuten des Ming-Reiches steht, daß dieses Land Tribut bringt, legte ich einen vollständigen Bericht darüber dem Thron vor.»[8]

Im Jahre 1520 machten sich Thomé Pires und einige portugiesische Begleiter unter großem Pomp und mit nicht unbegründeten Hoffnungen auf die Eröffnung lukrativer Handelsbeziehungen auf den langen Weg nach Peking. Doch der Empfang durch die obersten Würdenträger des Reiches war denkbar ungnädig: Pires wurde nicht zur Audienz mit dem Kaiser vorgelassen, das Sendschreiben des Königs von Portugal wurde verbrannt, die Annahme der Geschenke verweigert und die Delegation mit Vorwürfen überschüttet. Den Grund für diese Aufnahme bildeten aller Wahrscheinlichkeit nach Vorfälle, die sich in der Zwischenzeit an der Küste ereignet hatten und nach Peking gemeldet worden waren. Im August des vorangehenden Jahres war nämlich ein Bruder von Fernão Peres d'Andrade, ein Mann ohne taktisches Geschick und von selbstherrlichem Charakter, vor der Kanton-Bucht eingetroffen und hatte durch sein rücksichtsloses Auftreten allgemein schockiert. Simão Peres d'Andrade verweigerte den Chinesen die üblichen Zollabgaben, sprach Recht nach eigenem Gutdünken und begann, allem Widerstand zum Trotz, mit dem Bau von Befestigungsanlagen; ja es verbreitete sich sogar das Gerücht, die Portugiesen raubten die Kinder vornehmer chinesischer Familien, um sie zu braten und zu verspeisen. Durch das törichte Verhalten Andrades wurde jede Hoffnung auf eine Fortsetzung der glücklich begonnenen portugiesisch-chinesischen Beziehungen fürs erste ausgelöscht. Die Gesandtschaft des Thomé Pires wurde unter Bewachung nach Kanton zurückgeführt und dort eingekerkert; Pires starb 1524 im Gefängnis.

Die Chinesen waren nicht mehr bereit, Nachsicht zu üben, noch konnten sie von den Portugiesen durch Waffengewalt zu solcher Nachsicht gezwungen werden. Nach 1522 wurde es den europäischen Seefahrern unter Androhung der Todesstrafe untersagt, die chinesischen Küstengewässer wieder aufzusuchen.

Das Verhalten der Chinesen anläßlich dieser ersten Kontakte und in der Folge wird nur verständlich, wenn hier kurz einige Grundtatsachen von Staatsordnung und Staatsbewußtsein des mächtigen Reiches in Erinnerung gerufen werden. Neuartig an der portugiesisch-chinesischen Begegnung war die Tatsache, daß hier Vertreter zweier Kulturen aufeinandertrafen, deren aus langer geschichtlicher Tradition gespeiste Ethnozentrik völlig ungebrochen war. China sah sich in einem noch ausschließlicheren Grade als Zentrum der damaligen bewohnten Welt, als die abendländische Christenheit dies je getan hatte. Lange bevor sich in Europa dank der römischen Binnenkolonisation mühsam und ständig gefährdet ein gewisses kulturelles Selbstverständnis zu entwickeln begann, findet sich in chinesischen Texten die Selbstvorstellung vom «Reich der Mitte» als eines Kernlandes, das als Ausgangspunkt aller höheren Lebensform und Kultur auf die Außenstaaten ausstrahlt, deren Bedeutung sich in dem Maße vermindert, als sie sich vom Kernland entfernen. Die Gestalt des Kaisers, dessen Handeln vom Himmel sanktioniert ist und der folglich als «Himmelssohn» bezeichnet wird, symbolisiert und stützt den Anspruch auf globale Priorität. Mit diesem althergebrachten Superioritätsbewußtsein verband sich, als im Jahre 1368 die Mongolenherrschaft durch den Begründer der Ming-Dynastie, Chu Yüang-chang, hinweggefegt wurde, ein ausgeprägtes Nationalgefühl. Unter der Ming-Dynastie (1368–1644) erlangte China im Innern eine von wenigen lokalen Unruhen unterbrochene Geschlossenheit zurück, die sich auch in der Straffung des Verwaltungsapparates und der sorgfältigen Umschreibung der Kompetenzen von Zentral- und Provinzialbehörden ausdrückte. Gegen außen wurden der Wiederaufbau und die teilweise Erweiterung der Großen Mauer zum Symbol des nationalen Aufschwungs, ebenso die freilich innerhalb der chinesischen Geschichte als Sonderfall zu betrachtende maritime Expansion, die nach 1400 einsetzte und die erklärt, warum die Portugiesen bereits in Malakka auf hier seßhaft gewordene Chinesen stießen. Durch Binneneroberungen vor allem in Nordosten des Reiches wurden ferner die territorialen Grundlagen zum chinesischen Reich der Neuzeit gelegt; auch fand man die Kraft, sich wirksamer als bisher, wenn auch ohne durchlagenden Erfolg, gegen die notorischen Angriffe der japanischen Seeräuber im Küstengebiet zur Wehr zu setzen.[9]

Auf dieses Riesenreich, das sich auch in wirtschaftlicher Hinsicht dank der Verbesserung der Verkehrswege und der Schaffung neuer Produktionsstätten gut entwickelt hatte, trafen die Portugiesen im Jahre 1514. Irgendein Grund, mit der Ankunft dieser Fremdlinge Hoffnungen zu verbinden, bestand für China nicht, und ebenso fehlte, wenn man von den Privatinteressen der handeltreibenden Küstenbevölkerung absieht, ein Bedürfnis nach Belebung des Außenhandels. Das anmaßende Auftreten der Portugiesen war zudem, wie wir gesehen haben, wenig geeignet, Sympathie zu wecken. In den chinesischen Quellentexten werden die europäischen Seefahrer als «Folangchi» oder auch «Feringhi» bezeichnet, einem Wort mit eindeutig pejorativem Beigeschmack. Ein hoher Hofbeamter sprach aus, was die überwiegende Mehrheit dachte, wenn er die frühesten Erfahrungen im Umgang mit den Portugiesen in die folgenden Worte faßte: «Die Feringhi sind äußerst grausam und verschlagen. Ihre Waffen sind denjenigen anderer Fremdlinge überlegen. Vor einigen Jahren tauchten sie plötzlich vor der Stadt Kanton auf und der Lärm ihrer Kanonen erschütterte die Erde ... Wenn wir ihnen nun erlauben, zu kommen und zu gehen und Handel zu treiben, wird dies unausweichlich zu Krieg und Blutvergießen führen, und das Unheil unserer südlichen Provinzen wird grenzenlos sein.»[10] Es ist wahrscheinlich, daß das Wort «Folangchi», das soviel wie «Franken» bedeutet, von Muslimen, die am Kaiserhof weilten, gebraucht und in Umlauf gesetzt wurde; daß diese Muslime keine Ursache hatten, die Bezeichnung rühmend zu verwenden, verwundert nicht. Der Begriff «Folangchi» blieb auch im Gebrauch, als Holländer und Engländer im 17. Jahrhundert begannen, das portugiesische Handelsmonopol in dieser Weltgegend zu unterwandern. Es ist bezeichnend für den pauschalisierenden Charakter solcher terminologischen Diskriminierung, daß man sich auf chinesischer Seite selten die Mühe machte, einzelne europäische Nationen zu unterscheiden oder festzustellen, wer alles im Dienst der Portugiesen auftrat.

Während der Begriff «Folangchi» noch vage auf das Herkunftsgebiet der europäischen Seefahrer hinwies, gab es weitere gebräuchliche Bezeichnungen, die sich begnügten, den enormen zivilisatorischen Abstand auszudrücken, der die Ankömmlinge von den Bewohnern des «Reichs der Mitte» trennte. Alle diese Bezeichnungen lassen sich ziemlich genau mit dem Wort «Barbaren» übersetzen, wobei gelegentlich noch ein Attribut beigefügt wurde, um europäische «Barbaren» von andern wie den Japanern oder Mongolen zu unterscheiden.[11] Es war das Merkmal dieser «Barbaren», daß sie nicht chinesisch schreiben konnten und deshalb keinen Zugang zur Kultur des Kaiserreiches und zum vollendeten Men-

schentum der chinesischen Ökumene hatten; sie mußten sich glücklich
schätzen, von den höheren Beamten und Würdenträgern gnädigst empfangen zu werden und ihre Tributgeschenke angenommen zu sehen. Im
Chinesischen gab es verschiedene Bezeichnungen für «Barbaren» – solche, welche die Andersartigkeit der Fremdvölker ins Zentrum rückten,
wie solche, die sich eher auf die moralische und charakterliche Minder-
wertigkeit dieser Fremdvölker bezogen. So hob der seit vorchristlichen
Jahrhunderten geläufige Begriff «Yi-ti» hervor, daß der Barbar sich dadurch definierte, daß er kein Chinese (Chu-hsia) war; den Makel des
Barbarentums verlor er nur, wenn er sein Herkommen vergaß und sich
vollständig assimilierte. In ähnlicher Richtung zielte auch das kantonesi-
sche Wort «Fangim», auf dessen Gebrauch ein reisender Dominikaner
mit folgender Bemerkung hinwies: «Wenn sie (die Chinesen) mit uns
Handel trieben, dann sprachen sie nicht von Portugiesen, auch wurde
dieser Name am Hofe nicht verwendet, nachdem wir eingewilligt hatten, die Zölle zu bezahlen. Sie nannten uns vielmehr ‹Fangim›, das heißt,
‹Volk von einer andern Küste›.»[12] Derselbe Berichterstatter aber erwähnt
auch eine chinesische Bezeichnung für «Barbaren», die sich primär auf
negative Charaktereigenschaften zu beziehen scheint, wenn er schreibt:
«Sie wünschten keine Portugiesen in ihrem Land und nannten diese mit
großem Haß und Abscheu ‹Fan-kuei›, das heißt, ‹Menschen des Teufels›.»[13]

Der markante Sinozentrismus, der sich, auf jeweils unterschiedliche
Weise, in Begriffen wie «Folangchi», «Fangim» oder «Fan-kuei» ausdrückte, fand seine anschauliche Entsprechung im Zeremoniell der Tri-
butübergabe. Dadurch, daß die Vertreter der Fremdkulturen in gewissen
Abständen am Kaiserhof erschienen, um Tributgeschenke zu überreichen, brachten sie zum Ausdruck, daß sie sich der chinesischen Weltord-
nung gehorsam einfügten. Dieser Brauch, in vorchristlicher Zeit bereits
unter innerasiatischen Steppenvölkern üblich, hatte sich im Laufe der
Zeit zu einem ausgeklügelten Ritual entwickelt, dessen korrekte Einhaltung fremdländischen Besuchern während einer Wartezeit, die man ihnen auferlegte, beigebracht wurde. Im Mittelpunkt dieses Rituals stand
der «Kotou», das dreimalige Niederknien des Tributbringers, verbunden mit neunmaligem Niederbeugen des Kopfes gegen die Erde. Die
abendländischen Besucher neigten dazu, diesen «Kotou» als Akt der
Unterwerfung zu verstehen, der auch den Machtanspruch des Herr-
schers, der sie entsandt hatte, in Mitleidenschaft zog. Man beachtete
dabei freilich zu wenig, daß es sich um eine Geste der höfischen Etikette
handelte, der alle sich unterzogen; auch der Kaiser selbst vollzog den

«Kotou» vor seinen symbolischen Ahnen im Himmel und vor seinen Eltern oder deren Gedenkstätten. Im übrigen wurde den Fremden, die in die Residenz des Kaisers zogen, um ihre Tributgeschenke zu überreichen, mit großer Ehrerbietung und Höflichkeit begegnet. Man scheute keine Mühe, um die lange Reise so angenehm und sicher wie möglich zu gestalten, setzte die Sänfte als bequemes Transportmittel ein und stellte die besten Gasthöfe als Unterkünfte zur Verfügung. Bei den Tributgaben, die man erwartete, handelte es sich meist um Gegenstände oder Waren von nicht sehr großem Wert, die als «Kuriosa» Eingang in die kaiserliche Schatzkammer fanden. Die Tatsache, daß die Gegengeschenke des Kaisers, meist Seidenstoffe, ungleich kostbarer waren, zeigt, daß für die Zentralregierung der Prestigegewinn wichtiger war als der Profit. Für die fremden Gesandtschaften dagegen standen die Handelsmöglichkeiten, welche die Tributleistung eröffnete, im Vordergrund, Handelsmöglichkeiten, die durchaus im Sinne eines kaiserlichen Gnadenaktes abgetreten wurden, der keineswegs als eine Hinwendung zu naturrechtlich begründetem Freihandel zu verstehen ist. Es unterstreicht die innere Bedeutung dieses Tributsystems, daß die Chinesen ihrerseits keinen Wert darauf legten, Gesandtschaften oder Handelsleute in die Ferne auszusenden, ja sogar diese Form des Kontakts mit der Außenwelt periodisch unter schwere Strafen stellten.

Nichts wäre indes verfehlter, als die Schuld für das Scheitern der frühen Handelskontakte dem kulturellen Selbstwertgefühl der Chinesen zuzuschreiben. Die Hauptschuld am Abbruch der gegenseitigen Beziehungen im Jahre 1522 trugen die Portugiesen. Sie waren anmaßend aufgetreten, hatten die Zahlung von Zöllen verweigert und einheimisches Recht, Sitte und Religiosität mißachtet. Vieles spricht dafür, daß die Portugiesen meinten, hier mit gleichem Rezept zum Erfolg gelangen zu können, wie dies in Indien und allenfalls noch auf den militärisch schwachen Gewürzinseln möglich gewesen war.[14] Im Falle Chinas überschätzte man nicht nur die Reichweite der eigenen Macht; man hatte auch keinerlei genaue Vorstellung von der Größe dieses Landes und übersah, daß man, im Unterschied zu Indien, nicht auf Lokalkonflikte hoffen konnte, welche die eigene Sache begünstigten.

Über dreißig Jahre, von 1522 bis 1554, blieben die Portugiesen offiziell vom Chinageschäft ausgeschlossen. Ein gewisser Schmuggelhandel freilich dauerte fort, verlagerte sich lediglich aus der Provinz Kwangtung nordostwärts in die Küstengewässer von Fukien und Chekiang, wo sich zahlreiche vorgelagerte Inseln als Schlupfwinkel anboten. Es steht außer Zweifel, daß weite Kreise der lokalen Bevölkerung von diesem Handel profitierten und die Bemühungen von Beamten, die den Anweisungen der Zentralregierung Beachtung verschaffen wollten, hintertrieben.[15] Die europäischen Seefahrer handelten hier nicht selten auch im Einvernehmen mit japanischen Kaufleuten und Freibeutern. Da den Japanern ebenso wie den Chinesen untersagt war, zur See zu fahren und Handel zu treiben, genossen die Portugiesen eine bemerkenswerte Monopolstellung und hatten in Fragen der Preisgestaltung weitgehend freie Hand. Nachdem sie um 1542 durch einen Zufall Japan entdeckt und – anders als zuvor in Kanton – mit ihrem Kanonendonner Bewunderung und mit ihrem umsichtigeren Verhalten Sympathie geweckt hatten, eröffnete sich ihnen ein neuer, äußerst lukrativer Markt. Bis um 1610, als die Holländer ihnen in Japan den Rang abzulaufen begannen, schifften die Portugiesen Gewürze aus Indien und den Molukken nach China, handelten dort Seide und Porzellan für Japan ein und ließen sich beides in Japan mit Silber bezahlen, das in China wiederum zu hohen Preisen abgesetzt werden konnte. Dieser fernöstliche Dreieckshandel, den C. R. Boxer meisterhaft beschrieben hat,[16] sollte maßgebend am Aufschwung der portugiesisch-chinesischen Beziehungen beteiligt sein, nachdem das «Reich der Mitte» sein Handelsverbot wieder gelockert hatte.

Dies geschah im Jahre 1554. Bereits zuvor hatten die Provinzbeamten der Küstengebiete den rapiden wirtschaftlichen Niedergang und die Verarmung der Bevölkerung nach Peking melden müssen. Ihre Anfragen bei der Zentralregierung, ob nicht, um Abhilfe zu schaffen, der Hafen von Kanton wieder geöffnet werden solle, wurden jedoch abschlägig beantwortet. Aus dem Jahre 1530 ist ein solches Gesuch erhalten geblieben, das die Wiederaufnahme des Handels verlangte. Die als Folge einer solchen Maßnahme zu erwartenden Zolleinnahmen, schrieb der Provinzgouverneur, würden es nicht nur gestatten, das Loch in der Staatskasse zu stopfen und die notwendigen Militärausgaben zur Abwehr der Seeräuber bereitzustellen, sondern auch die am Hof so begehrten Gewürze zugänglicher zu machen. Allerdings schloß dieses Gesuch die Beteiligung von Portugiesen und in ihrem Gefolge reisenden Europäern noch ausdrücklich aus und empfahl, die Küsten an der Mündung des Perlflusses besonders sorgfältig zu überwachen.[17] Erst im Jahre 1554 wurde der China-Handel für die Portugiesen offiziell erleichtert. Weder eine chinesische noch eine portugiesische Ausfertigung eines entsprechenden Vertrags – falls es überhaupt einen gab – sind erhalten geblieben. Wir besitzen dagegen ein Schreiben des Kapitäns Leonel de Souza, der berichtet, wie es ihm gelungen sei, langwierige Verhandlungen mit dem Superintendanten der Marine in Kanton zu einem glücklichen

Abschluß zu bringen. «Auf diese Weise», schreibt Souza, «schloß ich Friedensvereinbarungen ab und ordnete die Handelsangelegenheiten mit China, so daß viele, die am Geschäft interessiert sind, die Gelegenheit ergreifen werden, frei und ohne Behinderung nach der Stadt Kanton und nach anderen Plätzen zu reisen und Handel zu treiben … Dies alles brachte viele Umtriebe mit sich, weit mehr, als ich in diesem Brief darlegen kann – aber es ging nicht anders.»[18] Wenn Leonel de Souza von uneingeschränktem Handel und direktem Zugang zum Hafen von Kanton träumte, täuschte er sich freilich. Zuerst wies man den Portugiesen einige Inseln als Anlegestellen zu, und erst um 1557 wurde ihnen gestattet, auf der Halbinsel von Macao, westlich vom heutigen Hongkong und etwa 145 Kilometer von Kanton entfernt, dauernden Aufenthalt zu beziehen.

Die Art des Kulturkontakts, der sich nach 1557 in Macao entfaltete und zwischen 1580 und 1600 eine für beide Seiten bedeutende Prosperität erreichte, haben wir die «kontrollierte Kulturbeziehung» genannt. Wir wollen damit ausdrücken, daß der eine Handelspartner – China – jederzeit und notfalls «manu militari» in der Lage war, Bedingungen und Inhalte der gegenseitigen Beziehungen zu bestimmen, während der andere Partner – Portugal – sich zu fügen hatte, was freilich die Anwendung aller möglichen taktischen Tricks, von der Bestechung bis zu Erpressungsversuchen, nicht ausschloß. So stand von Anfang an fest, daß China, indem es den portugiesischen Kaufleuten die Halbinsel von Macao zur Besiedlung überließ, seine territoriale Souveränität über dieses Gebiet in keiner Weise preisgab – und die Portugiesen wußten das. Patriotisch gesinnte Bewohner Macaos haben in späteren Jahrhunderten zwar versucht, aus dem spärlich vorhandenen Quellenmaterial über die Frühgeschichte der Stadt eine Gebietsabtretung zu rekonstruieren, und sie haben von Aneignung durch Eroberung gesprochen oder auch von einer Landverleihung zum Dank für die Mithilfe der Portugiesen bei der Bekämpfung von Piraten.[19] Daß die Portugiesen sich im Kampf gegen Seeräuber japanischer Herkunft verdient machten, ist zwar wahrscheinlich, hatte aber keine territorialen Folgen. Die Abtretung von Land auch gegen entsprechende Bezahlung wäre schon darum völlig unmöglich gewesen, weil die außenpolitischen Direktiven des Kaiserhofes wie das Staatsverständnis der höheren Beamten einen solchen Schritt verboten. Es ist im übrigen interessant zu sehen, daß man Peking lange Jahre über die ersten portugiesischen Siedler auf Macao im ungewissen ließ, offenbar aus Furcht vor kaiserlichem Tadel und Gegenbefehlen, die den aufkommenden Handel strikt unterbunden hätten.[20]

Streng wurde darauf geachtet, daß die Portugiesen außerstande blieben, sich Macao durch Gewalt anzueignen oder es zu befestigen. Munition und Waffen wurden an Land während längerer Zeit nicht oder nur sehr beschränkt zugelassen, und erst nach einer Attacke der Holländer im Jahre 1622 wurde gestattet, den Stützpunkt mit einer Mauer zu sichern und mit Festungsartillerie zu bestücken.[21] Doch solche Zugeständnisse konnten kurzfristig wieder rückgängig gemacht werden, sei es, daß eine entsprechende Ordre aus Peking eintraf oder daß die Ankunft mehrerer Schiffe der Provinzregierung Anlaß zur Sorge gab; in solchen Fällen konnte durchaus die Schleifung von Befestigungsanlagen verfügt werden.

Auch bei der Ansetzung der zu entrichtenden Abgaben machten die Chinesen deutlich, daß sie die Herren blieben. Sie erhoben regelmäßig einen Pachtzins, der verschiedentlich erhöht wurde, ferner massive Zollabgaben und Hafengebühren; hinzu traten, je nach Bedarf und Umständen, Schmiergelder. «Noch heute», weiß ein spanischer Reisender im Jahre 1582 zu berichten, «sind die Portugiesen ohne Recht, ohne Waffen und Schießpulver. Ein chinesischer Mandarin durchsucht die Häuser, ob er etwas davon findet. Und weil es sich um eine richtige Stadt mit etwa fünfhundert Häusern handelt, mit einem portugiesischen Gouverneur und einem Bischof, zahlen sie alle drei Jahre dem Provinzgouverneur rund 100 000 Dukaten, um zu verhindern, daß sie aus dem Lande weggewiesen werden, in welche Summe sich dieser mit den Würdenträgern am Kaiserhof teilt. Dennoch wird immerzu von jedermann versichert, daß der Kaiser keine Ahnung habe, daß sich Portugiesen im Lande aufhielten.»[22]

Besonders sichtbar wurde die Kontrolle der Kulturbeziehung durch die Chinesen auch an der Art und Weise, wie die Bewegungsfreiheit der Siedler eingeschränkt wurde. Die unwirtliche und zuvor nur von wenigen Fischern bewohnte Halbinsel war vom Festland her leicht zu überwachen. Die Abwicklung der Handelsgeschäfte wurde möglichst auf Macao und dessen nächste Umgebung beschränkt; als Kontaktleute dienten chinesische Zollbeamte, von denen wenige auch in der Stadt selbst gewohnt haben dürften. Gelegentlich wurden hohe portugiesische Beamte zu Gesprächen nach Kanton eingeladen, durften sich dort jedoch nur während eines Tages aufhalten. Eine Gesandtschaft, die 1565 den Weg nach Peking antreten wollte, um Tributgeschenke zu überbringen, wurde zurückgeschickt. Als sich im Jahre 1574 die Zahl der Kolonisten auf über zehntausend erhöht hatte, betrachtete die Provinzregierung es als angezeigt, bei der Landenge zwischen Festland und Siedlung eine

Mauer zu errichten, die von Posten bewacht wurde. Begaben sich hin und wieder einige Portugiesen ins Hinterland, mußten sie sich mit einem Passierschein versehen und unter einem Tor durchschreiten, auf dem die mahnende Inschrift zu lesen stand: «Fürchte unsere Größe und achte unsere Sitten!»[23]

Diese «Porta do Cerco» wurde vor allem dann geöffnet, wenn in Macao der Markt stattfand, also etwa jede Woche einmal; nachher wurde das Tor wieder verschlossen und mit abgestempelten Papierstreifen versiegelt. Es handelte sich um den einzigen Zugang zu Lande, durch den sich die Nahrungsmittelversorgung der Stadt abwickelte, und wenn man auf die Portugiesen in irgendeiner Sache Druck ausüben wollte, genügte es, die Schließung der «Porta do Cerco» zu verfügen. «Eine Viertelmeile von der Stadt entfernt», berichtet der Dominikanermönch Navarrete um 1670, «da, wo sich die schmalste Stelle der Landenge befindet, bauten die Chinesen vor vielen Jahren eine Mauer von Meer zu Meer, in deren Mitte ein Tor mit einem Turm darüber steht. Dieses Tor ist bewacht, und weder die Leute von Macao noch die Chinesen haben freien Durchgang. Die Chinesen durften zwar zu gewissen Zeiten, wenn sie wollten, passieren; doch den Portugiesen war das Hinterland versperrt. In den letzten Jahren war das Tor überhaupt geschlossen. Zu Beginn wurde es alle fünf Tage geöffnet, wenn die Portugiesen Lebensmittel einkauften, später wurde man strenger und öffnete lediglich zweimal im Monat. Die wenigen Reichen, die es gab, konnten dann Vorräte für zwei Wochen einkaufen, den Armen aber erging es übel, und viele sind gestorben.»[24]

Dieser Außenpolitik des Isolationismus widersprach es nicht, daß die Bewohner von Macao innerhalb ihrer Stadtgrenzen sich selbst verwalten konnten und, wenn sie nicht gegen chinesisches Gesetz verstießen, hier weitgehend unbehelligt blieben. Solche Selbstverwaltung nicht assimilierter Randbevölkerungen war in China seit Jahrhunderten mit Erfolg geprobt worden, so etwa gegenüber den Handelsniederlassungen von Arabern und Persern, die vom 8. bis 12. Jahrhundert an einigen Punkten längs der südchinesischen Küste errichtet worden waren. In den Augen der Chinesen handelte es sich bei der Selbstverwaltung nicht um ein besonderes Recht, das man den Fremden einräumte oder auf das sie Anspruch gehabt hätten. Weit eher war dieses Zugeständnis Ausdruck der Verachtung gegenüber den «Barbaren», denen man nicht zutraute, sie könnten die kultivierten Sitten der Chinesen verstehen oder sich ihnen gar annähern – mochten sie also auf die barbarische Art dahinleben, die sie gewohnt waren!

Über die Anfänge der Selbstverwaltung von Macao ist wenig Genaues bekannt. Wir wissen, daß sich zu Beginn weder die chinesische Regierung noch der Vizekönig von Goa die Mühe nahmen, den Status dieses Stützpunktes rechtlich zu definieren. Eine wichtige Aufsichtsfunktion hatte seit der Gründungszeit der Capitão Mór da Viagem do Japão, der Generalkapitän der Japan-Flotte, inne, der, wenn er sich in Macao aufhielt, die Regierung kontrollierte.[25] Um 1560 begann sich eine Art von Kaufmannsrepublik herauszubilden, in deren Mittelpunkt ein Stadtrat stand, der von den in Macao geborenen oder seßhaft gewordenen freien Untertanen seiner Majestät des Königs von Portugal gewählt wurde. Dem Stadtrat gehörten ein Ortskommandant (Capitão da Terra), ein oberster Richter (Ouvidor) und ein Bischof an; ihnen zur Seite standen zahlreiche weitere Beamte, unter ihnen ein Prokurator (Procurador), der für öffentliche Bauten zuständig war und die wichtige Aufgabe hatte, die Beziehungen zur chinesischen Provinzverwaltung wahrzunehmen.

Im Jahre 1582 begann man sich in Kanton doch Sorgen über den Aufbau dieses Regierungssystems zu machen, und der chinesische Generalgouverneur befahl eine Vertretung der Stadtväter zu Gesprächen zu sich. Nach ängstlichem Zögern entsandte die Stadt einen im Kontakt mit den Mandarinen erfahrenen Richter und einen Jesuitenpater nach Kanton, wo sich die beiden schwere Vorwürfe anhören mußten, die es aber mit Zureden und kostbaren Geschenken zu beschwichtigen gelang. Damals sollen die Portugiesen die erste offizielle Zusicherung erhalten haben, «in der Stadt, unter Vorbehalt der Beachtung der Gesetze des Reiches, wohnen zu dürfen».[26] Zwei Jahre später geruhte endlich auch der Kaiser, die Vorgänge in Macao zur Kenntnis zu nehmen, was sich darin äußerte, daß er dem Prokurator der Stadt den Titel eines Mandarins zweiten Grades verlieh, ihn also enger ins Verwaltungssystem des Reiches einband. In den in diesem Zusammenhang geführten Korrespondenzen wird der Prokurator mit «I-mu» angeredet, was wörtlich «Barbaren-Auge» heißt[27] und die ihm nach Auffassung der Chinesen zugestandene Doppelfunktion bezeichnete, seine Landsleute zu überwachen und gleichzeitig den Blickkontakt zum Handelspartner aufrechtzuerhalten. Zur selben Zeit, im Jahre 1586, wurde die Form der Stadtregierung, die sich Macao gegeben hatte, auch vom Vizekönig von Portugiesisch-Indien in Goa gutgeheißen. In der Folge erfreute sich Macao einer bemerkenswerten Unabhängigkeit sowohl gegenüber dem Vizekönig wie gegenüber den Kolonialbehörden im Mutterland. Die aristokratische Beamtenschaft der Fidalgos hatte hier geringe Entscheidungsgewalt; einflußreich blieb die ansässige portugiesische Kaufmannschaft mit ihren eng verfilzten Beziehungen und Interessen und ihrer guten Kenntnis der spezifischen Gegebenheiten des fernöstlichen Handels und der chinesischen Mentalität. In Goa und Lissabon war man es offensichtlich zufrieden, wenn die Geschäfte hier gut liefen und die Steuereinkünfte regelmäßig eintrafen – dirigistische Eingriffe hätten sich nur nachteilig auswirken können.

Von Peking auf Distanz gehalten und gegenüber Goa Distanz wahrend, entwickelte sich Macao nach 1580 zu einem Gemeinwesen von eigenem Charakter und besonders ausgeprägtem Selbstbewußtsein. Der Handel beherrschte hier alles, die persönlichen und familiären Beziehungen wie die Politik, und die Profite, die er einbrachte, fanden gegen Ende des 17. Jahrhunderts ihren Niederschlag in der Stattlichkeit der öffentlichen Gebäude und der Kirchen, die zwar mit den Bauten der spanischen Niederlassung in Manila nicht wetteifern konnten, aber doch, nicht zuletzt dank der eindrücklich erhöhten Lage der Stadt, die Besucher mit Staunen erfüllte. Das Interesse, das die Chinesen bereits zu Beginn der gegenseitigen Kontakte an den Waren gezeigt hatten, welche die Portugiesen ihnen zu vermitteln versprachen, nahm immer mehr zu. Nicht nur Gewürze aller Art aus Indien und dem malaiischen Archipel, sondern auch vielerlei kostbare Luxusartikel wie Elfenbein, aromatische Öle, exotische Hölzer und europäische Wollstoffe, besonders Samt, waren zunehmend gefragt. Umgekehrt erweiterte sich die Palette chinesischer Waren, die im Ausland begehrt waren. Neben die Seide, die in verschiedener Qualität vor allem auf dem japanischen Markt abgesetzt wurde, traten Schmuckgegenstände und Nippsachen, Lackarbeiten und bemaltes Porzellan, Arzneimittel und Moschus.[28] Die Vielfalt europäischer und orientalischer Waren, die in Macao zusammenliefen, schlug sich in der Erscheinung der wohlhabenderen Stadtbewohner nieder und verlieh ihrer Bekleidung und ihren Intérieurs einen farbigen, extravaganten Akzent, der eben angekommenen Reisenden ins Auge fiel.

Gewiß blieben auch in Zeiten der Blüte, wie sie nach 1580 feststellbar waren, die Beziehungen zwischen hohen chinesischen und portugiesischen Beamten, so sehr beide Teile sich der gewinnbringenden Reziprozität ihres Verhältnisses bewußt waren, frostig und förmlich. Das Auftreten der Mandarine wurde von den Europäern als betont herablassend, als steif und puppenhaft empfunden, und die Inspektion der Schiffe und ihrer Ladungen, die offenbar mit einer aufreizend ritualisierten Sorgfalt erfolgte, wird in den Quellen mit Mißfallen erwähnt.[29] Ein spanischer Beobachter, welcher der Konquistadorenmentalität stärker verhaftet geblieben war, wunderte sich im 17. Jahrhundert noch

darüber, daß sich die Portugiesen so widerspruchslos und untertänig
dem Prozedere der Chinesen fügten.[30]

In anderen Kontaktbereichen jedoch verliefen die Begegnungen zwischen den Vertretern beider Kulturen wesentlich ungezwungener, ja oftmals freundschaftlich. Berührungspunkte für solchen lockeren gegenseitigen Austausch im Rahmen einer «kontrollierten Kulturbeziehung» ergaben sich vor allem im Bereich der Nahrungsmittelversorgung und im
Zusammenhang mit der Ausrüstung der Schiffe. Auf beiden Gebieten
waren chinesische Bauern, Marktfahrer und Handwerker tätig, welche
die Gewohnheiten der Portugiesen kannten und sich mit ihnen auf «Pid-
gin-Portugiesisch»[31] zu unterhalten wußten. Außerhalb der Stadt hatten
sich Landwirtschaftsbetriebe entwickelt, auf denen die Chinesen für die
Portugiesen, die ungern Reis aßen, europäische Gemüse zogen, die sie
übrigens oft auf ihren eigenen Speisezettel übernahmen.[32] Gewiß gab es
hier auch Pflanzgärten, die von den Portugiesen selbst mit Hilfe mitge-
brachter schwarzer Sklaven betrieben wurden; aber der Gemüseanbau
blieb für die Chinesen attraktiv, da die Kolonisten erheblich höhere Prei-
se zahlten als die Landsleute. Einzelne Provinzgouverneure sahen zwar
diesen Lokalhandel und das muntere Markttreiben, das sich damit verband, ungern, mußten aber erkennen, daß damit auch den Interessen der
einheimischen Bevölkerung gedient war. Denn immer, wenn von Peking wieder eine Weisung zur verschärften Kontrolle oder Schließung
des Landweges nach Macao eintraf, waren es auch die benachbarten
chinesischen Einwohner, die in Not gerieten. «Wenn wir diese strenge
Kontrolle in Macao aufrechterhalten», schrieb dann auch in besonders
gespannter Lage ein Provinzgouverneur an den Kaiserhof, «woher soll
dann unser Volk, das seine Beschäftigung verloren hat, das Geld nehmen, um unseren Reis zu kaufen – vorausgesetzt, wir haben ihm Reis zu
verkaufen? Euer untertäniger Diener ist der Meinung, daß diese Bevölkerung innerhalb weniger Jahre völlig erschöpft ist und verhungern
wird.»[33]

Ebenso wichtig wie diese Bauern waren die Chinesen, die für den
Unterhalt, die Ausrüstung und Verproviantierung der Schiffe tätig waren. Der Transport von Gütern und Personen von und zu den im Hafen
liegenden Schiffen, die Herstellung von Schiffsproviant und die laufen-
den Reparaturarbeiten erforderten eine große Zahl von Hilfskräften, und
es gelang einheimischen Arbeitern und Handwerkern, sich rasch unentbehrlich zu machen. Daß sich aus Kontakten mit chinesischen Frauen
auch eheliche Verbindungen ergaben, erstaunt nicht, eher vielleicht, daß
die Kirche solche Verbindungen begünstigte und unterstützte. Bei der

Heirat trat die Chinesin zum katholischen Glauben über, aber auch sonst
kam es gelegentlich zu Bekehrungen. Die Neugetauften wählten christliche Namen und nahmen zuweilen auch in der Stadt Wohnsitz. Es kam
ebenfalls vor, daß portugiesische Familien chinesische Kinder adoptier-
ten, galt es doch als Akt der Nächstenliebe, junge Heiden einer christlichen Erziehung zuzuführen. Bei der Mithilfe im Haus scheint man
schwarze Sklaven vorgezogen zu haben; aber auch chinesische Bedienstete, die man in jugendlichem Alter käuflich erwarb, waren nicht
selten. Diese engen Kontakte zwischen den Rassen führten nach wenigen
Generationen in Macao zu einer ausgesprochenen Mischbevölkerung,
der Rassenvorurteile völlig fern lagen und deren äußere Erscheinung
früh die Anerkennung ästhetisch empfindsamer Reisender fand. Der
Engländer Peter Mundy, der die Stadt im Jahre 1637 aufsuchte, gibt eine
anschauliche Schilderung dieser Verhältnisse, wenn er nach einer Einla-
dung bei einem hohen portugiesischen Magistraten ins Tagebuch no-
tiert: «. . . wir wurden von chinesischen Mägden bedient, die vom Haus-
herrn gekauft worden waren und von denen jeder Haushalt über mehrere verfügt, die zum Inventar gezählt werden. Dem Hörensagen zufolge
soll es in der ganzen Stadt nur eine Frau geben, die in Portugal geboren
ist. Ihre Frauen sind entweder Chinesinnen oder aber Mischlinge . . . Es
gab zu dieser Zeit im Hause drei oder vier hübsche Kinder, Töchter des
genannten Senhor Antonio und seiner Verwandtschaft, die, wie ich denke, auf der ganzen Welt in der Schönheit ihrer Gesichtszüge und ihres
Teints nicht ihresgleichen finden – außer in England. Die Art, wie sie
gekleidet und hergerichtet waren, stand ihnen vorzüglich; sie trugen
kostbare Edelsteine und teure Gewänder und als Überwurf kleine Ki-
monos oder japanische Mäntel, die sie überaus anmutig erscheinen
ließen.»[34]

Größte Bedeutung im wirtschaftlichen und kulturellen Leben Macaos
wie im diplomatischen Verkehr mit China kam dem Klerus, besonders
dem Jesuitenorden, zu, dessen Einfluß in den feinsten gesellschaftlichen
Verästelungen des städtischen Lebens spürbar wurde. Bereits 1562, ein
Jahrzehnt, nachdem der Mitbegründer des Ordens Franz Xaver im Anblick der chinesischen Küste verstorben war, erbauten die Jesuiten eine
einfache Kirche aus Holz und ein Hospiz; im Jahre 1602 vollendeten sie
die Kathedrale Sankt Paul, deren prächtige Fassade bis heute erhalten
geblieben ist. Zwar fällt die große Zeit der jesuitischen China-Mission
erst in die Jahrzehnte nach Matteo Riccis erstem Peking-Besuch von
1598; aber der Ausgangspunkt dieser Bemühungen, Macao, stand als
Hauptquartier schon im 17. Jahrhundert auf sehr soliden Fundamenten.

Es kann hier nicht die Aufgabe sein, die jesuitische Festland-Mission darzustellen, zu zeigen, wie es den Patres gelang, den Handlungsspielraum, den die «kontrollierte Kulturbeziehung» noch beließ, wahrzunehmen, und den Kontroversen zu folgen, die schließlich zum Niedergang der Missionstätigkeit führten – darüber gibt es eine umfangreiche Fachliteratur.[35] Unerläßlich aber ist ein Hinweis auf das Wirken des Ordens in Macao selbst und auf die enge Verbindung von Geschäft und Politik, die dieses Wirken in China prägte.

Während man sich bei den Jesuitenmissionaren in andern Teilen der damaligen Welt, in Paraguay oder Kanada etwa, darüber streiten kann, wie weit sie von materiellen, weltlichen Begierden berührt wurden, gilt hier kein Zweifel: die Jesuiten von Macao waren gewandte Kaufleute, und zwar in dem doppelten Sinne, daß sie selbst im China- und Japanhandel tatkräftig investierten, zugleich aber auch die Gunst reicher Geschäftsherren zu gewinnen wußten, auf deren Zuwendungen sie bei ihrer karitativen Arbeit angewiesen waren. Zwar versuchte die Krone verschiedentlich, die Investitionstätigkeit der Jesuiten zu unterbinden und dem Vizekönig von Goa zu übertragen, doch vergeblich. Mit der wachsenden Bedeutung der Festland-Mission im 17. Jahrhundert erweiterte sich dieses kommerzielle Engagement noch, waren doch Jesuiten oft die einzigen Portugiesen, die Kontakte knüpften und sich auf die hohe Kunst verstanden, im richtigen Augenblick Tributgeschenke zu überreichen, Bestechungsgelder zuzuschieben, Mittlerdienste zu leisten und ihren Anteil am Gewinn zu kassieren. Daß diese Geschäftstüchtigkeit, die sich auf ein genaues Studium der chinesischen Mentalität stützte, bei den Vertretern anderer Orden zu Kritik führte, kann nicht erstaunen. So schrieb ein aus Manila hergereister Dominikanermönch, als Spanier den Portugiesen ohnehin nicht sonderlich wohlgesinnt: «In Macao in China unterhalten sie (die Jesuiten) ein theologisches Kollegium, das durch eine Türe in direkter Verbindung mit einem Kaufladen steht, so daß der Pater, der die Aufsicht inne hat und über großen Geschäftssinn verfügt, bequem hin- und hergehen kann.» Und weiter: «Sie reden von getrockneten Rettichblättern, mit denen sie sich ernähren, aber verschweigen das schmackhafte Huhn, das nachfolgt.»[36] Und auch dem bereits erwähnten Peter Mundy fiel die hypokritisch getarnte Symbiose von Geld und Geist auf: «Denn diese Patres hier», stellt er fest, «treiben Handel mit Schiffen, Gütern und Liegenschaften und führen als Grund dafür die hohen Kosten an, die entstünden, wenn ihre Ordensbrüder an verschiedene Posten entsandt würden, wo sie für ihre Wohnung und ihren Unterhalt aufkommen müßten.»[37] Obwohl Engländer und Protestant, zeigte sich

Mundy von der urbanen Lebensart und Gastlichkeit der Jesuiten dagegen sehr angetan; er speiste gern in ihrer anregenden Gesellschaft, versäumte nicht, einer Theateraufführung zu folgen, die unter ihrer Regie über die Bühne ging, und konstatierte beeindruckt den chinesischen Kultureinfluß, der in manchen Darbietungen, etwa den von Kindern vorgetragenen Tänzen, sichtbar wurde. Es war wohl letztlich diese Weltkenntnis der Jesuiten und ihre Bereitschaft, der Fremdkultur rücksichtsvoll und höflich interessiert zu begegnen, die sie zu geeignetsten Gesprächspartnern im schwierigen Dialog mit der gelehrten Beamtenschaft des chinesischen Reiches machte.

Nach der Wende zum 17. Jahrhundert begann der Stern Macaos zu sinken. Den Hauptgrund für diesen Niedergang der wirtschaftlichen Blüte bildete der Einbruch der holländischen und kurz darauf der englischen Handelsflotten in den asiatischen Raum. Die Vernichtung der spanischen Armada (1588) bedeutete auch für Portugal, das seit 1580 unter Philipp II. mit der spanischen Krone verbunden war, einen schweren Schlag. Beide Länder waren nun nicht mehr in der Lage, die Sicherheit der asiatischen Stützpunkte und der Verbindungswege zu gewährleisten. Nach 1602 begannen sich die Holländer im malaiischen Archipel festzusetzen, den Gewürzhandel an sich zu reißen und mit der Gründung der «Ostindischen Kompagnie» eine machtvolle Organisation auf die Beine zu stellen; 1619 gründeten sie Batavia (Jakarta) und machten die «Königin der östlichen Meere», wie sich die Stadt stolz nannte, zum wichtigsten Warenumschlagplatz in dieser Weltgegend. Im Jahre 1622 mißlang der Versuch des tatkräftigen Gouverneurs Jan Pieterszoon Coen, Macao zu erobern, nur knapp. In einer chinesischen Quelle wird das Erscheinen der «rothaarigen Barbaren», wie die Holländer genannt wurden, mit besorgter Erwartung kommentiert: «Sie sind habgierig und geschickt, verfügen über eine gute Kenntnis der wichtigsten Handelswaren und sind schlaue Profitmacher. Sie schonen, wenn sie nach Gewinn ausschauen, nicht einmal ihr eigenes Leben und treiben mit den entferntesten Gebieten Handel ... Darüber hinaus handelt es sich um erfinderische Leute; die Segel ihrer Schiffe sind wie Spinnengewebe, die nach allen Seiten hin in den Wind gedreht werden können, und sie gehen dahin, wo sie wollen. Begegnet man ihnen auf hoher See, wird man oft beraubt ... Wo immer sie hingehen, trachten sie nach den vortrefflichsten Waren und bringen es mit allen Mitteln fertig, Land in Besitz zu nehmen.»[38]

Auch nach dem mißlungenen Eroberungsversuch von 1622 blieben Holländer und Engländer gefährlich. Macao sah sich veranlaßt, in Mani-

la und Goa Unterstützung anzufordern, was man ungern tat, weil damit
neue Abhängigkeiten geschaffen wurden. Zudem wurden fieberhaft
neue Befestigungsanlagen erstellt. Diese illegalen Fortifikationsarbeiten
erregten wiederum den Argwohn der Chinesen, die, durch boshaft aus-
gestreute Gerüchte zusätzlich verunsichert, eine Invasion befürchteten
und schon den Namen des Jesuitenpaters zu kennen glaubten, der die
unfähigen Herrscherfiguren der niedergehenden Ming-Dynastie auf dem
Kaiserthron ablösen würde. In der Stadt kam es zu Unruhen unter der
chinesischen Bevölkerung; zeitweilige Sperre der Zufahrtswege und
Hungersnöte waren die Folge. Wenn bereits bis dahin die chinesische
Außenhandelspolitik zwischen Milde und Strenge geschwankt hatte, so
wurde die Situation nun, da die Holländer und Engländer vor der Küste
auftauchten und mitreden wollten, noch undurchsichtiger. Einerseits
neigten die Chinesen dazu, sich enger an die Portugiesen anzuschließen,
um gemeinsam mit diesen weiteren Verwicklungen entgegentreten zu
können; anderseits aber gab man sich in den Küstenprovinzen durchaus
davon Rechenschaft, welche Vorteile die Beseitigung des portugiesischen Handelsmonopols bieten würde. Peter Mundy, dessen englische
Handelsgesellschaft 1637 mit dem Anspruch auf Eröffnung freihändlerischer Beziehungen vor der Küste eintraf, läßt in seinem Reisebericht
durchblicken, welche diplomatische Hektik der Besuch seines Schiffes
und die neu entstandene Machtkonstellation in diesem Gebiet auslöste.

Ein weiterer wichtiger Grund für den Niedergang Macaos als Handelsstation bildete der Verlust des lukrativen Japangeschäfts. Wir haben
bereits erwähnt, daß die ersten Portugiesen, die nach 1542 Japan erreichten, freundlich empfangen wurden. Rasch begann sich ein blühender
Handel zu entfalten, und die Mission entwickelte sich derart günstig, daß
die Jesuiten glaubten, hier, am äußersten Ende der ihnen bekannten
Welt, ihr wichtigstes Wirkungsgebiet gefunden zu haben. Ums Jahr
1580 wurde die Zahl der getauften japanischen Christen auf insgesamt
150000 geschätzt – ein enormer Erfolg im Vergleich zu den etwa zwanzig bekehrten Chinesen, die zum damaligen Zeitpunkt Macao aufzuweisen hatte.[39] Wie später in China wandten sich die Jesuiten an die oberen
Gesellschaftsschichten, und es gelang ihnen auch einige Lokalherrscher,
die Daimyôs, zum Christentum zu bekehren. Doch im Jahre 1587 wandte sich einer der mächtigsten Lokalherrscher, Hideyoshi, überraschend
gegen die Missionare und suchte den Kontakt mit den Holländern, die
versprachen, Waren zu liefern, ohne auch noch Seelen retten zu wollen.
Es kam zu heftigen Verfolgungen der Ordensbrüder, aber auch der japanischen Konvertiten, von denen Tausende den Märtyrertod erlitten. Die

Handelsbeziehungen zu Macao verschlechterten sich drastisch. Man weiß bis heute nicht genau, wie es zu diesem plötzlichen Stimmungsumschwung auf japanischer Seite kam. Ein späterer Reisender, dem man ein unparteiisches Urteil zutrauen darf, der Schwede Thunberg, hat gewiß nicht Unrecht, wenn er feststellt, die Portugiesen seien, von ihren stupenden Anfangserfolgen geblendet, den Japanern gegenüber zunehmend anmaßend und rücksichtslos aufgetreten.[40] Wahrscheinlich ist auch, daß Hideyoshi, dessen Machtposition unsicher war, richtig erkannte, daß er sich mit der Bekämpfung der politisch subversiven Kraft, die das Christentum ohne Zweifel darstellte, die Sympathie einer Mehrheit der Bevölkerung gewinnen würde. Im Jahre 1639 wurden alle Portugiesen des Landes verwiesen und jeder weitere Handelsverkehr abgebrochen. «Sollte ein portugiesisches Schiff», heißt es im entsprechenden Edikt, «je wieder einen japanischen Hafen anlaufen, unter welchen Umständen auch immer, sei es wegen der Widrigkeiten der See oder infolge stürmischen Wetters, so würde die ganze Besatzung, bis zum letzten Mann, hingerichtet werden.»[41]

Doch in Macao mochte man noch nicht glauben, daß es den Japanern ernst war. Im folgenden Jahr wurde eine neue Gesandtschaft nach Japan entsandt. Ihr wurde ein schrecklicher Empfang zuteil: Ihre Anführer und über fünfzig Begleitpersonen wurden nach kurzem Prozeß enthauptet; die übrigen ließ man frei, damit in Macao jemand den Vorfall melden konnte. In der Folge wandten sich die Japaner ganz dem Erbfeind Portugals, den Holländern, zu, allerdings diesmal strikt im Rahmen einer «kontrollierten Kulturbeziehung». Es wurde ihnen erlaubt, auf der künstlich errichteten Insel Deshima im Hafen von Nagasaki eine Handelsstation zu installieren, die vom Festland ebenso klar abgetrennt war wie Macao von China. Doch die Geschichte dieses holländisch-japanischen Handels, der während der folgenden zwei Jahrhunderte mit gutem Erfolg betrieben wurde, gehört in andere Zusammenhänge.[42]

Zum äußeren Unglück gesellten sich in Macao noch innere Schwierigkeiten. Nun, da die wirtschaftlichen Erfolge ausblieben, entstanden innerhalb der Stadtverwaltung ernsthafte Differenzen. Die Mönchsorden, schon immer in spannungsvollem Wettbewerb befindlich, bekämpften sich offen; Artilleristen, die von Jesuiten aufgehetzt worden waren, zögerten nicht, das städtische Dominikanerkloster zu beschießen. Versuche des Vizekönigs von Goa, Ruhe zu schaffen, fruchteten nichts. Die Nachricht von der Einsetzung des Herzogs von Braganza zum portugiesischen König (1640) wurde zwar vom portugiesischen wie dem chinesischen Bevölkerungsteil mit überschäumender Begeisterung gefeiert,

führte aber nicht zur Versöhnung. Nachdem im selben Jahr der wichtige
Stützpunkt Malakka in die Hand der Holländer gefallen war und man es
durch diplomatisches Ungeschick mit den Spaniern in Manila verdorben
hatte, verbreitete sich Niedergangsstimmung. Der spanische Dominikanermönch Navarrete, der gegen 1640 in Macao weilte, beklagt in bered-
ten Worten den politischen und moralischen Zerfall und kommt zum
Schluß: «Der jammervolle Zustand und die elenden Lebensbedingungen, unter denen die Portugiesen seit einigen Jahren hierzulande leben,
mögen sie einsehen lassen – falls ihre Voreingenommenheit solcher Einsicht nicht im Wege steht –, daß ihre eigenen Sünden, und nicht die
Sünden anderer, dieses Unglück über sie gebracht haben.»[43] Wie auch
immer – ob durch eigene oder andere Schuld: Macaos wirtschaftliche
Blüte war endgültig vorbei; die Stadt sank zu vergleichsweiser Bedeutungslosigkeit herab, einer Bedeutungslosigkeit freilich, die auch dabei
mitgeholfen haben mag, ihr Überleben bis auf den heutigen Tag zu
ermöglichen.

Wie aber haben die Portugiesen, diese Frage sei zum Schluß noch
aufgeworfen, während der sechs Jahrzehntende zufriedenstellender und
periodisch höchst profitabler Beziehungen zum Riesenreich China dieses
Land und dessen Bewohner beurteilt? Eines darf vorausgenommen werden: als «Barbaren» oder «Wilde» werden die Chinesen in den europäischen Quellen kaum je bezeichnet. Offensichtlich genügte selbst der
flüchtigste Eindruck, keinen Zweifel aufkommen zu lassen, daß man es
hier mit einem Kulturvolk zu tun hatte, dessen Sitten zwar fremd und
andersartig, aber bestimmt nicht roh oder ungehobelt waren. Der herab-
lassende Tonfall und die mitleidige Anteilnahme, die das Urteil europäischer Reisender über archaische Kulturen in Afrika und Asien so häufig
bestimmen, fehlt in der Berichterstattung über China. Zwar ist richtig,
daß sich manche Augenzeugen den Chinesen militärisch überlegen fühlten und, in gänzlicher Unkenntnis der Ausdehnung des Reiches und
seiner Bevölkerungsdichte, gar von problemloser Eroberung des Landes
sprachen. So meint etwa einer der ersten portugiesischen Berichterstatter, der zu raschem Urteil und fabulierender Darstellung neigende Tomé
Pires, die Chinesen wären so schwach und so mühelos zu besiegen, daß
es ein leichtes sei, mit zehn Schiffen, die der Vizekönig von Goa zur
Verfügung stellen müßte, die gesamte Südküste einzunehmen.[44] In einem Aufsatz über portugiesische und spanische Kolonisationsprojekte in
Südostasien hat C. R. Boxer auf die völlig überspannten Konquistado-
renvorstellungen der europäischen Seefahrer und Händler hingewiesen
und auf deren «anmaßendes Selbstbewußtsein», das an «vielen Niederla-

gen, aber auch an vielen Siegen beteiligt gewesen ist».[45] Erst fünfzig
Jahre nach Pires hat sich der Augustinermönch Martín de Rada ausführlicher und sachlich über die Kampfkraft der chinesischen Bevölkerung
geäußert und dabei nicht nur die Unterlegenheit der Artillerie und der
Befestigungsanlagen, sondern auch die massive zahlenmäßige Überlegenheit des Heeres konstatiert.[46]

Im gesellschaftlichen Verkehr mit den Chinesen dagegen beschlich die
Portugiesen oft ein Gefühl der Inferiorität. Obwohl selbst keineswegs
ungeübt im gesellschaftlichen Umgang oder zurückhaltend im Bedürfnis
nach glanzvoller Repräsentatoin, mußte man sich auf portugiesischer
Seite eingestehen, in dieser Hinsicht von den Chinesen weit übertroffen
zu werden. So stand man etwa, was die Höflichkeit der Umgangsformen anbetraf, sehr zurück. «Die Chinesen sind sehr höfliche Leute»,
schreibt, neben vielen anderen ähnlich urteilenden Kommentatoren, der
Dominikanermissionar Gaspar da Cruz. «Ihre häufigste Höflichkeit besteht darin, daß sie die linke Hand mit der rechten umfassen und wiederholt vor der Brust auf und ab bewegen, um damit anzuzeigen, daß sie
den andern ins Herz geschlossen haben, während man zugleich Höflich-
keitsworte austauscht.»[47] Allerdings fügt Gaspar da Cruz dann bei, der
unter Chinesen übliche Gruß heiße «Ch'ao-fan», was etwa «Hast du
gegessen oder nicht?» bedeute, und zugleich weist er darauf hin, welche
große Bedeutung dem Essen in China beigemessen werde. Diese Feststellung findet sich auch bei allen anderen Berichterstattern, aber nie
wird von Maßlosigkeit, unfeinem Benehmen oder gar Völlerei und Kannibalismus gesprochen, wie dies in zeitgenössischen Berichten aus Afrika
und Amerika so oft der Fall ist. In China erregt vielmehr die Gediegen-
heit der Tischmanieren und die Sorgfalt bei der Zubereitung der Speisen
die staunende Aufmerksamkeit der Beobachter. «Es waren zwei schmale
Stäbchen da», schreibt Gaspar da Cruz, «sehr fein und zierlich, um damit
zu essen, indem man sie zwischen den Fingern hielt. Sie benutzen diese
als Greifzange, so daß sie nichts von dem, was sie auftragen, mit ihrer
Hand berühren. Ja, selbst wenn sie eine Schüssel Reis essen, tun sie dies
mit solchen Stäbchen, ohne daß auch nur ein Reiskorn niederfällt. Und
weil sie so sauber essen und mit der Hand ihre Speisen nicht berühren,
brauchen sie auch keine Leinen- oder Tischtücher. Alles kommt tran-
chiert und wohl geordnet auf den Tisch. Sie haben auch sehr kleine
vergoldete Porzellantäßchen, die einen Mundvoll Wein enthalten, und
lediglich dafür steht ein Diener beim Tisch. Sie trinken so wenig, weil sie
nach jedem Mundvoll Speise ein Schlückchen trinken müssen, und darum ist das Täßchen auch so klein.»[48] Martín de Rada verdanken wir die

anschauliche Schilderung eines großen Banketts, wie es die Chinesen an
ihren Festtagen oder aus sonstigem Anlaß zu geben liebten. Da ist die
Rede vom fast umständlichen Begrüßungszeremoniell bis zum Sich-Set-
zen der Gäste, von den auf großen Tischen dekorativ hingebreiteten
Gänsen und Enten, Kapaunen und Hühnern, Schinkenkeulen und
Speckseiten sowie vielerlei köstlich zubereiteten exotischen Früchten;
und auch an Unterhaltung fehlte es nicht, denn eine Kapelle spielte Ta-
felmusik und Schauspieler und Akrobaten zeigten ihr Können. [49]

Lobend erwähnt wird auch, das versteht sich nach dem Gesagten fast
von selbst, die Gastfreundschaft der Chinesen. Wiederum ist es Rada,
dem es als Mitglied einer Gesandtschaft in die Residenz des Generalgouverneurs gelang, entsprechende Erfahrungen zu sammeln. «Wir reisten»,
schreibt der Augustinermönch, «durch dieselben Städte wie auf dem
Hinweg, und alles, was wir brauchten, wurde uns mit derselben Pünkt-
lichkeit übergeben wie zuvor, ja sogar mit noch größerer Zuvorkom-
menheit. Wo immer wir hinkamen, eilten sie herbei, empfingen uns mit
großem Pomp und offerierten uns glänzende Bankette.» [50] Auffällig war
auch die Neugierde, mit der die Europäer nach dem Eintreffen in ihren
Etappenstationen über alles Mögliche befragt wurden. Der Generalgouverneur pesönlich ließ es sich nicht nehmen, durch Dolmetscher zahlreiche Fragen zu stellen. Er war sehr erstaunt zu erfahren, daß die Europäer
lesen und schreiben konnten und ließ sich zum Beweis dieses unerhörten
Tatbestandes ein gedrucktes Buch vorlegen, immerfort versichernd, daß
es der Chinesen alleiniges Verdienst sei, den Buchdruck erfunden zu
haben. Mit großem Interesse betrachtete der Generalgouverneur bildliche Darstellungen von Christus am Kreuz, von Maria und den Heiligen,
die den Mönchen als Buchzeichen dienten: «Er behielt sie», schreibt
Martín de Rada hoffnungsvoll, «und sandte nach uns, um uns mitzutei-
len, daß er sie in hohen Ehren halte. Der Generalgouverneur erkundigte
sich auch nach unseren frömmsten und gebräuchlichsten Gebeten. Wir
nannten ihm das Vaterunser, das Ave Maria und das Glaubensbekennt-
nis. Er bat uns, man möge ihm diese Gebete erklären, zeigte großes
Vergnügen, sie anzuhören und machte sich einen Spaß daraus, sie herzu-
sagen ...» [51]

Versucht man die Informationen der Reisenden über China und die
Chinesen etwas zu ordnen, stellt man ein Beobachtungsmuster fest, das
sich nicht sehr von jenem europäischer Berichterstattung aus anderen
Weltgegenden unterscheidet. Im Vordergrund stehen Bemerkungen
über Äußerlichkeiten, in denen sich der Chinese vom Europäer unterschied, im Aussehen, in der Bekleidung, der Haartracht oder den Um-

gangsformen, wobei sich die Aufmerksamkeit der Betrachter vor allem auf Vertreter der gehobenen Gesellschaftsschichten konzentrierte. Es folgen ethisch wertende Feststellungen über den Volkscharakter: So werden etwa Fleiß, Geschicklichkeit und Erfindungsgabe der Handwerker sowie Zurückgezogenheit und Tugendhaftigkeit der chinesischen Frauen hoch gelobt, aber zugleich die Durchtriebenheit der Händler und die Neigung der ärmeren Leute zum Diebstahl getadelt; auch finden sich vergleichende Urteile wie etwa die Bemerkung, die Armut sei in China weniger ausgeprägt als in Portugal.⁵² Weit seltener gewähren die Reiseberichte Einblick in gesellschaftliche Prozesse wie etwa das Funktionieren der Verwaltung, die Beamtenlaufbahn oder das Leben in der Familie. Das lag offensichtlich daran, daß die «kontrollierte Kulturbeziehung» den Zugang zu diesbezüglichen Informationen sehr erschwerte. Immerhin gibt es in dieser Hinsicht Ausnahmen, welche die Regel bestätigen. So widmet etwa Galeote Pereira, der um 1500 schrieb, dem gehobenen Beamtentum, das im China jener Zeit zugleich die sozial führende Klasse darstellte, eine ausführliche und kritische Darstellung, und Gaspar da Cruz befaßt sich eingehend mit Rechtsprechung und Strafvollzug. Spärlich fließen die Informationen über Geographie und Naturprodukte des Landes, ein Themenbereich, dem beispielsweise die ersten englischen Siedler in Nordamerika ihre höchste Aufmerksamkeit zuwandten. Bestimmt hing dieses Desinteresse der Bewohner von Macao damit zusammen, daß an eine Besiedlung von hier aus bald nicht mehr gedacht wurde und die Bewegungsfreiheit auf dem Festland ohnehin sehr eingeschränkt war.

In einer Hinsicht fühlten sich die Portugiesen fraglos überlegen: in ihrem Bekenntnis zur einzig wahren Religion. Wenn, wie bereits erwähnt, der Begriff «Barbaren» in den portugiesischen Reiseberichten kaum je verwendet wird oder wenn, dann, amüsanterweise, gegenüber Holländern und Engländern, so ist die Bezeichnung «Heiden» oder «Götzendiener» den Chinesen gegenüber desto häufiger. Keiner der Betrachter zweifelt allerdings daran, daß die Chinesen von ihrer intellektuellen Begabung her nicht nur imstande wären, die Botschaft Christi aufzunehmen, sondern auch, daß ihre Wißbegierde und ihre entgegenkommende Bereitschaft sie dazu recht eigentlich prädestinierten. Die Frage, wie das Evangelium den Chinesen bis zur Ankunft der Portugiesen habe unbekannt bleiben können, wird von den Reisenden immer wieder gestellt. Eine von anderen Reisenden oft wiederholte Erklärung dafür gibt Gaspar da Cruz, wenn er vermutet, der Apostel Thomas habe von Indien aus China aufgesucht und einige Missionare dort zurückgelassen, die bereits in frühchristlicher Zeit erfolgreich tätig geworden seien. Es sei möglich, fährt Cruz fort, daß der seit dem 2. Jahrhundert n. Chr. in China sich ausbreitende Buddhismus gewisse christliche Inhalte übernommen und in entstellter Form tradiert habe. So berichtet er von einem Besuch in einem Buddhistenkloster in Kanton, wo «eine ähnliche Art von Priestern» gewohnt habe und wo er auf ein Standbild gestoßen sei, das einer Marienstatue täuschend ähnlich gesehen habe. «Es hätte sehr gut das Bildnis unserer Jungfrau sein können», fährt Gaspar da Cruz fort, «geschaffen von den Frühchristen, die der Heilige Thomas hier zurückließ oder in deren Auftrag, aber man muß schließen, daß dies alles in Vergessenheit geraten ist. Es hätte ebensogut ein Götzenbild sein können. Als den größten Gott, den sie haben, bezeichnen sie den Himmel, und folglich ist das ihm geltende Schriftzeichen das wichtigste von allen. Sie verehren die Sonne, den Mond und die Sterne; doch ihren Standbildern bringen sie geringen Respekt entgegen.»[53]

Die Intelligenz der Chinesen, ihre Wißbegierde und Aufmerksamkeit sowie die anscheinend eher lässige Haltung, die sie gegenüber ihren religiösen Ritualen einnahmen, verleitete die portugiesischen Missionare zu der Annahme, der Bekehrungsarbeit würden sich keine allzu großen Hindernisse entgegenstellen. Im Gegensatz zu Westafrika und Teilen Indiens fehlte hier auch die Konkurrenz der Muslime, die, wie Gaspar da Cruz einmal bemerkt, ohnehin keine Chance hätten, da die Chinesen das Schweinefleisch zu sehr liebten.[54] Der Dominikanermönch spricht die vorherrschende Meinung aus, wenn er schreibt: «Das Volk in diesem Land besitzt sehr gute Voraussetzungen, um bekehrt zu werden. Ein Grund dafür ist, daß sie ihren Göttern und Priestern geringe Verehrung entgegenbringen. Wenn ihnen die Wahrheit zuteil wird, werden sie diese zu schätzen wissen, was bei den Völkern in den Ländern Indiens nicht der Fall ist. Ein anderer Grund besteht darin, daß sie es sehr lieben, der Verkündigung der wahren Lehre zu lauschen. Sie hören mit großer Aufmerksamkeit zu, was ich verschiedentlich selbst erlebt habe, wenn ich bei Gelegenheit auf der Hauptstraße predigte und sich, als würde etwas Neues, eine neuartige Bekleidung etwa, vorgeführt, eine solche Zuschauermenge ansammelte, daß niemand mehr vorbeigehen konnte. Wenn ich sah, daß sich eine so große Menge versammelt hatte, predigte ich zu ihnen, und sie freuten sich, mir zuzuhören und stellten Fragen, in denen ihre Zweifel sehr geschickt formuliert wurden. Von meinen Antworten zufriedengestellt, sagten sie, daß, was ich ihnen erzählte, sehr gut sei, daß es aber bisher niemanden gegeben habe, der ihnen Derartiges erzählt habe. Dies war die Antwort, die ich von ihnen immer erhielt, sowohl bei Predigten in der Öffentlichkeit als auch bei privater Unterhaltung.»[55] Dieselbe Hoffnung in die Bekehrungsbereitschaft der Chinesen setzte Martín de Rada, der seinen Reisebericht mit dem folgenden Satz beendet: «Das Land ist schließlich sehr fruchtbar, reich und dicht bevölkert, auch wenn die Leute Heiden sind und unter den Übeln jener leiden, die Gott nicht kennen, Ihn, den wir ehren und rühmen immerdar und der sie bekehren und zur Erkenntnis Seiner selbst führen möge. Amen.»[56] Doch weder Gaspar da Cruz noch Martín de Rada oder irgendeinem ihrer gleichzeitig wirkenden Ordensbrüder war es beschieden, das Evangelium wirkungsvoll auf dem Festland zu verbreiten: zu undurchdringlich blieb im 16. Jahrhundert der Panzer der selbstgewählten Isolation des «Reichs der Mitte» und zu übermächtig war der ethnozentrische Traditionalismus der Bevölkerung. Dies sind denn auch die beiden Hauptwiderstände, die Gaspar da Cruz seinen Lesern zu bedenken gibt, wenn er sich bei ihnen entschuldigt, nicht in China ausgeharrt zu haben.[57]

Die Jesuiten blieben bis zum 18. Jahrhundert die wichtigsten Informationslieferanten zum Thema China. Während die Anhänger Rousseaus sich in verschiedenen Spielformen dem Kult des «Edlen Wilden» hingaben, wandten Voltairianer, Freidenker und Fortschrittsenthusiasten ihre Sehnsüchte dem «Reich der Mitte» zu, das, gerade weil es so schwer erreichbar und gleichsam entrückt blieb, utopische Vorstellungen weckte. Was in den Jesuitenberichten noch kritische Beurteilung fand, wurde nun ins Positive umgedeutet. So führte Leibniz, in Europa einer der frühesten China-Verehrer, die gemutmaßte militärische Schwäche dieses Landes auf eine dort verbreitete pazifistische Grundströmung zurück, die er mit christlicher Denkart in Verbindung brachte,[58] und Voltaire sah in der ausgeprägten hierarchischen Stufung und im Zentralismus des chinesischen Herrschaftssystems den Ausdruck einer weisen Sorge um das Gemeinwohl, wie die aufgeklärte Despotie sie verkörperte.[59] Wenig später übernahm das Rokoko bereitwillig dekorative Elemente und neue Techniken fernöstlicher Kunst und gab der «Chinoiserie» einen Spielraum in der Gestaltung höfischer Intérieurs, wie ihn seit dem Islam nie wieder eine überseeische Kultur hatte beanspruchen können. Anreize zu einer ernsthaften geistigen Annäherung an die fernöstlichen Kulturen jedoch sind aus dieser Modeströmung nicht hervorgegangen.

Siebtes Kapitel

Die Kulturberührung
als wissenschaftliche Herausforderung

Die Engländer und Franzosen in der Südsee

Die Entdeckung und Erschließung des Pazifiks unterscheidet sich insofern von allen anderen Unternehmungen des frühen kolonialen Zeitalters, als hier all das, was anderswo die Europäer herbeilockte, die Aussicht auf Landgewinn und neuen Siedlungsraum, auf Erweiterung der Handelsmöglichkeiten und die Entdeckung reicher Gold- und Silbervorkommen, eine deutlich untergeordnete Rolle spielte. Die enormen Distanzen nach Europa gestatteten hier während Jahrhunderten nur kurzfristige Kontakte, und das Interesse, das diese auslösten, war vorwiegend wissenschaftlicher Natur. Auf drei Gebieten, in der Geographie, der Botanik und der Völkerkunde, haben diese Kulturberührungen indessen ungemein stimulierend gewirkt; diesen Aspekten wenden wir uns in unserem Schlußkapitel zu.

Um die Mitte des 18. Jahrhunderts hatte das Kartenbild der Erde, was den Küstenverlauf der kontinentalen Landmassen anbetraf, die uns heute vertraute Form gefunden. Zwar blieben die Binnenräume, vor allem Afrikas und Asiens, noch weitgehend unzugänglich; aber die See, das dem Entdeckungsreisenden seit jeher günstigere Element, war weltweit erkundet. Wenig bekannt und wenig befahren blieb der Südpazifik. Balboa hatte 1513 als erster die Landenge von Panama durchquert und vor sich das größte aller Weltmeere, dem er den Namen «Mar del Sur» gab, liegen sehen. Der Chronist Oviedo hat mit üblichem Konquistadorenpathos davon berichtet, wie Balboa sich auf der Höhe der Bucht von San Miguel der weiten Wasserfläche näherte und, am Strand hin und her watend, im Namen der spanischen Könige in feierliche Rede vom Meer Besitz ergriff.[1] Sieben Jahre später fuhr der Portugiese Fernão de Magalhães, in spanischen Diensten die Welt umsegelnd, durch die nach ihm benannte Meeresstraße in die kaum bewegte Südsee ein, die er «Pazifik» nannte; spätere Seefahrer haben allerdings, mit den Stürmen dieses Ozeans besser vertraut, häufiger vom «Südmeer» gesprochen. Magellan verfehlte, zu weit nach Nordwesten abtreibend, sämtliche pazifischen Inselgruppen, die seinen Schiffen und Besatzungen als Versorgungs- und Etappenstationen hätten dienen können. Hungersnot und Krankheit, vor allem Skorbut, machten seinen Leuten schwer zu schaffen. «Der Zwieback, den wir aßen», berichtete Pigafetta an vielzitierter Stelle seines Bordjournals, «war kein Zwieback mehr, sondern nur noch Staub, der mit Würmern und dem stinkenden Unrat von Ratten vermischt war, die, was eßbar war, bereits verzehrt hatten. Wir tranken gelbliches und verpestetes Wasser. Wir aßen auch das Rindsleder, mit dem die große Rahe zum Schutz der Taue umwunden war.»[2] Nach einer Fahrt von drei Monaten Dauer, während der lediglich zwei unbewohnte und unfruchtbare Inseln gesichtet worden waren, trafen die drei Schiffe Magellans vor den Marianeninseln Guam und Rota ein. Man nannte die Inseln «Islas de Ladrones», Diebesinseln, da die einheimische Bevölkerung, welcher europäische Besitzvorstellungen völlig fremd waren, alles stahl, was an Bord nicht niet- und nagelfest war. Im übrigen war der Empfang freundlich und entgegenkommend, aber die Spanier antworteten mit roher Gewalt: sieben Insulaner wurden getötet, gegen fünfzig ihrer Häuser niedergebrannt. Aus Pigafettas Bericht geht hervor, wie überrascht die Eingeborenen waren, als sie ihre Gastfreundschaft und Neugierde so belohnt sahen. «Es ist nützlich zu wissen», lesen wir im Bordjournal, «daß, wenn wir einen der Eingeborenen mit einem unserer Pfeile, der ihm in den Körper eindrang, verletzten, dieser den Pfeil aus der Wunde herauszog, ihn mit großer Verwunderung anstarrte, um kurz darauf zu sterben.»[3]

Die Pazifik-Fahrten in der Zeit zwischen Magellans großer Seereise und George Ansons Weltumsegelung in den Jahren 1740–44 brachten nur geringen Wissenszuwachs.[4] Ein halbes Jahrhundert nach Magellan wagte sich Alvaro de Mendaña von Peru aus in die Weiten des Stillen Ozeans und hoffte, Legenden der Inkas mit eigener Bibelkenntnis phantasievoll verbindend, König Salomons Goldland Ophir zu entdecken. Mendaña fand zwar eine melanesische Inselgruppe, die er folgerichtig die Salomonen nannte, aber er fand kein Gold; er stieß auf friedliebende Inselbewohner, aber er überzog sie mit Krieg. Im Jahre 1606 entdeckte Pedro de Quiros die Neuen Hebriden; aber seine Kolonisations- und Missionsprojekte scheiterten, wie zuvor ähnliche Pläne Mendañas gescheitert waren. Geringe Ergebnisse brachte auch die Expedition von Isaak Le Maire und Willem Corneliszoon Schouten, die als erste Holländer im Jahre 1616 auf der Kap Hoorn-Route in den Pazifik gelangten. Erfolgreicher war die Reise von Abel Janszoon Tasman, der 1642 den niederländischen Stützpunkt Batavia, das heutige Djakarta, verließ, die Australien südlich vorgelagerte Insel, welche seinen Namen trägt, entdeckte und die Westküste Neuseelands erreichte. Nach einem blutigen Zusammenstoß mit den Maoris wandte sich Tasman nach Nordosten und sichtete auf der Rückreise verschiedene Inseln der Tonga- und Fidschi-Gruppe. Damit war in weitem Bogen auf einer Fahrt von zehn Monaten Dauer erstmals Australien umschifft worden, ohne daß jedoch der Küstenverlauf dieses Kontinents erfaßt werden konnte; auch eine spätere Reise Tasmans führte lediglich zur kartographischen Fixierung von Teilen der australischen Nordküste. Im Jahre 1699 gelang es dem englischen Weltumsegler und Freibeuter William Dampier, dem wir einen wertvollen Bericht verdanken, die geographischen Verhältnisse westlich Neuguineas einer Klärung entgegenzuführen, und 1722 entdeckte der Holländer Jacob Roggeven die Osterinsel. Wenig später erkundete der in russischen Diensten segelnde Däne Vitus Bering den Nordpazifik nördlich der Aleuten und Kamtschatkas, während der Weltumsegler John Byron zwar formell die Falkland-Inseln für England in Besitz nahm (1765), im pazifischen Raum jedoch keine nennenswerten Neuentdeckungen machte. Erwähnenswert ist in diesem Zusammenhang auch die regelmäßige Schiffsverbindung, welche die Spanier vom 16. zum Ende des 18. Jahrhunderts quer durch den Pazifik von Acapulco nach Manila unterhielten. Zwischen 1570 und 1780 transportierte die sogenannte «Manila-Galeone» gegen 5000 Tonnen mexikanischen Silbers, die vornehmlich zum Ankauf chinesischer Seide dienten, nach den Philippinen.[5] Entdeckungen wurden auf diesen Fahrten keine gemacht; es darf sogar als Kuriosum bezeichnet werden, daß offenbar keine dieser Galeonen je die Inseln der Hawaii-Gruppe anlief oder dorthin verschlagen wurde.[6]

Bei vielen der erwähnten Pazifik-Reisen und der damit verbundenen Kulturberührungen spielte die Erwartung, man würde im äußersten Süden des Globus auf einen noch unbekannten Kontinent, die «Terra australis incognita», stoßen, eine stimulierende Rolle. Der Gedanke vom Vorhandensein dieses Südkontinents darf als einer der fruchtbarsten Irrtümer der Geographie-Geschichte bezeichnet werden. Er geht zurück auf die ‹Cosmographia› des Claudius Ptolemäus und die darin enthaltene Darstellung des Indischen Ozeans als erdumschlossenes Binnenmeer, eine Auffassung der Erdgestalt, die durch deutsche Drucker und Verlagshäuser gegen 1500 weite Verbreitung erfuhr. Die Entdeckungsreisenden der Renaissance, angeregt durch vage Hinweise des Marco Polo, schenkten dem Glauben, und die Kartographen des 17. Jarhunderts, so etwa der Holländer Ortelius, trugen den Südkontinent auf ihren Atlan-

ten ein als eine Landmasse, die sich im Süden vom Kap der Guten
Hoffnung und vom Kap Hoorn erstrecken sollte.[7] Die Beständigkeit
dieser Mutmaßung über die Jahrhunderte ist darum so erstaunlich, weil
sie durch die Ergebnisse der Forschungsreisen in diese Region kaum
gestützt wurde. Die Fahrten von Mendaña, Quiros, Le Maire, Tasman
und Roggeven brachten keine substantiellen Hinweise auf das Vorhandensein eines Südkontinents. Doch die Erwartung, man könnte eines
Tages auf die Küsten der «Terra australis» stoßen, blieb wach: Um 1700
neigte William Dampier dazu, das heutige Australien für den legendären
Südkontinent zu halten, und um 1740 sah George Anson in der Peru
vorgelagerten Insel Juan Fernandez das Anzeichen eines benachbarten
Festlandes. Man denkt sofort an die Idee einer Nordwest-Passage, einer
direkten Verbindung vom Atlantik zum Pazifik, die sich nicht minder
beharrlich in den Köpfen der Seefahrer eingenistet hatte; während jedoch
sehr früh besondere Expeditionen zur Auffindung der Nordwest-Passage ausgeschickt wurden, ist erst in der zweiten Hälfte des 18. Jahrhunderts systematisch nach dem Südkontinent gesucht worden.

In der Zeitspanne von der Rückkehr George Ansons (1744) zu James
Cooks erster Weltumsegelung (1768) wurde die Diskussion der Südkontinent-Frage zu einem Hauptgegenstand geographischer Theoretiker. Im
Jahre 1744 wies der englische Merkantilist John Campbell in der Vorrede
zu einer Edition von Reiseberichten auf die «Terra australis incognita»
hin und ermunterte seine Landsleute, frühzeitige Maßnahmen zur Aufnahme von Handelsbeziehungen nach diesen fernen Weltgegenden zu
ergreifen, um der drohenden Konkurrenz der Spanier, Holländer und
Franzosen zuvorzukommen.[8] Im Jahre 1756, beim Ausbruch des Siebenjährigen Krieges, in dem sich Frankreichs Hoffnungen auf die Begründung eines nordamerikanischen Imperiums zerschlagen sollten, erläuter-
te der französische Geograph Charles de Brosses in seiner ‹Histoire des
Navigations aux Terres australes› eingehend seine Theorie von der Existenz des Südkontinents.[9] Und 1770 publizierte der Engländer Alexander
Dalrymple seine ‹Collection of Voyages to the South Seas›, ein Werk,
das noch enthusiastischer als seine Vorgänger an der Idee des Südkontinents festhielt: «Es muß», verkündete Dalrymple apodiktisch, «einen
Kontinent im Süden geben.»[10]

Wie kam es, mag man fragen, zu solchen Publikationen über einen
Gegenstand, dessen Relevanz niemand abgeklärt hatte, und dies in einer
Epoche, die sich viel darauf einbildete, allein von der Erfahrung auszuge-
hen? Eine erste Erklärung liegt in der weltpolitischen Konstellation. Um
1755 hatte der englisch-französische Gegensatz im überseeischen Bereich

seine äußerste Zuspitzung erreicht. Daß Frankreich angesichts der energischen imperialen Politik William Pitts geringe Aussicht hatte, seinen
Kolonialbesitz in Nordamerika und Indien auszubauen, konnte aufmerksamen Zeitgenossen nicht entgegen. Die «Terra australis incognita»
schien sich, wie De Brosses betonte, als neuer kolonialer Aktionsbereich
anzubieten, nicht als Siedlungskolonie, wohl aber als Handelspartner.
Nach dem Frieden von Paris (1763) wurde der legendäre Südkontinent
vollends zum Gegenstand eines kompensatorischen Bedürfnisses, und
auch Choiseul, der französische Außenminister, begann sich dafür zu
interessieren, wobei auch er größten Wert darauf legte, das Interesse
seiner Nation als vorrangig kommerziell und wissenschaftlich zu bezeichnen. Ähnlich wie Frankreich nach seinen kolonialen und maritimen
Rückschlägen im Spanischen Erbfolgekrieg (1701–1713) auf die Hoffnungen gesetzt hatte, die der schottische Spekulant John Law mit den
sagenhaften Reichtümern Louisianas verband, setzte es jetzt auf die Karte
der «Terra australis incognita». Das britische Interesse am Südkontinent,
wie es sich in Dalrymples Werk äußert, ist wohl nicht primär als Reaktion auf De Brosses zu verstehen, mit dem der Engländer in kollegialem
Briefwechsel stand und den er zu sehr kopierte, als daß er ihm polemisch
hätte entgegentreten können. Doch auch Dalrymple erwies sich als Kind
seiner Zeit. Er ging ganz selbstverständlich von der durch den Pariser
Frieden erreichten globalen Vormachtstellung seiner Nation aus, wollte
aber zugleich weitere Konflikte mit dem Rivalen Frankreich zu vermeiden suchen. Als Lösung bot sich ihm ein Welthandelssystem liberaler
Prägung unter der patriarchalischen Schutzaufsicht Großbritanniens an.
Auch bei Dalrymple bezog die Südkontinent-Frage ihre Faszinationskraft aus den politischen Umständen; allerdings erschien bei ihm die
«Terra australis incognita» nicht sosehr als Kompensationsobjekt, sondern vielmehr als der mögliche Ort zur Erprobung neuer freihändlerischer Kolonisationsstrategien.

Daß die Frage des Südkontinents nach der Jahrhundertmitte dieses
Gewicht gewann, ist indessen nicht nur aus der politischen Situation,
sondern auch aus der eigentümlichen Weltvorstellung der Aufklärungszeit zu verstehen. Sowohl De Brosses wie Dalrymple gingen von dem
seit Descartes und Locke unter Deisten, Pantheisten und Materialisten
gleicherweise verbreiteten Gedanken aus, daß die Erde ein ausgewogenes System sich gegenseitig bedingender Kräfte sei, ein Organismus,
innerhalb dessen jedes Ding seinen Sinn vom Ganzen her erhalten und
umgekehrt.[11] Eine solche Sicht mußte es dem Betrachter des Globus als
sonderbar erscheinen lassen, daß die kontinentalen Landmassen der Erde

sich hauptsächlich über deren nördliche Halbkugel ausdehnten. Es sei unmöglich, schrieb De Brosses, daß es in einem so ausgedehnten Himmelsstrich nicht irgendwo eine gewaltige Festlandmasse gebe, die dazu beitrage, den Globus bei seiner Rotation im Gleichgewicht zu halten.[12] Und auch Dalrymple sah eine offensichtliche Notwendigkeit für die Existenz eines südlichen Kontinents, allein darum, damit die «Übereinstimmung zwischen den beiden Hemisphären» aufrechterhalten werde.[13] Derartige «philosophische» – oder, wie wir heute sagen würden: physikalische – Überlegungen, die sich auch etwa auf eine prästabilisierte Harmonie der Windsysteme erstreckten, waren vernünftig und einleuchtend, und da der aufgeklärte Gebildete dazu neigte, zwischen der Gesetzmäßigkeit seines vernünftigen Folgerns und den Naturgesetzen keinen Unterschied zu machen, mußte, was ihm logisch schien, seine Entsprechung in der Natur finden.

Den theoretischen Erörterungen rund um die «Terra australis incognita» folgte die praktische Überprüfung mit einiger Verspätung. Die geheimen Instruktionen der britischen Admiralität an Samuel Wallis, der Tahiti im Jahre 1767 entdeckte, enthielten erstmals einen gezielten Forschungauftrag zur Abklärung der Südkontinent-Frage. Die Instruktionen des französischen Königs an Louis-Antoine de Bougainville, der Europa ein Jahr nach Wallis zu seiner Weltumsegelung verließ, lauteten in diesem Punkt noch präziser. Bougainville solle sich, so sein Auftrag, vor allem der Erkundung der Meeresgegenden südlich des vierzigsten Breitengrades zuwenden: «Die Kenntnis dieser Inseln und Kontinente [sic!] ist noch kaum in Angriff genommen, und es wäre sehr wünschenswert, sie zu vervollkommnen ...»[14] Beiden, Wallis und Bougainville, blieb es versagt, einen Kontinent zu finden, den es nicht gab, und Bougainville kommentierte diesen Sachverhalt mit den folgenden Worten: «Ich bin damit einverstanden, daß man sich nur mit Mühe eine so große Zahl niedriger Inseln und halb überfluteter Landstriche vorstellen kann, ohne einen benachbarten Kontinent anzunehmen. Aber die Geographie ist eine Wissenschaft, die es mit Tatsachen zu tun hat; man kann sich in seinem Studierzimmer nicht dem Geist der Systematik überlassen, ohne die größten Irrtümer zu riskieren, die sich oft nur auf Kosten der Seefahrer berichtigen lassen.»[15]

James Cook schließlich, der wiederum ein Jahr nach Bougainville zu seiner ersten Weltumsegelung ausfuhr, wurde in ausführlichen Zusatzinstruktionen der Admiralität nochmals auf den Südkontinent hingewiesen, den aufzufinden neben der von Tahiti aus zu erfolgenden Beobachtung des Venus-Durchgangs vor der Sonne die wichtigste Aufgabe dieser Reise sei. «Da Grund besteht anzunehmen», heißt es in diesen Instruktionen, «daß sich ein Kontinent oder ein Landgebiet von großem Umfang im Süden der von Kapitän Wallis und Seiner Majestät Schiff ‹Dolphin› befahrenen Route (wovon wir Euch hier eine Aufzeichnung beilegen) sowie der Routen von früheren, in ähnlicher Absicht aufgebrochener Seefahrer wird auffinden lassen, seid Ihr aufgefordert, sobald die Beobachtung des Venus-Durchgangs abgeschlossen sein wird, mit dem Schiff unter Eurem Kommando wieder aufzubrechen und dabei die folgenden Anweisungen zu befolgen: Ihr sollt Eure Reise in südlicher Richtung bis zum 40. Grad geographischer Breite fortsetzen, um den oben genannten Kontinent zu entdecken, es sei denn, Ihr fändet ihn bereits früher. Falls Ihr in diesen Gewässern nichts entdeckt und keine Anzeichen von Land gesichtet habt, wollt Ihr die Suche zwischen dem 35. und dem 40. Breitengrad in westlicher Richtung fortführen, bis Ihr auf Land stößt oder die Ostküste des von Tasman entdeckten Gebietes erreicht, das zur Zeit Neuseeland genannt wird.»[16]

Die Zusatzinstruktionen zu Cooks erster Reise sehen ferner vor, im Falle der Auffindung dieses Kontinents sei dessen Küstenlinie so sorgfältig als möglich zu erkunden, Landschaftsgestalt und Naturprodukte seien genau zu beobachten, Temperament, Charakter, Fähigkeiten und Einwohnerzahl der Bevölkerung seien festzuhalten und es sei, «mit Zustimmung der Eingeborenen»[17] von geeigneten Landstrichen im Namen des Königs von England Besitz zu ergreifen. Doch auch Cook gelang es nicht, den legendären Südkontinent zu finden. «Es ist gewiß», bemerkt er in seinem Bordjournal entschieden und doch fast sich entschuldigend, «daß wir nichts sichteten, was meiner Meinung nach auf das Vorhandensein von Land hingedeutet hätte, weder auf unserer Fahrt nach Norden, Süden oder Westen, bis wir auf die Ostküste von Neuseeland stießen.»[18] Damit war die umstrittene Frage endgültig gelöst, und wenn Dalrymple in weiteren Schriften noch immer an seiner These hartnäckig festhielt, war dies allenfalls noch eine Angelegenheit seiner charakterlichen Disposition und einer Privatfehde, die er Cook gegenüber zu unterhalten nötig fand. In der übrigen Gelehrtenwelt war die «Terra australis incognita» spätestens nach der zweiten Reise Cooks (1772–1775) kein Thema mehr. Diderots ‹Encyclopédie› der Ausgabe vom Jahre 1779 gab sich unter dem Artikel ‹Terres australes› aufgeklärt und illusionslos: «Es ist Sache der Seefahrer, welche durch die Befehle ihrer Auftraggeber oder durch die Wechselfälle ihres Berufs in jene Himmelsstriche geführt werden, uns zu sagen, was sie dort finden. Es ist nicht die Sache der Geographen, deren Entdeckungen mit Mutmaßungen vorzugreifen, welche der Erfahrung

nicht standzuhalten vermögen.»[19] Es sollte inskünftig den Verfassern
von Robinsonaden und Utopien vorbehalten bleiben, die Schimäre vom
«Südkontinent» weiter zu pflegen, Restif de la Bretonne zum Beispiel,
der 1781 eine Gruppe von Europäern nach «Megapatagonien» fliegen
ließ, um dort den menschlichen Inselstaat zu entdecken.[20]

Obwohl die Frage des Südkontinents zuletzt nur eine negative Antwort fand, lassen sich im Zusammenhang damit grundsätzliche Feststellungen zur Geographiegeschichte der Aufklärungszeit machen. Zuerst
muß festgestellt werden, daß die Geographie des 18. Jahrhunderts im
wesentlichen eine maritime Geographie war; zu Recht nannten sich ihre
Vertreter in England und Frankreich gern Hydrographen. Erst nach der
dritten Reise von James Cook begann sich das Interesse der Gelehrten
der Durchdringung und kartographischen Erfassung der kontinentalen
Binnenräume zuzuwenden. Die Parallelität dieser Entwicklung in verschiedenen Erdteilen ist erstaunlich: Um die Wende zum 19. Jahrhundert
reiste Mungo Park in Diensten der Londoner «African Association» zum
Nigerbogen; Lewis und Clark erreichten vom Mississippi aus den Pazifik, und Alexander von Humboldt erforschte den Amazonas; in Inner-
asien und Australien war wenig später eine deutlich verstärkte Entdek-
kertätigkeit zu beobachten. Das 19. Jahrhundert sollte schließlich zur
Epoche der großen Binnenreisen werden.

Die Geographie des 18. Jahrhunderts war nicht unpolitisch, obwohl sie
sich nicht selten darin gefiel, unpolitisch zu scheinen. Sie empfing we-
sentliche Impulse aus der historischen Situation der beiden hauptsächlich
beteiligten Nationen England und Frankreich. Richtig ist, daß Geographen und Überseepropagandisten im allgemeinen von der Schaffung
von Siedlungskolonien abrieten – die Verschickung englischer Sträflinge
nach Botany Bay bildete hier die Ausnahme von der Regel. Beide rivali-
sierenden Seemächte hatten mit Siedlungskolonien unerfreuliche Erfahrungen gemacht: Frankeich mit Kanada und Louisiana, England mit
seinen aufständischen nordamerikanischen Besitzungen. Die deutliche
Priorität, die man nach 1781 kommerziellen Überseebeziehungen und
dem Freihandel einräumte, war jedoch noch kein Indiz für den Abbau
der machtpolitischen Auseinandersetzung. Die Lektüre der Seefahrer-
Instruktionen zeigte denn auch, daß nationale Machtaspirationen weitgehend intakt blieben. So wird Bougainville angewiesen, neu entdecktes
Land, wie dies die Portugiesen des 15. Jahrhunderts taten, mit Wappen-
pfählen zu kennzeichnen «und die Besitzergreifung im Namen Ihrer Majestät aktenkundig zu machen, ohne allerdings Leute zurückzulassen, um
eine Kolonie zu gründen».[21] Auch die traditionelle Verpflichtung der

Mannschaften zur strikten Geheimhaltung von Reiserouten und Forschungsergebnissen wurde beibehalten, wenn auch später, bei der Publikation der offiziellen Reiseberichte, eine gewisse Liberalität zugestanden wurde, die sich an der aufgeklärten Forderung nach freiem Austausch von Kenntnissen innerhalb der europäischen «Gelehrtenrepublik» orientierte. Auch die Beobachtung und selbst die Bespitzelung rivalisierender Mächte gehörte ins Pflichtenheft der Seefahrer: so wird beispielsweise La Pérouse bei seiner Landung auf Madeira aufgefordert, «sich Informationen über die Garnison, welche die portugiesische Krone dort unterhält, zu beschaffen, ferner über den Handel der Engländer und anderer Nationen mit der Insel».[22] Daß die Forschungsreisenden des 18. Jahrhunderts, so desinteressiert sie sich gaben, vor allem die Steigerung des nationalen Prestiges im Auge hatten, steht außer Zweifel. Der Erfolg seiner Reise, heißt es in Cooks Anweisungen, würde «maßgeblich dazu beitragen, das Ansehen der Nation zu mehren»,[23] und ähnliche Formulierungen finden sich in allen Instruktionen.

Schließlich ist festzustellen, daß sich die Geographie des späten 18. Jahrhunderts deutlicher als je zuvor von der Kluft Rechenschaft gab, die den Theoretiker, den «Armchair-Geographer», vom Praktiker, dem Reisenden, trennte. Darin lag letztlich die Langzeitwirkung der Diskussion um die «Terra australis incognita» begründet: daß man sich eingestand, die Zeit der kompilierenden Zusammenfassung von Berichten anderer, wie sie seit der Mitte des 16. Jahrhunderts üblich geworden war, sei vorbei. Bei den Seereisen kam es nach Bougainville (1767) in Gebrauch, wissenschaftliche Spezialisten an Bord zu nehmen, und zwar nicht nur solche, die geographische und astronomische Aufgaben wahrzunehmen hatten, sondern auch Botaniker, Zoologen und, falls man davon damals schon sprechen kann, Ethnologen. Die Franzosen pflegten diesen Typus der Entdeckungsfahrt ganz besonders: Bei der Südsee-Expedition von La Pérouse (1785) fuhren 17 Gelehrte mit; die Reisen von D'Entrecasteaux und Baudin (1791 und 1800) wurden von 10 bzw. 20 solcher sogenannter «Naturalisten» begleitet.[24] Freilich war es nicht immer leicht, diese Spezialisten an Bord zu integrieren, und selbst im menschlichen Umgang so erfahrene Kommandanten wie James Cook hatten ihre liebe Not mit den Akademikern. In wissenschaftlicher Hinsicht aber bewährte sich diese Neuerung eines gelehrten Mitarbeiterstabes, dem sich oft auch weitere Fachleute – wie Zeichner und Gärtner – anschlossen, zweifellos: Eine Unmenge von Mineralien und Pflanzen wurden auf solchen Reisen eingesammelt, Tiere aller Art präpariert und Zeugnisse archaischen Kunstgewerbes nach Europa verschifft. Auch löste sich dank dem interdisziplinären Zusammenwirken der Spezialisten an Bord die Geographie aus ihrem einseitigen Bezug zur Entdeckungsgeschichte und trat in befruchtenden Kontakt zu andern Fachbereichen wie der Geologie, der Botanik und der Zoologie – eine Entwicklung, die mit Darwins berühmter Weltumsegelung in den Jahren 1831–1836 ihre Vollendung fand. Für die Seefahrten des 19. und beginnenden 20. Jahrhunderts, die vornehmlich der Erkundung von Arktis und Antarktis galten, sollten mitreisende Forschungsequippen, wie Bougainville und Cook sie konzipierten, charakteristisch bleiben. Dagegen ist interessant festzustellen, daß für die großen, oft überaus beschwerlichen afrikanischen, asiatischen und amerikanischen Binnenreisen des 19. Jahrhunderts der Typus des robusten, möglichst vielseitig gebildeten Einzelreisenden noch die Regel blieb.

Die flüchtigen Kulturkontakte im pazifischen Raum hatten nicht nur befruchtenden Einfluß auf die Geographie, sondern auch auf die Naturwissenschaften. Das 18. Jahrhundert war die Periode von Carl von Linnés größter Weltgeltung.[25] Gerade im botanisch noch wenig bekannten überseeischen Bereich mußte ein leicht faßliches System der Klassifikation nach Geschlechtsmerkmalen und der geniale, aber nicht minder eingängige Gedanke der binären Nomenklatur einen beispiellosen Forschungseifer freisetzen. Von den Schülern Linnés, die damals die Welt erkundeten, seien hier nur wenige genannt: Peter Kalm, der Nordamerika bereiste und einen auch politisch interessanten Bericht hinterließ; Adam Afzelius und Andreas Sparrman, die in Afrika botanisierten; Karl Peter Thunberg, der Japan besuchte und sich japanischer Kultur gegenüber bemerkenswert aufgeschlossen zeigte; und Carl Solander, der Cook auf dessen erster Reise begleitete. Es ist von Wissenschaftshistorikern allerdings auch bemerkt worden, Linnés Einfluß habe zu einer bloß additiven Häufung von Materialien geführt und künstlichen Ordnungsprinzipien und statischen Vorstellungen wie jener von der «Kette der Lebewesen» oder der «Konstanz der Arten» zu bedauerlich langer Dauer verholfen.[26] Gerade der Südseereisende Solander muß als Beispiel dafür dienen, daß der Sammeleifer die wissenschaftliche Durchdringung des beigebrachten Materials oft ganz in den Hintergrund treten ließ.[27] Es sollte Botanikern des 19. Jahrhunderts vorbehalten bleiben, gestützt auf Einsichten, wie sie Jussieu, De Candolle und Darwin entwickelt hatten, neuen Zugang zur Physiologie und Morphologie der tropischen Flora zu finden.

Große Bedeutung maßen die Botaniker des 18. Jahrhunderts der Verpflanzung tropischer Naturprodukte nach Europa und andern Teilen der

Welt bei. Joseph Banks, Begleiter Cooks auf dessen erster Weltumsegelung und späterer Präsident der «Royal Society», errichtete nach 1773 in den Königlichen Gärten von Kew ein lebendes Herbarium, in welchem Pflanzen aus allen Himmelsstrichen des «British Empire», auch aus der Südsee, gezüchtet wurden. Der «Jardin des Plantes» in Paris, ursprünglich unter dem Namen «Jardin du Roy» als Heilkräutergarten bekannt, vermochte im späten 18. Jahrhundert einen hervorragenden Überblick über die Tropenflora zu geben; auf der Expedition von La Pérouse reiste ein Gärtner dieses Gartens mit. Diese Botanischen Gärten und ihre Treibhäuser mit exotischen Pflanzen zogen Gelehrte aus aller Welt an; einer der bedeutendsten von ihnen, Alexander von Humboldt, bemerkt beiläufig, er sei durch den Anblick eines «kolossalen Drachenbaumes» im Botanischen Garten zu Berlin zu seinen Überseereisen angeregt worden.[28] Gewiß hat es eine Verpflanzung von Naturprodukten bereits in früheren Jahrhunderten gegeben: Manioka, die Süßkartoffel, Mais und Tomaten sind, um einige Beispiele zu nennen, bereits in der Phase der portugiesisch-spanischen Seefahrten weltweit ausgetauscht worden.[29] Aber erst das 18. Jahrhundert kennt maritime Unternehmungen, deren Hauptziel die Verpflanzung von Naturprodukten war. Auch hier fiel Joseph Banks eine wichtige Rolle zu, empfal er doch im Jahre 1787 der Admiralität, Brotfruchtbäume von Tahiti und den benachbarten Inseln nach Westindien transportieren zu lassen.[30] Die Früchte dieser Bäume sollten die Ernährung der Negersklaven auf den britischen Plantagenkolonien sicherstellen, wo die Nahrungsmittelknappheit seit der Unabhängigkeit der Vereinigten Staaten und der Reduktion ihrer Importe notorisch geworden war. Mit der Verschiffung des Brotfruchtbaumes wurde William Bligh betraut, der zuerst infolge der berühmt gewordenen Meuterei auf seinem Schiff, der «Bounty», scheiterte, wenige Jahre darauf aber tatsächlich die besagten Gewächse nach Jamaica brachte. Es blieb freilich beim Teilerfolg, da die Bäume zwar in Westindien zufriedenstellend gediehen, ihre Früchte sich jedoch als Nahrungsmittel nicht durchzusetzen vermochten. Zwei weitere Projekte des unermüdlich tätigen Joseph Banks konnten nicht, oder erst nach seinem Tod, verwirklicht werden. Der Plan, die Hanffaser von Neuseeland nach der australischen Sträflingskolonie Botany Bay auszuführen, geriet in Vergessenheit. Sein anderes Projekt, nämlich die Verpflanzung des Tees aus seinem Ursprungsland China nach Indien, sollte erst im Jahre 1836 von der «East India Company» in Angriff genommen werden, dann allerdings mit den weltwirtschaftlich nachhaltigsten Auswirkungen.[31] Die planmäßige Verpflanzung tropischer Naturprodukte war im übrigen kein Pionierver-

dienst der Engländer. Bereits um 1750 war es dem französischen Naturforscher Pierre Poivre gelungen, sich auf den im holländischen Machtbereich befindlichen Molukken Samen des Muskatfruchtbaumes und der
Gewürznelke zu beschaffen und diese nach Mauritius zu bringen. In den
Jahren 1769 und 1771 brachten zwei französische Expeditionen weitere
Gewürze aus dem malaiischen Archipel nach der Insel. Mauritius wurde
in der Folge zu einem wichtigen Zentrum des Umschlags tropischer
Nutzpflanzen innerhalb des noch verbliebenen französischen Kolonialreiches.[32]

Sowohl Joseph Banks wie Pierre Poivres Projekte griffen über das bloß
wissenschaftliche Experiment hinaus und gewannen eine weltwirtschaftliche und damit politische Dimension. Beide Naturforscher blieben noch
stark merkantilistischen Handelsprinzipien verpflichtet. Ihr Bestreben
ging nicht dahin, den zwischenstaatlichen Außenhandel zu beleben, sondern den Rohstoff näher ans Mutterland heranzuführen, die Gewürze
nach Mauritius und den Tee nach Indien. Merkantilistischem Denken
entsprang auch Banks' Absicht, das Zuckerangebot der westindischen
Inseln zu sichern, indem die Ernährung der Arbeitssklaven und damit ihr
Leistungsvermögen von der Einführung eines Fremdprodukts abhängig
gemacht wurde. Der an sich näherliegende Gedanke, von der Zucker-
monokultur der Plantageninseln abzurücken und durch Förderung der
Eigenproduktion an Nahrungsmitteln die Selbstversorgung zu gewährleisten, findet sich in Banks' Schriften nicht. Ebenso wird die Sklavenwirtschaft nicht in Frage gestellt, obwohl zum Zeitpunkt der Ausfahrt
von Kapitän Blighs «Bounty» die Aktivitäten der Antisklaverei-Bewe-
gung in England ihrem ersten Höhepunkt zustrebten.

Wir haben gesehen, wie im Falle des Pazifiks vergleichsweise wenige
kurzfristige Kulturberührungen genügten, um das geographische und
naturwissenschaftliche Interesse wachzuhalten. Das gleiche gilt für den
Bereich der Völkerkunde.

Untersucht man die Anweisungen an die Pazifikfahrer des 18. Jahrhunderts, fällt auf, mit welchem Nachdruck die Reisenden angehalten
werden, friedliche Kontakte mit den Fremdvölkern zu unterhalten. Bereits John Byron erhielt bei seiner Weltumsegelung im Jahre 1764 den
Auftrag, er solle sich mit «allen geeigneten Mitteln bemühen, die
Freundschaft mit den Eingeborenen zu pflegen» und diesen «jede mögliche Aufmerksamkeit und Achtung zu bezeugen».[33] In fast wörtlicher
Wiederholung findet sich dieselbe Anweisung in den Instruktionen aus
den drei Reisen Cooks: «Ihr sollt Euch bemühen, mit allen geeigneten
Mitteln die Freundschaft mit den Eingeborenen zu pflegen, indem Ihr

ihnen diejenigen Kleinigkeiten schenkt, nach denen sie verlangen ...»[34]
Und La Pérouse wird verpflichtet, seine Mannschaften wie folgt zu in-
struieren: «Er soll den Besatzungen vorschreiben, mit den Eingeborenen
in gutem Einverständnis zu leben und soll ihnen verbieten, und zwar
unter Androhung schwerster Strafen, jemals den Eingeborenen etwas
mit Gewalt wegzunehmen, was diese nicht aus freiem Willen herge-
ben.»[35] Stammten die Instruktionen nicht von offizieller Seite, sondern
von Privatpersonen oder wissenschaftlichen Gesellschaften, konnte die
Aufforderung zur Toleranz gegenüber den Vertretern der Fremdkultur
mit noch größerem Nachdruck formuliert sein. Interessant sind in dieser
Hinsicht die Empfehlungen, die der Präsident der «Royal Society» Kapitän Cook auf die erste Reise mitgab und in denen auch der Auftrag zur
Besitzergreifung neuentdeckter Gebiete im Namen der Krone deutlich
relativiert wird. «Es muß immer im Auge behalten werden», heißt es in
diesen Empfehlungen, «daß es ein Kapitalverbrechen ist, das Blut dieser
Völker zu vergießen; denn es handelt sich um menschliche Wesen aus der
Hand desselben allmächtigen Schöpfers und dessen Obhut ebensosehr
anheimgestellt wie die geschliffensten Europäer, dabei vielleicht noch
weniger kriegerisch und der göttlichen Gunst würdiger. Sie sind die
natürlichen und in striktem Wortsinne legalen Besitzer der verschiedenen Gebiete, die sie bewohnen. Keine europäische Nation hat das Recht,
einen Teil ihres Landes zu besetzen oder unter ihnen zu siedeln ohne ihre
freiwillige Zustimmung. Die Unterwerfung eines solchen Volkes kann
keinen glaubwürdigen Rechtstitel verleihen, weil es nicht als Angreifer
aufgetreten ist.»[36]
    In derartigen Instruktionen zur Pflege friedlicher Beziehungen wider-
spiegelt sich unzweifelhaft ein gewandeltes Verhältnis des Europäers zu
Vertretern von Fremdkulturen. Die Formel von der Zustimmung des
Eingeborenen, welche die Engländer bereits im 17. Jahrhundert in die
Landabtretungsverträge, die sie mit den nordamerikanischen Indianern
schlossen, aufgenommen hatten, gewinnt hier einen vertieften Sinn,
orientiert sie sich doch an der Entscheidungsfreiheit des Partners. Daß
im Falle der Südsee, allein schon der enormen Distanzen wegen, niemand an eine baldige Besiedlung dachte, mag dazu beigetragen haben,
den humanen Gesichtspunkt derart ins Zentrum zu rücken. Auch lag
derartigen Ermahnungen ein handfestes Kalkül zugrunde. Bei Reisen
über große Distanzen lag es im vitalen Interesse der Seefahrer, nicht in
Konflikte verwickelt zu werden, welche den Mannschaftsbestand und
die Bordmoral schwächen, aber auch die Verproviantierung durch
Tauschhandel gefährden konnten. Es ist ferner offensichtlich, daß starke

Mannschaftsverluste, wie sie etwa anläßlich Admiral Ansons Weltumsegelung vorgefallen waren, im Zeitalter der Aufklärung das nationale Prestige tangierten. «Seine Majestät würde es als besondere Auszeichnung dieser Expedition betrachten», heißt es dementsprechend in den Instruktionen an La Pérouse, «wenn die Reise beendet werden könnte, ohne auch nur einem Menschen das Leben zu kosten.»[37] Die Aufforderung zur Friedfertigkeit gegenüber den Südseeinsulanern war allerdings häufig von einer Mahnung zur Vorsicht begleitet. So wurde Cook vor seiner zweiten Reise angewiesen, bei aller zu übenden Freundlichkeit und Rücksichtnahme vor den Eingeborenen auf der Hut zu bleiben, um nicht bösen Überraschungen ausgesetzt zu sein.[38] Ähnliche Mahnungen begleiteten auch La Pérouse auf seiner Weltreise, und als auf Samoa einige Matrosen von den Inselbewohnern angefallen und der Kapitän eines Schiffes, De Langle, getötet wurde, notierte La Pérouse ins Bordjournal: «Er schmeichelte sich, sie (die Insulaner) im Zaum zu halten, ohne Blut vergießen zu müssen, und so wurde er ein Opfer seiner humanen Einstellung.»[39]

Das neue Klima der interkulturellen Toleranz, wie es die europäisch-überseeischen Beziehungen in der zweiten Hälfte des 18. Jahrhunderts zumindest im intellektuellen Bereich von Interesse und Rezeption bestimmte, hatte vielfältige, in ihrer Wechselwirkung schwer zu entwirrende Ursachen. Eine Fülle von wissenschaftlichen Abhandlungen und literarischen Essays hat sich unter dem Stichwort des «Edlen Wilden» in letzter Zeit mit dieser Thematik befaßt, und es sind dabei Sehnsüchte unseres Jahrhunderts sichtbar geworden, utopische, exotische und erotische, die der Absicht, unsere Kenntnis jener geistesgeschichtlichen Zusammenhänge zu fördern, nicht immer günstig waren.[40] An dieser Stelle seien in Kürze lediglich einige wichtige Aspekte dieser Problematik erwähnt.

Von größter Bedeutung für jenen Stimmungsumschwung sind zwei Bücher geworden, verfaßt um die Mitte des 18. Jahrhunderts von Schriftstellern, die nach Temperament und Denkrichtung wenig Gemeinsames hatten: Voltaires ‹Essai sur les mœurs› (1756) und Jean-Jacques Rousseaus ‹Discours sur l'origine de l'inégalité parmi les hommes› (1754). Voltaires umfangreiches historisches Werk verließ erstmals die ausgetretenen Pfade einer christozentrisch orientierten Universalgeschichte und schärfte den Blick für die Pluralität der Weltkulturen, wobei die chinesische und die islamische Kultur, ihres hohen Zivilisationsstandes wegen, dem Autor besondere Achtung abnötigten. Während Voltaire dem aufgeklärten Fortschrittsdenken verbunden blieb und dem

Zeitalter Ludwigs XIV. einen Ehrenplatz im bisherigen Verlauf der Weltgeschichte einräumte, trug Rousseau zu einer überaus folgenreichen kulturellen Verunsicherung des Europäers bei, indem er das Augenmerk auf schriftlose, «unzivilisierte» Phasen der Menschheitsentwicklung lenkte. Rousseaus hypothetische Fiktion des Naturmenschen war dem Verdruß des Individualisten gegenüber der absolutistisch-höfischen Gesellschaft des Rokoko entsprungen; mit der Gegenfigur des ökonomisch unabhängigen, politisch freien und sittlich lauteren «homme naturel» wurde allem der Kampf angesagt, was den Menschen der damaligen Zeit zu beengen, zu korrumpieren und sich selbst zu entfremden schien. Daß der Reisende, indem er den Raum durchmaß, sich zugleich auf eine Entdeckungsfahrt zurück zu seinen Ursprüngen und zu glücklicheren Phasen seiner Entwicklung begab, war ein neuer und wichtiger Gedanke, der in den Schriften von Rousseaus Anhängern große Popularität gewann.

Der Erweiterung des Horizonts im Raum und in der Zeit, wie sie durch Voltaire und Rousseau ermöglicht wurde, entsprach dialektisch eine Verinnerlichungsbewegung, die gegen Ende des 18. Jahrhunderts vor allem bei konfessionellen Randgruppen sichtbar wurde. Diese stark einer karitativen Emotionalität verpflichteten Strömungen trugen wesentlich dazu bei, den Menschen anderer Rasse und Kultur in seiner Mitmenschlichkeit zu erkennen und die Beziehung zu ihm von einem neuen Gefühl evangelischer Verantwortung, das den politischen Machtanspruch aufgegeben hatte, leiten zu lassen. Die Auswirkung dieser Verinnerlichungsbewegung auf die Ausgestaltung des europäisch-überseeischen Verhältnisses läßt sich besonders eindrücklich bei der Entstehung der englischen Antisklavereibewegung (nach 1770) feststellen, an welcher die Methodisten entscheidenden Anteil hatten. Pietistische Tendenzen hinwiederum spielten eine wichtige Rolle beim Aufbau protestantischer Missionsgesellschaften wie der 1795 gegründeten «London Missionary Society», deren früheste Aktivitäten sich, wie noch gezeigt werden soll, auf den pazifischen Raum richteten. Als bedeutsamer Antrieb zur selbstkritischen Neuerwägung der künftigen Ausgestaltung europäisch-überseeischer Beziehungen ist schließlich der Abfall der nordamerikanischen Besitzungen zu werten, ein Vorgang, dessen heilsamer Schockwirkung es zuzuschreiben ist, wenn England einige der Fehler, die es jenseits des Atlantiks begangen hatte, beim Aufbau des «Second Empire» in der östlichen Hemisphäre nicht mehr wiederholte.

Die aus solchen geistigen Quellen sich nährende Aufforderung zum friedfertigen Umgang mit den Eingeborenen, wie sie uns aus den Instruktionen und Anweisungen an die Seefahrer des späten 18. Jahrhunderts entgegentritt, konnte gelegentlich sogar einem radikalen Antikolonialismus Platz machen. So wurde im Gefolge der pazifischen Entdeckungsreisen da und dort die Auffassung laut, es wäre besser gewesen, die Europäer hätten jene paradiesischen Weltgegenden nie entdeckt und deren unschuldige Bewohner nie den Risiken ihrer Einflußnahme ausgesetzt. Als Bougainville einen Bewohner Tahitis, Auturu, von seiner Reise nach Paris mitbrachte, regte sich unter den Intellektuellen Widerspruch; es sei verantwortungslos, argumentierte man, einen jungen Menschen, der das Vorrecht genossen hatte, in der Südsee aufgewachsen zu sein, seiner angestammten Heimat zu entreißen und den verderblichen Sitten einer europäischen Großstadt auszusetzen. Bougainville sah sich zur Verteidigung gezwungen, indem er betonte, es sei der freie Wille des Insulaners gewesen, ihn nach Europa zu begleiten.[41] Stimmen wurden laut, Auturu sei baldmöglichst nach Tahiti zurückzuführen, und im Jahre 1771 gab das Marineministerium dem Seefahrer Marion-Dufresne einen entsprechenden Auftrag; Auturu erkrankte und verstarb jedoch auf dem Rücktransport. Ähnliche Kritik meldete sich in England, als James Cook nach seiner zweiten Weltreise den Polynesier Omai nach London brachte. Auch Omai wurde auf der dritten Reise Cooks nach seiner Heimat zurückspediert, scheint sich aber, nach allem, was wir wissen, nicht mehr in seine Herkunftsgesellschaft integriert zu haben.[42]

Die Sorge, der Kontakt mit den Europäern könnte für die Pazifikbewohner verhängnisvoll werden, bestimmte auch die hitzige Debatte, die zwischen Franzosen und Engländern darüber geführt wurde, wer die Geschlechtskrankheiten auf den Gesellschaftsinseln eingeführt habe. Im Reisebericht des Deutschen Georg Forster von Cooks zweiter Reise, vielleicht dem wertvollsten Quellendokument, das wir zur Geschichte der Pazifikerkundung besitzen, wird die Erwägung des Für und Wider europäischer Einflußnahme zum eigentlichen Gewissenskonflikt. «Es ist wirklich im Ernste zu wünschen», kommt Forster zum Schluß, «daß der Umgang der Europäer mit den Einwohnern der Südseeinseln in Zeiten abgebrochen werden möge, ehe die verderbten Sitten der civilisierten Völker diese unschuldigen Leute anstecken können, die hier in ihrer Unwissenheit und Einheit so glücklich leben. Aber es ist eine traurige Wahrheit, daß Menschenliebe und die politischen Systeme von Europa nicht miteinander harmonieren!»[43]

Auf wohlwollendem Interesse am Überseebewohner basierten auch die wissenschaftlichen Fragebögen, die den Pazifikreisenden des 18. Jahrhunderts mitgegeben wurden. Die Praxis, Überseereisende mit gezielter

Fragestellung zur genauen Beobachtung von Fremdvölkern anzuhalten, geht bereits auf frühere Jahrhunderte zurück, wie auch die Aufforderung zu friedfertigem Verhalten gegenüber anderen Nationen keineswegs ein Pionierverdienst des Zeitalters der Aufklärung ist. Allerdings spricht vieles dafür, daß solche Anweisungen im 16. und 17. Jahrhundert ausschließlich der Sorge um die Anknüpfung wirtschaftlich lukrativer Beziehungen entsprangen. Aufschlußreich sind in diesem Zusammenhang die Instruktionen, die der Gouverneur der englischen Handelsgesellschaft «Merchant Adventures» im Jahre 1553 einigen Seefahrern mitgab, welche auf der sogenannten Nordost-Passage, durch Umfahrung des Nordkaps, China zu erreichen suchten. China war, wie man aus dem Bericht Marco Polos wußte, ein mächtiges, von selbstbewußten Fürsten regiertes Reich, der Weg dorthin war beschwerlich und bedurfte des Einsatzes möglichst aller Kräfte – es verstand sich folglich von selbst, daß die Instruktionen zur Vorsicht im Umgang mit Fremden raten mußten. «Jede Nation und ihr Wohngebiet», heißt es in diesen Anweisungen, «verdient unsere wohlüberlegte Aufmerksamkeit. Es soll vermieden werden, die Bevölkerung durch Geringschätzung, Spott, Verachtung oder ähnliches zu verärgern; diese soll vielmehr mit vorsichtiger Umsicht, mit aller Güte und Höflichkeit behandelt werden.»[44] Und dann folgt eine Anleitung zur genauen Beobachtung der fremden Kulturen unter besonderer Berücksichtigung der Möglichkeit, Handelsbeziehungen zu eröffnen: «Die Namen der Völkerschaften jeder Insel sind schriftlich festzuhalten, ebenso die Bedürfnisse dieser Völker, deren Eigenart, Fähigkeit und Veranlagung, ferner die Dinge, nach denen sie am meisten verlangen, die Gebrauchswaren, die sie einzutauschen bereit sind und die Metalle, die sich auf Hügeln, im Gebirge, in Strömen und Flüssen, auf und unter der Erdoberfläche finden.»[45]

Bereits gegen Ende des 16. Jahrhunderts erschienen mehrere gedruckte Reiseanweisungen, sogenannte «Apodemiken», die sich an jugendliche Bildungsreisende aus gehobenem Milieu wandten und zur genauen Beobachtung durch persönlichen Augenschein sowie zur geordneten Aufzeichnung des Wissenswerten anhielten.[46] Für Überseereisen scheint es keine derartigen, auf Bildung von Charakter und Intellekt des Einzelreisenden abzielenden «Apodemiken» gegeben zu haben; eine vergleichbare Rolle spielten die Instruktionen der Admiralitäten oder jener wissenschaftlichen Gesellschaften, die sich im 17. Jahrhundert auszubilden begannen. So enthielt bereits die erste Nummer der ‹Philosophical Transactions›, des Organs der 1660 gegründeten «Royal Society», eine Fragenliste an Überseereisende unter dem Titel ‹General Heads for a Natu-

ral History of a Country, great or small».[47] Im übrigen bemühten sich
auch die umfangreichen Reiseberichtkompilationen, die im 17. Jahrhundert erschienen, Purchas' ‹Hakluytus Posthumus› und Dappers ‹Naukeu-
rige Beschrijvinge der Afrikaensche gewesten› beispielsweise, ihre Informationen in systematischer Ordnung vorzutragen. Ein frühes Beispiel
dieser Art war die ‹Geographia Generalis› des Bernhard Varenius aus
dem Jahre 1650, in der die Schilderung fremder Völker einer später oft
kopierten Ordnung unterworfen wurde: äußere Erscheinung der Eingeborenen, deren Herkunft und Ernährung; Handel und Gewerbe; Tugenden und Laster; Heiratsbräuche und Bestattungszeremonielle; Sprache;
Regierungssystem; wichtigste Örtlichkeiten des Landes; geschichtliche
Überlieferung; hervorragende Persönlichkeiten des betreffenden
Volkes.[48]

Die völkerkundlichen Fragebogen des 18. Jahrhunderts gingen über
die bisherigen Stufen systematischer Informationsbeschaffung vor allem
auch insofern hinaus, als die Gelehrten, die sie verfaßten, den zeitgenössischen Forschungsstand kannten und gezielte Ergänzungs- oder Über-
prüfungsfragen ansetzten. Bezeichnend ist in dieser Hinsicht der Fragenkatalog, den der deutsche Orientalist Johann David Michaelis 1762 im
Auftrag der «Göttingischen Societät der Wissenschaften» verfaßte und
dem Arabienreisenden Carsten Niebuhr mitgab.[49] Was die Erkundung
des Pazifiks betrifft, verdienen die umfangreichen wissenschaftlichen
Anweisungen, die den Seefahrer La Pérouse begleiteten, eine eingehen-
dere Betrachtung. Allein die Fragen der «Académie de Médicine», welche diesen Instruktionen beigegeben waren, umfaßten fünfzehn Druck-
seiten. Mit einer für das aufgeklärte Zeitalter typischen Wendung gegen
Aberglauben und Vorurteil distanziert sich der medizinische ‹Question-
naire› von jeder Legendenbildung: «Wir sprechen hier weder von Riesen,
noch von Zwergen oder Schwanzmenschen etc., weil diese behaupteten
Seitensprünge der Natur von niemandem beobachtet worden sind als
von voreingenommenen oder unwissenden Reisenden, in deren übersteigerter Einbildungskraft sie existierten.»[50] Vom bisherigen Kenntnis-
stand ausgehend, entwickeln sich die Fragen der «Académie de Médicine» nach folgenden Mustern: «Dampier hat gesagt, daß den Bewohnern von Van Diemens-Land (Tasmanien) zwei Zähne fehlen. Fehlen sie
ihnen von Natur oder weil sie diese sich gegenseitig ausreißen?» Oder:
«Leiden die Bewohner unter der Lepra? Muß man dieser Krankheit die
schmerzlosen Schwellungen an Armen und Beinen zuordnen, die Cook
beobachtet hat?»[51] In solcher Weise befaßt sich der Fragenkatalog der
Mediziner mit folgenden Themenbereichen: mit der Anatomie und Phy-

siologie des menschlichen Körpers; mit der Hygiene und der Verbreitung von Krankheiten; mit den Heilmitteln und den Heilmethoden der fremden Völker. Auffällig ist allerdings, daß das Studienobjekt, der Überseebewohner, kaum je in seiner Eigenschaft als gesellschaftliches Wesen erscheint, auch dann nicht, wenn Themen wie Wohnverhältnisse, Lebenserwartung und Pubertätsalter diskutiert werden, die geeignet wären, den Blick aufs Soziale zu öffnen; diese Feststellung gilt übrigens für den Gesamtkomplex der an La Pérouse ergangenen wissenschaftlichen Instruktionen. Und nicht minder auffällig ist schließlich, daß die Art und Weise, wie man sich die verlangten Informationen verschaffen solle, die Forschungsmethode also, weder in den medizinwissenschaftlichen noch in den sonstigen Anweisungen an La Pérouse diskutiert wird.

Höchst bedeutsam und wegweisend für die Entwicklung der Völkerkunde waren die vom französischen Naturforscher Joseph-Marie de Gérando verfaßten ‹Considérations sur les diverses méthodes à suivre dans l'observation des peuples sauvages› vom Jahre 1800. Man weiß, daß diese Anweisungen auf die Anregung einer offenbar im Dezember 1799 gegründeten ‹Société des Observateurs de l'Homme› zurückgingen, die, obwohl nur kurzlebig, als Vorläuferin jener ethnologischen Gesellschaften gelten darf, die nach 1835 in Frankreich, England, den Vereinigten Staaten und Deutschland gegründet wurden. Im Jahre 1883 wurden die ‹Considérations› wiederentdeckt und in den ‹Revue d'anthropologie› abgedruckt; heute sind sie am leichtesten in einer englischen Ausgabe zugänglich.[52]

Vom Gesichtspunkt des Historikers aus gesehen, der sich mit dem Problemkreis des europäisch-überseeischen Kulturkontakts befaßt, ist De Gérandos Schrift da am aufschlußreichsten, wo sie Kritik an den bisher geübten Methoden völkerkundlicher Beobachtung übt. Nach einigen einleitenden Bemerkungen, welche die Dringlichkeit der Erforschung des Menschen durch den Menschen hervorheben und erkennen lassen, daß der Autor die Idee der Einheit des menschlichen Geschlechts und der Monogenesis teilt, wird den Überseereisenden vorgeworfen, sie hätten sich bisher für ihre völkerkundlichen Studien zu wenig Zeit genommen und insbesondere versäumt, fremde Sprachen zu erlernen, ohne deren Kenntnis ein Eindringen in das Wesen anderer Kulturen unmöglich sei. Sehr scharfsinnig erkennt De Gérando, daß die Ankunft eines europäischen Schiffes die Eingeborenen in einen Zustand des Erstaunens, des Schreckens oder der Unruhe versetze, der es erschwere, ihr Normalverhalten zu beurteilen; schon dieser Umstand empfehle einen längeren Aufenthalt des ernsthafteren Forschers. Die Forderung nach

andauerndem und intimem Umgang mit den Eingeborenen und nach
Kommunikation in den einheimischen Sprachen war nicht neu; die Jesuitenmissionare in Paraguay und Kanada hatten sie bereits zu Beginn des
17. Jahrhunderts erhoben und ihren Reiseberichten Glossare zur besseren
Verständigung beigefügt.[53] Doch die Bemühungen der Missionare zielten primär darauf ab, verstanden zu werden, und erst in zweiter Linie, zu
verstehen; ihre Arbeit hatte die Vermittlung einer Botschaft zum Ziel.
De Gérandos Auffassung der Kommunikation, die übrigens ausdrücklich Zeichensprache, Gebärdenspiel und Mimik einbezog, erweiterte den
Spielraum der Verständigung, wie er von den Missionaren angestrebt
wurde, beträchtlich. Dies geht aus dem folgenden Abschnitt der ‹Considérations› hervor: «Das Hauptziel, dem sich Erwartung und Eifer des
wahrhaft philosophischen Reisenden heute zuwenden sollten, müßte
darin bestehen, alle Mittel, die es erlauben, in die Gedankenwelt der
Völker, in deren Mitte er weilt, einzudringen, mit Sorgfalt zu versam-
meln, um sich deren Handlungen in ihren Folgen und in ihrem Bezug
verständlich zu machen. Dieses Forschungsziel ist nicht nur in sich selbst
das wichtigste; es dient auch als Vorstufe und Einführung in alle anderen
Wissensgebiete. Wie kann man stolz darauf sein, gut beobachtet zu haben, wenn man die Leute nicht versteht und sich mit ihnen nicht unterhalten kann? Das beste Mittel, um die Wilden gut kennenzulernen, besteht darin, in einem gewissen Sinne wie sie zu werden – und indem man
ihre Sprache erlernt, wird man zu ihrem Mitbürger.»[54]

«In einem gewissen Sinne wie sie zu werden» – dies bedeutet auch, daß
der Beobachter sich die Relativität seines Standorts bewußt zu machen
hat. Die Reisenden hätten bisher allzusehr der Versuchung nachgegeben,
schreibt De Gérando, die Sitten der Wilden in Analogie zu den eigenen
Sitten zu beurteilen, ihnen eigene Gesinnungen und Bedürfnisse zu un-
terschieben und sie nach Europäerart räsonnieren zu lassen.[55] Mit dieser
Kritik nähert sich der Autor einem Kulturverständnis, wie es in
Deutschland dreißig Jahre zuvor von Johann Gottfried Herder in den
berühmten Satz gefaßt worden war: «Jede Nation hat ihren Mittelpunkt
der Glückseligkeit in sich, wie jede Kugel ihren Schwerpunkt»,[56] ein
Satz, der als Motto über Georg Forsters Bericht seiner ‹Reise um die
Welt› stehen könnte. Aber man würde sich täuschen, wollte man in De
Gérando den Vorläufer eines auf Einfühlung rekurrierenden radikalen
Historismus sehen. Der Autor der ‹Considérations› steht vielmehr
durchwegs Voltaire nahe, bekennt sich zu dessen Kritik des Vorurteils
und zur pluralistischen Sicht der Fremdkulturen, wie jener sie im ‹Essai
sur les mœurs› entwickelte; und mit Voltaire zweifelt er nicht am Auf-

trag des Menschen zum Fortschritt und zur zunehmenden Zivilisierung sowie daran, daß es im eigensten Interesse anderer Kulturen liegen müsse, den hohen Zivilisationsstand, den Europa erreicht habe, für sich selbst zu erstreben. Mit Voltaire wendet sich De Gérando vehement gegen die Untaten europäischer Kolonialmächte, die ihren Aufenthalt in Übersee lediglich zu Ausbeutung und Versklavung mißbraucht hätten; und aus dieser Schuld bezieht er – hierin weniger skeptisch als der Verfasser des ‹Essai sur les mœurs› – die für das zivilisierte Europa unabdingbare ethische Verpflichtung, Völker anderer Kultur auf humane und hilfreiche Weise zur Zivilisation zu führen. «Kolumbus hat nach der Neuen Welt bloß habgierige Eroberer entsandt», schreibt De Gérando, «während Ihr Euch den Völkern der Südsee als Friedensbringer und Freunde naht; die grausamen spanischen Abenteurer brachten nur Zerstörung mit sich, Ihr aber werdet Eure Wohltaten verbreiten.»[57] In Übereinstimmung mit Dalrymple und De Brosses, aber auch mit den Auffassungen des englischen Nationalökonomen Adam Smith, sieht De Gérando in Anknüpfung und Unterhalt von Handelsbeziehungen das geeignetste Mittel, nicht nur den Frieden zwischen den Völkern zu erhalten, sondern auch die Zivilisierung und damit zuletzt das allgemeine Glück anzustreben. «Ein philosophischer Reisender», heißt es in den ‹Considérations›, «wird seine Vorstellungen weiter schweifen lassen. Er wird im Handel ein Mittel sehen, sie (die Völker der Wilden) zur Zivilisation hinzuführen. In der Tat können sie sich kaum anders als mit unserer Mithilfe zivilisieren, und nur ihr Bedürfnis wird sie uns annähern. So wird ein erster Austausch die ersten Verbindungen erleichtern; diese Verbindungen dienen vielleicht dazu, dem Wilden einige neue Wünsche einzuflößen, was ihn weiter in unsere Nähe bringt. Jederzeit gut empfangen, gut behandelt, Zeuge unseres Glücks, unseres Reichtums und gleichzeitig unserer Überlegenheit, wird sich der Wilde vielleicht, aus Dankbarkeit oder aus Interesse, näher an uns anschließen und mit uns eine Allianz eingehen; vielleicht wird er uns zu sich rufen, damit wir ihm den Weg weisen, der ihn dahin führt, wo wir sind. Welche Freude, welche Eroberung, wenn sich für uns die Aussicht eröffnen sollte, auf diese sich selbst überlassenen Völker einen mildtätigen und nützlichen Einfluß auszuüben.»[58]

Faßt man zusammen, wie man sich im Europa des späten 18. Jahrhunderts die Anknüpfung und Ausgestaltung der Beziehungen zu den neu entdeckten Völkern des pazifischen Raumes vorstellte, springt der Wunsch nach möglichst konfliktfreien Kontakten sofort ins Auge. Es ist sicher richtig, daß bei diesem Wunsch nicht nur das neuartige humane

Verantwortungsbewußtsein mitspielte, wie es sich in Europa um die Jahrhundertmitte hatte ausbilden können, sondern auch das handfeste Kalkül: Reisen über derartige Distanzen mit entsprechenden logistischen Problemen gestatteten es dem Seefahrer nicht, militant aufzutreten. Aber auch die betont wissenschaftlichen Prioritäten, denen die Pazifikreisen des späten 18. Jahrhunderts sich verpflichtet fühlten, verlangten gebieterisch nach friedfertiger Abwicklung der Kontakte. Dies galt selbstverständlich vor allem für den Bereich der völkerkundlichen Forschungen. Bewußter als je zuvor suchte man im Zusammenhang mit der Erschließung der Südsee die gelehrte Diskussion im Mutterland durch den gezielten Augenschein an Ort und Stelle zu beleben, zu berichtigen und zu vertiefen. Die historisch-kritische Aufarbeitung bisheriger Informationen wurde weitergeführt, die Zusammenarbeit von Fachleuten verschiedener Disziplinen wie die Kontakte zu den kolonialpolitisch maßgebenden Instanzen wurden intensiviert, die Aufmerksamkeit eines ständig wachsenden Leserpublikums wurde gewonnen. Gegen die Jahrhundertwende wurde die Methode völkerkundlicher Bestandsaufnahme selbst zum Gegenstand kritischer Befragung. Gefordert wurden längere Studienaufenthalte und die Beherrschung der Eingeborenensprachen zum Zweck der vorurteilsfreien Erforschung des Überseebewohners. Dieser trat nicht mehr vorwiegend als möglicher Lieferant wertvoller Rohstoffe und billiger Arbeitskraft oder als Bekehrungsbedürftiger ins Blickfeld der Europäer, sondern als ein Geschöpf gleichen Ursprungs und gleichen Rechts, das man innerhalb seiner historisch und gesellschaftlich geprägten Umwelt zu verstehen suchte. Es scheint uns durchaus berechtigt, im Zusammenhang mit den Instruktionen und Anleitungen, wie sie an die Südseefahrer Bougainville, Cook, La Pérouse oder Baudin ergingen, von einer entscheidenden geistigen Neuorientierung der europäisch-überseeischen Beziehung zu sprechen. Das Zeitalter der «Prähistorie der Ethnologie» neigte sich seinem Ende zu; erste Ansätze einer künftigen Feldforschung wurden sichtbar.[59]

Dennoch blieb das Interesse der Europäer des 18. Jahrhunderts an der Südsee materiell nicht gering. Die völkerrechtliche Verknüpfung von Neuentdeckung und Inbesitznahme wurde aufrechterhalten oder doch nicht explizit aufgelöst, auch wenn die damit verbundenen Ansprüche vorläufig theoretischer Natur blieben und sich primär gegen den europäischen Konkurrenten richteten. Auch zeichnete sich in Reiseberichten und Instruktionen bereits der Plan einer neuen, auf den Handel gegründeten Kolonialbeziehung ab, die, von der Idee der verantwortungsvollen Vormundschaft, der «Trusteeship» ausgehend, den Überseebewohner auf eine andere Weise in Pflicht nehmen sollte, um ihn, wie man wohl aufrichtig hoffte, der Zivilisation und seinem eigenen Glück entgegenzuführen.[60]

Die methodenkritischen Überlegungen, die scharfsinnigen Ratschläge und Fragen, die De Gérando in seinen ‹Considérations› vorgetragen hatte, konnten von der Expedition Baudin, für die sie bestimmt waren, nicht verwertet werden. Die Unternehmung stand von Anfang an unter einem Unglücksstern: infolge von Krankheiten und Streitigkeiten verließ ein Teil der Besatzung und der Gelehrten die Schiffe bereits bei der Hinfahrt auf Mauritius, später erkrankte der Kapitän selbst schwer, und die Zerwürfnisse an Bord wurden unerträglich. Zwar gelang es, umfangreiches botanisches Sammlungsgut zusammenzuraffen, einige Inseln genauer zu situieren und eine bisher noch unbekannte Küstengegend im Süden Australiens kartographisch festzulegen; aber die völkerkundliche Ausbeute war infolge des schlechten Arbeitsklimas und des Fehlens längerer Landaufenthalte sehr gering. Die luxuriös aufgemachte wissenschaftliche Berichterstattung der Reise, welche der führende «Naturalist» der Expedition, François Péron, im Jahre 1807 herausgab, vermochte den Mißerfolg des Unternehmens nicht zu verdecken.[61]

Soll man die drei Jahrzehnte der frühen pazifischen Entdeckungsreisen von Samuel Wallis (1767) zu Bougainville, Cook, La Pérouse und Nicolas Baudin (1803), die Phase der Kulturberührung also, zusammenfassend charakterisieren, drängt es sich auf, die Friedfertigkeit der europäisch-überseeischen Kontakte in den Vordergrund zu stellen. Obwohl es auf einzelnen Inseln, etwa auf Neuseeland, durchaus zu kriegerischen Zusammenstößen kam und selbst die Beziehungen zu Tahiti gelegentlich von ernsthafteren Zwischenfällen überschattet waren, dominierte das gegenseitige Einvernehmen auf eine im Gesamtverlauf der Kolonialgeschichte sehr selten zu beobachtende Weise. Doch nicht nur die Europäer, auch die Südseeinsulaner trugen entscheidend dazu bei, daß größeres Blutvergießen vermieden wurde. Die europäischen Pazifikreisenden haben vielfach bezeugt, wie freundlich und mit welcher Bereitschaft zu Vorleistungen man ihnen entgegentrat. Das Bild der mit einheimischen Naturprodukten beladenen Kanus, die von freudig-erregten Insulanern an die europäischen Schiffe herangerudert werden, ist geradezu zum Sinnbild dieser Kulturberührung geworden. Zitieren wir unter vielen Augenzeugen den schriftstellerisch gewandten Georg Forster: «Ein Morgen war's, schöner hat ihn schwerlich je ein Dichter beschrieben, an welchem wir die Insel O-Tahiti, zwei Meilen vor uns sahen. Der Ostwind, unser bisheriger Begleiter, hatte sich gelegt; ein vom Lande we-

hendes Lüftchen führte uns die erfrischendsten und herrlichsten Wohlge-
rüche entgegen und kräuselte die Fläche der See ... Kaum bemerkte man
die großen Schiffe an der Küste, so eilten einige unverzüglich nach dem
Strande herab, stießen ihre Canots ins Wasser und ruderten auf uns zu.
Es dauerte nicht lange, so waren sie durch die Öffnung des Riffs, und
eines kam uns so nahe, daß wir es abrufen konnten. Zwei fast ganz
nackte Leute, mit einer Art von Turban auf dem Kopfe und mit einer
Scherfe um die Hüften, saßen darin. Sie schwenkten ein großes grünes
Blatt in der Luft und kamen mit einem oft wiederholten, lauten ‹Tayo!›
heran, ein Ausruf, den wir ohne Mühe und ohne Wörterbuch als einen
Freundschaftsgruß auslegen konnten. Das Canot ruderte dicht unter das
Hinterteil des Schiffs, und wir ließen ihnen sogleich ein Geschenk von
Glaskorallen, Nägeln und Medaillen herab. Sie hinwiederum reichten
uns einen grünen Pisangschoß zu, der bei ihnen ein Sinnbild des Friedens
ist, und baten solchen dergestalt ans Schiff zu befestigen, daß er einem
jeden in die Augen fiele.»[62]

Forsters Schilderung weist drei Jahrhunderte zurück auf jenen Bericht,
mit dem Christoph Kolumbus seine Ankunft auf den Bahamas festhielt.
Beide Reisende fuhren in der Morgenfrische in den ersehnten Hafen ein,
erblickten freundlich gesinnte Eingeborene, nackt, wie Gott sie erschaf-
fen, und gaben sich staunend Rechenschaft von den natürlichen Reichtümern der neu entdeckten Weltgegend. In Westindien wie in der Südsee
wurden die eintreffenden Europäer als Götter betrachtet und wie Götter
verehrt. In der hawaiischen Literaturtradition hat sich ein bezeichnender
Bericht über James Cooks erste Ankunft auf diesen Inseln erhalten. Fas-
sungslos, so wird erzählt, hätten die Indianer vom Ufer aus das Nahen
der Segelschiffe verfolgt, und ihnen sei dies vorgekommen, wie wenn
ein Wald über das Meer herangetrieben würde. Als an Bord noch ein
Kanonenschuß gelöst wurde, sei allen klar gewesen, daß sie von über-
menschlichen Wesen besucht würden. «Und in dieser Nacht», heißt es
im Bericht der Insulaner, «feuerte das Geschütz, und es flog nach oben,
und sie glaubten, dies sei ein Gott, und sie gaben ihm den Namen Lono-
makua. Und die Eingeborenen dachten, daß es zu einem Krieg kommen
würde. Da sagte eine Frau von Rang namens Kamakahelei, sie war die
Mutter von Kauuali'i: ‹Laßt uns nicht unseren Gott bekämpfen, es ist
vielmehr richtig, es ihm angenehm zu machen, damit der Gott uns
freundlich gesinnt sei.›»[63]

In der Regel unternahmen die Insulaner alles, um sich die weißen
Ankömmlinge günstig zu stimmen bzw. deren Gunst zu erhalten. Man
informierte und beriet die Europäer freizügig über alles, was sie wissen

wollten, und stand ihnen mit Rat und Tat zur Seite. Man war bemüht, den oft sehr weitgehenden Wünschen bei der Verproviantierung der Seefahrer nachzukommen. Man übergab ihnen die jungen Frauen auch dann noch bereitwillig, als man feststellte, daß sich Geschlechtskrankheiten auszubreiten begannen, und selbst Deserteure, die den Insulanern völlig ausgeliefert waren, hatten nichts zu fürchten. Zwar konnte es sich ereignen, daß sich die Stimmung plötzlich gegen die Europäer wandte, wenn diese, zuweilen unwissentlich, ein Tabu verletzt oder eine Erwartung enttäuscht hatten – so beispielsweise bei jenem oft beschriebenen, wenn auch unzulänglich dokumentierten Zwischenfall, der am 14. Februar 1779 zur Ermordung von James Cook durch die Hawaiianer führte.[64] Gerade die Art und Weise, wie Charles Clerke, der Nachfolger im Kommando, auf die Ermordung Cooks reagierte, zeigte jedoch, wie sehr die Zeiten sich geändert hatten. Die spanischen Konquistadoren der Neuen Welt antworteten, wenn einer ihrer Führer im Kampf oder durch ein Attentat ums Leben kam, mit brutalsten Repressalien wie wahlloser Tötung, Geiselmord und Brandschatzung. Charles Clerke dagegen hielt sich zurück, obwohl ein Teil seiner Mannschaft solche Mäßigung nicht begriff, und es gelang ihm, die Versöhnung einzuleiten.[65]

Zu einem militanten Kulturzusammenstoß mit anschließender Liquidierung der Urbevölkerung ist es im pazifischen Raum nicht gekommen. Aber auch hier gelang es nicht, aus der frühen Kulturberührung eine Form der gegenseitigen Begegnung zu entwickeln, die es gestattet hätte, Unabhängigkeit und Eigenständigkeit der Fremdkultur zu gewährleisten. Kaufleute und Missionare folgten, wenn auch vorerst in geringer Zahl, den Spuren der Entdecker. Nach 1785 wurden die Hawaii-Inseln zum hervorragend gelegenen Ausgangspunkt für Pelzhändler, die an die Küste von Alaska fuhren, dort den Seeotter jagten oder von den Indianern eintauschten und die Felle in China absetzten. Zuerst eine Domäne der Briten, ging dieser Handel nach dem Amerikanischen Unabhängigkeitskrieg in die Hände der Amerikaner über, die damit früh ihren Anspruch anmeldeten, im Pazifik eine eigene Handels- und Außenpolitik zu treiben. Nach der Jahrhundertwende ging das Seeottergeschäft allmählich zurück und wurde durch den Handel mit Sandelholz ersetzt; wiederum war China der wichtigste Abnehmer, wo das aus den Fidschi-, Marquesas- und Hawaii-Inseln herbeigeschaffte Holz für kostbare Schnitzereien verwendet und zu aromatischen Ölen verarbeitet wurde. Um 1850 war der Walfang, von Schiffen verschiedener Nationen betrieben, zum wichtigsten Geschäft in der Südsee geworden, und es ist nicht zu Unrecht gesagt worden, es seien die Walfänger, und nicht die

Entdeckungsreisenden gewesen, die auf ihren monatelangen Reisen die letzten Küstenstriche des großen Ozeans entschleiert hätten.[66] Die Südseeinsulaner stellten sich in der Regel bereitwillig und rasch auf das lukrative Geschäft mit Fellen, Hölzern und weiteren Naturprodukten sowie Perlen und Walöl um und begannen sich auf jene Verrichtungen und beruflichen Fertigkeiten zu spezialisieren, die zur Ausrüstung, Instandhaltung und Verproviantierung der Schiffe nötig wurden. Auf den Ankerplätzen und in den aufstrebenden Hafenstädten entwickelte sich aus der Kulturbeziehung zwischen Weißen und Insulanern eine Mischbevölkerung, einheimische Sozialordnung und Sitte wurden einem tiefgreifenden Wandel unterworfen und auch korrumpierende Einflüsse, hier wie anderswo durch die fatale Wirkung des Branntweins gefördert, wurden wirksam. Bereits im Jahre 1792, bei seinem zweiten Aufenthalt auf Tahiti, bemerkte Kapitän William Bligh mit spürbarer Ernüchterung, unter der einheimischen Bevölkerung gebe es eine Menge von zerlumpten Kerlen, vor denen man sich in acht nehmen müßte.[67]

Nicht weniger folgenreich waren die Auswirkungen der europäischen Missionstätigkeit. Nach der Gründung der «London Missionary Society» im Jahre 1795 begannen zuerst in Polynesien, dann auf anderen Inselgruppen Missionare an Land zu gehen. Anfangsschwierigkeiten, zusammenhängend mit der mangelnden Vorbereitung und dem fehlenden Anpassungsvermögen der Kirchenmänner, wurden rasch überwunden, und das Christentum setzte sich fast überall durch. Erstes Ziel der Londoner Missionare war es, die «Zivilisierung» der Insulaner voranzutreiben, das heißt, sie zu sittsamem Betragen und geordneter Kleidung anzuhalten, heidnische Rituale und Gebräuche auszurotten und Kannibalismus und Kindstötung, wo diese vorkamen, zu bekämpfen. Zuerst wandte man sich vor allem an die Vertreter angesehener Häuptlingsfamilien, welche in den traditionellen Gesellschaften auch die sakrale Gewalt verkörperten, und die Bekehrung dieser Oberschicht verfehlte nicht ihre Wirkung auf das Volk. Besonders gut läßt sich dieses Vorgehen auf Tahiti beobachten, wo sich die Missionare mit dem Häuptling Pomaré II. verbanden und nicht zögerten, auch dessen machtpolitische Interessen zu vertreten, um ihn und seine Untertanen schließlich für den wahren Glauben zu gewinnen.[68]

Als im Jahre 1821 zwei Inspektoren der «London Missionary Society» auf Tahiti die Fortschritte der Heidenmission überprüften, sahen sie allen Grund zum Optimismus. «Zu unserer großen Genugtuung», berichteten sie in ihrem Rapport, «haben wir gefunden, daß alle diese Inseln unter gerechten und menschlichen Gesetzen leben und mit den Einrich-

tungen des Evangeliums gesegnet sind, die ihre volle Wirksamkeit entfalten. Wir freuen uns festzustellen, welche Fortschritte die Zivilisation
auf den Inseln gemacht hat, die eben noch tiefer Barbarei und ungeheuer-
lichstem Aberglauben verfallen waren, und daß so kurze Zeit nach dem
Sturz der alten Götzen die Menschen mit den Fertigkeiten des Lesens,
Schreibens und Rechnens vertraut geworden sind, daß so viele vorzügli-
che Gebetshäuser eingerichtet und so zahlreiche bequeme, mit Mobiliar
ausgestattete Wohnhäuser gebaut worden sind. Ein völliger Wandel in
den Sitten der Bevölkerung hat stattgefunden, und zwar von roher Sinn-
lichkeit zu größter Zurückhaltung und Wohlverhalten, und dies bei einem Volk, dessen Verbrechen ihm einen Platz hinter den andern Völkern der Erde zugewiesen haben. Nun sind aus diesen Menschen die
überzeugtesten, festesten Bekenner des Christentums unter allen Nationen der Erde geworden – es ist dies für uns ein so einzigartiges Faktum,
daß es uns an Worten fehlt, Gott unseren Dank auszusprechen . . .»[69]

Man wird den Südseemissionaren des 19. Jahrhunderts attestieren können, daß sie sich in der Regel, wenn der kommerzielle oder politische
Zugriff von Amerikanern und Europäern sich allzu rücksichtslose Geltung zu verschaffen versuchte, auf die Seite der Inselbevölkerung stellten.[70] Ihr Auftritt in dieser Weltgegend aber schloß die Phase der bloßen
Kulturberührung endgültig ab und zerstörte auch die Illusion früher
Pazifik-Reisender, das Paradies, das sie glaubten entdeckt zu haben, möge sich so erhalten lassen. Der deutsche Schriftsteller und Naturforscher
Adalbert von Chamisso hat dies geahnt, als er 1817 als Mitglied einer
russischen Forschungsexpedition die Südsee aufsuchte und anläßlich seiner Landung in Hawaii ins Tagebuch schrieb: «Auf O-Taheiti, auf
O-Waihi verhüllten Missionshemden die schönen Leiber, alles Kunst-
spiel ist verstummt, und das Tabu des Sabbats senkt sich still und traurig
über die Kinder der Freude.»[71]

Anmerkungen

Vorwort

Einige der wichtigsten Quellenzitate sind in der Originalsprache nochmals wiedergegeben.

1. Rose, J. H., Newton, A. P., Benians, E. A., The Cambridge History of the British Empire, Bd. I (Cambridge 1929). Es ist interessant festzustellen, daß der Begriff des «Kulturkontakts» im europäisch-überseeischen Kontext erstmals im Jahre 1911 in englischer Sprache verwendet worden sein soll. Vgl. Wendorff, R., Dritte Welt und westliche Zivilsation (Opladen 1984), S. 412.

2. Spengler, O., Der Untergang des Abendlandes (Erstausgaben Wien und München 1918/1919). Ich zitiere nach der zuletzt erschienenen Neuauflage (München 1983), S. 617.

3. Frobenius, L., Paideuma. Umrisse einer Kultur- und Seelenlehre (Erstausgabe München 1921). Zit. n. der Ausgabe des Diederichs-Verlags (München 1953), S. 114.

4. Friederici, G., Der Charakter der Entdeckung und Eroberung Amerikas durch die Europäer (Erstausgabe Berlin 1925/26; Neudruck Osnabrück 1969).

5. Peschel, O., Geschichte des Zeitalters der Entdeckungen (2. Auflage Stuttgart 1877).

6. Kern, F., Die Lehren der Kulturgeschichte über die menschliche Natur; in: Historia Mundi, Bd. I (Bern 1952), S. 12.

7. Ibid., S. 13.

8. Crouzet, M., éd., Histoire générale des civilisations, Bd. I (Paris 1957), S. VIII.

9. Barraclough, G., An Introduction to Contemporary History (London 1964).

10. Rein, A., Die europäische Ausbreitung über die Erde (Potsdam 1931).

11. Albertini, R. von, Hg., Moderne Kolonialgeschichte (Köln 1970), S. 12.

12. Franke, H., Hg., Saeculum Weltgeschichte, Bd. I (Freiburg/Br. 1965), S. XII.

13. Ibid., S. XIII.

14. Mann, G., Hg., Propyläen Weltgeschichte, Bd. X (Berlin 1961), S. 15.

15. Ki-Zerbo, J., Ein Kontinent sucht seine Vergangenheit; in: UNESCO-Kurier (No. 8/9, 1979), S. 8.

16. Senghor, L. S., Afrika und die Deutschen (Tübingen 1968).

17. Ki-Zerbo, J., Hg., General History of Africa. Published by the UNESCO International Scientific Committee, Bd. I (Paris 1981), S. 23.

18. Vansina, J., Once upon a Time. Oral Traditions as History in Africa; in: Daedalus 100/II, (1971).

19. Vgl. Szalay, M., Ethnologie und Geschichte. Zur Grundlegung einer ethnologischen Geschichtsschreibung (Berlin 1983). In den USA erscheint die Zeitschrift Ethno-History (Bloomington University, Indiana). Vgl. dazu auch kritisch: Brunschwig, H., Un faux problème: l'Ethnohistoire; in: Annales (1965), S. 62ff.

20. Freyre, G., Herrenhaus und Sklavenhütte (Stuttgart 1982), und ders.: Das Land in der Stadt (Stuttgart 1982). Freyres Überlegungen zur Herausbildung einer künftigen luso-tropischen Weltkultur sind zusammengefaßt in: Plural and Mixed Societies in the Tropics: The Case of Brazil from a Sociological Point of View (Brüssel 1957), S. 480ff.

21. Ribeiro, D., Lateinamerikanische Nation; in: Horizonte 82, 2. Festival der Weltkulturen (Berlin 1982), S. 43. Weitere Werke von Ribeiro in deutscher Übersetzung: Der zivilisatorische Prozeß (Frankfurt 1971); Unterentwicklung, Kultur und Zivilisation (Frankfurt 1979); Amerika und die Zivilisation (Frankfurt 1985).

22. Der Begriff taucht auf bei Gehlen, A., Anthropologische Forschung (Hamburg 1961), S. 129f.

23. Es stimmt nachdenklich, wie sehr die historische Dimension bei umfangreichen Werken, die für die Zukunft der Beziehungen zur Dritten Welt Vorsorge treffen wollen, zu kurz kommt. Vgl. z. B. Brandt-Report. Bericht der Nord-Süd-Kommission (Frankfurt 1981).

24. Ich finde den Begriff erstmals in Herbert Lüthys hervorragender Studie ‹Die Epoche der Kolonisation und die Erschließung der Erde›, in: Lüthy, H., In Gegenwart der Geschichte (Köln 1967). Vgl. auch Klingenstein, G., Lutz, H., Stourzh, G., Hg., Europäisierung der Erde? (Wien 1980).

25. Schmitt, E., Hg., Dokumente zur Geschichte der europäischen Expansion, zuerst erschienen Bd. II, Die großen Entdeckungen (München 1983) und Reinhard, W., Geschichte der europäischen Expansion, Bd. I, Die alte Welt bis 1818 (Stuttgart 1983).

26. Gollwitzer, H., Geschichte des weltpolitischen Denkens, Bd. I, Vom Zeitalter der Entdeckungen bis zum Beginn des Imperialismus (Göttingen 1972) und Bd. II, Zeitalter des Imperialismus und der Weltkrieg (Göttingen 1982). Fisch, J., Die europäische Expansion und das Völkerrecht (Stuttgart 1984).

27. Bitterli, U., Die ‹Wilden› und die ‹Zivilisierten› (München 1976; 2. Aufl. 1982). Eine Gesamtübersicht über die internationale Entwicklung der Überseegeschichtsschreibung geben Emmer, P. C. and Wesseling, H. L., Reappraisals in Overseas History (Leiden 1979).

1. Grundformen des Kulturkontakts

1. Wroth, L. C., ed., The Voyages of Giovanni da Verrazano 1524–1528 (New Haven 1970), S. 123 f. Hier zitiert nach Schmitt, E., Hg., Die großen Entdeckungen. Dokumente zur Geschichte der europäischen Expansion, Bd. II (München 1984), S. 262 f.

2. Sanz, C., ed., Diario de Colón (Madrid 1962). Hier zit. n. d. deutschen Übersetzung bei Schmitt, Die großen Entdeckungen. Dokumente zur Geschichte der europäischen Expansion, op. cit., S. 113.

3. Vgl. Vaughan, A. T., New England Frontier. Puritans and Indians 1620–1675 (New York 1965), S. 65 f.

4. Zu diesem Problembereich vgl. Eibl-Eibesfeld, I., Die Biologie des menschlichen Verhaltens (München 1984), S. 421.

5. Peillard, L., éd., Antonio Pigafetta: Premier Voyage autour du monde par Magellan (Paris 1964), S. 148 f.

6. Zit. n. Hilder, B., The Voyage of Torres (Queensland 1980), S. 28.

7. Smith, J., The General Historie of Virginia (London 1627; Faksimile-Neudruck Amsterdam 1975), S. 73. Von den Eingeborenen heißt es wörtlich: «... they desired we would make no more spoyle, and they would give us half they had ...»

8. Vgl. z. B. die Instruktionen für Torres, die von diesem nicht eingehalten wurden; in: Kelly, C., ed., La Australie del Espiritu Santo, Bd. I (Cambridge 1966), S. 146 f.

9. Vgl. Madariaga, S. de, Kolumbus. Entdecker neuer Welten (München 1966), S. 266.

10. Vgl. Oviedo, G. F. de, Historia general y natural de las Indias (Madrid 1959), S. 212 f.

11. Williamson, J. A., ed., The Cabot Voyages and Bristol Discoveries under Henry VII (Cambridge 1962), S. 211.

12. Sahagún, B. de, Florentine Codex, General History of the Things of New Spain, Bd. XII (Utah 1982), S. 47.

13. Cabeza de Vaca, A. N., Relation of Núñez Cabeza de Vaca (March of America Facsimile Serien, No. 9, Ann Arbor 1966), S. 151.

14. Crone, C. R., ed., The Voyages of Cadamosto (London 1937), S. 49. Das Verlangen des Eingeborenen, den Europäer zu berühren, kann in einzelnen Fällen als sexuelles Vorspiel gedeutet werden. Vgl. etwa das Verhalten der Tahitianerinnen: «Elles me dépouillèrent aussi de mes habits. La blancheur d'un corps européen les ravit.» Zit. n. Taillemite, Ed., éd., Bougainville et ses compagnons autour du monde, Bd. II (Paris 1977), S. 396 f.

15. Beaglehole, J. S., ed., The Journals of Captain James Cook on his Voyages of Discovery 1776–1780, Bd. I (Cambridge 1967), S. 267.

16. Thwaites, R. G., ed., The Jesuit Relations and Allied Documents. La relation du P. Le Jeune, Bd. V (New York 1959ff.), S. 119 f. Wörtlich: «les messagers rapportèrent à leur maistre que c'estoient des hommes prodigieux et épouvantables ...»

17. Otto, R., Das Heilige (München 1963), S. 13 ff.

18. Vgl. dazu neuerdings die vertiefende Untersuchung von Wachtel, N., La vision des vaincus. (Paris 1971), S. 42 ff.

19. León-Portilla, M., Heuer, R., Hg., Rückkehr der Götter (München 1962), S. 32. Vgl. dazu die Originaledition der Aztekenberichte von Sahagún, B. de, Florentine Codex. General History of the Things of New Spain, Book XII. The Conquest of Mexico (Utah 1982).

20. León-Portilla, M., Rückkehr der Götter, op. cit., S. 36.

21. Titu Cusi Yupangui Inca, Relación de la Conquista del Perú (Lima 1916), S. 31. Hier zit. n. d. französischen Übersetzung bei Wachtel, N., Vision des vaincus, op. cit., S. 50.

22. Vgl. Herskovits, M. J., Les bases de l'anthropologie culturelle (Paris 1967), S. 59 f. Ähnlichen Phänomenen in der schwarzafrikanischen Mythologie ist das umfangreiche Werk des Ethnologen H. Baumann gewidmet ‹Schöpfung und Urzeit des Menschen im Mythos der afrikanischen Völker› (Berlin 1936). Während der zitierte Schöpfungsmythos der Cherokee-Indianer den Dienst leistete, das kulturelle Selbstverständnis zu stützen, zeigt sich bei den meisten afrikanischen Schöpfungs- und Kulturlegenden eine resignierte Erkenntnis von der Überlegenheit des Weißen als des vollkommeneren Schöpfungsprodukts. Vgl. Baumann, op. cit., S. 333.

23. Vgl. dazu etwa Höffner, J., Kolonialismus und Evangelium (Trier 1972).

24. Vgl. Konetzke, R., Entdecker und Eroberer Amerikas (Frankfurt 1963), S. 45 f.

25. Zur Frage nach dem europäischen Eingeborenenbild sind, vor allem im angelsächsischen Sprachraum, zahlreiche Publikationen erschienen; vgl. etwa Chiapelli, F., ed., First Images of America, 2 Bde. (Berkeley 1976) und Kohl, K.-H., Hg., Mythen der Neuen Welt (Berlin 1982).

26. Charlevoix, P. de, Histoire et description générale de la Nouvelle France, Bd. I (Paris 1744), S. 7.

27. Zit. n. Quinn, D. B., New American World. A Documentary History of North America to 1612, Bd. III (New York 1979), S. 269: «... the Captain called to them in signe of friendship, but they were at first very timersome, until they saw the Captain lay his hand on his heart ...»

28. Forster, G., Reise um die Welt (Frankfurt 1967), S. 242.

29. Léry, J. de., Journal de Bord (Paris 1957), S. 271. Es lohnt sich, die Stelle im kraftvollen Französisch des Originals zu zitieren: «... j'ai observé qu'ils aiment les hommes gais, joyeux et généreux; au contraire, ils haissent tellement les taciturnes, chiches et mélancoliques que je puis assurer ceci: les limes sourdes, songe creux, taquins et, comme on dit, ceux qui mangent leur pains dans leur sac ne seront pas les bienvenus parmi nos Toupinambaoults: car de leur naturel, ils détestent telle sorte de gens.»

30. Vgl. Crone, G. R., The Discovery of America (London 1969), S. 106.

31. Vgl. Bakeless, J., The Eyes of Discovery (New York 1961), S. 240 f.

32. Verken, J., Molukken-Reise 1607–1612; in: L'Honoré Naber, Hg., Reisebeschreibungen von deutschen Beamten und Kriegsleuten im Dienste der niederländischen West- und Ost-Indischen Kompanien, Bd. II (Den Haag 1930), S. 83.

33. Die sorgfältigste Rekonstruktion des Vorfalls gibt Kennedy, G., The Death of Captain Cook (London 1978), S. 37 ff.

34. Zit. n. Sheehan, B. W., Savagism and Civility. Indians and Englishmen in Colonial Virginia (Cambridge 1980), S. 172. Ich stütze mich im folgenden auf Sheehans Analyse der Ereignisse.

35. Vgl. dazu neuerdings die hoch interessanten Ausführungen von Cronon, W., Changes in the Land (New York 1983), S. 63 ff. über die abweichenden Besitzvorstellungen von Indianern und Europäern.

36. Barbour, Ph., ed., The Jamestown Voyages under the First Charter 1606–1609 (Cambridge 1969), S. 53.

37. Zu den Verhältnissen im Kongo vgl. Balandier, G., La vie quotidienne au Royaume de Kongo (Paris 1965), S. 29 ff. Zu den Verhältnissen in Westafrika und die durch die Europäer erzeugten Machtverschiebungen vgl. die Fallstudie von Ryder, A. F. C., Benin and the Europeans 1485–1897 (London 1969), S. 196 ff.

38. Ein Beispiel englischer Einmischung in dynastische Nachfolgefragen liefert der Reisende Peter Mundy im 17. Jahrhundert aus Malakka. Vgl. Temple, R. C., ed., The Travels of Peter Mundy, Bd. III (London 1919), S. 120. Vgl. ferner Furber, H., Rival Empires of Trade in the Orient 1600–1800 (Minneapolis 1976), S. 310 ff.

39. Dies kann unter anderem am Beispiel Virginias sowie am Beispiel Neuenglands gut belegt werden. Vgl. Sheehan, B. W., Savagism and Civility, op. cit., S. 149 f. und Jennings, F., The Invasion of America (Chapel Hill 1975), S. 58 ff.

40. Vgl. Fisch, J., Tod in Nagasaki. Die Hinrichtung einer portugiesischen Gesandtschaft im Jahre 1640; in: Neue Zürcher Zeitung, 7. März 1981.

41. Vgl. Axtell, J., The European and the Indian (Oxford 1981), S. 16–35.

42. Dazu ausführlich Jennings, F., The Invasion of America, op. cit., S. 160 f.

43. Zit. n. Sheehan, B. W., Savagism and Civility, op. cit., S. 173. Vgl. ferner Porter, H. C., The Inconstant Savage (London 1979), S. 459 ff.

44. Vgl. Sheehan, B. W., Savagism and Civility, op. cit., S. 181.

45. Vgl. Vaughan, A. T., New England Frontier, op, cit., S. 319 f.

46. Friederici, G., Entdeckung und Eroberung, op. cit., Bd. I, S. 548.

47. Wachtel, N., The Indian and the Spanish Conquest; in: Bethell, L., ed., The Cambridge History of Latin America (Cambridge 1984), S. 213.

48. Vgl. Jennings, F., Invasion of America, op. cit., S. 26.

49. Ibid., S. 27.

50. Ibid., S. 23. Vgl. ebenso Axtell, J., European and Indian, op. cit., S. 249.

51. Zit. n. Cronon, W., Changes in the Land, op. cit., S. 90: «... in sweeping away great multitudes of natives ... that He might make room for us there.»

52. Auf den polynesischen Inseln wurde die Bevölkerung, Schätzungen zufolge, zu Beginn des 19. Jahrhunderts im Zeitraum von zwanzig Jahren durch Krankheiten dezimiert. Vgl. Danielson, B., La Polynesie, in: Poirier, J., éd., Ethnologie générale, Bd. I (Paris 1982), S. 1318.

53. Vgl. dazu Davies, K. G., The Living and the Dead: White Mortality in West Africa 1684–1732; in: Engermann, S. L., and Genovese, E. D., eds., Race and

Slavery in Western Hemisphere (Princeton 1975). Ferner Curtin, Ph. D., The Image of Africa (London 1965), S. 73 ff. und 483 ff.

54. Konetzke, R., Entdecker und Eroberer Amerikas (Frankfurt 1963), S. 33.

55. Zu dieser Thematik vgl. Konetzke, R., Die Indianerkulturen Altamerikas und die spanisch-portugiesische Kolonialherrschaft (Frankfurt 1965), insbes. S. 174–219 und Bethell, L., ed., The Cambridge History of Latin America, op. cit., S. 220 ff.

56. Daß allerdings der Dominikaner Bartolomé de Las Casas den Sklavenhandel in der Karibik eingeführt habe, ist eine immer wieder vorgetragene Legende. Vgl. Stackelberg, J. v., Zur Legende vom Apostel der Indios als Initiator des Negersklavenhandels; in: Iberoromania (1981), S. 30 ff.

57. Die meisten dieser Zahlen stammen aus Wirz, A., Sklaverei und kapitalistisches Weltsystem (Frankfurt 1984), S. 35 ff. Das Buch gibt einen hervorragenden Überblick und vermittelt Einblick in die aktuelle angelsächsische Sklaverei-Diskussion.

58. Zu den regionalen Verschiedenheiten vgl. den zusammenfassenden Artikel von Degler, C. N., Slavery in Brazil and the United States: An Essay in Comparative History; in: American Historical Review (1970), S. 1004 ff.

59. Zu den Arbeitsbedingungen und dem Leben auf der Sklavenfarm vgl. K. M. Stampp, ‹The Peculiar Institution. Slavery in the Antebellum South› (New York 1956). Dieses Buch eröffnete in den Vereinigten Staaten eine hitzige Diskussion des Sklavereiproblems, in welcher neuartige Methoden (Oral History, Cliometrics) zur Anwendung kamen. Herausragende Publikationen dieser Kontroverse sind: Elkins, St. M., Slavery. A Problem in American Institutional and Intellectual Life (Chicago 1959); Genovese, E. D., Roll, Jordan, Roll: The World the Slaves Made (New York 1974); Fogel, R. W. and Engerman, St. L., Time on the Cross: The Economics of American Negro Slavery (Boston 1974); Huggins, N. I., Black Odyssey: The Afro-American Ordeal in Slavery (New York 1977). Eine hervorragende Quelle bildet die auf mündlicher Befragung basierende, zur Zeit 19 Bände umfassende Sammlung von Rawick, G. P., ed., The American Slave: A Composite Autobiography (Westport 1972), deren erster Band einen allgemeinen Überblick über das Leben auf der Sklavenfarm bietet. Zur Situation in Brasilien vgl. neuerdings Mattoso, K. M. de Queirós, Ser Escravo no Brasil (Sao Paulo 1973).

60. Eine Fachliteratur, welche den Tatbestand der Sklaverei zu beschönigen trachtete, hat verständlicherweise solchen Ausnahmen besondere Publizität gesichert und auch schwarze Autoren zu entsprechender Selbstdarstellung ermuntert. Vgl. dazu die kritische Untersuchung von Plessner, M., Onkel Tom verbrennt seine Hütte. Die literarische Revolution der schwarzen Amerikaner (Frankfurt 1973).

61. Henson, J., Father Henson's Story of His Own Life (Boston 1858). Hier zit. n. Fabre, M., Esclaves et planteurs (Paris 1970), S. 135.

62. Elkins, St. M., Slavery. A Problem in American Institutional and Intellectual Life (Chicago 1959). Zur Kritik dieser Auffassung vgl. Genovese, E. D., In Red and Black, Marxian Explorations in Southern and Afro-American Histo-

ry (New York 1968), S. 73 ff. Die Literatur über die als Folge der Sklavenwirt-schaft entstandene rassische Mischgesellschaft, insbesondere auch über den «Sonderfall» Brasilien, ist unübersehbar. Eine gute Einführung in die Proble-matik vermittelt Baxter, P., and Sansom, B., eds., Race and Social Difference (London 1972). Einige Publikationen, wie jene G. Myrdals und D. Patrick Moynihans, haben in den USA auch innenpolitische Auswirkungen gezeigt.

63. Gutman, H. G., The Black Family in Slavery and Freedom 1750–1925 (New York 1976). In einem vorangehenden Werk mit dem Titel ‹Slavery and the Numbers Game› (Urbana 1975) setzte sich Gutman mit den quantitativen Forschungen Fogels und Engermans auseinander.

64. Über den Beitrag des Schwarzen zur nordamerikanischen Kultur vgl. den Klassiker von Johnson, Ch. S., The Negro in American Civilization (New York 1970). Zur spezifischen Rolle der Religion bei der Ausbildung des schwarzen Identitätsbewußtseins sind historische Fallstudien erschienen, z. B. Joyner, Ch., Down by the Riverside (Urbana 1984), S. 141 ff.

65. Bastide, R., The African Religions of Brazil (London 1978), S. 82. Vgl. auch ders., Le prochain et le lointain (Paris 1970), S. 211 ff.

66. Mattoso, K. M. de Queirós, Ser Escravo no Brasil, op. cit., S. 155.

67. Vgl. Wirz, A., Sklaverei und kapitalistisches Weltsystem, op. cit., S. 164. Vgl. ferner Barnett, M., Der Cimarron. Die Lebensgeschichte eines entflohenen Negersklaven aus Cuba (Frankfurt 1980).

68. Vgl. Frage, J. D., Upper and Lower Guinea; in: Oliver, R., The Cambridge History of Africa, Bd. III (Cambridge 1982), S. 503 ff.

69. Jannequin, C., Voyage de Lybie au Royaume de Sénégal (Paris 1643), S. 43 f. Der stumme Handel ist bereits von Herodot geschildert worden, vgl. Histo-rien (Stuttgart 1963), S. 323 f.

70. Zit. n. Davidson, B., Vom Sklavenhandel zur Kolonialisierung (Hamburg 1966), S. 49. Der Bericht von John Lok und zahlreiche andere zeitgenössische Dokumente bei Blake, J. W., Europeans in West Africa 1460–1560, 2 Bde. (London 1942).

71. Zit. n. Davies, K. G., The Royal African Company (London 1957), S. 368.

72. Labat, J.-B., Nouvelle relation de l'Afrique occidentale, Bd. III (Paris 1728), S. 221.

73. Bereits Jean de Léry weiß in seinem ‹Journal de Bord›, das um die Mitte des 16. Jahrhunderts brasilianische Verhältnisse beschreibt, von Franzosen zu be-richten, die zu den Tupis übergelaufen und an deren Kannibalismus teilgenom-men hätten. Besondere Mißbilligung erregte das Überlaufen zu den Musli-men, vgl. etwa Verken, J., Molukken-Reise 1607–1612, op. cit., S. 107 f.: «... hat er ein weiss Schnauptuch aus den Hosen gezogen, dasselbe an einen Stecken gebunden, und ist also am Ufer des Meeres gegen einen Nachen voller Mohren, so er daselbst liegen gesehen, gelaufen, welche ihn alsobald aufge-nommen, und der Insel Banda zugeführet haben, allda er folgenden Tages beschnitten und zum Türken gemacht worden ...» «Viele der gegenwärtigen Händler», schreibt der Trapper James Adair aus Nordamerika um 1770, «sind verlorene, verworfene weiße Wilde.» Vgl. Williams, S. C., Adair's History of the American Indians (Kingsport 1930), S. 306.

74. Zu den Waldläufern vgl. Béland, M., Chansons de voyageurs, coureurs de bois et forestiers (Québec 1982). Ferner: Bitterli, U., Die Schriftsteller und der Kolonialismus (Zürich 1973).

75. Forster, W., ed., The Journal of Thomas Roe (Nendeln 1976), S. 92, und Forster, W., ed., The Voyage of Nicholas Downton in the East Indies 1614–1615 (London 1939), S. 31.

76. Zu dieser Problematik vgl. Wittfogel, K. A., Die orientalische Despotie (Frankfurt 1977), insbes. S. 203 ff.

77. Temple, R. C., ed., The Travels of Peter Mundy, Bd. III (London 1919), S. 111. Und ibid. S. 141 f.

78. Das Phänomen der Mission wird in einem der folgenden Kapitel am Beispiel Kanadas abgehandelt; dort finden sich auch weitere Hinweise auf die Fachliteratur.

79. Die «Querelle des Rites» entzündete sich um 1630 an der Frage, wie weit die Jesuitenmissionare dem Geistesgut des Konfuzianismus in zeremonieller und terminologischer Hinsicht entgegenkommen könnten. Im Jahre 1715 verurteilte die päpstliche Bulle ‹Ex illa die› die Missionspraxis der Jesuiten. Vgl. dazu u. a. Etiemble, Les Jésuites en Chine. La querelle des rites (Paris 1966).

80. Kritik am kommerziellen Gebaren der Jesuitenmönche in China und auf Macao findet sich sowohl in den Texten der Dominikaner als auch beim puritanischen Gewährsmann Peter Mundy. Vgl. Temple, R. C., ed., The Travels of Peter Mundy, Bd. III (London 1919), S. 253. Zu Kanada und derselben Problematik vgl. Trigger, B. C., The French Presence in Huronia. The Structure of Franco-Huron Relations in the First Half of the Seventeenth Century; in: Canadian Historical Review (1968).

81. Vgl. Mc Loughlin, W. G., Cherokees and Missionaries 1789–1839 (New Haven 1984), S. 33 f.

82. Dies wird u. a. in der sehr missionskritischen Darstellung von Höner, U., Die Versklavung der brasilianischen Indianer (Zürich 1980) abgehandelt. Vgl. auch die Ausführungen von Reinhard, W., Gelenkter Kulturwandel im siebzehnten Jahrhundert. Akkulturation in den Jesuitenmissionen als universalhistorisches Problem; in: Historische Zeitschrift (1976), S. 529 ff.

83. Dies ist in jüngster Zeit auf Grund chinesischen Quellenmaterials überzeugend nachgewiesen worden durch Gernet, J., Chine et christianisme. Action et réaction (Paris 1982). Deutschsprachige Übersetzung: Christus kam bis nach China (Zürich und München 1984).

84. Vgl. Reinhard, W., Gelenkter Kulturwandel, op. cit., S. 574 ff.

85. Vgl. dazu Latourette, K. S., A History of the Expansion of Christianity, Bd. V (London 1937–45), S. 215 ff. Ferner: Bingham, H., A Residence of twenty-one Years in the Sandwich-Island (Tokio 1981), S. 143.

86. Vgl. Mc Loughlin, W. G., Cherokees and Missionaries, op. cit., S. 82 ff.

87. Herskovits, M. J., Les bases de l'anthropologie culturelle, op. cit., S. 216. Zur historischen Relevanz des Akkulturationsproblems vgl. ferner Dopront, A., De l'acculturation; in: XII⁰ Congrès international des Sciences historiques, Bd. I (Wien 1965) und Wachtel, N., L'acculturation; in: Faire l'histoire, Bd. I (Paris 1974).

88. Vgl. Wissler, C., The Influence of the Horse in the Development of the Plain Culture (Menasha 1914).

89. Der Begriff für diese Phasenverschiebung wurde eingeführt von Ogburn, W. F., Social Change with Respect to Culture and Original Nature (New York 1923).

90. Auf die kulturbildende Wirkung des «Challenge and Response» hat besonders Toynbee hingewiesen. Vgl. etwa Toynbee, A. J., A Study of History. Reconsiderations, Bd. XII (London 1961), S. 255 f.

91. Balandier, G., Afrique ambigue (Paris 1957), S. 144 f.

92. Bastide, R., Le proche et le lointain (Paris 1970), S. 143.

93. Vgl. dazu Billington, R. A., America's Frontier Heritage (New York 1966).

2. Das System der begrenzten Kontakte

1. Zur Struktur der damaligen portugiesischen Gesellschaft vgl. Godinho, V. M., Estrutura da antiga sociedade portuguêsa (Lisboa 1977), S. 71 ff.

2. Zu den Kulturbeziehungen der iberischen Halbinsel mit dem Islam vgl. Hunke, S., Allahs Sonne über dem Abendland (Frankfurt 1965), Van Esse, J., Hg., Das Vermächtnis des Islams, 2 Bde. (Zürich 1980). Zu den Kulturbeziehungen mit Afrika vgl. Verlinden, Ch., Les origines de la civilisation atlantique (Neuchâtel 1966).

3. Vgl. Almeida, F. de, O Infante de Sagres (Porto 1894) und Beazley, Ch. R., Prince Henry the Navigator (New York 1968). In deutscher Sprache orientiert detailreich Hamann, G., Der Eintritt der südlichen Hemisphäre in die europäische Geschichte (Wien 1968).

4. Vgl. Beazley, Ch. R. and Prestage, E., eds., Azurara, G. E. de, The Chronicle of the Discovery and Conquest of Guinea (London 1897).

5. Die Frage des portugiesischen Vorwissens wird übersichtlich abgehandelt bei Parry, J. H., The Age of Reconnaissance (New York 1964), auch deutsch. Wichtige Reiseberichte sind abgedruckt bei Hennig, R., Terrae Incognitae (Leiden 1939). Die klassische wissenschaftliche Ausgabe von Marco Polo stammt von Yule, H., The Book of Sir Marco Polo, 2 Bde. (London 1903). John Mandeville wurde in deutscher Sprache ediert durch Stemmler, Th., Hg., Die Reisen des Ritters John Mandeville durch das Gelobte Land, Indien und China (Stuttgart 1966). Zu Battuta vgl. Gibb, H. A. R., ed., The Travels of Ibn Battuta 1325–1354 (London and Cambridge 1962). Vgl. auch Bitterli, U., Hg., Die Entdeckung und Eroberung der Welt, 2 Bde. (München 1981).

6. Zit. n. Beazley and Prestage, Azurara, op. cit., Bd. I, S. 27.

7. Ibid., S. 28.

8. Matthäus 28; 18–20. In der Übersetzung Martin Luthers, revidierter Text 1964. Zur Rolle der Mission in der portugiesischen Kolonialpolitik vgl. den nützlichen Überblick von Blanke, F., Mission und Kolonialpolitik; in: Silberschmidt, M., Hg., Europa und der Kolonialismus (Zürich 1962). Vgl. ferner: Jedin, H., Weltmission und Kolonialismus; in: Saeculum 1958.

9. Zit. nach Beazley and Prestage, Azurara, op. cit. S. 28.

10. Zur Gestalt des Priesterkönigs Johannes vgl. die Ausführungen bei Baudet, H., Paradise on Earth (New Heaven and London 1965), S. 17. Baudet gibt eine erhellende Darstellung utopischer Zielvorstellungen der europäischen Kolonialgeschichte. Vgl. auch: Blake, J. W., ed., Europeans in West Africa 1450–1560, Bd. II (London 1942), S. 340.

11. Die völkerrechtlichen Fragen werden im großen Zusammenhang abgehandelt bei Gollwitzer, H., Geschichte des weltpolitischen Denkens, Bd. I (Göttingen 1972), S. 36 ff. Dokumente bei Reibstein, E., Völkerrechte. Eine Geschichte seiner Ideen in Lehre und Praxis, Bd. I (Freiburg und München 1958). Vgl. auch: Konetzke, R., Süd- und Mittelamerika (Frankfurt 1965), S. 27–41; Chaunu, P., L'expansion européenne du XIIIe au XVe siècle (Paris 1969), S. 207–210.

12. Der Verlauf der portugiesischen Entdeckungsfahrten gehört zu den meistbehandelten Themenbereichen der Kolonialgeschichte. Sehr verdienstlich, wenn auch heute antiquiert wirkend, war die Darstellung von Peschel, O., Geschichte des Zeitalters der Entdeckungen (Stuttgart 1877). Zu empfehlen sind ferner: Cortesão, J., Os descobrimentos portugeses, 2 Bde. (Lisboa 1960); Parry, J. H., The Age of Reconnaissance, op. cit.; Penrose, B., Travel and Discoveries in the Renaissance (Cambridge 1952); Hamann, G., Der Eintritt der südlichen Hemisphäre, op. cit.; Prestage, E., Die portugiesischen Entdecker (Bern 1936); Samhaber, E., Geschichte der Entdeckungsreisen (München 1955), S. 104–140. Eine der besten Kurzdarstellungen der Entdeckungs- und Siedlungsgeschichte Portugals gibt Boxer, C. R., Four Centuries of Portuguese Expansion 1415–1825 (Johannesburg 1968). Den neuesten Forschungsstand gibt das auch in deutsch vorliegende Werk von Reinhard, W., Geschichte der europäischen Expansion (Stuttgart 1983), wieder.

13. Zur Entwicklung der Karavelle vgl. Chaunu, P., L'Expansion européenne du XIIIe au XVe siècle (Paris 1969), S. 284–293. Ebenso Landström, B., Das Schiff (Gütersloh 1973) S. 83 ff.

14. Camões, L. de, Os Lusiadas, 4. Gesang (Lissabon 1947). Deutsche Übersetzung durch Donner, J. J. C. (Sigmaringen 1833).

15. Zur machtpolitischen Bedeutung der militärischen Technik vgl. Cipolla, C. M., Guns, Sails and Empires (New York 1965).

16. Zur Geschichte der Kartographie vgl. das Standardwerk in deutscher Sprache von Bagrow, L., auf den neuesten wissenschaftlichen Stand gebracht von Skelton, R. A., Kartographie (Berlin 1973). Zu den portugiesischen Verhältnissen im besonderen: Estudos de cartografia antiga (Lisboa 1979); Cortesão, A., Cartografia portugesa antiga (Lisboa 1960).

17. Zur Geschichte der Navigation vgl. Taylor, E. G. R., The Haven-finding Art. A History of Navigation from Odysseus to Captain Cook (London 1956); Coutinho, G., A nautica dos descombrimentos (Lisboa 1952).

18. Zu den wirtschaftlichen Fragen vgl. das Standardwerk von Godinho, V. M., Os descobrimentos e a economia mundial (Lisboa 1963), in unserem Zusammenhang besonders S. 163 ff.

19. Zum portugiesischen Sklavenhandel vgl. Verlinden, Ch., L'esclavage dans l'Europe médiévale (Bruges 1955), ferner ders., Les débuts de la traite portu-

gaise en Afrique 1443–1448; in: Studia Historica Gandensia, 1967. Ferner: Mauro, F., Le Portugal et l'Atlantique au XVIIᵉ siècle (Paris 1960); Goulart, M., Escravidão africana no Brasil (São Paulo 1950).

20. Diese Zahl gibt Ryder, A. F. C., Benin and the Europeans (London 1969), S. 36. Godinho setzt die Zahlen unter Berufung auf zeitgenössische Quellen etwas höher an, vgl. Godinho, V. M., Estrutura, op. cit., S. 83 f.

21. Boxer, C. R., The Portuguese Seaborne Empire 1415–1825 (London 1969), S. 105.

22. Zur Missionsgeschichte in Afrika vgl. Groves, C. P., The Planting of Christianity in Africa, Bd. I (London 1948). Wichtig, auch für Asien, sind in diesem Zusammenhang die umfangreichen Quellenpublikationen und Monographien von Wicki, J. und Schurhammer, G., ferner Didinger, J. und Streit, R., Bibliotheca Missionum, Bde. XV–XVIII (Fribourg 1951–1953). Zu Brasilien vgl. Leite, S., Historia de Companhia de Jesus no Brasil, 10 Bde. (Lisboa 1943–1956).

23. Zit. n. Balandier, G., La vie quotidienne au Royaume du Kongo du XVIᵉ au XVIIIᵉ Siècle (Paris 1965), S. 41.

24. Zu Indien vor und während der portugiesischen Kolonisation vgl. Thapar, R., A History of India, Bd. I (Harmondworth 1966) und Embree, A. T., Hg., Indien. Geschichte der Subkontinente bis zum Beginn der englischen Herrschaft (Frankfurt 1967). In Deutschland verfolgt D. Rothermund kompetent die Erforschung der indischen Geschichte, vgl. z. B. Rothermund, D., Indische Geschichte vom Altertum bis zur Gegenwart, Literaturbericht in ‹Historische Zeitschrift› (1982), S. 229 ff. und ders., Gründzüge der Indischen Geschichte (Darmstadt 1976), S. 47 ff. Zur portugiesisch-indischen Handelsbeziehung im besonderen: Disney, A. R., Twilight of the Pepper Empire: Portuguese Trade in Southwest India in the Early Seventeenth Century (Cambridge, Mass. 1978). In deutscher Sprache vgl. ferner: Schurhammer, G., Die zeitgenössischen Quellen zur Geschichte Portugiesisch-Asiens und seiner Nachbarländer (Leipzig 1933) und Zechlin, E., Die Ankunft der Portugiesen in Indien, China und Japan; in: Historische Zeitschrift (1937).

25. Zit. nach Diffie, B. W. and Winius, G. D., Foundations of the Portuguese Empire 1415–1580 (Minnesota 1977), S. 181. Nach andern Quellenberichten wurden die Portugiesen begeistert begrüßt: «Willkommen alle! Preiset Gott, der euch in das reichste Land der Welt geführt hat!» (Zit. n. Peschel, O., op. cit., S. 450). Solche Widersprüche deuten auf rivalisierende Gruppierungen in der indischen Küstenbevölkerung hin, wenn es sich nicht um Fehlinformation durch die Chronisten handelt.

26. Diffie, B. W. and Winius, G. D., op. cit., S. 322.

27. Der Begriff «thalassokratisch» in seinem Bezug auf die Kolonialgeschichte stammt von Adolf Rein, der auch von «potamischer» Kolonisation (Ausbreitung im Rahmen von Fluß-Systemen) gesprochen hat. Vgl. Rein, A., Die europäische Ausbreitung über die Erde (Potsdam 1931), S. 122.

28. Vgl. zu diesem Themenbereich Boxer, C. R., Portuguese Society in the Tropics (Madison 1965), S. 12 ff.

29. Diffie, B. W. and Winius, G. D., op. cit., S. 331.

30. Boxer, C. R., The Portuguese Seaborne Empire, op. cit., S. 53.

31. Ibid., S. 220.

32. Chaunu, P., Conquête et exploitation des nouveaux mondes (Paris 1969), S. 287f.

33. Ibid., S. 318.

34. Friederici, G., Der Charakter der Entdeckung und Eroberung Amerikas durch die Europäer, Bd. II (Osnabrück 1969), S. 90.

35. Zit. n. Fisch, J., Der Niedergang des Abendlandes im Morgenland; in: Koselleck, R., Widmer, P., Hg., Niedergang. Studien zu einem geschichtlichen Thema (Stuttgart 1981), S. 163.

36. Zu Franz Xaver vgl. die äußerst ausführliche Biographie von Schurhammer, G., Franz Xaver. Sein Leben und seine Zeit (Freiburg i. Brsg. 1955–73).

37. Vgl. Katalog zur 17. Ausstellung des Europarats in Lissabon 1983.

38. Vgl. dazu etwa die Arbeiten von Bastide, R., Brancos e Negros em São Paulo (São Paulo 1959) und Le proche et le lointain (Paris 1970), S. 15ff.

39. Vgl. Freyre, G., Casa-Grande e senzala (Rio de Janeiro 1954), auch deutsch: Herrenhaus und Sklavenhütte (Stuttgart 1982).

40. Zit. n. Greenlee, W. B., ed., The Voyage of Pedro Alvares Cabral to Brazil and India from Contemporary Documents (London 1938), S. 133. Eine meisterhafte Darstellung der mediterranen Verhältnisse in diesem Zeitraum gibt Braudel, F., La Méditerranée et le monde méditerranéen à l'époque de Philippe II (Paris 1966–67).

41. Zur Entwicklung der wirtschaftspolitischen Situation nach 1600 vgl. Furber, H., Rival Empires of Trade in the Orient (Minneapolis 1976).

42. Zur Geschichte von Brasilien vgl. neben den Werken von G. Freyre: Calmon, P., Historia do Brasil (São Paulo 1959); Azevedo, F. de, Brazilian Culture (New York 1950); Boxer, C. R., The Dutch in Brazil 1624–1654 (Oxford 1957); Marcondes de Souza, T. O., O descobrimento do Brasil (São Paulo 1946). In deutscher Sprache auch Friederici, G., op. cit., Bd. II, S. 96–257. Zur portugiesischen Indianerpolitik vgl. The Indian Policy of Portugal in America 1500–1777; in: The Americas, Bd. V (1948/49).

3. Der Kulturzusammenstoß

1. Chaunu, P., Séville et l'Amérique aux XVIᵉ et XVIIᵉ siècles (Paris 1977), S. 81.

2. Kolumbus' geographische Vorstellungen und deren Widerspruch zur Realität werden eingehend abgehandelt von Morison, S. E., The European Discovery of America. The Southern Voyages (New York 1974), S. 72ff. Vgl. ferner Crone, G. R., The Discovery of America (London 1969), S. 78f. Zur Entdeckungsgeschichte vgl. ferner Morales Padron, F., Historia del descubrimiento y conquista de América, 2 Bde. (Madrid 1963); Konetzke, R., Entdecker und Eroberer Amerikas (Frankfurt 1963).

3. Zur Völkerkunde vgl. das Standardwerk von Steward, J. H., ed., Handbook of South American Indians, vol. IV: The Circum-Caribbean Tribes (New

York 1963), S. 522–539. Zur Geographie Hispaniolas vgl. Blume, H., Die westindischen Inseln (Braunschweig 1968).

4. Vgl. Taschenbuchaufzeichnung des Kolumbus vom 16. Dezember. Marañon, G., ed., Diario de Colón (Madrid 1972), S. 16ff.

5. Wachtel, N., La vision des vaincus. Les indiens du Pérou devant la conquête espagnole (Paris 1971). Vgl. auch: Leon-Portilla, M., Die Aufzeichnungen der Azteken über den Untergang ihres Reiches (München 1965).

6. Marañon, G., ed., Diario de Colón, op. cit., S. 111: «Después a la tarde vino el rey a la nao. El Almirante le hizo la honra que debía y le hizo decir cómo era de los Reyes de Castilla, los cuales eran los mayores príncipes del mundo. Mas ni los indios que el Almirante traía, que eran los intérpretes, creían nada, ni el rey tampoco, sino creían que venían del cielo, y que los reinos de los Reyes de Castilla eran en el cielo y no este mundo.»

7. Gómara, F. L. de, Historia de las Indias (Caracas 1979), S. 52: «... que supiesen cómo de muchos anos vendrían a la isla unos hombres con barbas largas y vestidos todo el cuerpo, que hendiesen de un golpe un hombre por medio con las espadas relucientes que traerían cenidas.»

8. Marañon, G., ed., Diario, op. cit., S. 122: «Finalmente, dice el Almirante, que no puede creer que hombre haya visto gente de tan buenos corazones y francos para dar y tan temerosos que ellos se deshacían todos por dar a los cristianos cuanto tenían, y en llegando los cristianos, luego corrían a traerlo todo.»

9. Major, R. H., ed., Select Letters of Christopher Columbus (London 1870), S. 5: «La espanola es marauilla; las sierras y las montanas y las uegas y las campinas y las tierras tan fermosas y gruesa para plantar et senbrar, para criar genados de todas suertes para hedificios de villas y lugares. Los puertos de la mar aqui no hauria creancia sin vista, et delos rios muchos y grandes y buenas aguas, los mas delos quales traen oro.»

10. Marañon, G., ed., Diario, op. cit., S. 42: «Verdad es que, hallando adonde haja oro o especeria en cantidad, me detendré hasta que yo haya de elle cuanto pudiere; y por esto no hago sino andar para ver de topar en ello.»

11. Marañon, G., ed., Diario, op. cit., S. 128: «Nuestro Senor me aderece, por su piedad, que halle este oro ...»

12. Major, R. H., ed., Select Letters, op. cit., S. 203: «El oro es excelentísimo: del oro se hace tesoro, y con él, quien lo tiene, hace cuanto quiere en el mundo, y llega á que echa las animas al aparaiso.»

13. Friederici, G., Der Charakter der Entdeckung und Eroberung Amerikas durch die Europäer, Bd. I (Osnabrück 1969), S. 404.

14. Marañon, G., ed., Diario, op. cit., S. 112: «... y asi son buenos para les mandar y les hacer trabajar, sembrar, y hacer todo lo otro que fuese menester ...»

15. Zur schwierigen, oft diskutierten Persönlichkeit des Kolumbus vgl. Hamann, G., Christoph Columbus zwischen Mittelalter und Neuzeit – Nachfahre und Wegbereiter; in: Klingenstein, G., Europäisierung der Erde? (Wien 1980). Ferner Verlinden, Ch., Christoph Colomb. Esquisse d'une analyse mentale; in: Revista de Historia de América (1980) und Torodash, M., Columbus Historiography since 1939; in: Hispanic American Historical Review

(1966). Zu den theologischen Hintergründen der spanischen Kolonialpolitik orientiert auf knappem Raum Zavala, S., Filosofía de la Conquista (Mexiko 1947), ferner, ausführlicher, Höffner, J., Christentum und Menschenwürde (Trier 1947); Jedin, H., Weltmission und Kolonialismus; in: Saeculum (1958).

16. Madariaga, S. de, Kolumbus. Entdecker neuer Welten (München 1966), S. 241.

17. Marañon, G., ed., Diario, S. 64f.: «... yo vi e conozco que esta gente no tiene secta ninguna ni son idólatros, salvo muy mansos y sin saber que sea mal ... Así que deben Vuestras Altezas determinarse a los hacer cristianos, que creo que si comienzan, en poco tiempo acabará de los haber convertido a nuestra Santa Fe multinumbre de pueblos ...»

18. Todorov, T., La conquête de l'Amérique. La question de l'autre (Paris 1982), S. 54.

19. Über das Verfahren der «pacificación» äußert sich eingehend Friederici, G., op. cit., Bd. I, S. 548f. Vgl. dazu auch Zavala, S., Filosofía de la Conquista, op. cit. Das Vorgehen der Spanier auf Hispaniola wird dargestellt bei Konetzke, R., Entdecker und Eroberer Amerikas (Frankfurt 1963), S. 26ff.

20. Zit. n. Konetzke, R., Entdecker und Eroberer, op. cit., S. 33.

21. Zum Repartimiento-System vgl. Konetzke, R., Die Indianerkulturen Altamerikas und die spanisch-portugiesische Kolonialherrschaft (Frankfurt 1965), S. 42ff. Ein ausführliches Standardwerk ist Zavala, S., La encomienda indiana (Madrid 1935). Vgl. neuerdings auch Bethell, L., ed., The Cambridge History of Latin America, op. cit.

22. Vgl. Sauer, C. O., The Early Spanish Main (Berkeley 1966), S. 204f. Dieses Buch gibt eine sorgfältige Analyse der Liquidation der Inselbevölkerung Hispaniolas, der wir in den wichtigsten Punkten folgen. Vgl. auch Denevan, The Native Population of the Americas in 1492 (Madison 1976).

23. Vgl. Sauer, C. O., op. cit., S. 204.

24. Ibid., Sauer, C. O., op. cit., S. 206.

25. Konetzke, R., Entdecker und Eroberer, op. cit., S. 37.

26. Sauer, C. O., op. cit., S. 65ff.

27. Zit. n. Sauer, C. O., op. cit., S. 155. Zu demographischen Fragen dieser Art vgl. auch Konetzke, R., Indianerkulturen, op. cit., S. 103ff.

28. Zit. n. Hanke, L., The Spanish Struggle for Justice in the Conquest of America (Philadelphia 1949), S. 17.

29. Zu Fragen der rechtlichen und theologischen Diskussion orientieren neben dem oben genannten Werk von Hanke: Gongora, M., Studies in the Colonial History of Spanish America (Cambridge 1975), S. 33–66. Ferner: Höffner, J., Christentum und Menschenwürde, op. cit., S. 183–289. Einen knappen Abriß gibt Konetzke, R., Indianerkulturen, op. cit., S. 175ff.

30. Zur Biographie von Las Casas vgl. Hanke, L., Bartolomé de las Casas historian (Gainswille 1952) sowie Hankes ausführliche Bibliografia critica (Santiago de Chile 1954). Vgl. in deutscher Sprache den Essay von Hans Magnus Enzensberger, ‹Las Casas oder ein Rückblick in die Zukunft›; in: Enzensberger, H. M., Bartolomé de Las Casas, Kurzgefaßter Bericht von der Verwüstung der Westindischen Länder (Frankfurt 1966).

31. Las Casas, B. de, Historia de las Indias, 3 Bde. (Mexico 1951), mit hervorragender Einführung von Lewis Hanke. Eine deutsche Übersetzung existiert nicht; kurze Auszüge sind wiedergegeben in: Monegal, E. R., Die Neue Welt. Chroniken Lateinamerikas von Kolumbus bis zu den Unabhängigkeitskriegen (Frankfurt 1982), S. 89 ff.

32. Parry, J. H., The Spanish Seaborne Empire (London 1966), S. 143.

33. Voltaire, Essai sur les mœurs et l'esprit des nations, Bd. II (Paris 1963), S. 339.

34. Vgl. Mahn-Lot, M., Controverses autour de Bartolomé de Las Casas; in: Annales 1966. Ebenso die zahlreichen Werke des wichtigsten Las Casas-Kenners Hanke.

35. Die ‹Brevísima relacíon de la destrucción de las Indias occidentales› ist abgedruckt in: Las Casas, B. de, Tratados, Bd. I (Mexico 1966), S. 19: «En estas ovejas mansas y de las calidades susodichas por su Hacedor y Criador así dotadas, entraron los espanoles desde luego que las conocieron como lobos e tigres y leones cruelísimos de muchos días hambrientos. Y otra cosa no han hecho de cuarenta anos a esta parte, hasta hoy en este día lo hacen, sino despedazallas, metallas, angustiallas, afligillas, atormentallas y destruillas por las estranas y nuevas e varias e nunca otras tales vistas ni leídas ni oídas maneras de crueldad, de las cuales algunas pocas abajo de dirán, en tanto grado, que habiendo en la isla Espanola sobre tres cuentos de ánimas que vimos no hay hoy de los naturales della docientas personas.» Deutsche Übersetzung nach Enzensberger, H. M., Hg., Bartolomé de Las Casas, Kurzgefaßter Bericht von der Verwüstung der Westindischen Länder (Frankfurt 1966). Zur Ergänzung vgl. auch die Dokumentation in deutscher Sprache bei Monegal, E. R., Hg., Die Neue Welt (Frankfurt 1982).

36. Las Casas, B. de, Del único modo atraer a todos los pueblos a la verdadera religión (Mexico 1942). Zur «Bellum Justum-Diskussion» vgl. auch Straub, E., Das Bellum Justum des Hernán Cortés in Mexico (Köln 1976).

37. Das Sklavenproblem wird in Buch I von Aristoteles' ‹Politik› abgehandelt: «Es ist also klar, daß es von Natur Freie und Sklaven gibt und daß das Dienen für diese zuträglich und gerecht ist.» (Zit. n. Gigon, O., Hg., Politik, Zürich 1955). Dieser Satz leitet eine Jahrhunderte dauernde Diskussion ein, die erst zu Beginn des 19. Jahrhunderts ihre völkerrechtliche Klärung findet. Vgl. Davis, D. B., The Problem of Slavery in Western Culture (Harmondsworth 1966).

38. Sepúlveda, J. G. de, Tratado sobre las justas causas de la guerra contra los indios (Mexico 1941).

39. Zit. n. Höffner, J., Christentum und Menschenwürde, op. cit. S. 170.

40. Ibid., S. 174.

41. Zu Vitoria vgl. Gongora, M., Studies in the Colonial History of Spanish America (Cambridge 1975), S. 56 ff. Ferner: Höffner, J., Christentum und Menschenwürde, op. cit., S. 184 ff.

42. Vgl. Gongora, M., Studies, op. cit., S. 26 f.

43. Lichtenberg, G. Chr., Ausgewählte Werke, Bd. I (Frankfurt 1970), S. 227. Die Diskussion über das Ausmaß der spanischen Schuld wird wohl immer

umstritten bleiben. Vgl. dazu die beiden folgenden Stellungnahmen: Hanke, L., More Heat and Some Light on the Spanish Struggle for Justice in the Conquest of America; in: Hispanic American Historical Review (1964) und Keen, B., The White Legend Revisited. A Reply to Professor Hanke's Modest Proposal; in: Hispanic American Historical Review (1971).

4. Die Kulturbeziehung als missionarischer Auftrag

1. Ingstad, A. und E., The Discovery of a Norse Settlement in America (Oslo 1977).

2. Zur Entdeckungsgeschichte Kanadas vgl. vor allem Morison, S. E., The European Discovery of America, Bd. I (New York 1971), S. 339ff. Vgl. auch Hoffmann, B. G., From Cabot to Cartier: Sources for a Historical Ethnography of Northeastern North America (Toronto 1961).

3. Zur Biographie von Jacques Cartier vgl. La Roncière, Ch., Jacques Cartier (Paris 1931) und Baxter, J. Ph., Memoir of Jacques Cartier (New York 1906). Zum 450jährigen Jubiläum der Reisen Cartiers ist ein umfangreicher Bildband erschienen: Braudel, F., éd., Le monde de Jacques Cartier (Paris 1984).

4. Vgl. Biggar, H. P., ed., A. Collection of Documents relating to Jacques Cartier and the Sieur de Roberval (Ottawa 1930), S. 42: «... descouvrir certaines ysles et pays où l'on dit qu'il se doit trouver grande quantité d'or et autres riches choses.»

5. Vgl. 1. Mose 4, 12: «Wenn du den Acker bebauen wirst, soll er dir hinfort seinen Ertrag nicht geben.» Und 1. Mose 4, 16: «So ging Kain hinweg von dem Angesicht des Herrn und wohnte im Lande Nod, jenseits von Eden gegen Osten.» Cartiers Bericht ist abgedruckt bei Julien, Ch.-A., éd., Les Français en Amérique pendant la première moitié du XVIᵉ siècle (Paris 1946), S. 87.

6. Vgl. Julien, Ch.-A., Les Français en Amérique, op. cit., S. 168f. Die botanische Bezeichnung für diese Wunderpflanze oder diesen Wunderbaum ist bis heute umstritten. Bruce C. Trigger spricht von einer weißen Zeder (Thuya occidentalis); vgl. Braudel, F., ed., Le monde de Jacques Cartier, op. cit., S. 269.

7. Vgl. Biggar, H. P., ed., A Collection of Documents, op. cit., S. 70: «... il (le Roi) sçavoit bien qu'il n'y avoit point de mines d'or et d'argent, ny autre gain à espérer, que la conqueste d'infinies ames pour Dieu, et leur délivrance de la domination et tyrannie du Démon infernal, auquel elles sacrifoient jusqu'à leurs propres enfans.»

8. Julien, Ch.-A., Les voyages de découvertes et les premiers établissements (Paris 1948), S. 138ff. Vgl. auch Braudel, F., éd., Le monde de Jacques Cartier, op. cit., S. 273ff.

9. Zur Biographie von Samuel de Champlain vgl. Dionne, N. E., Champlain (Toronto 1963). Die vollständige Ausgabe von Champlains Werken verdanken wir Biggar, H. P., ed., The Works of Samuel Champlain, 6 Bde. (To-

ronto 1927–1935). Wir halten uns im folgenden an die Faksimile-Edition ‹Les Voyages du Sieur de Champlain› (Ann Arbor University Microfilms 1966).

10. Über die Geschichte Kanadas im 17. Jahrhundert sind eine Reihe von zuverlässigen Werken erschienen. Ich halte mich an Lanctot, G., A History of Canada, Bd. I (Cambridge, Mass.); Trudel, M., The Beginnings of New France 1524–1663 (Toronto 1973) und Diamond, S., Le Canada au XVIIe siècle: une société préfabriquée; in: Annales (1961), S. 317ff. In deutscher Sprache gibt es den für unsern Zeitraum zu summarischen Überblick bei Sautter, U., Geschichte Kanadas. Das Werden einer Nation (Stuttgart 1972) sowie, populärwissenschaftlich, einige Kapitel bei Cartier, R., Europa erobert Amerika (München 1962). Die beiden führenden kanadischen Fachzeitschriften sind: The Canadian Historical Review und Revue d'Histoire de l'Amérique française. Eine hervorragende Bilddokumentation bietet neuerdings Vachon, A., Dreams of Empire. Canada before 1700 (Ottawa 1982). Eine bis an die Gegenwart herangeführte englische Gesamtdarstellung gibt Mc Innis, E., Canada. A Political and Social History (New York 1962).

11. Voyages du Sieur de Champlain, op. cit., S. 192 f. «Tous ces peuples patissent tant, que quelquefois ils sont contraincts de vivre de certains coquillages, et manger leur chiens et peaux dequoy ils se couvrent contre le froid. Je tiens que qui leur monstreroit à vivre et leur enseigneroit le labourage des terres et autres choses, ils apprendroient fort bien: car il s'en trouve assez qui ont bon jugement et respondent à propos sur ce qu'on leur demande . . .»

12. Die Handelsgesellschaft nannte sich auch «Société des Cent-Associés». Vgl. Trudel, M., The Beginnings of New France, op. cit., S. 163 ff. und ders. La seigneurie des Cent-Associés (Montreal 1973).

13. Trudel, M., Beginnings of New France, op. cit., S. 223.

14. Zahlen nach Simmons, R. C., The American Colonies (London 1981), S. 24. Ein interessantes Beispiel vergleichender sozialgeschichtlicher Analyse gibt Diamond, S., Le Canada français au XVIIe siècle. Une Société préfabriquée; in: Annales (1961), S. 317ff.

15. Das Quellenmaterial liegt gesammelt vor in Thwaites, R. G., The Jesuit Relations and Allied Documents, 83 Bde. (Cleveland 1896–1901). Vgl. ferner: Lauvrière, E., Relations des voyageurs français en Nouvelle-France au XVIIe siècle; in: Revue de l'histoire coloniale, Bd. XVI (1923), S. 288 ff. sowie Pouliot, L., Etude sur les relations des Jésuites (Montreal 1940).

16. Zur Ethnologie vgl. Jenness, D., The Indians of Canada (Ottawa 1972). Probleme des Kulturkontakts sind angesprochen in Eccles, W. J., The Canadian Frontier 1534–1760 (New York 1969) und Hunt, G. T., The Wars of the Iroquois (Madison 1960).

17. Relation Le Jeune; in: Thwaites, op. cit., Bd. VI, S. 233 f.: «Ils s'entreaiment les uns les autres et s'accordent admirablement bien; vous ne voyez point de disputes ni de querelles, d'inimitiés, de reproches parmi eux . . .»

18. Parkman, F., The Jesuits in North America (Boston 1898), S. 14.

19. «hure» heißt zu deutsch: struppiger Kopf, Schweinskopf. Über die Namensgebung äußert sich der Missionar Charlevoix, P. de in seiner Histoire et description générale de la Nouvelle France, Bd. I (Paris 1744), S. 184: «Mais

leur véritable nom est Yendats. Celui des Hurons est de la façon des François, qui voyant ces Barbares avec des cheveux coupés, fort courts, et relevés d'une manière bizarre, et qui leur donnoit un air affreux, s'écrièrent la première fois qu'ils les apperçurent, quelle hures!»

20. Relations Le Jeune; in: Thwaites, op. cit., Bd. VI, S. 194: «Personne n'ose leur contredire; ils sont continuellement en festins, qui se font par leur ordonnance. Il y a donc quelque apparence, que le Diable leur tient la main parfois, et s'ouvre à eux pour quelque profit temporel et pour la dammnation éternelle.»

21. Einleuchtend ist auch die These, die Irokesen seien durch die Engländer und Holländer vom Hudson aus besser mit Waffen und Munition versorgt worden. Vgl. Otterbein, K. F., Huron versus Iroquois; in: Ethnohistory (1974).

22. Vgl. dazu vor allem Höffner, J., Christentum und Menschenwürde. Das Anliegen der spanischen Kolonialethik im Goldenen Zeitalter (Trier 1947) und neuerdings, aus juristischer Sicht, Fisch, J., Die europäische Expansion und das Völkerrecht (Wiesbaden 1984), S. 205 ff.

23. Die ‹Exercitia Spiritualia› erschienen 1548 in Rom.

24. Vgl. Loyola, I. von, Geistliche Übungen (Freiburg i. Br. 1977).

25. Le Jeune, Relation de 1635; in: Thwaites, Bd. VIII, S. 176: «Trois puissantes pensées consolent un bon cœur, qui est dans les forests infinies de la Nouvelle France, ou parmy les Hurons. La première est, ie suis au lieu où Dieu m'a envoyé, où il m'a mené comme par la main, où il est avec moi, et où je ne cherche que luy seul. La deuxième est, ce qui dit David; selon la mesure des douleurs que ie souffre pour Dieu, ses Divines consolations réjouissent mon ame. La troisième, que iamais on ne trouve ny Croix, ny cloux, ny espines, que si on regarde bien, on ne trouve I. C. au milieu.»

26. Das Leben Franz Xavers und seine Missionsauffassung sind bis ins einzelne dargestellt bei Schurhammer, G., Franz Xaver, 3 Bde. (Freiburg 1955–64). Durch Franz Xaver wurde insbesondere die Verpflichtung des Jesuitenmissionars eingeführt, regelmäßig über seine Arbeit zu berichten. So berichtete nach 1632 einmal im Jahr der Obere von Quebec an seinen Vorgesetzten, den Provincial in Paris; diese Meldungen wurden in vereinfachter Form weiterverbreitet und dienten der Erbauung wie der Missionspropaganda. Vgl. Kennedy, J. H., Jesuit and Savage in New France (New Haven 1950), S. 77 f.

27. Die Literatur über diesen «Jesuitenstaat» ist umfangreich, nicht immer seriös und oft kontrovers. Hervorgehoben seien hier Hernández, P., Organización Social de las Doctrinas Guaraníes de la Compania de Jesús, Bd. I (Barcelona 1913) und Fassbinder, M., Der «Jesuitenstaat» in Paraguay (Halle 1926). Sehr guten Einblick gibt auch Becker-Donner, E., Hg., Zwettler Kodex 420, Bd. 1 (Wien 1959), der den Bericht des Jesuiten Florian Paucke wiedergibt.

28. Vgl. Lescarbot, M., Histoire de la Nouvelle France, Bd. I (Paris 1611), S. 25: «Qu'ayant vécu trois cent ans après le déluge, il (Noé) avait lui-même pris le soin de peupler ou de repeupler ces pay-là . . .» Der Rückgriff auf die Sintflut und Noah bildete bis zum Beginn des 19. Jahrhunderts den häufigsten Erklärungsversuch für die Existenz anderer Rassen. Vgl. Bitterli, U., Die Entdeckung des schwarzen Afrikaners (Zürich 1980), S. 107 ff.

29. Man geht davon aus, daß die Urbevölkerung des amerikanischen Kontinents vor 50000 Jahren über die damals noch nicht überflutete Bering-Landbrücke einwanderte und später in mehreren Schüben bis zur Südspitze Amerikas vordrang, die um 11000 v. Chr. erreicht wurde. Vgl. Farb, P., Man's Rise to Civilization (New York 1968).

30. Vgl. Lafitau, J.-F., Mœurs des sauvages américains, Bd. I (Neuausgabe Paris 1983), S. 55.

31. Relation de Jean de Brébeuf; in Thwaites, op. cit., Bd. X, S. 210: «Je ne prétends pas icy mettre nos Sauvages en parallele avec les Chinois, Japonois, et autres nations parfaitement civilisées, mais seulement les tirer de la condition des bestes, où l'opinion de quelques-uns les a reduits ...» Es ist in unserem Zusammenhang nicht möglich, auf die Diskussion der Jesuiten darüber einzugehen, ob solche Unverbildetheit die Bekehrung erleichterte oder ob ein bestimmter Zivilisationsgrad erreicht werden mußte, um die Bekehrung zu ermöglichen. Hinweise zu dieser Auseinandersetzung finden sich bei Kennedy, J. H., op. cit., S. 133 ff.

32. Relation Jérome Lalemant; in: Thwaites, op. cit., Bd. XVII, S. 126: «Or, après tout, ce sont des créatures raisonnables, capables du Paradis et de l'Enfer, rachetez du sang de Jésus-Christ, desquelles est écrit: ‹Et alias oves habeo quae sunt ex hoc ovili, et illas oportet me adducere›».

33. Relation Le Jeune; in: Thwaites, op. cit., Bd. VI, S. 230: «Pour l'esprit des Sauvages, il est de bonne trempe, ie croy que les ames sont toutes du mesme estoc et qu'elles different point substantiellement; c'est pourquoy ces barbares ayans un corps bien fait et les organes bien rangez et bien disposez, leur esprit doit operer avec facilité: la seule education et instruction leur manque, leur ame est un sol très bon de sa nature, mais chargé de toutes les malices qu'une terre delaissée depuis la naissance du monde peut porter. Ie compare volontiers nos Sauvages avec quelques villageois pource que les uns et les autres sond ordinairement sans instruction; encore nos Paysans sont-ils precipuez en ce point; et neantmoins ie n'ay veu personne iusques icy de ceux qui sont venus en ces contrées, qui ne confesse et qui n'advoue franchement que les Sauvages ont plus d'esprit que nos paysans ordinaires.»

34. Ibid., S. 230: «... nos Sauvages sont heureux, car les deux tyrans qui donnent la gehenne et la torture à un grand nombre de nos Européens ne règnent point dans leurs grands bois, i'entends l'ambition et l'avarice ...» Man beachte die außerordentliche Nähe zu Rousseau, J.-J., Discours sur l'inégalité parmi les hommes (Paris 1954), S. 92: «Tel est, en effet, la véritable cause de toutes ces différences; le sauvage vit en lui-même; l'homme sociable, toujours hors de lui, ne sait que vivre dans l'opinion des autres ...»

35. Über die Beziehungen zwischen Missionaren und Händlern vgl. Trigger, B. C., The French Presence in Huronia. The Structure of Franco-Huron Relations in the First Half of the Seventeenth Century, in: Canadian Historical Review (1968), S. 121 ff.

36. Relation Le Jeune; in: Thwaites, op. cit., Bd. V, S. 106: «O que le jugement des hommes est foible! Les uns logeant la beauté où les autres ne voient que la laideur. Les dents les plus belles en France sont les plus blanches aux Isles des

Maledieves la blancheur des dent est une difformité il se les rougissent pour être belles, et dans la Cochinchine, si i'aye bonne mémoire, il les teignent en noir. Voyez qui a raison.»

37. Relation Le Jeune; in: Thwaites, op. cit., Bd. XVIII, S. 82: «Ceux qui nous ont parlé des siècles dorés, ne les embellissoient pas des ruines du Pérou, mais d'une innocence préférable aux richesses de l'une et l'autre hémisphère.»

38. Relation Le Jeune; in: Thwaites, op. cit., Bd. VI, S. 144.

39. Zur selben Problematik in Südamerika vgl. Monegal, E. R., Hg., Die Neue Welt, op. cit., S. 350ff.

40. Vgl. Trudel, M., The Beginnings of New France, op. cit., S. 150ff.

41. Vgl. Parkman, F., The Jesuits in North America, op. cit., S. 56.

42. Relation Brébeuf; in: Thwaites, op. cit., Bd. X, S. 104: «N'est-ce pas déjà beaucoup de n'avoir dans le vivre, le vestir et le coucher aucun attrait que la simple necessité? N'est-ce pas une belle occasion de s'unir à Dieu, quand il n'y a créature quelconque qui vous donne suiet de vous y attacher d'affection?» Zur Biographie des Jesuitenpaters Brébeuf vgl. Talbot, F., Saint among the Hurons. The Life of Brébeuf (New York 1949).

43. Charlevoix, J. J., Histoire et description générale de la Nouvelle France (Paris 1744), S. 181.

44. Relation Brébeuf; in: Thwaites, op. cit., Bd. X, S. 90f.: «La langue Huronne sera notre sainct Thomas (Thomas von Aquin, 1225–1274) et votre Aristotle, et tout habile homme que vous estes, et bient disant parmy des personnes doctes et capables, il vous faut resoudre d'estre assez long-temps muet parmy des Barbares; ce sera beaucoup pour vous quand vous commencerez à bégayer au bout de quelque temps.»

45. Vgl. Trudel, M., The Beginnings of New France, op. cit., S. 154f.

46. Ibid. S. 159.

47. Zum Problem der Kommunikation, das wir hier lediglich streifen können, vgl. Malinowski, B., The Problem of Meaning in Primitive Languages; in: Ogden, C. K. and Richards, J. A., The Meaning of Meaning (London 1944). Ferner: Masson, P., Interpretative Probleme in Prozessen interkultureller Verständigung, in: Schmid-Kowarzik, W., Grundfragen der Ethnologie (Berlin 1981), S. 125ff. Hingewiesen sei hier auch auf einen Aufsatz des Ethnologen Mark Münzel, der am Beispiel des Gottesbegriffs bei den Tupinamba und Guaraní in Südamerika zeigt, wie schwierig es im konkreten Fall wird, den kommunikativen Konsens herzustellen; vgl. Kohl, K.-H., Hg., Mythen der Neuen Welt (Berlin 1982), S. 101ff.

48. In China führte eine zu weit getriebene Anpassung von Seiten der Missionare gegen Ende des 17. Jahrhunderts zum sogenannten Ritenstreit und der Verurteilung dieser Praxis durch die päpstliche Bulle ‹Ex illa die› von 1715. Vgl. dazu Franke, W., China und das Abendland (Göttingen 1962), S. 49f. und Etiemble, Les Jesuites en Chine (Paris 1965).

49. Die Entsendung von Kongolesen zur Ausbildung zu Missionaren nach Portugal begann im Jahre 1506; bereits vorher gab es entsprechende Schulungsprojekte im Kongo selbst. Vgl. Balandier, G., La vie quotidienne au Royaume de Kongo (Paris 1965), S. 42ff.

50. Montaigne, M. de, Les Essais, 3 Bde. (Paris 1922–1923), Bd. I, S. 265: «Ils sont sauvages, de mesme que nous appellons sauvages les fruicts que la nature, de soy et de son progrez ordinaire, a produicts: là où, à la vérité, sont ceux que nous aveons alterez par nostre artifice et détournez de l'ordre commun, que nous devrions appeler plutost sauvages. En ceux là sont vives et vigoureuses les vrayes, et plus utiles et naturelles vertus et proprietez, lesquelles nous avons abastardies en ceux-cy, et les avons seulement accommedées au plaisir de nostre goust corrompu . . .»

51. Vgl. Lanctot, G., A History of Canada, Bd. I., op. cit., S. 166f.

52. Vgl. Trudel, M., The Beginnings of New France, op. cit., S. 238.

53. Trigger, B. C., The French Presence, op. cit., S. 125.

54. Relation Le Jeune; in: Thwaites, op. cit., Bd. VII, S. 274: «Il est bien vray que si ce peuple estoit curieux de sçavoir, comme sont toutes les autres nations policées, que quelques-uns d'entre nous ont une assez grande cognoissance de leur langue, pour les instruire: mais comme ils font profession de vivre, et non pas de sçavoir, leur plus grand soucy est de boire et de manger, et non pas de cognoistre. Quand vous leur parlez de nos veritez, ils vous écoutent paisiblement; mais au lieu de vous interroguer sur ce sujet, ils se jettent incontinent sur les moyens de trouver dequoy vivre, monstrans leur estomach tousiours vide et tousiours affamé. Que si on sçavoit haranguer comme eux, et qu'on se trouvast en leurs assemblées, ie croy qu'on y seroit bien puissant . . .»

55. Relation Lalemant; in: Thwaites, op. cit., Bd. XVII, S. 220: «On a annoncé l'Evangile à plus de dix mille sauvages, non tant en général, qu'à chaque famille, et presque à chaque personne en particulier: on en a baptisé dans les maladies extraordinaires qui sont survenues plus de mille, dont au moins plusieurs petits enfans s'en sont envolés au Ciel; et pour comble de bonheur, on a enduré force persecutions.» Es scheint nicht sehr sinnvoll, die Gesamtzahl der Bekehrungen bzw. Taufen errechnen zu wollen. Trudel, M., The Beginnings of New France, op. cit., S. 304 gibt auf Grund der Jesuitenrelationen für Huronia im Zeitraum von 1634–1647 insgesamt gegen 3000 Bekehrungen an; in der Zeit der großen Epidemien (1639–40) wurden über 1000 Huronen getauft.

56. Vgl. Parkman, F., The Jesuits in North America, op. cit., S. 37, und Kennedy, J. H., Jesuit and Savage in New France, op. cit., S. 87 ff.

57. Lanctot, G., A History of Canada, Bd. I (Cambridge Mass. 1963), S. 165. Ferner: Trigger, B. C., The French Presence, op. cit., S. 130.

58. Vgl. Parkman, F., The Jesuits in North America, op. cit., S. 123.

59. Trigger, B. C., The French Presence in Huronia, op. cit., S. 130.

60. Relation Le Jeune; in: Thwaites, op. cit., Bd. VIII, S. 124: «Ces gens à mon avis sont vrays sorciers, qui ont accez au Diable. Les uns ne font que iuger du mal, et ce en diverses facons, sçavoir est, par Pyromantie, par Hydromantie, Negromantie, par festins, par danses et chansons. Les autres s'efforcent de guérir le mal par soufflemens, breuvages et autres singeries ridicules, qui n'ont aucune vertu ny efficacité naturelle. Mais les uns et les autres ne font rien sans grans presens, et sans bonnes recompenses.»

61. Vgl. dazu Parkman, F., The Jesuits in North America, op. cit., S. 88 ff.
62. Die beiden wohl bekanntesten Werke, in denen Huronen vorkommen, sind Louis-Armand de Lahontans ‹Nouveaux voyages dans l'Amérique septentrionale› (Paris 1703) und Voltaires ‹L'Ingénu› (Paris 1767). Vgl. dazu Bitterli, U., Die ‹Wilden› und die ‹Zivilisierten›, op. cit., S. 420 ff. und S. 411 ff.
63. Relation Paul Raguenau; in: Thwaites, op. cit., Bd. XXXV, S. 80 f.: «Mais il fallut, à tous que nous estions, quitter cette ancienne demeure de Saincte Marie; ces édifices, qui quoy que pauvres, paroissent des chef-d'œuvres de l'art aux yeux de nos pauvres Sauvages; ces terres cultivées qui nous promettoient une riche moisson. Il nous fallut abandonner ce lieu, que ie puis appeller nostre seconde Patrie, et nos délices innocentes; puis qu'il avoit été le berceau de ce Christianisme, qu'il estoit le temple de Dieu et la maison des serviteurs de Iesus-Christ, et crainte que nos ennemies trop impies ne profanassent ce lieu de saincteté, et n'en prissent leur avantage, nous y mismes le feu nous mesmes ...»
64. Kennedy, J. H., Jesuit and Savage in New France, op. cit., S. 160.
65. Ich stütze mich hier auf die detaillierte Analyse von Trigger, B. C., The French Presence, op. cit., S. 130 ff. Vgl. auch ders., Order and Freedom in Huron Society; in: Anthropologica (1963), S. 151–169.
66. Bereits Champlain hatte, die numerische Überzahl der verbündeten Indianer fürchtend, die Abgabe von Waffen strikt limitiert, und eine entsprechende Weisung wurde im Jahre 1644 von Gouverneur Montmagny erneuert. Nicht so sehr die oft zitierte mangelnde Kampfmoral der Huronen als ihre wesentlich schlechtere Bewaffnung führte zu ihrer Niederlage. Vgl. dazu Lanctot, G., A History of Canada, op. cit., Bd. I, S. 181.

5. Die Kulturbeziehung als «Heiliges Experiment»

1. Über diese frühe Entdeckungsfahrt orientiert im Detail Morison, S. E., The European Discovery of America, Bd. I (New York 1971). Hervorragende Spezialstudien über die Hintergründe und Motivationen der britischen Expansion stammen von Quinn, D. B., Raleigh and the British Empire (Harmondsworth 1973) und Rowse, A. L., The Expansion of Elizabethan England (London 1955).
2. Diese Zahl nach Morison, S. E., The Oxford History of the United States, Bd. I (New York 1972), S. 92.
3. Statistische Angaben nach Simmons, R. C., The American Colonies. From Settlement to Independence (London 1981), S. 24. Simmons Buch ist zur Zeit die faktenreichste Darstellung der englisch-nordamerikanischen Besitzungen auf knappem Raum.
4. Zahlen nach Davies, K. G., The North Atlantic World in the Seventeenth Century (Minneapolis 1974), S. 97. Zur Demographie Nordamerikas vor der Unabhängigkeit vgl. auch Wells, R. V., The Population of the British Colonies in America before 1776 (Princeton 1975).
5. Vgl. Simmons, R. C., The American Colonies, op. cit., S. 24 und S. 177.

6. Vgl. Davies, K. G., The North Atlantic World, op. cit., S. 102.

7. Davies, K. G., The North Atlantic World, op. cit., S. 170.

8. Ibid., S. 153. 1 Acre = 0.40 Hektar.

9. Zur frühen Reiseberichterstattung vgl. Bakeless, J., The Eyes of Discovery (New York 1961). Eine reiche Auswahl kommentierter Quellenzeugnisse vermitteln Cumming, W. P., Skelton, R. A., Quinn, D. B., The Discovery of North America (London 1971). Ein zweiter Band, betreut von denselben Herausgebern, führt unter dem Titel ‹The Exploration of North America 1630–1776› (London 1974) die Dokumentation bis zum Ausbruch der Revolution fort.

10. Zu den beiden genannten Persönlichkeiten existieren gute monographische Darstellungen; Barbour, Ph. L., The three Worlds of Captain John Smith (Cambridge Mass. 1964) und Smith, B., Bradford of Plymouth (Philadelphia 1951).

11. Es gibt eine Reihe geschichtlicher Gesamtdarstellungen zu Pennsylvania. Ihrerseits wieder historisches Dokument ist die aus Quäker-Perspektive verfaßte Geschichte von Proud, R., The History of Pennsylvania in North America, 2 Bde. (Philadelphia 1797). Von Bedeutung ist noch immer Jenkins, H. M., ed., Pennsylvania Colonial and Federal, 2 Bde. (Philadelphia 1903). Über die Anfänge orientiert Bronner, E. B., Penn's «Holy Experiment». The Founding of Pennsylvania 1681–1701 (New York 1962). Den neuesten Gesamtüberblick geben Klein, Ph. S. and Hogenboom, A., A History of Pennsylvania (London 1980). Vgl. auch die historischen Fachzeitschriften, insbes. das Pennsylvania Magazine of History and Biography.

12. Die älteste noch lesbare Biographie, die zum Teil seither verschwundenes Material publiziert, stammt von Janney, S. M., The Life of William Penn (Philadelphia 1852). Zu empfehlen sind ferner Peare, C., William Penn (Philadelphia 1957) und Dunn, M. M., Politics and Conscience (Princeton 1967). Mary Maples Dunn, die zur Zeit führende Penn-Spezialistin, ist auch Mitherausgeberin der in Erscheinung begriffenen ‹Papers of William Penn›, Bd. I und II (Philadelphia 1981 und 1982). Über Penns Beziehungen zu England vgl. Illick, J. E., William Penn the Politician (Philadelphia und New York 1957).

13. Zur Zeit der Gründung von Pennsylvania gab es in England schätzungsweise 60000 Quäker. Wegen ihrer Ablehnung kirchlicher Institutionen, insbesondere der Mittlerrolle der Priesterschaft, wegen ihrer Gegnerschaft gegenüber der Eidesleistung und Unterwürfigkeit und wegen ihres Pazifismus wurden sie als staatsgefährdend betrachtet und waren häufiger Verfolgung ausgesetzt. Zwischen 1660 und 1680 dürften über 10000 von ihnen eingekerkert worden sein, mehrere Hundert starben in Gefangenschaft. Heute zählt die «Society of Friends» allein in den USA 120000 Mitglieder; ihr Hauptsitz befindet sich in Philadelphia. Vgl. Bacon, M. H., The Quiet Rebels. The Story of the Quakers in America (New York 1969).

14. Wie es zu dieser überraschend problemlosen Verleihung der «Charter» kam, in einer Zeit, da die englische Monarchie mit solchen Privilegien sehr sparsam umging, ist von der Forschung bis heute nicht geklärt worden. Vgl. Dunn,

M. M., William Penn, Politics and Conscience (Princeton 1967), S. 79. Ein früher Abdruck der Charter findet sich in William Penns ‹Brief Account of Pennsylvania› (London 1681).

15. Der erste Passus lautet im vollen Umfang: «Charles the Second by the grace of god King of England, Scotland, France and Ireland, Defender of the Faith etc. To all to whom these presents shall come greeting. Whereas our trusted and well beloved subject William Penn, Esquire, sonne and heir of Sir William Penn deceased, out of a comendable desire to enlarge our English Empire and promote such usefull comodities as may be of benefit to us and our dominions as also to reduce the Savage Natives by Gentle and just manners to the Love of civill Society and Christian Religion, hath humbly besought leave of us to transport an ample Colony unto a certaine Country herein afterdescribed in the parte of America not yet cultivated and planted. And hath likewise humbly besougth our Royal Majesties to give grant and confirme all the said Country with certaine priviledges and Jurisdiction requisite for the good government and safety of the said Country and Colony to him and his heires for ever. Know yee therefore that wee favoring the petition and good purpose of the said William Penn . . .» Zit. n. Dunn, M. M. and Dunn, R. S., eds., The Papers of William Penn, Bd. II (Philadelphia 1982), S. 63 f.

16. Der zweite Passus lautet: «And because in so remote a Country . . . the Incursions as well of the Savages themselves, as of other Enemies, Pirates & Robbers, may probably be feared: Therefore we have given, & for Us, Our Heirs and Successors doe give Power by these Presents unto the said William Penn, his Heirs, & Assigns, by themselves, or their Captains, or other heir officiers, to leavy, muster, & traine, all sorts of Men . . . to make war & pursue to Enemyes & Robbers aforesaid, aswell by Sea, as by Land . . .» Zit. n. ibid., S. 71.

17. In den uns erhalten gebliebenen Dokumenten von Penns Hand erscheint die Bezeichnung «Heiliges Experiment», «Holy Experiment», erstmals in einem Brief an den englischen Quäker James Harrison vom 25. August 1681: «. . . that an example may be Sett up to the nations. There may be room there, tho not here, for such an holy experiment.» Zit. n. Dunn, M. and Dunn, R. S., eds., The Papers of William Penn, op. cit., S. 108.

18. Im englischen Original: «That all Persons living in this Province, who confess and acknowledge the One Almighty and Eternal God, to be the Creator, Upholder and Ruler of the World, and that hold themselves obliged in Conscience to live peaceably and justly in Civil Society, shall in no wayes be molested or prejudiced for their Religious Persuasion . . .» Zit. n. ibid., S. 225.

19. Als beste Darstellung der Lenni Lenape gilt Wallace, P. A. W., Indians in Pennsylavania (Harrisburg 1961). Ein berühmter früher Bericht über diese Indianer stammt vom deutschen Missionar Heckewelder, J. G. E., History, Manners and Customs of the Indian Nations who once inhabited Pennsylvania and the Neighboring States (Philadelphia 1876). In deutscher Sprache vgl. Lindig, W., Münzel, M., Die Indianer (München 1976), S. 57ff.

20. Vgl. Myers, A. C., ed., William Penn's Own Account of the Lenni Lenape or

Delaware Indians (Pennsylvania 1937), S. 48: «I find the Indians a people rude, to Europeans, in dress, gesture, and food; but a deep natural sagacity, Say little, but what they speak is fervent and elegant; if they please, close to the point, and can be evasive. In treaties, about land, or traffick, I find them deliberate in Council, and as designing, as I have ever observed among the politest of our Europeans.»

21. Franz Daniel Pastorius (1651–1720) führte 1683 eine Gruppe deutscher Quäker nach Philadelphia und gründete Germantown, heute im Süden der Stadt, dessen erster Bürgermeister er war. Das Zitat stammt aus der 1700 in Frankfurt und Leipzig erschienenen ‹Umständige Geographische Beschreibung der zu Allerletzt Erfundenen Provinz Pennsylvania›, S. 28.

22. Ibid., S. 59.

23. Weslager, C., The Delaware Indians. A History (New Brunswick 1972), S. 140.

24. «My Friends, there is one great God and Power that hath made the world and all things therein, to who you and I and all People owe their being and wellbeing, and to whom you and I must one Day give an account, for all that we do in this world: this great (God) hath written his law in our hearts, by which we are taught and commanded to love . . .» Zit. n. Dunn, M. M. and Dunn, R. S., eds., The Papers of William Penn, Bd. II, op. cit., S. 128.

25. «With your Love and Consent», vgl. ibid., S. 128.

26. Der Name «Philadelphia», «Stadt der brüderlichen Liebe», erscheint erstmals in einem Brief William Penns vom 28. Oktober 1681. Penn dürfte zu dieser Namensgebung durch eine Gruppe englischer Pietisten inspiriert worden sein, die sich wiederum auf die Schriften Jacob Boehmes beriefen.

27. «. . . we have their good in our eye, equall with our own interest.» Zit. n. Dunn, M. M. and Dunn, R. S., eds., The Papers of William Penn, Bd. II, op. cit. S. 120.

28. Aristoteles, Politik, Erstes Buch (Zürich 1955).

29. Über George Fox' Vorstellungen zur Rassenpolitik vgl. Drake, Th. E., William Penn's Experiment in Race Relation; in: Pennsylvania Magazine of History and Biography (1944), S. 377f. Von Fox' eigenen Schriften orientiert am besten sein Tagebuch: Nickfalls, J. L., The Journal of George Fox (London 1952). Vgl. auch Wildes, H. E., Voice of the Lord. A Biography of George Fox (Philadelphia 1965).

30. 2. Könige, 21–23. In seinem ‹Account of the Lenni Lenape› zeigte sich Penn auch bemüht, die Ähnlichkeit der äußeren indianischen Erscheinung mit den Europäern zu konstatieren: «. . . for I have seen as commonly European-like faces among them . . .» Zit. n. Myers, A. C., William Penn's Account of the Lenni Lenape, op. cit., S. 26. Und: «I find them of like contenance and their Children of so lively Resemblance, that a man would think himselve in Dukesplace or Berrystreet in London, when he seeth them.» Zit. n. Myers, ibid., S. 45.

31. Myers, A. C., William Penn's Account of the Lenni Lenape, op. cit., S. 38. Zu den puritanischen Missionsauffassungen vgl. Vaughan, A. T., New England Frontier. Puritans and Indians 1620–1675 (New York 1979), S. 235ff.

32. Solche Landabtretungsverträge sind in verschiedenen Publikationen – zum Teil als Faksimiles – abgedruckt. Vgl. Myres, A. C., William Penn's Account of the Lenni Lenape, op. cit.; Wallace, P. A. W., Indians of Pennsylvania (Harrisburg 1961); Boyd, J. P., Indian Treaties Printed by Benjamin Franklin, 1736–1762 (Philadelphia 1938).

33. Vgl. Myers, A. C., William Penn's Account of the Lenni Lenape, op. cit. S. 72.

34. Diese Anweisungen, datiert vom 11. Juli 1681, tragen den Titel ‹Certaine Conditions or Concessions agreed upon by William Penn Proprietary and Governor of the Province of Pennsylvania› und enthalten 20 Paragraphen. Die Paragraphen 12–15 befasssen sich mit der Indianerfrage. Originaler Wortlaut der wichtigsten Passage: «That noe man shal by any wayes or means in word or Deed, affront or wrong any Indian, but he shall Incurr the Same Penalty of the Law as if he had Committed it against his Fellow Planter ... That the Indians shall have Liberty to doe all things Relateing to the Improvement of their ground and provideing Sustenance for their Familyes, that any of the planters shall enjoy.» Zit. n. Dunn, M. M. and Dunn, R. S. eds., The Papers of William Penn, op. cit., Bd. II, S. 100.

35. Zur Verbindung von ethischem Anspruch und Geschäftssinn bei den Quäkern vgl. die grundlegenden Ausführungen zur »innerweltlichen Askese» bei Max Weber, insbesondere in den Aufsätzen ‹Asketischer Protestantismus und kapitalistischer Geist› und ‹Einleitung in die Wirtschaftsethik der Weltreligionen›; in: Weber, M., Soziologie, Weltgeschichtliche Analysen, Politik (Stuttgart 1956), S. 357ff. Eine gute historische Untersuchung dieser Zusammenhänge findet sich bei Nash, G. B., Quakers and Politics (Princeton 1968).

36. Ähnlich verfuhren die Quäker übrigens beim Problem der Negersklaverei. Sie gehörten zwar zu den ersten, welche für eine humane Behandlung der schwarzen Sklaven eintraten, vor dem ökonomischen Risiko jedoch, welches eine Beseitigung dieser Institution gebracht hätte, schreckten sie zurück. Vgl. dazu Davis, D. B., The Problem of Slavery in Western Culture (New York 1970), S. 334ff. Auch Penn lehnte die Sklavenhaltung nicht ab. Vgl. dazu Illick, J. E., Colonial Pennsylvania (New York 1976), S. 115.

37. Nähere Angaben zu diesem Abkommen bei Uhler, Sh. P., Pennsylvania's Indian Relations to 1754 (Allentown 1951), S. 28.

38. Das Gemälde befindet sich in der Pennsylvania Academy of the Fine Arts.

39. Jesaja 11,8: «Da werden die Wölfe bei den Lämmern wohnen und die Panther bei den Böcken lagern. Ein kleiner Knabe wird Kälber und junge Löwen und Mastvieh miteinander treiben. Kühe und Bären werden zusammen weiden, daß ihre Jungen beieinander liegen, und Löwen werden Stroh fressen wie die Rinder. Und ein Säugling wird spielen am Loch der Otter, und ein entwöhntes Kind wird seine Hand stecken in die Höhle der Natter. Man wird nirgends Sünde tun noch freveln auf meinem ganzen heiligen Berge; denn das Land wird voll Erkenntnis des Herrn sein, wie Wasser das Meer bedeckt.»

40. Zit. n. Sipe, C. H., The Indian Chiefs of Pennsylvania (New York), S. 60.

41. Voltaire, Lettres Philosophiques, 4. Brief (Paris 1956), S. 19.
42. Dunn, M. M. and Dunn, R. S., eds., The Papers of William Penn, op. cit., Bd. II, S. 121.
43. Vogel, M. J. and Alviti, J. V., Philadelphia. A City for all Centuries (Philadelphia 1981), S. 7. Zur Gründungsgeschichte von Philadelphia vgl. auch Myers, A. C., ed., Narratives of Early Pennsylvania, West New Jersey, and Delaware, 1630–1707 (New York 1912).
44. Dunn, M. M. and Dunn, R. S., eds., The Papers of William Penn, op. cit., Bd. II, S. 87–88, 357–358, 383–384, 388–390.
45. Diese These wird glaubwürdig verfochten von Boorstin, D. J., The Americans. The Colonial Experience, Bd. I (New York 1958), S. 40 ff. Die Implikationen des Quäker-Pazifismus auf die Gestaltung der politischen Praxis werden abgehandelt bei Wellenreuther, H., Glaube und Politik in Pennsylvania 1681–1776 (Köln 1972), S. 322–356.
46. Zur weiteren geschichtlichen Entwicklung vgl. Illick, J. E., Colonial Pennsylvania (New York 1976), S. 44 ff. und Klein, Ph. S. and Hoogenboom, A., A History of Pennsylvania (London 1980), S. 28 ff.
47. Zahlen nach Weslager, C. A., The Delaware Indians (New Brunswick 1972), S. 175 und Simmons, R. C., The American Colonies, op. cit., S. 124.
48. Dies geht aus einem anklagenden Schreiben hervor, das der Häuptling der Lenni Lenape im Jahre 1729 an den damaligen Gouverneur von Pennsylvania sandte. Darin heißt es unter anderem: «... in time past we Sold our interests to William Penn, our Brother ... Late to the great prejudice and Disquiett of us a people that has done and Still Desiers to do, to continue in peace and Love, and be as one Heart and Soule with William Penn and his People, the Land has been unjustly Sold whereby we are redused to great wants and hardships ...» Zit. n. Weslager, C. A., The Delaware Indians, op. cit., S. 186. Vgl. auch Weslager, C. A., Red Man on the Brandywine (Wilmington 1953), S. 89 f.
49. Vgl. Sipe, C. H., The Indian Chiefs of Pennsylvania (New York 1971), S. 18 ff.
50. Geschätzte Zahlen um 1760, nach Deschamps, H., Les européens hors d'Europe de 1434 à 1815 (Paris 1972), S. 72.
51. Vgl. auch die Erzählung von Tolstoi, ‹Wieviel Erde braucht der Mensch›.
52. Der Inhalt dieser Rede ist durch den deutschstämmigen Waldläufer und Interpreten Conrad Weiser, dessen Haus in Womelsdorf, Berks. County, Pa., noch heute zu besichtigen ist, überliefert worden. Als Gesandter der Irokesen soll ein Diplomat namens Canasatego fungiert haben, der sich, nach Weiser, mit folgenden Worten an die Lenni Lenape wandte: «We conquer'd You, we made Women of you, you know you are Women and can no more sell Land than Women, Nor is it fitt you should have the Power ov Selling Lands since you would abuse ist. This Land that you Claim is gone through your Guts. You have been furnished with Cloaths and Meat and drink by the Goods paid you for it, and now You want it again like Children as you are ... And for alle these reasons we charge You to remove instantly. We don't give you the liberty to think about it. You are women; take the Advice of a Wise Man and

remove immediatly.» Zit. n. Weslager, C. A., The Delaware Indians, op. cit., S. 191. Vgl. auch Wallace, P. A. W., Conrad Weiser (Philadelphia 1945).

53. Churchill, W., History of the English Speaking Peoples, Bd. III (London 1957), S. 123 ff.

54. Proud, R., The History of Pennsylvania in North America, Bd. III (Philadelphia 1797), S. 107.

55. Wallace, P. A., Indians in Pennsylvania (Harrisburg 1961), S. 141.

56. Boorstin, D. J., The Americans, op. cit., S. 54 ff.

57. Wallace, A. F. C., King of the Delawares, Teedyuscung 1700–1763 (Philadelphia 1949), S. 17.

6. Die «kontrollierte Kulturbeziehung»

1. Diffie, B. W. and Winius, G. D., Foundations of the Portuguese Empire 1415–1580 (Minnesota 1977), S. 380.

2. Vgl. neuerdings die ausgezeichnete deutsche Übersetzung von Elise Guignard, Marco Polo, II Milione. Die Wunder der Welt (Zürich 1983), S. 128.

3. Zu Kolumbus' Chinabild vgl. Morison, S. E., The European Discovery of America, Bd. II (Oxford 1974), S. 26 ff.

4. Zit. n. Zechlin, E., Die Ankunft der Portugiesen in Indien, China und Japan als Problem der Universalgeschichte; in: Historische Zeitschrift (1938), S. 503. Zechlin diskutiert auch den merkwürdigen Vergleich zwischen Chinesen und Deutschen, der nicht nur bei Vasco da Gama, sondern auch in andern portugiesischen Quellen zu finden ist. Vgl. Ravenstein, E. G., ed., A Journal of the First Voyage of Vasco da Gama (London 1898) und Dames, M. L., ed., The Book of Duarte Barbosa, Bd. II (London 1921).

5. Zur genauen Datierung dieser Reise und zur Lokalisierung ihres Zielorts vgl. Zechlin, E., Die Ankunft der Portugiesen, op. cit., S. 509 ff. Ferner Kammerer, A., La découverte de la Chine par les Portugais au XVIe siècle et la cartographie des portulans (Leiden 1944), S. 9 ff.

6. Zit. n. T'ien Tse Chang, Sino-portuguese Trade from 1514 to 1644 (Leiden 1969), S. 36.

7. Zit. n. Kammerer, A., La découverte de la Chine, op. cit., S. 14.

8. Mao Yüan-i, Wu-pei-chih (1621/28), Kapitel 122; hier zit. n. d. deutschen Übersetzung von Wolfgang Franke in: China und das Abendland (Göttingen 1962), S. 21.

9. Zur Geschichte der Ming-Dynastie vgl. Eberhard, W., Geschichte Chinas (Stuttgart 1971), S. 296 ff. sowie Franke, H. und Trauzettel, R., Das Chinesische Kaiserreich (Frankfurt 1968), S. 239 ff. Ferner: Franke, W., China 1368 bis 1780, in: Saeculum Weltgeschichte, Bd. VI (Freiburg 1971), S. 232 ff. Ferner die einschlägigen Aufsätze der Fachzeitschriften wie des Journal of Asian History (Wiesbaden) und des Journal of Asian Studies (Univ. of Michigan). Zum Schmuggelproblem im besonderen vgl. Kwan-Wai So, Japanese Piracy in Ming China during the 16th Century (East Lansing 1975).

10. Zit. n. T'ien Tse Chang, Sino-portuguese Trade, op. cit., S. 51. Der Begriff

«Folangchi» oder «Feringhi» dürfte auf die handeltreibenden Muslime zu-
rückgehen, die Kanton bereits im 9. Jahrhundert und von da an in Abständen
immer wieder aufsuchten. Vgl. Kammerer, A., La découverte de la Chine,
op. cit., S. 54 f.

11. Zum Begriff des «Barbaren» im chinesischen Sprachgebrauch vgl. Fairbank,
J. K., ed., The Chinese World Order. Traditional Chinas Foreign Relations
(Cambridge, Mass. 1968), S. 36 f. und Bauer, W., Hg., China und die Frem-
den (München 1980), S. 9 ff.

12. Gaspar da Cruz, Treatise in which the things of China are related; zit. n.
Boxer, C. R., South China in the Sixteenth Century (Nendeln 1967), S. 191.

13. Ibid., S. 190 f.

14. Vgl. dazu Lach, D. F., Asia in the Making of Europe (Chicago 1965 f.), Bd. I,
735 f.

15. Vgl. T'ien-Tse Chang, Sino-portuguese Trade, op. cit., S. 69 ff.

16. Boxer, C. R., Fidalgos in the Far East 1550–1770 (Honkong 1968). Es ist
Boxers Verdienst, auf die eigenständige Bedeutung des fernöstlichen Han-
delsraums zwischen den Molukken, Japan und China hingewiesen zu haben.
Vgl. dazu auch ders., The Christian Century in Japan (Berkeley and Los
Angeles 1951), ebenfalls ein Standardwerk, das die Frühzeit der portugie-
sisch-japanischen Kontakte, besonders die zuerst erfolgreiche Missionierung,
darstellt und zahlreiche Parallelen zu den chinesischen Verhältnissen erkennen
läßt. Ferner Boxer, C. R., The Great Ship from Amacon (Berkeley 1951).

17. T'ien-Tse Chang, Sino-portuguese Trade, op. cit., S. 73 f.

18. Zit. n. Braga, J. M., The Western Pioneers and their Discovery of Macao
(Macao 1949), S. 85

19. Vgl. T'ien Tse-Chang, Sino-portuguese Trade, op. cit., S. 89 f.

20. Vgl. Braga, J. M., The Western Pioneers, op. cit., S. 128.

21. Vgl. Kammerer, A., La découverte de la Chine, op. cit., S. 121 f.

22. Zit. n. Boxer, C. R., South China in the Sixteenth Century, op. cit.,
S. XXXVI f. Genaue Angaben über die Bevölkerungszahl Macaos zu diesem
Zeitpunkt besitzen wir nicht. Boxer rechnet für das Jahr 1601 mit 400 portugiesischen Haushalten zu durchschnittlich fünf Personen (casados) und mit
ebensovielen asiatischen Haushalten (jurubaças); hinzuzuzählen wären die
zahlreichen Sklaven und Bediensteten (etwa sechs Personen pro Haushalt)
sowie alle nur vorübergehend in Macao stationierten Personen. Vgl. Boxer,
C. R., Macao as a Religious and Commercial Entrepôt in the 16th and 17th
Centuries; in: Acta Asiatica (1974), S. 65 f.

23. Vgl. Diffie, B. W., Foundations of the Portuguese Empire, op. cit., S. 389.

24. Cummins, J. S., ed., The Travels and Controversies of Friar Domingo Navarrete, Bd. II (Cambridge 1962), S. 269 f.

25. Zum Problem der Selbstverwaltung vgl. Boxer, C. R., Fidalgos in the Far
East, op. cit., S. 8 f.

26. Zit. n. Kammerer, A., La découverte de la Chine, op. cit., S. 120. Vgl.
ebenfalls T'ien-Tse Chang, Sino-portuguese Trade, op. cit., S. 99.

27. Vgl. Franke, W., China und das Abendland, op. cit., S. 29.

28. Ausführliche Hinweise auf die in Macao gehandelten Waren geben Linscho-

ten, J. H. van, Von allen Völckern, Insulen, Meerporten, fließenden Wassern und anderen Orten, so von Portugal aus lengst den Gestaden Aphrica bis in Ost-Indien und zu dem Landt China sampt anderen Insulen zu sehen seynd (Frankfurt 1613), S. 69f. Ferner: Cortesão, A., ed., The Suma Oriental of Tomé Pires (London 1944), S. 123ff.

29. Eine detaillierte Schilderung solcher früher Begegnungen gibt Martín de Rada in seinem von C. R. Boxer edierten Reisebericht. Vgl. Boxer, C. R., South China, op. cit., S. 244ff. Vgl. ferner: Temple, R. C. and Anstey, L., ed., The Travels of Peter Mundy, Bd. III (London 1919), S. 171.

30. Cummins, J. S., ed., The Travels of Friar Domingo Navarrete, op. cit., Bd. II, S. 269.

31. Portugiesisch-chinesische Mischsprache, die an einigen Orten die Herrschaft der Portugiesen sogar überdauerte und von den nachfolgenden Holländern und Engländern erlernt wurde. Die Herkunft des Wortes ist unsicher; einige Linguisten führen es auf das chinesische «pey-chinn» (Geld zahlen) zurück. Vgl. Knowlton, E. C., Pidgin English and Portuguese; in: Drake, F. S., ed., Historical, Archaeological and Linguistic Studies on Southern China (Honkong 1967), S. 228. Nur sehr wenige Portugiesen dürften Chinesisch gesprochen haben. Bei Verhandlungen spielten deshalb die Dolmetscher (linguas) eine wichtige Rolle. Meistens handelte es sich bei ihnen um chinesische Christen.

32. Zu diesem kulinarischen Transfer vgl. Braga, J. M., Western Pioneers, op. cit., S. 135f. Braga meint sogar, ohne diese Einführung europäischer und amerikanischer Naturprodukte und die entsprechende Adaption der Eßgewohnheiten hätte China die Bevölkerungsexplosion der letzten Jahrhunderte nicht überstehen können.

33. Zit. n. Lo-Shu Fu, A Documentary Chronicle of Sino-Western Relations 1644–1820, Bd. I (Tuscon 1966), S. 41.

34. Temple, R. C. and Anstey, L., eds., The Travels of Peter Mundy, Bd. III (London 1919), S. 263. Zu den englischen Beziehungen mit China vgl. Eames, J. B., The English in China (London 1974) S. 10ff.

35. Die Geschichte der Jesuiten-Mission in China ist, vor allem freilich für das besonders interessante 18. Jh., oft beschrieben worden. Im Sinne einer beschränkten Auswahl seien hier Arbeiten hervorragender Spezialisten genannt. Zur Frühzeit der portugiesischen Mission vgl. Schurhammer, G., Franz Xaver. Sein Leben und seine Zeit (Freiburg 1955–1977), ferner ders., Die Schätze der Jesuitenarchive in Macao und Peking; in: Die katholischen Missionen (1929), S. 224f. Neben Schurhammers Arbeiten sind in deutscher Sprache zahlreiche Studien von J. Wicki erschienen. In deutscher Sprache vgl. ferner das eingehende Kapitel in Reinhard, W., Geschichte der europäischen Expansion (Stuttgart 1983). Ferner: Pfister, L. S. J., Notices biographiques et bibliographiques sur les Jésuites de l'ancienne Mission de Chine (Nendeln 1971); Latourette, K. S., A History of Christian Missions in China (Tapei 1966); Gernet, J., Chine et Christianisme. Action et Réaction (Paris 1983).

36. Zit. n. Boxer, C. R., Fidalgos in the Far East, op. cit., S. 170. Zur kom-

merziellen Rolle der Jesuiten vgl. auch Boxer, C. R., Macao as Religious and Commercial Entrepôt, op. cit., S. 71f.

37. Ibid., S. 169.

38. Tien-Tse Chang, Sino-portuguese Trade, op. cit., S. 116f.

39. Diese Zahlen nach Sansom, G. B., The Western World and Japan (New York 1965), S. 127 und Franke, W., China und das Abendland, op. cit., S. 32. Zur Geschichte Japans, die nach der Ausweisung der Portugiesen und der Anknüpfung neuer Handelsbeziehungen mit den Holländern ebenfalls dem Typus der ‹kontrollierten Kulturbeziehung› verbunden blieb, vgl. Boxer, C. R., The Christian Century in Japan (Berkeley 1951) und ders., The Dutch Seaborne Empire (London 1965), S. 237ff.

40. Gaudon, C., éd., Le Japon du XVIIIᵉ siècle, vu par le botaniste suédois Ch.-P. Thunberg (Paris 1966), S. 223f.

41. Zit. n. Kammerer, A., La découverte de la Chine, op. cit., S. 136.

42. Vgl. dazu Boxer, C. R., Jan Compagnie in Japan 1600–1850 (Den Haag 1950) und ders., The Dutch Seaborne Empire 1600–1800 (London 1965).

43. Zit. n. Cummins, J. S., ed., The Travels of Friar Navarrete, Bd. II (Cambridge 1962), S. 267.

44. Cortesão, A., ed., The Suma Oriental of Tomé Pires, Bd. I (London 1944), S. 123.

45. Boxer, C. R., Portuguese and Spanish Projects for the Conquest of Southeast Asia 1580–1600; in: Journal of Asian History (Wiesbaden 1969), S. 133.

46. Zit. n. Boxer, C. R., South China in the Sixteenth Century, op. cit., S. 271.f.

47. Ibid., S. 138f.

48. Ibid., S. 141f.

49. Ibid., S. 288f.

50. Ibid., S. 256.

51. Ibid., S. 256.

52. Ibid., S. 115.

53. Ibid., S. 213f.

54. Ibid., S. 218.

55. Ibid., S. 217.

56. Ibid., S. 310.

57. Ibid., S. 220f.

58. Leibniz, G. W., Novissima Sinica (Honolulu 1957). Vgl. die deutsche Übersetzung aus dem Lateinischen in Bitterli, U., Die Entdeckung und Eroberung der Welt, Bd. II (München 1981), S. 149: «Auch in den Militärwissenschaften sind sie den Unsrigen unterlegen, nicht so sehr aus Unkenntnis als vielmehr mit einer bestimmten Absicht: Sie verachten, was immer in den Menschen eine gewisse Wildheit hervorbringt oder nährt: beinahe in Nachahmung der höheren Lehre Christi – was einige fälschlich und übertreibend Ängstlichkeit nennen – scheuen sie vor Kriegen zurück.»

59. Vgl. Voltaire, Essai sur les mœurs, Bd. I (Paris 1963), S. 205ff., die Kapitel über China. Über den europäischen China-Kult, vor allem im Zeitalter der Aufklärung, gibt es eine äußerst reiche Literatur. Als Autorität auf diesem

Gebiet gilt Donald F. Lach, z. B. das bereits genannte Asia in the Making of Europe oder auch ders., China and the Era of Enlightenment; in: Journal of Modern History (1952) sowie ders., Leibniz and China; in: Journal of the History of Ideas (1945). Vgl. ferner Devèze, M., L'Europe et le monde à la fin du XVIIIe siècle (Paris 1970), S. 111 ff.; Franke, O., Leibniz und China; in: Zeitschrift der deutschen morgenländischen Gesellschaft (1928); Reichwein, A., China und Europa. Geistige und künstlerische Beziehungen im 18. Jahrhundert (Berlin 1923).

7. Die Kulturberührung als wissenschaftliche Herausforderung

1. Fernandez de Oviedo, G., Historia general y natural de las Indias, Bd. II (Madrid 1959), S. 212.

2. Peilhard, L., éd., Antonio Pigafetta. Premier Voyage autour du monde par Magellan (Paris 1964), S. 115: «... nous ne mangions que du vieux biscuit tourné en poudre, tout plein de vers et puant de l'ordure d'urine que les rats avaient fait dessus après avoir mangé le bon. Et nous buvions aussi une eau jaune infecte. Nous mangions aussi les peaux de boeuf dont était garnie la grande vergue afin que celle-ci ne coupe pas les cordages.»

3. Peilhard, L., op. cit., S. 118: «Il est à savoir que, quand nous blessions un de ces indigènes d'un de nos traits qui leur entrait dans le corps, ils regardaient le trait puis le tiraient dehors en s'émerveillant et aussitôt après ils mouraient.» Nach Magellans erstem Bericht ist eine große Zahl von Reiseberichten von Pazifikfahrern erschienen. Vgl. dazu die ausführliche Bibliographie von Woldan, E., Die erd- und völkerkundlichen Quellenwerke über Ozeanien und Australien (1523–1873); in: Wiener Ethnohistorische Blätter (1974).

4. Über die Entdeckungsgeschichte des Pazifiks orientieren die Standardwerke von Beaglehole, J. C., The Exploration of the Pacific (Stanford 1934); Williamson, J. A., Cook and the Opening of the Pacific (London 1946); Spate, O. H. K., The Pacific since Magellan, Bd. I und II bereits erschienen (London 1979, 1983). In deutscher Sprache vgl. Plischke, H., Der stille Ozean (München 1959) und ders., Kulturgeschichtliche Grundlagen der Entdeckungserfolge der Seereisen am Ende des 18. Jahrhunderts; in: Petermanns geograph. Mitteilungen (1938).

5. Vgl. Konetzke, R., Süd- und Mittelamerika I. Die Indianerkulturen Altamerikas und die spanisch-portugiesische Kolonialherrschaft (Frankfurt 1965), S. 331. Zur spanischen Phase der Entdeckungen vgl. ferner Wagner, H., Spanish Voyages to the North-west Coast of America (San Francisco 1929), zur holländischen vgl. Sharp, A., The Voyages of Abel Janszoon Tasman (London 1968). Auf die französische Phase konzentrieren sich Dunmore, J., French Explorers in the Pacific, Bd. I (Oxford 1965) und Charliat, P.-J., Le temps des grands voiliers, Bd. III (Paris 1952).

6. Die wissenschaftliche Diskussion über das Problem der Erstentdeckung Hawaiis ist seit Jahren im Gang; sie wird zusammengefaßt durch Spate, O. H. K., op. cit., Bd. I, S. 106 ff.

7. Zur Kartographie-Geschichte der «Terra australis incognita» vgl. Wroth, L. C., The Early Cartography of the Pacific (New York 1944). Ferner: Parry, J. C., The Discovery of the Sea (London 1974), Broc, N., La géographie des philosophes, géographes et voyageurs au XVIIIe siècle (Paris 1975); Williams, G., Myth and Reality; in: Fisher, R. and Johnston, H., Captain James Cook and his Times (Vancouver 1979).

8. Campbell, J., Vorrede zu Harris, J., A Complete Collection of Voyages and Travels, Bd. I (London 1744), S. XVIf.

9. De Brosses, Ch., Histoire des Navigations aux Terres australes (Paris 1756).

10. Dalrymple, A., A Historical Collection of Several Voyages and Discoveries in the South Pacific Ocean, Bd. I (London 1770), S. VIIf. Vgl. dazu Fry, H. T., Alexander Dalrymple and the Expansion of British Trade (London 1970), S. 94ff. Zu De Brosses und den französischen Hintergründen vgl. das bereits zitierte Werk von Broc, N., La géographie des philosophes sowie Dunmore, J., French Explorers, op. cit., Bd. I, S. 47ff.

11. Vgl. dazu Willey, B., The Eighteenth Century Background (London 1962). Ebenso Boorstin, D. J., The Discoveries (New York 1983), S. 278ff.

12. De Brosses, Ch., op. cit., S. 13.

13. Dalrymple, A., op. cit., S. XXVIIIf.

14. Hérubel, M., éd., Bougainville, L.-A.: Voyage autour du monde (Paris 1966), S. 24: «La connaissance de ces îles ou continents étant à peine ébauchée, il est très intéressant de la perfectionner . . .»

15. Ibid., S. 180: «Je tombe d'accord que l'on conçoit difficilement un si grand nombre d'îles basses et de terres presque noyées, sans supposer un continent qui soit voisin. Mais la géographie est une science de faits; on n'y peut rien donner dans son cabinet à l'esprit de système, sans risquer les plus grandes erreurs.» Samuel Wallis, der bei der Entdeckung Tahitis Bougainville zuvorkam, ist in der Edition von Robertson, G., The Discovery of Tahiti (London 1948) nachzulesen.

16. Beaglehole, J. C., ed., The Journals of Captain Cook on his Voyage of Discovery. The Voyage of the «Endeavour» 1768–1771 (Cambridge 1955), S. CCLXXXI: «Whereas there is reason to imagine that a Continent or Land of great extent, may be found to the Southward of the Tract lately made by Captain Wallis in His Majesty's Ship the Dolphin (of which you will herewith receive a Copy) or the Tract of any former Navigators in Pursuits of the like kind; You are therefore in Pursuance of His Majesty's Pleasure hereby requir'd and directed to put to Sea with the Bark you Command so soon as the Observation of the Transit of the Planet Venus shall be finished and observe the following Instructions. You are to proceed to the southward in order to make discovery of the Continent above-mentioned until you arrive in the Latitude of 40°, unless you sooner fall in with it. But not having discover'd it or any Evident signs of it in that Run, you are to proceed in search of it to the Westward between the Latitude before mentioned and the Latitude of 35° until you discover it, or fall in with the Eastern side of the Land discover'd by Tasman and now called New Zeland.»

17. Ibid., S. CCLXXXIII: «You are also with the Consent of the Natives to take

possession of Convenient Situations in the Country in the Name of the King of Great Britain . . .»

18. Beaglehole, J. C., ed., The Voyage of the «Endeavour», op. cit., S. 14.

19. Encyclopédie ou Dictionnaire raisonné des Sciences, des Arts et des Métiers, Bd. XXXIII (Genève 1779), S. 117.

20. Restif de la Bretonne, N. E., La découverte australe par un homme volant (Paris 1781).

21. Zit. n. Taillemite, E., Bougainville et ses compagnons autour du monde, Bd. I (Paris 1977), S. 22.

22. Milet-Mureau, L.-A., éd., Voyage de la Pérouse autor du monde, Bd. I (Paris 1797), S. 23.

23. Beaglehole, J. C., ed., The Voyage of the «Endeavour», op. cit., S. CCLXXXIII.

24. Vgl. Broc, N., La Géographie des philosophes (Paris 1971), S. 209f. und ders., Voyages et géographie au XVIIIᵉ siècle; in: Revue d'histoire des sciences, Bd. XXII (1969), S. 137ff.

25. Vgl. Bitterli, U., Die ‹Wilden› und die ‹Zivilisierten› op. cit., S. 207ff.

26. Gusdorf, G., Dieu, la Nature et l'Homme au siècle des lumières (Paris 1972), S. 262ff. Und Lovejoy, A. O., The Great Chain of Being (Cambridge Mass. 1966).

27. Beaglehole, J. C., ed., The Voyage of the «Endeavour», op. cit., S. CCXLII.

28. Humboldt, A. von, Kosmos (Stuttgart 1978), S. 268.

29. Vgl. Capus, G., Les produits coloniaux d'origine végétale (Paris 1930).

30. Vgl. Cameron, H. C., Sir Joseph Banks (London 1952), S. 75ff. Vgl. auch Lyte, Ch., Sir Joseph Banks (North Pomfret 1980).

31. Tee wurde in Europa erstmals in Giovanni Battista Ramusios ‹Navigationi e viaggi› (Venedig 1959) erwähnt; um 1615 rühmte ihn ein Agent der «East India Company» in seinen Briefen aus Japan. Vgl. Harler, C. R., The Culture and Marketing of Tea (New York 1964).

32. Vgl. Charliat, P.-J., Le temps des grands voiliers, Bd. III (Paris 1952), S. 116f. und Broc, N., La géographie des philosophes, op. cit., S. 313ff.

33. Gallagher, R. E., ed., Byron's Journal of his Circumnavigation 1764–1766 (Cambridge 1964), S. 4: «You are to endeavour by all proper means to cultivate a Friendship with the Inhabitants showing them all possible civility and respect . . .»

34. Beaglehole, J. C., ed., The Voyage of the «Endeavour», op. cit., S. CCLXXIX: «You are to endeavour by all proper means to cultivate a friendship with the Natives, presenting them such Trifles as may be acceptable to them . . .»

35. Milet-Mureau, L.-A., éd., op. cit., Bd. I, S. 48: «Il prescrira à tous les gens des équipages de vivre en bonne intelligence avec les naturels, . . . et il leur défendra, sous les peines les plus rigoureuses, de jamais employer la force pour enlever aux habitants ce que ceux-ci refuseraient de céder volontairement.»

36. Beaglehole, J. C., The Voyage of the «Endeavour», op. cit., Appendix II, S. 514ff. Der Text stammt von James Douglas, dem damaligen Präsidenten

der «Royal Society», und lautet im englischen Original wie folgt: «To have still in view that sheding the blood of those people is a crime of the highest nature: They are human creatures, the work of the same omnipotent Author, equally under his care with the most polished European; perhaps being less offensive, more entitled to his favor. They are the natural, and in the strictest sense of the word, the legal possessors of several Regions they inhabit. No European Nation has a right to occupy any part of their country, or settle among them without their voluntary consent. Conquest over such people can give no just title; because they could never be Agressors.»

37. Milet-Mureau, L.-A., éd., op. cit. Bd. I, S. 49.

38. Beaglehole, J. C., ed., The Journals of Captain James Cook, Bd. II (Cambridge 1961), S. CLXVIII.

39. Milet-Mureau, L.-A., éd., op. cit. Bd. I, S. 52f.

40. Einen guten Einstieg in die Thematik bietet das Werk von Baudet, H., Paradise on Earth (New Haven and London 1965). An Standardwerken seien genannt: Fairchild, H. N., The Noble Savage (New York 1961); Smith, B., European Vision and the South Pacific 1768–1850 (Oxford 1969). In deutscher Sprache vgl. Kohl, K. H., Entzauberter Blick (Berlin 1981), Börner, K. H., Auf der Suche nach dem irdischen Paradies (Frankfurt 1984).

41. Vgl. Martin-Allanic, J.-E., Bougainville navigateur de son temps, B. II (Paris 1964), S. 964.

42. Über Omai existiert eine Biographie, welche alles festhält, was sich in englischen Reiseberichten, aber auch Tageszeitungen über seinen Europabesuch finden ließ: Mc Cormick, E. H., Omai. Pacific Envoy (Auckland 1977).

43. Forster, G., Reise um die Welt; in: Werke in vier Bänden, Bd. I (Frankfurt 1967), S. 281.

44. Hakluyt, R., Voyages in eight volumes, Bd. I (London 1967), S. 238: «Item every nation and region is to be considered advisedly, and not to provoke them by any disdaine, laughing, contempt, or such like, but to use them with prudent circumspection, with all gentlenes, and curtesie . . .»

45. Ibid., S. 238: «Item the names of every Island, are to be taken in writing, with the commodities of the same, their natures, qualities, and dispositions, the site of the same, and what things they are most desirous of, and what commodities they will most willingly depart with, and what mettals they have in hils, mountaines, streames, or rivers, in, or under the earth.»

46. Vgl. dazu die Untersuchungen von Stagl, J., Der wohl unterwiesene Passagier; in: Krasnobaev, B. I., Hg. Reisen und Reisebeschreibungen im 18. und 19. Jahrhundert als Quellen der Kulturbeziehungsforschung (Berlin 1980) und Vom Dialog zum Fragebogen; in: Kölner Zeitschrift für Soziologie und Sozialpsychologie (Frankfurt 1979), Heft 3, S. 611 ff. Vgl. ferner: Hodgen, M. T., Early Anthropology in the Sixteenth and Seventeenth Centuries (Philadelphia 1964), S. 162 ff.

47. Philosophical Transactions: giving some Account of the present Undertakings, Studies, and Labours of the Ingenious in many considerable Parts of the World, B. I (London 1665), S. 186 ff.

48. Varenius, B., Geographia Generalis in qua affectiones generales Telluris ex-

plicatur (Amsterdam 1650). Das Werk des früh verstorbenen deutschen Gelehrten übte großen Einfluß in Frankreich und vor allem in England, aus, wo
sich John Newton um eine Neuauflage bemühte.

49. Vgl. Bitterli, U., Die ‹Wilden› und die ‹Zivilisierten›, op. cit., S. 228 f.

50. Milet-Mureau, L.-A., éd., op. cit., Bd. I, S. 189.

51. Ibid., S. 186 und S. 194.

52. De Gérando, J.-M., Considérations sur les diverses méthodes à suivre dans
l'observation des peuples sauvages (Paris 1800). Nachdrucke in Revue d'an-
thropologie, Ľ. VI, 2. Serie (Paris 1883) und bei Stocking, G. W., ed., De
Gérando, J.-M., The Observation of Savage Peoples (London 1969). Die
Anweisungen sind wahrscheinlich für die Expedition von Nicolas Baudin zur
Erkundung Australiens (1800–1803) verfaßt worden; vgl. dazu Poirier, J.,
Histoire de la Pensée éthnologique; in: Ethnologie générale (Paris 1968).

53. Vgl. dazu die rührende Beschreibung, die der österreichische Jesuitenmissionar Florian Paucke, der um 1750 in Paraná weilte, von seinen Sprachlernprob-
lemen gibt: «Es wurde mir nichts härter, als die Sprache zu begreifen, von
welcher ich bisher wenig erlernt hatte, obschon ich öfters bis Mitternacht mich
quälte. Wie oft fielen mir die Tränen aus den Augen und überfiel mich eine tiefe
Traurigkeit, daß die Sprache nicht in mir haften wollte, wie ich verlangte.»
Zit. n. Becker-Donner, E., Hg., Paucke, F., Zwettler Codex 420, I. Teil
(Wien 1967), S. 289. Um 1600 entstanden die ersten Wörterbücher der katholischen Missionare in der Ketschua-Sprache (Peru) und in der Montagnais-
Sprache (Quebec).

54. De Gérando, J.-M., Considérations, op. cit., S. 159: «Le principal objet sur
lequel devrait donc se diriger aujourd'hui l'attention et le zèle d'un voyageur
vraiment philosophe, serait de recueillir avec soins tous les moyens qui peuvent
servir à pénétrer dans la pensée des peuples au milieu desquels il serait placé, et à
s'expliquer la suite de leurs actions et de leurs rapports. Ce n'est pas seulement
parce que cette étude est de toutes la plus importante en elle-même, c'est encore
parce qu'elle doit servir de préliminaire et d'introduction à toutes les autres.
Comment se flatter de bien observer un peuple qu'on ne sait pas comprendre et
avec lequel on ne peut s'entretenir? Le premier moyen pour bien connaître les
Sauvages, est de devenir en quelque sorte comme l'un d'entre eux; et c'est en
apprenant leur langue qu'on deviendra leur concitoyen.»

55. Ibid., S. 157.

56. Herder, J. G., Sämtliche Werke, Bd. V (Berlin 1877–1913), S. 509.

57. De Gérando, J.-M., Considérations, op. cit., S. 181.

58. Ibid., S. 177: «Un voyageur philosophe porterait ses vues bien plus loin. Il
verrait dans ce commerce un moyen de les conduire à la civilisation. En effet, ce
n'est guère qu'avec notre secours qu'ils peuvent se civiliser, et le besoin seul
peut les rapprocher de nous. Ainsi un premier échange facilitera les premières
communications; ces communications serviront peut-être à inspirer au Sauvage quelques nouveaux désirs qui le rappelleront encore auprès de nous. Toujours bien reçu, bien traité, témoin de notre bonheur, de notre richesse, en
même temps que de notre supériorité, peut-être s'attachera-t-il à nous par la
reconnaissance ou l'intérêt, formera-t-il avec nous quelque alliance, nous

appellera-t-il au milieu de lui pour lui enseigner la route qui doit le conduire à l'état où nous sommes. Quelle joie! quelle conquête! s'il s'ouvrait pour nous quelque espérance d'exercer une douce et utile influence sur ces peuples abandonnés . . .»

59. Vgl. Poirier, J., Histoire de la pensée éthnologique; in: Ethnologie générale (Paris 1968), S. 22 f. Vgl. zur Geschichte der Ethnologie ebenfalls Mühlmann, W. E., Geschichte der Anthropologie (Frankfurt 1968), S. 48 ff.

60. Der Begriff der «Treuhänderschaft» spielt seit John Locke in der britischen Kolonialpolitik eine hervorragende Rolle. Vgl. Barker, E., Ideen und Ideale des Britischen Weltreichs (Zürich 1942) und Gollwitzer, H., Geschichte des weltpolitischen Denkens, Bd. I (Göttingen 1982).

61. Péron, F., éd., Voyages de découvertes aux terres australes . . . sur les Corvettes «Le Géographe», «Le Naturaliste» et la Goelette «Le Casuarina» pendant les années 1800, 1801, 1802, 1803 et 1804 (Paris 1807).

62. Forster, G., Reise um die Welt, op. cit., S. 241 f.

63. Der Text ist mir durch Prof. Dr. Niklaus Schweizer, University of Hawaii, in freundlicher Weise übersetzt und zugänglich gemacht worden. Er wurde in deutscher Sprache zuerst abgedruckt in: Bitterli, U., Die Entdeckung und Eroberung der Welt, Bd. II (München 1981), S. 244.

64. Der Tod von James Cook ist in zuweilen kontroversen Darstellungen oft untersucht und beschrieben worden. Daß es zum plötzlichen Umschlag der englisch-hawaiischen Beziehungen kam, dürfte mit mehreren an sich wenig belangvollen Einzelheiten zusammenhängen: mit der für die Bewohner der Insel überraschenden Rückkehr der Engländer zwecks Reparatur eines Schiffes; mit dem Diebstahl eines Beiboots; mit Cooks starker nervlicher Belastung, die ihn nicht immer maßvoll reagieren ließ. Vgl. dazu Hough, R., The Murder of Captain James Cook (London 1979), Beaglehole, J. C., The Life of Captain James Cook (London 1974). Ferner: Kennedy, G., The Death of Captain Cook (London 1978).

65. So zeigt sich beispielsweise Heinrich Zimmermann, deutscher Reisegefährte auf Cooks letzter Fahrt, sichtlich enttäuscht über die seines Erachtens zu milden Reaktionen auf die Ermordung des Kommandanten. Vgl. Zimmermann, G., Reise um die Welt mit Captain Cook (Tübingen und Basel 1978), S. 110 ff.

66. Vgl. dazu Hermann Melvilles ‹Moby Dick› (London 1972), S. 205: «For many years past the whale-ship has been the pioneer in ferreting out remotest and least known parts of the earth.»

67. Vgl. Lee, I., ed., Captain Bligh's Voyage to the South Sea (London 1920), S. 78 ff.

68. Vgl. Wernhart, K. R., Auswirkungen der Zivilisationstätigkeit und Missionierung in den Kulturen der Autochthonen am Beispiel der Gesellschaftsinseln; in Klingenstein, G., Lutz, H., Stourzh, G., Hg., Europäisierung der Erde? (Wien 1980). Vgl. auch das instruktive Vorwort zu Davies, J., ed., The History of the Tahitian Mission (1799–1830), Reprint (Nendeln 1974); ferner Wilson, J., A Missionary Voyage to the Southern Pacific Ocean Performed in the Years 1796, 1797, 1798 in the Ship «Duff», Reprint (Graz 1966).

69. Montgomery, J., ed., Journal of Voyages and Travels by Rev. Daniel Tyerman and George Bennet, Esq., Bd. II (London 1831), S. 110: «While we see, with great satisfaction, all these islands living under just and humane laws, and blessed with all the institutions of the gospel, in full operation, we rejoice in beholding the progress which civilization has made in islands so lately in the depths of barbarism and the grossest superstition. That, in so short a period since the downfall of idolatry, so many of the people should have become acquainted with the arts of reading, writing, and arithmetic – so many excellent places of divine worship and numerous comfortable dwellinghouses built, and articles of furniture made – such a complete change effected in the manners of the people, from gross sensuality to the greatest decency and good behaviour – a people degraded by crime below any other people upon the face of the earth, but now the most generally, and most consistent, professors of Christianity of any nation under heaven: – these are to us facts so singular that we are at loss for words to express our gratitude to God.»

70. Vgl. dazu: Hempenstall, P. J., Europäische Missionsgesellschaften und christlicher Einfluß in der deutschen Südsee; in: Bade, Kl. J., Hg., Imperialismus und Kolonialmission (Wiesbaden 1982) und Dodge, E., Islands and Empires. Western Impact on the Pacific and East Asia (Oxford 1976), S. 85 ff.

71. Chamisso, A. von, Reise um die Welt (Berlin 1975), S. 230.

Zur Kulturgeschichte Europas und der neuen Welt

Urs Bitterli
Die Entdeckung Amerikas
Von Kolumbus bis Alexander von Humboldt
1991. 544 Seiten. Leinen

Urs Bitterli
Die »Wilden« und die »Zivilisierten«
Grundzüge einer Geistes- und Kulturgeschichte der
europäisch-überseeischen Begegnung
2., durchgesehene und erweiterte Auflage. 1991.
498 Seiten, 29 Abbildungen. Broschiert

Dokumente zur Geschichte der europäischen Expansion
In sieben Bänden. Herausgegeben von Eberhard Schmitt

**Band 1: Die mittelalterlichen Ursprünge
der europäischen Expansion**
1986. XVII, 450 Seiten, 19 Abbildungen, 15 Karten. Leinen

Band 2: Die großen Entdeckungen
1984. XIX, 659 Seiten, Leinen

Band 3: Der Aufbau der Kolonialreiche
1987. XIX, 632 Seiten, 13 Karten, 32 Abbildungen. Leinen

Band 4: Wirtschaft und Handel der Kolonialreiche
1988. 761 Seiten, 60 Abbildungen und Karten. Leinen

In Vorbereitung:
Band V: Das Leben in den Kolonien
Band VI: Kolonialbesitzungen und internationale Politik
Band VII: Das Ende des alten Kolonialsystems

Verlag C.H. Beck

dtv-Bücher zur Französischen Revolution

Georges Lefebvre:
1789
Das Jahr der Revolution

dtv

Dieser großartige und
spannende Bericht liest
sich wie ein historisches
Drama.
dtv 4491

Reden der Französischen Revolution

Herausgegeben
von Peter Fischer

dtv dokumente

72 Aufrufe und Reden
der wichtigsten
Denker, Ideologen und
Revolutionäre.
dtv 2959

Freiheit Gleichheit Brüderlichkeit?

Die Französische Revolution im deutschen Urteil

Herausgegeben von Wolfgang von Hippel

dtv dokumente

Die Französische
Revolution im
deutschen Urteil der
letzten 200 Jahre.
dtv 2960

Die Französische Revolution in Augenzeugenberichten

dtv

»Ganz einfach
eine neue Geschichte
der Französischen
Revolution«
(Münchner Merkur)
dtv 2702

Alexis de Tocqueville
Der alte Staat
und die Revolution

dtv klassik

Eine heute noch
gültige, soziologisch
orientierte Geschichts-
analyse aus dem Jahr
1856.
dtv 2204

Nicolas Edme
Restif de la Bretonne
Revolutionäre
Nächte in Paris

dtv klassik

Authentische Berichte
und Erzählungen
eines populären
zeitgenössischen
Schriftstellers.
dtv 2213

Kulturgeschichte Brasiliens

**Gilberto Freyre:
Herrenhaus
und Sklavenhütte**

Ein Bild der brasilianischen Gesellschaft

dtv/Klett-Cotta

**Gilberto Freyre:
Das Land in der Stadt**

Die Entwicklung der urbanen
Gesellschaft Brasiliens

dtv/Klett-Cotta

Gilberto Freyre erzählt vom Alltag
in der brasilianischen Kolonialgesellschaft, von der Lebensart der
weißen Herren und der Plackerei
der schwarzen Sklaven, zu Hause,
auf der Straße, in der Kirche und
auf der Plantage, von der Kleidung
der Menschen, vom Essen und von
der Liebe, von ihren Bräuchen
und Riten, ihrer Religiösität und
Magie.

Faszinierend berichtet er von der
schwarzen Volkskultur und ihrem
enormen Einfluß auf den Kulturwandel Brasiliens. Für Freyre, der
sich immer auch als Schriftsteller
und Poet verstand, liegt darin die
wichtigste Erklärung für die
»ethnische Demokratie« Brasiliens,
in der es weder Rassenhaß noch
Rassenkampf gibt.
dtv/Klett-Cotta 4554

In dem Folgeband zu seiner epoche-
machenden Studie ›Herrenhaus
und Sklavenhütte‹ untersucht der
große Soziologe und Kulturanthro-
pologe die Entwicklung Brasiliens
im 18. und 19. Jahrhundert zu einer
städtischen Gesellschaft: Das Interesse der Kolonialmacht Portugal an
seiner bisher ausschließlich agrari-
schen und daher wenig einträg-
lichen amerikanischen Kolonie
wurde durch die Entdeckung von
reichen Bodenschätzen neu geweckt. Die Veränderungen, die
diese Re-Europäisierung mit sich
brachte, beschreibt Freyre so lebendig, anschaulich und kunstvoll, daß
sich der Leser in einen Roman ver-
setzt fühlt. Auch in diesem Buch
dient das »Casa grande«, das
Herrenhaus, als Modellfall für den
Wandel der Kultur- und Lebens-
formen. dtv/Klett-Cotta 4537

Gesellschaft
Politik
Wirtschaft

Volkstümliche Geschichte der Juden

von Heinrich Graetz

Das wechselvolle Schicksal der Juden von der Vor- und Frühgeschichte über das babylonische Exil bis zur Eingliederung ins Römerreich, in der Diaspora, der »Zerstreuung« über die Länder der Alten Welt seit der Zerstörung des Tempels von Jerusalem, wird von dem großen jüdischen Historiker Graetz unter Verzicht auf jedes wissenschaftliche Beiwerk farbig und spannend erzählt. Kassettenausgabe in 6 Bänden, dtv 5933